古典文獻研究輯刊

三六編

潘美月・杜潔祥 主編

第39冊

中晚唐碑誌文研究

高　瑋　著

國家圖書館出版品預行編目資料

中晚唐碑誌文研究／高瑋 著 -- 初版 -- 新北市：花木蘭文化
事業有限公司，2023〔民 112〕
序 2+ 目 2+260 面；19×26 公分
（古典文獻研究輯刊 三六編；第 39 冊）
ISBN 978-626-344-297-9（精裝）
1.CST：碑文 2.CST：文學評論 3.CST：唐代
011.08   111022064

ISBN-978-626-344-297-9

9 786263 442979

古典文獻研究輯刊
三六編　第三九冊　　　　　　ISBN：978-626-344-297-9

中晚唐碑誌文研究

作　　者　高瑋
主　　編　潘美月、杜潔祥
總 編 輯　杜潔祥
副總編輯　楊嘉樂
編輯主任　許郁翎
編　　輯　張雅淋、潘玟靜　美術編輯　陳逸婷
出　　版　花木蘭文化事業有限公司
發 行 人　高小娟
聯絡地址　235 新北市中和區中安街七二號十三樓
　　　　　電話：02-2923-1455 ／傳真：02-2923-1452
網　　址　http://www.huamulan.tw 信箱 service@huamulans.com
印　　刷　普羅文化出版廣告事業
初　　版　2023 年 3 月
定　　價　三六編 52 冊（精裝）新台幣 140,000 元

中晚唐碑誌文研究

高瑋 著

作者簡介

高瑋，女，1978 年 8 月出生。2006 年畢業於廈門大學中國古代文學專業，獲得文學碩士學位；2010 年畢業於廈門大學歷史文獻學專業，獲得歷史學博士學位。武漢大學訪問學者。現任三峽大學中國古代文學教研室教師。獲省社科項目一項，博士後一等資助項目一項，在《東南學術》《中州學刊》《福州大學學報》等刊物上發表論文多篇。CCTV12《法律講堂（文史版）》主講人，主講《唐代詩人魚玄機》《烏臺詩案》等系列節目。

提　　要

　　本書稿從文獻學入手，以中晚唐的碑誌文材料為研究對象，從文學和史學兩方面進行相關研究。文學方面涉及包含神道碑和銘文的文體研究，關於神道碑文體的發展沿革、誌主身份以及創作情況，銘文文體的發展歷程、「正體」與「變體」之分以及銘文的文學特色等。並進一步闡釋中晚唐碑誌的文學性、文學史價值。重點進行了中晚唐代表作家如權德輿、韓愈、柳宗元的碑誌文創作研究，權德輿在中唐時期碑誌創作影響極大，為多位皇親顯貴等創作碑誌。故在展示其碑誌創作的「盛況」的同時，對原因進行分析，揭示其碑誌創作的特點及在碑誌文發展史上的影響。對於韓愈碑誌，則從文學接受的角度出發，對韓愈不拘常式的碑誌創作迅速獲得廣泛認可的原因進行探究，並從碑誌文發展的歷史來重新評述韓愈碑誌創作對碑誌文發展的作用。柳宗元碑誌創作時間較集中於「永貞革新」失敗後的貶謫歲月中，故以其碑誌文為出發點，重點闡釋「永貞革新」對柳宗元人生產生的影響。史學方面展示不同社會階層群體的生活風貌，包括官員、女性以及處士群體的研究，以及在此基礎上進行中晚唐人心靈史的研究，通過「他者視角」、「自我視角」、「神聖視角」的觀照，展開對中晚唐人生命觀的探討。

《中晚唐碑誌文研究》獲得 2011 年湖北省社科項目（項目編號：2011LW055）

《唐代碑誌與文學研究》獲得第 51 批中國博士後科學基金面上資助項目（項目編號：2012M510165）

自 序

　　十餘年前博士論文選題時，靈光一現便以墓誌銘作為我的研究對象。從幼年跟隨家人一起去給故去親人上墳開始，我就對墓碑上的文字產生了很大的興趣。我很好奇，是誰已經長眠於此？這些地下沉睡的人都渡過了怎樣的一生？墓碑上的文字總是提供一鱗半爪的信息，滿足我一些好奇心，又讓我陷入更多的思索……人的工作只有和他的興趣相連接才能稱之為事業，當我以古代文學為專業，我依然最感興趣的是人學；當我與歷史典籍打交道時，我依然最關注它們都反應了人的哪些面向。

　　唐朝的興盛繁華早就為大眾所津津樂道。但當我去瞭解、研究中晚唐歷史時，也帶著幼年時一樣的好奇心：盛世如何走向衰亡？它很像一個人的一生，從青春氣盛必然走向老朽、死亡。這個過程是如何發生的？而走向衰亡的歷程就一定是消極、只提供教訓的嗎？在這個時代中生活的人又是怎樣渡過了他們的人生呢？歷史研究很多都集中在制度、現象、社群等宏觀層面的研究，但中晚唐墓誌銘提供的是最個體的微觀研究，它就是一個又一個在那個時代真實活過的人留下的或真實或不夠真實的印跡。我一篇一篇的翻閱這些墓誌銘，內心鄭重莊嚴，那每百十來個字就是一個生命竭盡全力的一生。

　　碑誌是不可信的。因為在蓋棺定論的時刻，粉飾人生幾乎等同於悲憫，是一種政治正確。沒有成就等於淡泊，沒有官職便是清高，沒有家庭那是造化弄人。而對於那些擁有較多的人，誇飾之詞也是從不吝惜。我們對人生是如此寄予厚望，無論經驗時間的長短，期望人生碩果累累熠熠生輝。更不必說喪禮是極其重要的社交場合，一方碑誌，依然還在發揮著社交功能，倫理道德、人情往來、評價體系構建依然在這世上發揮著重要的作用……

　　碑誌又是可信的。再粉飾、頌讚甚至討好，依然建立在誌主本人的基石之上。洗去評價之詞的泡沫，誌主的一生還是會明明白白呈現在我們面前。且因為碑誌記錄的時間是最接近誌主生活的時間，故他的家族譜系、人際關係、人生歷程等等，真實性大概率要勝過史書的記載（假使史書有載）。更有旁及的社會背景，不經意間閒閒一筆道出的社會狀態，在挖掘歷史真相的眼中，都是光華閃閃的寶藏。

　　這部書稿的基礎——我的博士論文就是懷著這樣原初的好奇心，將碑誌文作為研究對象，從文學、史學的角度去進行挖掘。從文學的角度來說，碑誌文本身也可以說是一種人物傳記，特別到了中晚唐階段，很多墓誌寫得極其生動，具備很強的文學感染力，讓我一次又一次為誌主的人生感歎、感動、感慨，因此考察碑誌文的文學性幾乎是一種必然。中晚唐如權德輿、韓愈、柳宗元這些名家的碑誌文寫作又格外引人注目，名家之所以成就斐然，表面是天賦，內裏是思想。他們如何看待生死？又如何評價人生？從史學的角度來說，我們可以很容易的將誌主大概劃分成不同的社會群體，碑誌凸顯史料價值，它與正史一起幫助我們更加瞭解中晚唐時期的社會群像。

　　碑誌研究是包羅萬象的，古代世界發生的一切都可以在碑誌裏找到記述。而在這個科技發達、新出墓誌就達數萬方的時代裏，以我薄弱的基礎、有限的能力，做墓誌研究是非常艱難的。跟我尊敬的在慶導師談及我的艱難時，老師也表示十分理解，說不提近代，放眼當今學界，做碑誌研究的都是陳尚君老師、胡可先老師、戴偉華老師等等這樣的名家啊。而每次學習這些名家的研究成果時，越發覺得玉韞珠藏，自己的研究是何等淺薄。但是，當我回到原始材料，浸泡在這幾千篇唐代墓誌銘中，一如既往地對生命的敬重、好奇讓我的自卑感消散在悠遠的時空中……正如並非盛世的時代也自有其非凡的意義和廣博的價值一樣，艱難探索、稚嫩呈現的作品也讓它完成自己的旅程吧。

目

次

自　序

第一章　緒　論 ……………………………………………… 1

一、碑誌文概念的界定 ……………………………… 1

二、中晚唐碑誌文研究的價值與意義 ……………… 2

三、學術依據及研究方法 …………………………… 3

四、學術史的回顧 …………………………………… 4

五、整體構想與材料問題 …………………………… 9

第二章　中晚唐碑誌的文學研究 ………………………… 11

第一節　中晚唐神道碑研究 …………………………… 11

一、神道碑的概念及發展沿革 …………………… 12

二、中晚唐神道碑的創作 ………………………… 21

三、中晚唐神道碑的寫作對象 …………………… 26

四、中晚唐神道碑的寫作緣起及作者情況 …… 36

五、中晚唐神道碑的內容創作情況 …………… 40

第二節　銘文研究 ……………………………………… 52

一、銘文之「正體」與「變體」 ………………… 53

二、銘文的文學性 ………………………………… 57

第三節　中晚唐碑誌與文學 …………………………… 69

第三章　中晚唐代表作家的碑誌創作研究 ……………… 89

第一節　權德輿碑誌文研究 …………………………… 90

一、權德輿創作的碑誌文繫年 …………………… 90

二、權德輿碑誌文創作盛況 ……………… 94

三、權德輿碑誌文創作的個人特色 ……… 101

四、權德輿所作碑誌文的價值 …………… 109

第二節 韓愈碑誌文研究…………………… 117

一、韓愈墓誌銘的接受與影響 …………… 118

二、從碑誌看韓愈的人生觀 ……………… 135

第三節 柳宗元碑誌文研究——從碑誌看柳宗元
與「永貞革新」……………… 147

一、柳宗元所作行狀對「永貞革新」背景的
反映 ………………………………… 147

二、碑誌中體現「永貞革新」對柳宗元生活
帶來的影響 ………………………… 151

三、柳宗元對「永貞革新」的態度 ……… 160

第四章 中晚唐碑誌的史學研究 ………………… 173

第一節 官員誌主研究……………………… 173

第二節 女性誌主研究……………………… 203

第三節 處士誌主研究……………………… 218

一、何謂「處士」? ……………………… 218

二、中晚唐處士的類型 …………………… 220

三、中晚唐處士的信仰格局 ……………… 223

四、中晚唐處士與文學以及他們的生活與
心態 ………………………………… 229

第四節 中晚唐人的心靈史——生命觀研究 …… 236

一、他者視角 ……………………………… 236

二、自我視角 ……………………………… 241

三、神聖視角 ……………………………… 246

結　語………………………………………… 249

參考文獻……………………………………… 251

後　記………………………………………… 257

第一章　緒　論

　　從表象上來看，碑誌文是生者對逝者的身份標識及「蓋棺定論」，或掩埋於地下，或樹立於地上，無不標誌著已逝去的生命、已消亡的時光。然而實質上，碑誌是人對自身一種終極返照的關懷之物，它資鑒生者，正是對死亡的面對與思考，才使生命本身更有了意義與價值。碑誌文記錄逝者生平，旁及諸多當時社會歷史現象，且描述客觀真實，具有史學價值。碑誌文寫作過程筆法千端，序文與史傳文學互相影響，銘文可窺風騷之雅，具有文學價值。碑誌文交代逝者埋葬情況、喪葬禮儀、先世後裔家族情況，具有社會學價值。我國碑誌文文化歷史久遠、蘊涵豐富且自成體系。而唐代碑誌文則無疑在碑誌文的演化過程中佔有極其重要的地位，也是近些年來學界較為關注的研究熱點。

一、碑誌文概念的界定

　　「碑誌」一詞，《漢語大詞典》釋為：「刻在碑上的紀念文字。」〔註1〕為其字面上的意思。其實碑誌文的概念，有廣義、狹義之分。

　　廣義的碑誌文，根據褚斌傑《中國古代文體概論》的解釋：在形式上，通常由散文或駢文部分的「序」（或「誌」），與韻語頌讚部分的「銘」共同組成，僅少數有序無銘，或有銘無序。在內容與用途上，主要可分為記述某次重大歷史事件、或某人功業的紀功碑文，記載建築與建緣由和經過的宮室廟宇碑文，記述死者生平，兼訴悼念、稱頌之情或發議論的誌墓碑文三類。〔註2〕如清代姚鼐《古文辭類纂》的碑誌類所收文章，便是以此廣義範疇為標準。

〔註1〕羅竹風主編：《漢語大詞典》，上海：漢語大詞典出版社，1989年，第4卷，第1059頁。
〔註2〕參見褚彬傑：《中國古代文體概論》，北京：北京大學出版社，1984年。

　　狹義的碑誌文，則專指廣義碑誌文中的誌墓碑文，本書稿的研究對象，取此狹義範疇。從創作的數量、應用的廣泛、影響的廣度深度來看，誌墓碑文已成為碑誌文的主流，屬於一般情況下人們約定俗稱的概念。如劉勰《文心雕龍·誄碑》中：「碑者，埤也。上古帝王，紀號封禪，樹石碑嶽，故曰碑也。周穆紀跡於弇山之石，亦古碑之意也。又宗廟有碑，樹之兩楹，事止麗牲，未勒勳績，而庸器漸缺，故後代用碑，以石代金，同乎不朽，自廟徂墳，猶封墓也。」〔註3〕

　　與本文所研究的與碑誌文相關的還有如下一些概念：

　　墓誌銘：作文體概念時亦稱墓誌。指埋在墓中的誌墓傳人之文。其載體形制一般由誌身與誌蓋兩部分組成，兩石相合，一刻誌銘，一題死者姓氏、籍貫、官爵。多放置在墓室中或墓門口，有些放置在甬道中。趙超在《古代墓誌通論》中指出：「墓誌作為一種器物類型，或者說作為一種專門文體，都應該具有自己的特徵。這些特徵應該是：埋設在墓葬中，專門起到標誌墓誌的作用；有相對固定的外形形制；有較為固定的銘文文體。」〔註4〕

　　神道碑：立於墓前神道兩側，左右對稱，多官高位顯者用之。

　　墓表：指立於地面的墓碑。

　　上述相關概念雖在形制上或使用範圍上略有差異，但它們的文體格式是基本一致的，絕大多數都由「序」和「銘」兩部分組成，少數僅有銘或序。通常以墓主的履歷事蹟為文章重點，名字、籍貫、家世、享年、卒葬時地、子孫大略基本必敘。因此本文將碑誌文作為一整體來論述，對各類間的細微差別一般不作區分。

二、中晚唐碑誌文研究的價值與意義

　　碑誌文的自身特點決定了它集多重研究價值於一身。它首先是標記死亡的載體，因此碑誌文中體現的對待生死大事的態度、進行人生記錄的著眼點，都可進入哲學研究的視野；同時，它在記載當時逝者的人生遭際時，所涉及的生活環境、社會背景、歷史事件都具有史料的作用，而且在記錄這些歷史資料時，因為碑誌文的重點並不在此，所以反而較其他史料更加真實可信，具有史

〔註3〕〔梁〕劉勰撰，〔清〕黃叔琳注：《文心雕龍》，上海：商務印書館，1931年，第3卷。

〔註4〕趙超：《古代墓誌通論》，北京：紫禁城出版社，2003年，第32頁。

學價值；碑誌文的重要內容除了記錄死者生平外，就是交代喪葬的情況，同時對家世譜系、日常生活情況、壽命等都有所涉及，提供了當時社會的大量真實信息，亦屬於社會學的研究範疇；碑誌雖屬於應用文的範疇，但是隨著長期文體本身的發展演變，以及諸多名家的靈活創作，已顯現出濃鬱的文學色彩，成為了真正的不可忽視的文學作品。因此，拓展和加強對它的文學研究也顯得尤為必要。

　　自公元 618 年至 907 年，唐朝綿延二百八十餘年的時間。在此期間，多重的社會矛盾一直伴隨著唐朝從興盛到衰亡的過程，邊境問題、民族戰爭、藩鎮割據、宦官專權、朋黨之爭，在這些錯綜複雜的社會矛盾中，無論從史學的角度透過層層現象探究歷史發展的本質，還是從文學的角度探究當時文人的生活與心態，將文學放在歷史演進的背景下進行研究，碑誌材料的大量應用與研究都顯得尤為必要。對於治唐代文學的工作者來說，材料的分散與真偽難辨，向來是治學的一個難點。而碑誌材料的出現，可與正史材料之相互印證，一定程度上起到鉤沉輯錄、校勘文獻的作用。正如著名學者傅璇琮所說：「我們可以充分利用建國以來的考古成果，從文學研究角度來從事考古成果的分析研究，開闢一門文學考古學。」〔註5〕

三、學術依據及研究方法

　　關於中國傳統學術的研究，主要表現為注疏法與長編考異法。注疏法以經學材料為中心，以經典的原文為根本，根據歷代學者研究脈絡走向為前進依託，代表作為《十三經注疏》；長編考異法則主要以史學材料為中心，按照時間先後對史料分類排序，在排比中判定材料真偽，代表作為《資治通鑒》。這兩種方法發展到清代至鼎盛，相通為考據一途。

　　王國維與陳寅恪在治學方法上則更具開拓精神，他們傾向於在史料中尋求規律，在規律中把握歷史脈搏。陳寅恪指出王國維的治學方法：「一曰取地下之實物與紙上之遺文互相參證。二曰取異族之故書與吾國之舊籍互相補證。三曰取外來之觀念與固有之材料互相參證。吾國他日文史考據之學，範圍縱廣，途徑縱多，恐亦無以遠出三類之外。」〔註6〕

〔註5〕傅璇琮：《唐刺史考全編序》，合肥：安徽大學出版社，2000 年，第 6 頁。
〔註6〕陳寅恪：《王靜安先生遺書序》，出自《金明館叢稿二編》，上海：三聯書店，2001 年，第 248 頁。

本書稿研究擬從文獻學角度出發，以中晚唐碑誌的內容為考察對象，以其反映的文學現象以及相對應的社會現象、歷史事件等為關注點，對中晚唐碑誌在文學、史學等方面的價值進行探索性研究。在研究中以馬克思主義的辯證唯物論為指導，確立正確的研究方向，繼承和發揚傳統的研究方法，尊重史實、史料、證據，採取嚴謹、踏實的研究態度，運用王國維提倡的二重證據法，將文獻資料與地下出土資料相結合，科學地對待歷史，同時將演繹與綜合、個案考察與理論總結、定性與定量相結合，利用文獻學、文學、歷史學、文化學等多學科領域的理論與方法，對中晚唐碑誌文獻進行研究。

四、學術史的回顧

近幾十年來，出土的唐代文獻資料尤其是碑刻和墓誌極為豐富，而唐代文學研究在最近幾十年間，也形成了前所未有的繁盛局面。新材料的發現與期待，是促使學術研究深入的重要方面，因此碑誌特別是唐代碑誌方面的研究，已成為學界研究的熱點之一。近年來有關唐代碑誌研究成果最為顯著的一是復旦大學陳尚君教授，其論文集《貞石詮唐》（復旦大學出版社 2016）涉及新出石刻與唐代文學、文史等方面的研究。另外浙江大學胡可先教授領銜的學術團隊，通過全國高校古委會直接資助項目「新出土唐代詩人墓誌文本整理與考證」、國家社科基金項目「唐代的文學家族與家族文學：以新出石刻為依據的考察」以及「出土文獻與唐代詩學研究」，已出版《出土文獻與唐代詩學研究》（中華書局出版社 2012）《新出石刻與唐代文學家族研究》（北京大學出版社 2017）《唐代詩人墓誌彙編》（上海古籍出版社 2021）等成果。另外還有徐海容國家社科基金後期資助項目成果《唐代碑誌文研究》（中華書局 2018）是這一領域內的集大成之作。關於其他圍繞著唐代碑誌的相關研究，從數量上及質量上都取得了較大的成果，主要集中於以下幾個方面：

（一）碑誌知名作家的研究

學界早期關於墓誌的文學研究，大多以墓誌作者為中心，探討個別作家的撰寫特點。其中又以韓愈的墓誌創作最受關注，主要著眼於韓愈對墓誌寫作的創新之處。如周敏的《韓愈碑誌的創革之功》（《南京師大學報·社科版》，2000年第 5 期）詳細論述了是韓愈把碑誌從墓主的生平資料羅列發展為傳記文學並從應用領域引入純文學的領域。近年來，關於韓愈的墓誌研究則更加充分與全面。劉城的《論韓愈墓誌的文體新變》（《河南師範大學學報·哲學社會科學

版》，2012 年第 5 期），指出韓愈通過改變敘事結構破除了墓誌程式化的模式且注重表現墓主性情，在墓誌創作中貫徹了其「奇崛」的總體風格，發揮了強烈的創作主體精神，為墓誌帶來了新的生命力。侯吉永的碩士論文《韓愈破體為文論──以其碑誌文體為中心》（河南大學，2006），以韓愈的碑誌文創作為例，探討了韓愈古文的破體現象，說明了其破體為文的內涵與影響，肯定了其對於碑誌文發展的重大貢獻。韓江峰的碩士論文《韓愈墓誌文研究》（廣西師範大學，2014）則對韓愈墓誌進行了全方位的研究，從其分類、史料價值、文體特徵、地位和影響等方面進行了詳細論述。

　　相較於韓愈，對於其他作家的研究則少見許多，但也逐漸開始受到關注。李慧《試議墓誌銘變格破體的文學現象》（《文學遺產》，2005 年第 3 期）認為新出土的崔融《薛元超墓誌銘》是篇形神兼備的傳記文學，是連接庾信與韓愈墓誌寫作的重要環節。並指出詩人學者介入墓誌銘的寫作，為這種應用文體的變化成熟注入兩股勃勃的生機：一是良史手筆，二是詩家精神。此墓誌也為中唐詩人學者的墓誌銘寫作提供了鮮明的參照。靳月靜的碩士論文《柳宗元碑誌文研究》（暨南大學，2012），從創作概況、史料價值、藝術成就、對碑誌文的貢獻幾大方面，對柳宗元所撰碑誌進行了較為全面的分析，肯定了柳宗元所創作碑誌文的重要性。其他作家如杜甫、賀知章，也有少量單篇論文涉及。

（二）以墓誌文本為中心的研究

　　隨著學界對墓誌認識加深，墓誌文學研究的重心逐漸轉移至關注作品本身。一些單篇論文研究了唐代墓誌的普遍特色與功用，增強了我們對墓誌的基本瞭解。如羅維明《論唐代墓誌撰作特色及其研究價值》（《學術研究》，1988 年第 7 期）一文分析了唐代墓誌的整體風貌，認為唐代墓誌語言富有詩歌、散文和史傳文學的抒情意味，較前代而言篇幅增長、容量擴大，克服了早期墓誌體制短小的缺陷，並且通過大量用典，形成了溫文爾雅、含蓄婉轉的文風，具有文化學、語言學方面的研究價值。但由於篇幅所限，探討不夠深入。王長順《從文章學看墓誌文功用之特徵──以唐代墓誌文為中心》（《貴州社會科學》，2018 年第 7 期）認為墓誌的記錄、認知、教化功用較為突出，分別有讚頌性、標記性和紀歷性、明理性之特點。

　　唐代墓誌的文體研究是近年研究的熱點，墓誌發展嬗變的過程受到了普遍關注。如線仲珊的碩士論文《唐代墓誌的文體變革》（中國社會科學院研究生院，2003）宏觀地考察了唐代墓誌的發展及文體的變革，尤其是其由實用性

向文學性的轉化。文中勾勒出了唐代墓誌的因襲舊制、緩慢發展、變化完成、呈現回落這四個階段，並以知名作家的作品作為例證，展現了每個階段的顯著特點。然後以韓愈為個例，從行文結構的巧妙、作者的登場、題目的擺脫官階、銘文和表現手法的多樣化等方面，談論唐代墓誌創作的新變及意義。徐海容《唐代碑誌文商品化傾向與文體嬗變》（《北方論叢》，2011年第4期）一文，則涉及到唐代碑誌文文體演變的原因，認為其演變受商品化進程影響。他指出唐代碑誌文創作常出現為錢財而應時制景、敷衍變通的現象，碑誌作者任意變換體例格式，碑文追求虛美諛墓。「綜合而言，商品化影響下的唐人碑誌文多以頌美頌德而非真實記事為要，內容上陳設官階、羅列勳爵，重視墓主家世門第的描寫，其鋪陳排比，頌揚溢美，篇幅浩大，語言華靡誇飾，歌功頌德有餘而謹嚴沉穩不足，整體行文豔麗奢靡、虛浮華美，缺乏深度的道德評價體系。」孟國棟的博士論文《新出石刻與唐文創作研究》（浙江大學，2012）對墓誌文的獨特創作過程進行了系統的考察和研究，將墓誌文的文體嬗變與唐文的發展進程聯繫起來，在第五章中梳理了墓誌在唐代的發展與演變。他指出唐代墓誌中銘文逐漸由四言體式向騷體句式轉變，初唐時期的王勃、楊炯、陳子昂等人，均做出了在墓誌文中運用騷體句式的實踐，睿宗時期出現的通篇用騷體寫成的銘文，則被作者視為墓誌銘文文體變化的標誌。隨著古文運動逐漸醞釀和發展成熟，韓愈、柳宗元將他們在詩風、文風改革方面的主張運用到了墓誌銘的寫作中，從而豐富了墓誌銘的表現手法，擴大了具體內涵。而唐末駢文得以復興，墓誌文又回歸駢文和四言韻文，但出現了誌石中以音注為主的旁注現象。作者通過將新出墓誌與傳世文獻的相互參證，再現了唐代應用文體的原生狀態，也從側面展示了唐文的生成與演變，對於整個唐代文學研究的深化具有推進作用。

也有一些研究專注於某個時期的墓誌特點，如康光磊的博士論文《初唐詩人墓誌銘研究》（華中師範大學，2010），以誌主為初唐詩人以及作者為初唐詩人的墓誌銘為研究對象進行了系統的考辨。以陳子昂所撰墓誌銘為個例，從一般性和特殊性兩個方面探討其文學特徵，指出陳子昂對於墓誌文體的革新之功，更深入地說明了初唐詩人墓誌銘創作的特點與成就，肯定了其對於後世的價值和影響。此文不僅通過對陳子昂的研究，使學界於墓誌作者的研究這一方面得到了新的補充，亦在一定程度上彌補了初唐墓誌之文學研究缺乏的短板。徐海容《唐代碑誌文的盛世情結及書寫模式——以初盛唐文本為考察中心》

（《西北大學學報・哲學社會科學版》，2017 年第 3 期），專注於初盛唐碑誌文中呈現出士人的盛世期待心理這一特點，並分析了其具體的書寫模式，不失為一種新的視角。王旭《中唐思想轉型下的墓誌書寫》（山東大學，2018）在研究了中唐墓誌歷史語境的基礎上，針對其情境化敘事、記言體、敘事與議論和抒情的配合、敘述順序等特點，討論了中唐墓誌寫作的文學性突破。在此之後，作者分析了墓誌中不同身份人物的書寫模式，以及墓誌中體現的對於命運的思考和中唐士人的命運觀念，使其研究不僅僅侷限在中唐墓誌寫作的形式特點，而且揭示了墓誌所展現的一個時代的思想特徵和士人心理。

　　墓誌本身的文體結構也受到了關注。如孟國棟、胡可先的《論墓誌文體誌文和銘文的特點、功用及相互關係》（《浙江大學學報・人文社會科學版》，2012年第 6 期），從墓誌銘誌文和銘文的關係入手，研究了二者各自的功用特點，認為誌文旨在記事，突出文的特點，銘文旨在頌美，與詩更為接近。且銘文是誌文的重複或縮寫，銘文是對誌文的補充，二者雖各有側重，但主旨相同、渾然一體。在此基礎上，趙小華《誌銘分撰：唐代墓誌文學研究之新視角》（《社會科學研究》，2015 年第 3 期）一文有了進一步的發展。作者從撰寫者視角來研究唐代墓誌，由此發現了誌文和銘文由不同作者分撰的特殊現象，認為誌銘分撰對於傳世詩文別集中單獨出現誌文或銘文的現象提供了新的解釋思路。還有一些文章關注到墓誌與其他文體的互動、影響等問題，如鄭真先、戴偉華《賦與唐代墓誌》（《浙江大學學報・人文社會科學版》，2017 年第 1 期）一文指出，根據新出土的墓誌可以瞭解其賦的數量、風格、傳播等情況，又可追溯確認若干賦學批評術語產生的時間。唐代墓誌創作本身即存在化用先唐賦典的現象，且又常以賦筆行文，可見賦與墓誌兩者功用的契合。作者將賦與墓誌進行聯合考察，觀察不同文體之間的影響，清晰地展現了文體之間的互動關係。

　　亦有一些角度比較特殊的研究，如劉城《唐代墓誌的寫人進程》（廣西師範大學，2003），通過觀察墓誌對誌主人物形象塑造的情況來論述唐代墓誌寫作方法甚或文體的演變，並以韓愈、柳宗元、杜牧所撰墓誌為例，認為唐代墓誌由實用性向傳記性甚至文學性轉變。

（三）以誌主為中心的研究

　　墓誌的記事功能往往使其成為學界研究其中人物的有力依據，幫助我們更加真實地還原墓誌中所涉及人物的本來面貌。胡可先在《新出石刻史料與李

德裕相關問題探索》（《河南社會科學》，2017 年第 5 期）一文中即梳理了石刻
文獻中有關李德裕的資料，從而考察了牛李黨爭、李德裕與唐代文化、其文學
創作、世系及生平交遊等各個方面，對李德裕研究的不少方面進行了補充和修
正。相較而言，他與徐煥共作的《新出土唐代李寬碑誌考論》（《浙江大學學報·
人文社會科學版》，2018 年第 1 期）更注重碑誌的史料價值，由於李寬與唐代
初期幾個重大政治事件有著重要聯繫，因此除了彰顯其本身事蹟，其碑誌對唐
初歷史亦有印證和發覆之效。除對個人的考論之外，也有著眼於某個群體的研
究。高思《唐代墓誌中的純儒形象與思想研究》（《天府新論》，2016 年第 3 期）
借助對墓誌的考察，指出純儒士人作為正統的代表，在唐宋變革中佔有重要地
位。謝夢瑩《唐代處士墓誌研究》（吉林大學，2020）將視點集中於「處士」
這一身份，首先將處士墓誌擺在了文學文本的位置上，對其進行了專門性研
究，探討了唐代處士墓誌的家族書寫、墓誌中的處士形象、處士墓誌的文體形
式與特徵以及處士墓誌的作者狀況等。楊瓊的博士論文《新出唐代詩人墓誌研
究》（浙江大學，2018），前三章為詩人墓誌專題研究，後三章為詩人墓誌個案
研究，在總體考察詩人墓誌基礎上，不僅探究了詩人的生平、交遊，也對所呈
現的群體特點和特殊現象進行了研究，致力於還原唐代詩人原生的文學環境，
揭示特定的文學現象，為瞭解唐代文學生態提供了新的角度。

（四）關於碑誌史料價值的研究

　　要瞭解一個時代的文學，其歷史背景是不可忽略的。因此，與墓誌文學
相關的歷史學科的研究成果也十分值得注意。如江波的博士論文《唐代墓誌
撰書人及相關文化文體研究》（吉林大學，2010），圍繞唐代墓誌的撰、書人
及相關墓誌文化進行研究，明確了唐代墓誌作者、書者的書寫和生存狀況，
涉及的問題相當廣泛。還有一些研究雖然與墓誌文學關係不大，但反映了一
個時代的思想和社會狀況，提供了更詳細的記載與更多生動的細節，可以作
為文學研究的背景。張葳《唐中晚期北方士人主動移居江南現象探析——以
唐代墓誌材料為中心》（《史學月刊》，2010 年第 9 期）一文，認為唐代選官
制度和賦稅制度的變化是促成不同地域間士人流動的根本原因，同時也分析
了江南地區能夠吸引北方士人的其他因素，探討了北人與江南之間的關係，
並涉及了南北文化的互動與影響。盛會蓮《從墓誌看中晚唐幽州社會與政局
——以周瓚墓誌為中心》（《北方文物》，2019 年第 3 期）則以小見大，分析
了中晚唐中央政府、藩鎮之間是如何利用授官和封爵來制約及平衡中央與藩

鎮、藩鎮與將校、幕僚之間的關係的，還通過分析周璵及其子弟的婚姻關係、子弟的仕宦狀況，重點探討了幽州等河朔叛鎮在婚姻和仕宦方面的「封閉性」和地域性以及幽州將校「父子相襲，親黨膠固」的社會與政局特點，展現了其時其地的政治風貌。

　　總而言之，唐代碑誌的研究主要還是集中於文獻以及史學方面，但近年來的文學研究也取得了很大進展。對於碑誌作者的研究，由韓愈開始拓展到其他大作家，但仍不豐富，而對於中小作家、民間文人的創作的專門研究則更加少見。墓誌文本本身成為近年來一大研究熱點，尤其是與文體相關的研究，分析了唐代墓誌文的嬗變過程，探討了唐代文體文風變革與墓誌發展演變之間的關係。對於某個時期的墓誌特點的研究也逐漸深入，其中，中唐的碑誌寫作受到的關注更多，唐代其他時期墓誌的研究相對較少。可見，唐代碑誌仍然有許多可供研究之處，需要我們繼續深入探索。

五、整體構想與材料問題

　　通過對大量唐代碑誌材料的研讀，以及對學界已有相關研究成果的學習，本書稿則嘗試通過對中晚唐碑誌材料的運用，對其中的一類文體「神道碑」以及墓誌銘的「銘文」部分進行文體方面的研究，闡釋中晚唐碑誌的文學價值和文學史意義，對權德輿、韓愈、柳宗元等名家創作的碑誌進行有別於常式的研究，對中晚唐碑誌的官員誌主、初唐女性以及處士誌主的生活風貌進行展示。在最後一節中，筆者試圖通過中晚唐碑誌中呈現的生命觀，勾勒出中晚唐士人的心靈史。

　　整部書稿的構架即是利用中晚唐碑誌材料，在文學方面（包括文體及代表作家）、社會學方面（某一社會群體的生活風貌）以及史學方面（對歷史問題的探察）進行綜合應用的嘗試。

　　在碑誌材料方面，1984 年，文物出版社出版了河南省文物研究所、河南省洛陽地區文管處編的《千唐誌齋藏誌》上下冊；1986 年齊魯書社出版了《曲石精廬藏唐墓誌》；1989 — 1991 年，中州古籍出版社出版了北京圖書館由徐自強牽頭金石組編的《北京圖書館藏中國歷代石刻拓本彙編》100 冊；1991 年，中國社會科學出版社出版了洛陽市文物工作隊編的《洛陽出土歷代墓誌輯繩》；1991～1992 年，天津古籍出版社出版了隋唐五代墓誌彙編總編輯委員會編《隋唐五代墓誌彙編》30 冊；1992 年上海古籍出版社出版了周紹良編《唐

代墓誌彙編》上下冊，2001 年上海古籍出版社又出版了周紹良、趙超主編《唐代墓誌彙編續集》，都附有人名索引；1994～2005 年，三秦出版社出版了吳鋼主編的《全唐文補遺》9 輯；近年來文物出版社分期出版了中國文物研究所等編的《新中國出土墓誌》共 13 冊，圖版與錄文並舉；1996 年文物出版社又出版了洛陽市第二文物工作隊編的《洛陽新獲墓誌》。2000 年，北京圖書館出版社出版《歷代碑刻史料彙編》。臺灣、香港、日本對墓誌資料的整理出版也做出了重要貢獻。1966 年，臺灣藝文出版公司出版了嚴耕望主編的《石刻史料叢書》；1977 年臺灣新文豐出版公司出版了《石刻史料新編》3 輯分一般類，地方類，目錄題跋類計 75 冊，可以查閱歷代石刻考證題跋成果；1984～1994 年，臺北中央研究院歷史語言研究所陸續出版了圖文對照本毛漢光編的《唐代墓誌銘彙編附考》18 冊，附有前人考證和作者自己的研究成果。1981 年，香港中文大學出版社出版了《唐宋墓誌：遠東學院藏拓片圖錄》其中上海古籍出版社出版的《唐代墓誌彙編》及《續編》，以物美價廉而廣為流通。1997 年，日本柳原書店與上海教育出版社出版了史樹青主編《中國歷史博物館藏書法大觀》第 10 卷《墓誌拓片》；2000 年，文物出版社和日本中教出版社聯合出版了王錦厚等主編《遼寧省博物館藏墓誌精粹》，2009 年，遼海出版社出版於景祥、李貴銀編著的《中國歷代碑誌文話》。另外還有日本學者氣賀澤保規的《唐代墓誌所在總和目錄》，饒宗頤編《唐宋墓誌·遠東學院藏拓片圖錄》等等。另還有不下一萬兩千篇的新出唐代墓誌，整理刊本情況詳見孟國棟《新出石刻與唐文創作研究》一文。

　　在論文寫作過程中，筆者查閱的直接碑誌材料有《全唐文》、《唐代墓誌彙編》、《唐代墓誌彙編續集》、《新中國出土墓誌》、《全唐文補編》、《全唐文補遺》、《全唐文補遺：千唐誌齋》等。另外，線上碑誌材料資源以籍合網「中華石刻」數據庫提供資料為主。

第二章　中晚唐碑誌的文學研究

　　碑誌文本身屬於應用文範疇，但因其又是志人之作。故呈現出實用性與文學性相融合的特點。因其實用，故碑誌文的寫作，與時代背景、社會風俗、政治環境、文化風尚密切相關。因其志人，故與多種文體產生互動關係，如詩、賦、駢文、散文等等，並隨著時代的變遷與文學史的進程一道，呈現出時代特點。碑誌文同時還在正體與變體之間遊走，從只能「記功頌讚」，情感上的中正，審美層面的雅正，到越發重視生活細節的描寫，情緒的抒發，對日常生活的接受，與文學史的演變史何其相似。故本書稿試從文體、名家作品和文學性等方面進行研究，無法涵蓋所有，試為碑誌文的研究提供更多的角度。

第一節　中晚唐神道碑研究

　　作為碑誌文的一種，神道碑已多被收入作者的專門文集中，在《全唐文》裏，僅中晚唐的神道碑就有近百篇之多。已有研究成果顯示，涉及到神道碑研究的分為兩類，一類是在對碑誌文等文體進行綜合研究時，將神道碑作為碑文的一種形式提出，或將其與紀功碑、宮室廟宇碑等加以區分，或將其與墓誌銘統稱為「碑誌文」，如褚斌傑的《中國古代文體概論》、四川大學嚴春華的碩士論文《中唐碑誌文研究》、華東師範大學劉絢蓓的碩士論文《中國古代碑誌文研究》等。另一類是針對單篇神道碑的內容、形制、書法、所述史實等方面的個體研究，如秦明的《金〈完顏希尹神道碑〉拓本考略》〔註1〕，鄭永華的《〈姚

〔註1〕《故宮博物院院刊》，2007 年，第 4 期。

廣孝神道碑〉考實》〔註2〕，方剛等的《〈明吏部尚書蹇義神道碑銘〉校點及相關考釋》〔註3〕等近五十餘篇論文。

以上總結的研究成果表示，針對神道碑的準確定義、發展沿革、寫作程序、創作主體、創作客體等進行的專門研究，還沒有進入學界的視野。本文則將以《全唐文》、《全唐文補編》、《全唐文補遺》中已收錄的中晚唐神道碑為研究對象，試就以上問題提出自己的觀點，求教於方家。

一、神道碑的概念及發展沿革

（一）神道碑的概念

神道碑最早的記載見於宋代歐陽修《集古錄》卷二「後漢楊震碑歲月未詳」條的記載，云：「右漢楊震碑首題云：漢故太尉楊公神道碑銘，文字殘缺，首尾不完，其可見而僅成文者云：聖漢龍興神只降祉乃生於公，又云窮神知變，與聖同符，鴻漸衡（一作於門）群英雲集，又云貽我三魚，以章懿德，又云大將軍辟舉茂材，除襄城令，遷荊州刺史，東萊涿郡太守，又云司徒太尉立朝正色，恪勤竭忠。其餘字存者多而不復成文矣。治平元年六月十日書右真蹟。」〔註4〕可見神道碑之名，漢已有之。從記載可見的神道碑的寫作內容來看，包括了碑主的仕宦經歷，立碑時間等，並對碑主的才能稟賦、盡忠職守的品行進行頌揚。可見碑主的基本生平交代以及「稱頌彰顯」是神道碑內容的兩個基本特質。

宋代高承《事物紀原》卷九「神道碑」條載：「古之葬有豐碑以窆，秦漢以來，死有功業、生有德政者皆碑之，稍改用石，因總謂之碑。晉宋之世，始又有神道碑。天子及諸侯皆有之，其刻文止曰某帝或某官神道之碑，今世尚有宋文帝神道碑墨本也，其初由立之於葬兆之東南，地理家言以東南為神道，故以名碑。爾按後漢中山簡王薨，詔大為修冢塋，開神道。注云：墓前開道建石柱以為標，謂之神道。是則神道之名在漢已有之也，晉宋之後易以碑刻云。」〔註5〕

〔註2〕《世界宗教研究》，2009年，第3期。

〔註3〕《四川文物》，2009年，第4期。

〔註4〕〔宋〕歐陽修：《集古錄》，第2卷。見〔清〕《景印文淵閣四庫全書》第681冊，臺灣：商務印書館，1986年。

〔註5〕〔宋〕高承：《事物紀原》，北京：中華書局，1989年，第9卷。

　　元代潘昂霄《金石例》卷二載:「神道碑之始:《事祖(疑為林)廣記》云:『晉宋之世始,又有神道碑,天子及諸侯皆有之,其刻文止曰:某帝或某官神道之碑。今世尚有宋文帝神道碑墨本也。其初猶立之於葬兆之東南,地理家言以東南為神道,若神靈出遊道之意,故以名碑爾。唐李夷簡臨終敕無碑神道。」〔註6〕

　　明代徐曾《文體明辨序說》「碑誌文」條提到「神道碑」云:「漢以來始刻死者功業於其上,稍改用石,則劉勰所謂『自廟而徂墳』者也,晉宋間始稱神道碑,蓋堪輿家以東南焉神道,碑立其地,因名焉。唐碑制,龜跌螭首,五品以上官用之。」〔註7〕

　　劉勰《文心雕龍‧誄碑》中提到「碑」云:「碑者,埤也。上古帝皇,紀號封禪,樹石埤嶽,故曰碑也。周穆紀跡於弇山之石,亦古碑之意也。又宗廟有碑,樹之兩楹,事止麗牲,未勒勳績。而庸器漸缺,故後代用碑,以石代金,同乎不朽,自廟徂墳,猶封墓也。自後漢以來,碑碣雲起。才鋒所斷,莫高蔡邕。……夫屬碑之體,資乎史才,其序則傳,其文則銘。標序盛德,必見清風之華;昭紀鴻懿,必見峻偉之烈:此碑之制也。」〔註8〕

　　由上面的定義可知,神道碑,簡而言之,指置於神道前的石碑,上面記載死者生前的事蹟。神道碑的概念涉及到兩個因素:「神道」與「碑」。神道指地面上碑前的通道,與地下的墓道相對應。碑則用於敘寫死者生平事蹟,有彰顯功績或德政的功用。神道碑後來紀事漸趨詳細,愈加盛行於唐、宋、明、清,成為人物傳紀的一種變體,並多收入作者的文集。後來,文體研究者約定俗成將刻在該類碑上的文字稱為神道碑,成為一種文體。神道碑與墓誌銘在內容上均為對死者生平事蹟的敘寫,在寫作格式上也有類似之處。然而二者的差異,首先反映在「碑」與「誌」的差別上。一般來說,碑立於地上,誌埋於地下,碑主較誌主顯貴,碑的面積相對誌的面積較大,因此內容也偏長。

〔註6〕〔元〕潘昂霄:《金石例》,見〔清〕《景印文淵閣四庫全書》第1482冊,臺灣:商務印書館,1986年,第2卷。

〔註7〕〔明〕徐曾撰、于北山、羅根澤點校:《文體明辨序說》,北京:人民文學出版社,1962年,第151頁。

〔註8〕〔梁〕劉勰撰〔清〕黃叔琳注:《文心雕龍》,上海:商務印書館,1931年,第3卷。

（二）神道碑的發展沿革

1. 神道碑創作的發展

現見最早的關於神道碑的明確記載是歐陽修《集古錄跋尾》記述漢楊震碑首為：「故太尉楊公神道碑銘」。而根據《全上古三代秦漢三國六朝文》的記載，「神道碑」的最早雛形應為《全後漢文》中署名「鄭郴」所著的《張公神道石闕銘》，後見於《全後漢文》卷《張公神碑》：

> 惟和平元年正月，□□朝歌長鄭郴造□張公建□良□之山，運置蒙陽，刊鑿涿摩，立左右闕，表神道，□豎碑廟堂之前。到五月□□乃成。長□□之，銘勒神懿光秘後昆。其辭曰：於穆張公，含和泰清。受符皇極，乾剛川靈。何天之休，元亨利貞。無□□貴，神耀洞□□度□泉，殷商北坰。岳朝蒙陽，厥土敞平。芝草茂木，瀟瀟滋榮。群萌勳炎，激川通□□□懷□□□□□□□□廟，克儉損盈。詔命有司，祭以中牲。歲聿再慶，公其饗零。興來億載，歷數萬君。□□□□□□□太□□顯猶昭拂英勳□錫令福，惠此吏民。國無災寇，屢獲豐年。皇帝眉壽，千祿於天。牧守皆升，握台輔辰。長與丞尉，超遷相國。休□烈烈，無□□□臨犁陽營。謁者李君，畏敬公靈。好鄭長文，徹奉佐工。悃愊愨勤。□□□熹且惶，作歌九章。達李君闕，頌公德芳。其辭曰：

> 蒙水湯湯揚清波，東流□折□於河。□□□□□□朝歌。縣以潔靜無穢瑕。公□守相駕蜚魚，往來悠忽遂熹娛，佑此兆民寧厥居。出自蒙□□□□松柏郁蘭公□□神往來乘浮雲，種德收福惠斯民。家饒戶富無□貧，疆界家靜和睦，□朝歌蕩陰及黎陽，三女所處各殊方，三門鼎列推其鄉。時攜甥幼歸侯公，夫人□□□容□□□□□饗□觴。穆風屑兮起壇荺，樂吏民兮永未央。鹿呦呦兮□□。栗蕭廿兮蓏鋪陳，新美萌兮香芯芬，蕙草生兮滿園田，競苔茗兮給萬錢。惟公德命之所□門堂郁兮文耀光，公神赫兮坐東方，明暴視兮儼仰仰，夫人□女兮列在旁。陳君處北兮從官□車騎駱驛兮交錯重，秉軑軺兮駕飛龍，驂白鹿兮從仙僮，遊北兮與天通。

> 玄碑既立，雙闕建兮。□□□□大路畔兮。亭長閣□□扞難兮。列種槐梓，方茂爛兮，天下遠近，□不見兮，公神日著，聲洞遍兮，□□乾巛，傳億萬兮。監犁陽營謁者豫章南昌李朝伯、丞左馮翊夏

陽趙寵德雅、朝歌長潁川陽城鄭梆伯林、左尉京兆□井水□□陽里
郭虞子□扶風安陵□□邵公、處士巍郡□封仲舉、處士巍郡犇陽□
□□□。(《隸釋》三案：此碑前半張公神道闕銘文，朝歌屬長鄭梆
撰。梆字伯林，潁川陽城人。後半歌九章，無吏撰名氏。)〔註9〕

雖篇名未明確是「神道碑」，但碑文內容顯示「立左右闕，表神道，□豎
碑廟堂之前。到五月□□乃成。長□□之，銘勒神懿光秘後昆。……」可見是
立於神道前的碑文。

自後漢以來，「神道碑」的下一次明確出現則到了《全後周文》的庾信手
中，庾信共創作寫人的碑誌文 31 篇，其中有 11 篇題名為「神道碑」，1 篇為
「碑」，剩下 19 篇名為「墓誌銘」。試看庾信所作神道碑的樣例：

周上柱國齊王憲神道碑

昔者軒皇受姓，十有四人，周室先封，十有五國，自爾承基纂
冑，保姓受氏，雖復千年一聖，終是百世同宗，故知昔之東京，既
稱大漢再受；今之周歷，即是酆都中興。

公諱憲，字毗賀突，恒州武川人也。晉太康之世，據有黃龍；
魏孝昌之初，奄荒玄菟。太祖以百二諸侯，三分天下，函谷先登，
鴻溝大定，功業如此，人臣以終。公含章天挺，命世誕生，降太一
之神，下文昌之宿，珠角擅奇，山庭表德，儀範清泠，風神軒舉，
聳動廓廟，光華城闕。未逾齠齔，已議論天下事。人或曰：是謂弱
木一枝，旁陰數國；長河一直，自然千里。風飈欲遠，光景將升。
後魏二年，封涪城，縣開國公，時年五歲也。

虹蜺滿野，是廢當途之高；鸑鷟鳴岐，實始維新之命。國家光
宅受圖，欽明秉歷，大風初卷，長沙始封。周元年，進爵安城郡公，
食邑二千戶，仍授使持節、驃騎大將軍、開府、儀同三司。開府同
於馬駿，秩擬六卿；驃騎等於劉蒼，位高三事。宗子維成，彼多慚
色。武成二年，授使持節、大將軍、都督益壽守等二十四州諸軍事、
益州刺史，改封齊國公，食邑萬戶。公時年十有六。王武子以上將
開府，未滿立年；荀中郎為十州都督，才逾弱冠。方之於公，已為
老矣。加復營丘負海，齊桓公受脹之城，岷山導江，漢武帝求仙之

〔註9〕〔清〕嚴可均輯：《全上古三代秦漢三國六朝文‧全後漢文》，上海：上海古籍
出版社，2009 年，第 63 卷。

地。自非召陵孤竹，聲振沈黎，豈得南至穆陵，西登積石。幸無白虎之患，寧待黃龍之盟？邛筰畏威，微盧仰德，生為立廟，刻石頌功。成都有文翁之祀，非謂生前；漢陽有諸葛之碑，止論身後。比之今日，豈可同年而語哉。保定四年，與大司馬蜀國公圍金墉城。師臨洛浦，則廣武營奔；兵上邙山，則河橋路斷。八川風俗，五方名利，鐵市銅街風飛塵起。天和元年征還，行雍州牧。公以日月之明，威神其政，漆沮既從，荊岐即乂。少陽用事，路不喘牛；仲秋以殷，民無驚水。二年拜大司馬，仍理小冢宰、營室殿軍器太監。天官以邦國為基，是司六典；夏官以兵戈為主，專謀七德。是以器械填委，既包吳漢之功，宮殿崢嶸，彌壯蕭何之法。時以白露涼風，務閑農隙，督兵三萬，出自宜陽。拔伏龍之城，平姚襄之壘。馬陵削樹，魏將路窮；平陰聽烏，齊師其遁。天子冢弟，禮絕群公，仁義所往，事資道德。建德元年，進爵為王，仍拜大冢宰。姬旦封於曲阜，不廢居中；劉交國於彭陽，無妨常從。豈直周召二南，並居師傅，晉鄭兩國，俱為卿士而已哉。

匈奴突於武川，燧火通於灞上。公述職巡御，治兵朔方，馬邑星飛，龍城月動。撓留犁之酒，經略不前；失煙支之山，下馬而去。東鄰逆命，反道敗德，囚箕子於塞庫，羈文王於玉門。天子將有孟津之師，召公獨議，公報以誕應天命，克成厥勳。昔者秦昭起師於蜀，直問張儀；晉武用兵於吳，惟謀羊祜。於是中軍無帥，儼曰有歸。五年拜上柱國。元戎東討，給王鐵騎二萬，先襲太原。斗建龐兵，天離轉戰，虎嘯風騰，雲飛電掩。林胡棗栗，詎得充饑？晉陽荻薍，何能拒防？又加王精兵六萬，長圍晉州。然後六軍星陳，萬騎雷動，中權始及，前茅已戰。自爾即為前鋒，橫行入鄴，觀彼車絓槐本，馬驚旋潯，積甲高昆陽之城，尸封塞富平之水。莫不如彼建瓴，同斯破竹，一朝指揮，六合大定。是用光昭下武，翼亮中都，足以攄祖宗之宿憤，解生民之怨黷。方當待彼石閭，部斯玉鼓，經緯天地，光華日月。既而赤烏夾日，黃熊入寢，實沈無祀，桑林不祭。宣政元年六月二十八日薨，春秋三十有四。季友之亡，魯可知矣；齊喪子雅，姜其危哉。

公器宇淹曠，風神透遠，璣鏡照林，山河容納，置鏛待酌，懸

鍾聽扣，聲動天下，光照四鄰。武皇帝以介弟懿親，特垂愛友，而密謀奇策，加禮敬焉。常謂左右曰：「孔子云：『自吾有回，門人日親。』其齊王之謂也。」用之作宰，則萬方協和；用之撫軍，則四表懾伏。豈直臬緜為士，國無不仁；隨會為，民無群盜。愛玩書籍，敦崇禮樂。管絃入耳，則溪谷俱調；文雅沿心，則煙霞並韻。養由百發，落雁吟猿。應奉五行，綵紃縹帙，雍容舉止，抑揚談論，當世以為楷模，縉紳以為軌範，則少有壯志，頗校兵書，玄水降靈，穀城受策，飛風長柳，月角星眉，莫不吟誦在心，撰成於手。所著兵法，凡有五卷。六韜九法，不用吳起舊書；三令五申，無勞孫武先誡。可謂有忠孝焉。有壯武焉，不自驕矜，謙光下物。宋人獻玉，不貪為寶；伯成子高，守仁為富。不謂以信致欺，為善非樂，天年不享，嗚呼哀哉。以某年月日葬於石安縣洪瀆川之里，原隰悽愴，埋於盛德幾年；丘陵搖落，蘊於才良永矣。乃為銘曰：

悠哉朔方，逖矣窮陰。山連鳥道，地盡龜林。重黎業大，伯翳功深。胄其積德，必有君臨。大祖撥亂，喪君有君。功回地軸，策動天文。猶臨赤水，尚覆黃雲。諸侯八百，天下三分。公之挺生，實惟天假。翠微神降，文昌星下。照於四國，充於兩社。舟楫江河，棟樑華夏。水湧詞鋒，風飛文雅。純深之性，地極天經。忠貞之道，事感百靈。君親惟一，臣子惟寧。忠泉出井，孝筍生庭。乃宰天官，為國之輔。是居上將，為天之柱。乃聖乃神，惟文惟武。策高開闢，威移雲雨。九宮神略，三術謨明。天離轉陣，月德回兵。黎陽水駭，官度山驚。冀州既載，東原厎平。溟波欲運，弱木將危。中峰嶽斷，半海鵬垂。鳳沈丹穴，龍亡黑陵。臨淄廢市，東武山移。千齡萬古，英聲在斯。〔註10〕

從庾信創作的神道碑來看，內容程序已比較成熟，但是從整個上古時代來看，神道碑的數量還是很少。

據《全唐文》、《全唐文補編》、《全唐文補遺》載，初盛唐共存神道碑約99篇，中晚唐約111篇，總數兩百餘篇。較唐朝以前的時期可謂得到了較大的發展。

〔註10〕〔清〕嚴可均輯：《全上古三代秦漢三國六朝文·全後周文》，上海：上海古籍出版社，2009年，第12卷。

2. 神道碑的發展與「碑」的發展之間的關係

神道碑自濫觴到繁榮發展期，它的發展軌跡是與「碑」的發展歷程有一定關係。碑文自漢代開始興盛，至魏晉時期隨著統治者的禁碑令開始衰退。《宋書·禮志》云：「建安十年（205年），魏武帝以天下凋敝，下令不得厚葬，又禁立碑。」曹操後晉武帝又於咸寧四年（278年）下禁碑令：「此石獸碑表，既私褒美，興長虛偽，傷財害人，莫大於此，一禁斷之。其犯者雖會赦令，皆當毀壞。」〔註11〕至東晉，碑禁漸鬆，而庾信所身處的北朝，正在承繼漢喪葬禮俗，將厚葬作為一種「孝行」加以倡導，墓地建置也承接東漢，故庾信才能在相對寬鬆的環境中創作出較多數量的高水準碑誌文作品。

唐代作為中國歷史空前繁榮的鼎盛時期，隨著經濟的蓬勃發展、書法藝術的空前繁榮，加之帝王的率先倡導，碑文化發展到了我國歷史上最輝煌的鼎盛期。唐太宗李世民一生就親撰甚至親書了不少碑文，如《秦王告少林寺主教碑》、《祭比干文》、《晉祠銘》、《溫泉銘》及《聖教序》等。魏徵病逝後，碑文也是由太宗親撰。同時，唐太宗還打破了一般以篆書、隸書、楷書等書寫碑文，以顯莊重恭謹的常規，在寫《晉祠銘》等碑時，首開以行書、飛白入碑的先河。而有唐一代的多位皇帝也都鍾情書法，愛好和重視書丹立碑，湧現出了許多由皇帝親自撰文或書丹的御碑。上行下效，唐代眾多文士也紛紛競寫碑銘，據不完全統計，現存的整個唐代的碑誌文就有將近萬餘篇之多，神道碑自然也就在數量上得到了很大的發展。可見「神道碑」的發展與「碑」的發展呈現出大體一致的關係。

3. 神道碑的發展與「神道」的關係

常常被人忽視的，是「神道碑」的發展沿革還與「神道」息息相關。皮之不存，毛將焉附？「神道」不在，何以成「神道碑」？

「神道」，據《中文大辭典》解釋為「墓前之道路也」，亦有「神明之道」的引申含義〔註12〕。據《漢書·霍光傳》：「太夫人顯改光時所自造塋製而侈大之。起三出闕，築神道。」〔註13〕《後漢書·中山簡王焉傳》：「大為修冢塋，

〔註11〕〔梁〕沈約：《宋書》，北京：中華書局，1974年，第15卷。

〔註12〕高明主編：《中文大辭典》，臺北：中國文化學院出版社，1968年，第24冊，第22頁。

〔註13〕〔漢〕班固撰，陳煥良、曾憲禮標點：《漢書》，長沙：嶽麓書社，2008年，第68卷。

開神道，平夷吏人冢墓以千數。」〔註14〕李賢注：「墓前開道，建石柱以為標，謂之神道。」它與「墓道」的意思有近似之處，但並不完全一致。考《全後魏文》中《龍驤將軍營州刺史高貞碑》提到：「君以此終，亦以此始，烏可廢而不錄，使來者無聞焉；乃相與採石名山，樹碑墓道。」〔註15〕可知，當時的墓道雖意思上也等同於「墓前之道路」，但是碑文的名稱並不叫「神道碑」，只是一個簡單的「碑」字。據《全後漢文》張衡《上順帝封事》一文：

> 臣竊見京師為害兼所及，民多病死，死有滅戶。人人恐懼，朝廷燋心，以為至憂。臣官在於考變禳災，思任防救，未知所由，凤夜微營。臣聞國之大事在祀，祀莫大於郊天奉祖。方今道路流言，僉曰「孝安皇帝南巡路崩，從駕左右行懸之臣，欲征諸國王子，故不發喪，衣車還宮，偽遣大臣，並禱請」命臣處外治，不知其審，然尊靈見罔，豈能無怨？且凡夫私小有不蹶，猶為譴謫，況以大積，用禮郊廟？孔子曰：『曾謂泰山不如林放乎！』天地明察，降禍見災，乃其理也。又間者，有司正以冬至之後，奏開恭陵神道。陛下至孝，不忍距逆，或發冢移屍。〔註16〕

以及《全三國文》文帝《終制》一文所載：

> 禮，國君即位為椑，存不忘亡也。昔堯葬谷林，通樹之，禹葬會稽，農不易畝，故葬於山林，則合乎山林。封樹之制，非上古也，吾無取焉。壽陵因山為體，無為封樹，無立寢殿，造園邑，通神道。夫葬也者，藏也，欲人之不得見也。骨無痛癢之知，冢非棲神之宅，禮不墓祭，欲存亡之不黷也。為棺槨足以朽骨，衣衾足以朽肉而已。故吾營此丘墟不食之地，欲使易代之後不知其處。〔註17〕

可見在兩漢魏晉時期，「神道」還是更傾向於指代皇家陵寢之地裏的墓道，「神」的強調性更強，因此墓道上的碑文仍冠以「碑」而非「神道碑」之稱。即使在漢代，碑的總體創作豐盛，但是「神道碑」仍然沒有跳出地平線，浮現於我們眼前。

〔註14〕〔後漢〕范曄撰，莊適選注：《後漢書》，上海：商務印書館，1929年，第42卷。

〔註15〕〔清〕嚴可均輯：《全上古三代秦漢三國六朝文・全後魏文》，上海：上海古籍出版社，2009年，第58卷。

〔註16〕〔清〕嚴可均輯：《全上古三代秦漢三國六朝文・全後魏文》，第54卷。

〔註17〕〔清〕嚴可均輯：《全上古三代秦漢三國六朝文・全後魏文》，第8卷。

時間推至南北朝時期，我們在《全宋文》中看到卞伯玉的《祭孫叔敖文》：「謹以醴羞祭楚令尹孫君之靈，眇眇千載，悠悠舒荊，理無不通，事隔者形。尚想清塵，承風效誠。超超夫子，淡矣道情。自心伊貴，人爵靡嬰。芳風如蕭，清響如塤。景矣行役，言戾豫方。側聞夫子，記憤睢陽，靈封積墓，丘塋榛荒。幽幽**神道**，為有為亡。徘徊永念，淒矣其傷。」〔註18〕

《全北魏文》中溫子昇的《常山公主碑》：

> 龍蠻莫援，日車遂往，奄離形神，忽歸丘壤。祖歌薤露，出奏
> 巫山，永厝中野，終掩窮泉。蕭瑟神道，荒涼墓田，松賈徒列，琬
> 琰空傳。〔註19〕

這時的「神道」似乎已不僅僅指皇家陵園的墓前道路，泛指的概念漸漸清晰。神道亦指墓道，在墓道上立的碑既有稱「碑」的，也有稱「神道碑」的。如王儉的《太宰褚彥回碑》、《褚淵碑》，蕭倫的《隱居貞白先生陶君碑》，沈約的《故齊安陸昭王碑文》，徐勉的《忠武王碑》等等，以及庾信的《周上柱國齊王憲神道碑》、《周太子太保步陸逞神道碑》、《周大將軍崔謗神道碑》、《周大將軍司馬裔碑》、《周柱國大將軍拓跋儉神道碑》、《周柱國大將軍紇干弘神道碑》、《周柱國大將軍大都督同州刺史爾綿永神道碑》、《周車騎大將軍賀婁公神道碑》等等。

隨著地下的墓誌銘的大量出現，地下的墓葬結構也逐漸豐富起來。「神道」此時的概念已不完全等同於「墓道」：在有了地下墓道的情況下，如果有神道，則神道在地上，墓道在地下。

進入唐代後，墓碑的情況變得更為簡潔，凡是立於地上神道前的墓碑統稱為「神道碑」，唯一的例外是為某些和尚高僧寫的墓碑，因他們的埋葬習慣是築塔安葬，因此他們的墓碑名稱多為「塔銘」或「碑」。

綜上所述，「神道碑」的發展受到「碑」與「神道」二因素發展的綜合影響。漢代雖「碑」發展興盛，但「神道」尚未提出正式概念，故「神道碑」尚未正式浮出水面；魏晉時期「神道」概念漸漸清晰，但是「碑」的發展受抑，因此也不見「神道碑」的蹤跡；南北朝時期，隨著「神道」概念的明確以及「碑」的逐漸恢復，「神道碑」始正式出現並有了一定的數量；至唐代，

〔註18〕〔清〕嚴可均輯：《全上古三代秦漢三國六朝文・全宋文》，上海：上海古籍出版社，2009年，第40卷。

〔註19〕〔清〕嚴可均輯：《全上古三代秦漢三國六朝文・全宋文》，第51卷。

在碑與墓誌共同發展的盛況下，「神道碑」終於得以興盛，形成了一定的規模。

二、中晚唐神道碑的創作

考《全唐文》、《全唐文補編》、《全唐文補遺》中，中晚唐神道碑共計 111 篇，如下表所示：

表 1：中晚唐神道碑統計表

作　者	神道碑	編號
顏真卿	朝請大夫行江陵少尹兼侍御史荊南行軍司馬上柱國顏君神道碑銘	001
	京兆尹御史中丞梓遂杭三州刺史劍南東川節度使杜公神道碑銘	002
元載	故相國杜鴻漸神道碑	003
	朔方河東河西隴右節度使御史大夫贈兵部尚書太子太師清源公王府君神道碑銘	004
韋建	黔州刺史薛舒神道碑	005
獨孤及	唐故睢陽太守贈秘書監李公神道碑銘	006
	唐故朝議大夫高平郡別駕權公神道碑銘	007
李紓	故中書舍人吳郡朱府君神道碑	008
崔甫	故常州刺史獨孤公神道碑銘	009
常袞	故四鎮北庭行營節度使扶風郡王贈司徒馬公神道碑銘	010
侯冕	同朔方節度副使金紫光祿大夫試太常卿兼慈州刺史王府君神道碑	011
盧庾	御史中丞晉州刺史高公神道碑	012
裴抗	魏博節度使田公神道碑	013
張增	段府君神道碑銘	014
張式	大唐故銀青光祿大夫彭王傅上柱國會稽郡開國公贈太子少師東海徐公神道碑銘	015
杜黃裳	東都留守顧公神道碑	016
鄭餘慶	左僕射賈耽神道碑	017
呂元膺	驃騎大將軍論公神道碑銘	018
吳通微	內侍省內侍焦希望神道碑	019
權德輿	唐故東都留守東都汝州防禦使銀青光祿大夫檢校吏部尚書判東都尚書省事兼御史大夫上柱國扶風縣開國伯贈太子少傅杜公神道碑銘	020

唐故劍南東川節度副大使知節度事管內支度營田觀察處置等使正議大夫持節梓州諸軍事守梓州刺史兼御史大夫護軍賜紫金魚袋贈禮部尚書盧公神道碑銘	021
唐故劍南東川節度副大使知節度事管內支度營田觀察處置靜戎軍等使光祿大夫檢校尚書左僕射使持節梓州諸軍事兼梓州刺史御史大夫鄭國公贈司空嚴公神道碑銘	022
唐故光祿大夫檢校尚書右僕射兼右衛上將軍南充郡王贈太子太保伊公神道碑銘	023
唐故江南西道都團練觀察處置等使中散大夫使持節都督洪州諸軍事守洪州刺史兼御史中丞騎都尉賜紫金魚袋贈左散騎常侍崔公神道碑銘	024
唐故成德，軍節度營田副使正議大夫趙州別駕贈壽州都督河間尹府君神道碑銘	025
唐故右神策護軍中尉右街功德使開認儀同三司守右武衛大將軍知內侍省事上柱國樂安縣開國公內侍省少監致仕贈揚州大都督府孫公神道碑銘	026
故正議大夫守門下侍郎同中書門下平章事成紀縣開國男賜紫金魚袋贈太子太傅貞憲趙公神道碑銘	027
故朔方河中晉絳邠寧慶等州兵馬副元帥河中絳邠節度度支營田觀察處置等使元從奉天定難功臣開府儀同三司檢校司徒兼中書令河中尹上柱國咸寧郡王贈太師忠武渾公神道碑銘	028
唐故宣武軍節度副大使知節度事管內支度營田汴宋亳穎等州觀察處置等使金紫光祿大夫檢校尚書左僕射同中書門下平章事隴西郡開國公贈太傅董公神道碑銘	029
唐故中書侍郎同中書門下平章事太子賓客贈戶部尚書齊成公神道碑銘	030
唐故四鎮北庭行軍兼涇原等州節度支度營田等使開府儀同三司檢校尚書右僕射使持節涇原諸軍事涇州刺史兼御史大夫上柱國南川郡王贈司空劉公神道碑銘	031
尚書度支郎中贈尚書左僕射正平節公裴公神道碑銘	032
故太子右庶子集賢院學士贈左散騎常侍王公神道碑銘	033
故中散大夫守尚書右僕射上柱國賜紫金魚袋贈太子太保姚公神道碑銘	034
故中散大夫殿中侍御史潤州司馬贈吏部尚書沛國武公神道碑銘	035
唐故朝議郎使持節溫州諸軍事溫州刺史充靜海軍使賜緋魚袋河東裴府君神道碑銘	036
唐故義武軍節度支度營田易定等州觀察處置等使檢校司空同中書門下平章事贈太傅上谷郡王張公夫人鄧國夫人谷氏神道碑銘	037

韋貫之	南平郡王高崇文神道碑	038
裴度	唐故太尉兼中書令西平郡王贈太師李公神道碑銘	039
	劉府君神道碑銘	040
令狐楚	大唐故朔方靈鹽等軍州節度副大使知節度事管內支度營田觀察處置押蕃落等使銀青光祿大夫檢校刑部尚書兼靈州大都督府長史御史大夫安定郡王贈尚書左僕射李公神道碑銘	041
韓愈	銀青光祿大夫檢校左散騎常侍兼右金吾衛大將軍贈工部尚書太原郡公王公神道碑	042
	唐故中散大夫少府監胡良公墓神道碑	043
	河東節度觀察使滎陽鄭公神道碑文	044
	銀青光祿大夫守左散騎常侍致仕上柱國襄陽郡王平陽路公神道碑銘	045
	唐故江南西道觀察使中大夫洪州刺史兼御史中丞上柱國賜紫金魚袋贈左散騎常侍太原王公神道碑銘	046
	司徒兼待中中書令許國公贈太尉韓公神道碑銘	047
劉禹錫	唐故朝議郎守尚書吏部侍郎上柱國賜紫金魚袋贈司空奚公神道碑	048
	唐故邠寧慶等州節度觀察處置使朝散大夫檢校戶部尚書兼御史大夫賜紫金魚袋贈右僕史公神道碑	049
	唐故福建等州都團練觀察處置使福州刺史兼御史中丞贈左散騎常侍薛公神道碑	050
	唐故宣歙池等州都團練觀察處置使宣州刺史兼御史中丞贈左散騎常侍王公神道碑	051
	唐故監察御史贈尚書右僕射王公神道碑	052
	故朝散大夫檢校尚書吏部郎中兼御史中丞賜紫金魚袋清河縣開國男贈太師崔公神道碑	053
羊士諤	左拾遺內供奉贈使持節舒州諸軍事舒州（闕四字）竇府君神道碑	054
庾承宣	常山郡王田緒神道碑	055
呂溫	故太子少保贈尚書左僕射京兆韋府君神道碑	056
	唐故金紫光祿大夫檢校兵部尚書使持節都督秦州諸軍事兼秦州刺史御史大夫充保義軍節度隴西經略軍等使上柱國彭城郡開國公食邑二千戶贈尚書右僕射中山劉公神道碑銘	057
李程	河東節度使太原尹贈太尉李光顏神道碑	058
李翱	唐故特進左領軍衛上將軍兼御史大夫平原郡王贈司空柏公神道碑	059
	唐故橫海軍節度齊棣滄景等州觀察處置等使金紫光祿大夫檢校兵部尚書使持節齊州諸軍事兼齊州刺史御史大夫上柱國貝郡開國公食邑二千戶贈左僕射傅公神道碑	060

王起	銀青光祿大夫檢校禮部尚書使持節梓州諸軍事兼梓州刺史御史大夫充劍南東川節度副大使知節度事管內觀察處置靜戎軍等使上柱國長樂縣開國公食邑一千五百戶贈吏部尚書馮公神道碑銘	061
張仲素	內侍護軍中尉彭獻忠神道碑	062
李絳	兵部尚書王紹神道碑	063
元稹	唐故越州刺史兼御史中丞浙江東道觀察等使贈左散騎常侍河東薛公神道碑文銘	064
白居易	唐故湖州長城縣令贈戶部侍郎博陵崔府君神道碑銘	065
	故饒州刺史吳府君神道碑銘	066
	唐贈尚書工部侍郎吳郡張公神道碑銘	067
牛僧孺	昭義軍節度使辛公神道碑	068
皇甫某	韓愈神道碑	069
李德裕	唐故左神策軍護軍中尉兼左街功德使知內侍省事劉公神道碑銘	070
	唐故開府儀同三司行右領軍衛上將軍致仕上柱國扶風馬公神道碑銘	071
李宗閔	故丞相尚書左僕射贈太尉太原王公神道碑銘	072
	輔國大將軍行左神策軍將軍知軍事檢校右散騎常侍兼御史大夫義陽郡王食實封二百戶贈越州都督刑部尚書苻公神道碑銘	073
李玨	故丞相太子少師贈太尉牛公神道碑銘	074
戴少平	鎮國大將軍王榮神道碑	075
蘇遇	忠武軍監軍使寧遠將軍守內常侍員外置同正員賜紫金魚袋上柱國贈雲麾將軍左監門衛將軍朱公神道碑	076
奚敬元	唐左羽林軍大將軍史公神道碑	077
何籌	唐雲居寺故寺主律大德神道碑銘	078
蕭鄴	大唐故吏部尚書贈尚書右僕射渤海高公神道碑	079
	嶺南節度使韋公神道碑	080
李儉	銀青光祿大夫太子中允贈工部尚書清河張公神道碑銘	081
鄭薫	內侍省監楚國公仇士良神道碑	082
路岩	義昌軍節度使渾公神道碑	083
吳畦	唐贈左散騎常侍汝南韓公神道碑	084
司空圖	故太子太師致仕盧公神道碑	085
紇干	贈太尉韓允忠神道碑	086
公乘億	唐太師南陽王羅公神道碑	087
薛廷	贈太尉葛從周神道碑	088
楊凝式	大唐故天下兵馬都元帥尚父吳越國王謚武肅神道碑銘	089

扈載	銀青光祿大夫中書侍郎同中書門下平章事上柱國晉陽縣開國伯食邑三百戶贈侍中景公神道碑銘	090
徐鉉	大唐故匡時啟運功臣清淮軍節度壽州觀察處置等使特進檢校太傅使持節都督壽州諸軍事壽州刺史御史大夫上柱國彭城威侯贈太尉劉公神道碑	091
	唐故德勝軍節度使檢校太保同中書門下平章事扶風馬匡公神道碑銘	092
楊綰	唐故尚書右僕射贈司空裴府君神道碑	093
程浩	唐故開府儀同三司檢校尚書右僕射兼御史大夫相州刺史昭義節度使平陽郡王贈太保薛公神道碑銘	094
梁肅	唐故朝散大夫都督容州諸州事容州刺史本管經略招討處置使兼御史中丞封譙縣開國男賜紫金魚袋戴公神道碑	095
鄭雲逵	唐故虢州刺史王府君神道碑	096
林蘊	睦州刺史府君神道碑	097
韓皋	唐故朝請大夫守國子祭酒鄭府君神道碑	098
李程	唐故河東節度觀察處置等使開府儀同三司守司徒兼侍中太原尹北都留守贈太尉李公神道碑	099
李宗閔	崔能神道碑	100
韋博	唐故光祿大夫太子太傅致仕上柱國彭城郡開國公食邑二千戶贈司徒劉公神道碑銘	101
范遘	衛刺史神道碑	102
李象	晉故建雄軍節度使左龍武軍統軍檢校太尉贈太子太師西河郡開國侯食邑一千三百戶相里公神道碑	103
賈緯	大晉故金紫光祿大夫檢校尚書左僕射兼御史大夫贈秘書監博平郡馬公神道碑銘	104
陶穀	高貞懿王神道碑	105
	高武信王神道碑	106
	高公保勗神道碑	107
	南平高王神道碑	108
楊夢申	大漢都統追封定王劉繼顒神道碑	109
闕名	唐故左龍武軍統軍檢校司徒贈太保隴西李公神道之碑	110
張模	唐故陝府監軍使大中大夫行內侍員外置同正員上柱國賜紫金魚袋安定縣開國男食邑三百戶梁公匡仁神道碑	111

注：01～092 出自《全唐文》，093～110 出自《全唐文補編》，111 出自《全唐文補遺》。

三、中晚唐神道碑的寫作對象

根據神道碑題名以及唐代官制,統計碑主的官階情況如下:

表 2:神道碑碑主官階品級統計表

官　階	碑主姓名	神道碑	時間	編號
從四品下	顏允臧	朝請大夫行江陵少尹兼侍御史荊南行軍司馬上柱國顏君神道碑銘	大曆	001
從二品	杜濟	京兆尹御史中丞梓遂杭三州刺史劍南東川節度使杜公神道碑銘	大曆	002
宰相	杜鴻漸	故相國杜鴻漸神道碑	大曆	003
正三品	王忠嗣	朔方河東河西隴右節度使御史大夫贈兵部尚書太子太師清源公王府君神道碑銘	大曆	004
正四品下	薛舒	黔州刺史薛舒神道碑	大曆	005
從三品	李少康	唐故睢陽太守贈祕書監李公神道碑銘	大曆	006
從五品上	權徹	唐故朝議大夫高平郡別駕權公神道碑銘	大曆	007
正五品上	朱巨川	故中書舍人吳郡朱府君神道碑	建中	008
從三品	獨孤及	故常州刺史獨孤公神道碑銘	大曆	009
正一品	馬某	故四鎮北庭行營節度使扶風郡王贈司徒馬公神道碑銘	大曆	010
正四品下	王履清	同朔方節度副使金紫光祿大夫試太常卿兼慈州刺史王府君神道碑	大曆	011
正四品下	高武光	御史中丞晉州刺史高公神道碑	大曆	012
正一品	田某	魏博節度使田公神道碑	大曆	013
從二品	段行琛	段府君神道碑銘(贈揚州大都督)	大曆	014
正一品	徐浩	大唐故銀青光祿大夫彭王傅上柱國會稽郡開國公贈太子少師東海徐公神道碑銘	貞元	015
從二品	顧少連	東都留守顧公神道碑(贈尚書右僕射)	貞元	016
正一品	賈耽	左僕射賈耽神道碑(贈太師)	永貞	017
正三品	論惟賢	驃騎大將軍論公神道碑銘	元和	018
從四品上	焦希望	內侍省內侍焦希望神道碑	貞元後	019
正一品	杜亞	唐故東都留守東都汝州防禦使銀青光祿大夫檢校吏部尚書判東都尚書省事兼御史大夫上柱國扶風縣開國伯贈太子少傅杜公神道碑銘	貞元	020

正三品	盧坦	唐故劍南東川節度副大使知節度事管內支度營田觀察處置等使正議大夫持節梓州諸軍事守梓州刺史兼御史大夫護軍賜紫金魚袋贈禮部尚書盧公神道碑銘	元和	021
正一品	嚴礪	唐故劍南東川節度副大使知節度事管內支度營田觀察處置靜戎軍等使光祿大夫檢校尚書左僕射使持節梓州諸軍事兼梓州刺史御史大夫鄭國公贈司空嚴公神道碑銘	元和	022
正一品	伊慎	唐故光祿大夫檢校尚書右僕射兼右衛上將軍南充郡王贈太子太保伊公神道碑銘	元和	023
正三品	崔某	唐故江南西道都團練觀察處置等使中散大夫使持節都督洪州諸軍事守洪州刺史兼御史中丞騎都尉賜紫金魚袋贈左散騎常侍崔公神道碑銘	元和	024
從三品	尹澄	唐故成德軍節度營田副使正議大夫趙州別駕贈壽州都督河間尹府君神道碑銘	貞元	025
從二品	孫榮義	唐故右神策護軍中尉右街功德使開認儀同三司守右武衛大將軍知內侍省事上柱國樂安縣開國公內侍省少監致仕贈揚州大都督府孫公神道碑銘	元和	026
正一品	趙憬	故正議大夫守門下侍郎同中書門下平章事成紀縣開國男賜紫金魚袋贈太子太傅貞憲趙公神道碑銘	貞元	027
正一品	渾某	故朔方河中晉絳邠寧慶等州兵馬副元帥河中絳邠節度度支營田觀察處置等使元從奉天定難功臣開府儀同三司檢校司徒兼中書令河中尹上柱國咸寧郡王贈太師忠武渾公神道碑銘	貞元	028
正一品	董晉	唐故宣武軍節度副大使知節度事管內支度營田汴宋亳潁等州觀察處置等使金紫光祿大夫檢校尚書左僕射同中書門下平章事隴西郡開國公贈太傅董公神道碑銘	貞元	029
正三品	齊抗	唐故中書侍郎同中書門下平章事太子賓客贈戶部尚書齊成公神道碑銘	貞元	030
正一品	劉昌	唐故四鎮北庭行軍兼涇原等州節度支度營田等使開府儀同三司檢校尚書右僕射使持節涇原諸軍事涇州刺史兼御史大夫上柱國南川郡王贈司空劉公神道碑銘	貞元	031
從二品	裴倩	尚書度支郎中贈尚書左僕射正平節公裴公神道碑銘	元和	032
正三品	王定	故太子右庶子集賢院學士贈左散騎常侍王公神道碑銘	興元	033

正一品	姚南仲	故中散大夫守尚書右僕射上柱國賜紫金魚袋贈太子太保姚公神道碑銘	貞元	034
正三品	武就	故中散大夫殿中侍御史潤州司馬贈吏部尚書沛國武公神道碑銘	元和	035
正四品下	裴希先	唐故朝議郎使持節溫州諸軍事溫州刺史充靜海軍使賜緋魚袋河東裴府君神道碑銘	貞元	036
女性	谷氏	唐故義武軍節度支度營田易定等州觀察處置等使檢校司空同中書門下平章事贈太傅上谷郡王張公夫人鄧國夫人谷氏神道碑銘	貞元	037
正一品	高崇文	南平郡王高崇文神道碑（贈司徒）	元和	038
正一品	李晟	唐故太尉兼中書令西平郡王贈太師李公神道碑銘	大和	039
正四品下	劉太真	劉府君神道碑銘（信州刺史）	貞元後	040
從二品	李光進	大唐故朔方靈鹽等軍州節度副大使知節度事管內支度營田觀察處置押蕃落等使銀青光祿大夫檢校刑部尚書兼靈州大都督府長史御史大夫安定郡王贈尚書左僕射李公神道碑銘	元和	041
正三品	王用	銀青光祿大夫檢校左散騎常侍兼右金吾衛大將軍贈工部尚書太原郡公王公神道碑	元和	042
從四品上	胡珦	唐故中散大夫少府監胡良公墓神道碑	元和	043
從二品	鄭儋	河東節度觀察使滎陽鄭公神道碑文（贈尚書右僕射）	元和	044
從二品	路應	銀青光祿大夫守左散騎常侍致仕上柱國襄陽郡王平陽路公神道碑銘	元和	045
正三品	王仲舒	唐故江南西道觀察使中大夫洪州刺史兼御史中丞上柱國賜紫金魚袋贈左散騎常侍太原王公神道碑銘	長慶	046
正一品	韓弘	司徒兼待中中書令許國公贈太尉韓公神道碑銘	長慶	047
正一品	奚陟	唐故朝議郎守尚書吏部侍郎上柱國賜紫金魚袋贈司空奚公神道碑	貞元	048
從二品	史孝章	唐故邠寧慶等州節度觀察處置使朝散大夫檢校戶部尚書兼御史大夫賜紫金魚袋贈右僕射史公神道碑	開成	049
正三品	薛謇	唐故福建等州都團練觀察處置使福州刺史兼御史中丞贈左散騎常侍薛公神道碑	元和	050
正三品	王質	唐故宣歙池等州都團練觀察處置使宣州刺史兼御史中丞贈左散騎常侍王公神道碑	開成	051
從二品	王俊	唐故監察御史贈尚書右僕射王公神道碑	開成	052

正一品	崔陲	故朝散大夫檢校尚書吏部郎中兼御史中丞賜紫金魚袋清河縣開國男贈太師崔公神道碑	開成	053
正四品上	竇某	左拾遺內供奉贈使持節舒州諸軍事舒州（闕四字）竇府君神道碑（贈舒州刺史）	元和後	054
從二品	田緒	常山郡王田緒神道碑	貞元	055
從二品	韋某	故太子少保贈尚書左僕射京兆韋府君神道碑	元和	056
從二品	劉澭	唐故金紫光祿大夫檢校兵部尚書使持節都督秦州諸軍事兼秦州刺史御史大夫充保義軍節度隴西經略軍等使上柱國彭城郡開國公食邑二千戶贈尚書右僕射中山劉公神道碑銘	元和	057
正一品	李光顏	河東節度使太原尹贈太尉李光顏神道碑	寶曆	058
正一品	柏良器	唐故特進左領軍衛上將軍兼御史大夫平原郡王贈司空柏公神道碑	大和	059
從二品	傅良弼	唐故橫海軍節度齊棣滄景等州觀察處置等使金紫光祿大夫檢校兵部尚書使持節齊州諸軍事兼齊州刺史御史大夫上柱國貝郡開國公食邑二千戶贈左僕射傅公神道碑	大和	060
正三品	馮宿	銀青光祿大夫檢校禮部尚書使持節梓州諸軍事兼梓州刺史御史大夫充劍南東川節度副大使知節度事管內觀察處置靜戎軍等使上柱國長樂縣開國公食邑一千五百戶贈吏部尚書馮公神道碑銘	開成	061
正三品	彭獻忠	內侍護軍中尉彭獻忠神道碑	元和	062
正三品	王紹	兵部尚書王紹神道碑	元和	063
正三品	薛戎	唐故越州刺史兼御史中丞浙江東道觀察等使贈左散騎常侍河東薛公神道碑文銘	長慶	064
正四品下	崔孚	唐故湖州長城縣令贈戶部侍郎博陵崔府君神道碑銘	大和	065
正四品下	吳丹	故饒州刺史吳府君神道碑銘	寶曆	066
正四品下	張誠	唐贈尚書工部侍郎郡張公神道碑銘	長慶	067
從二品	辛秘	昭義軍節度使辛公神道碑	元和	068
正三品	韓愈	韓愈神道碑（贈禮部尚書）	寶曆	069
正三品	劉宏規	唐故左神策軍護軍中尉兼左街功德使知內侍省事劉公神道碑銘	大和	070
從二品	馬存亮	唐故開府儀同三司行右領軍衛上將軍致仕上柱國扶風馬公神道碑銘	開成	071
正一品	王播	故丞相尚書左僕射贈太尉太原王公神道碑銘	長慶	072

正三品	苻元亮	輔國大將軍行左神策軍將軍知軍事檢校右散騎常侍兼御史大夫義陽郡王食實封二百戶贈越州都督刑部尚書苻公神道碑銘	貞元	073
正一品	牛僧孺	故丞相太子少師贈太尉牛公神道碑銘	大中	074
正三品	王榮	鎮國大將軍王榮神道碑	元和	075
正三品	朱孝誠	忠武軍監軍使寧遠將軍守內常侍員外置同正員賜紫金魚袋上柱國贈雲麾將軍左監門衛將軍朱公神道碑	元和	076
正三品	史用誠	唐左羽林軍大將軍史公神道碑	大和	077
僧人	真性	唐雲居寺故寺主律大德神道碑銘	大和	078
從二品	高元裕	大唐故吏部尚書贈尚書右僕射渤海高公神道碑	大中	079
正三品	韋正貫	嶺南節度使韋公神道碑	大中	080
正三品	張仁憲	銀青光祿大夫太子中允贈工部尚書清河張公神道碑銘	元和	081
從三品	仇士良	內侍省監楚國公仇士良神道碑	會昌	082
正三品	渾侃	義昌軍節度使渾公神道碑	咸通	083
正三品	韓國昌	唐贈左散騎常侍汝南韓公神道碑	咸通	084
正一品	盧渥	故太子太師致仕盧公神道碑	天復	085
正一品	韓允忠	贈太尉韓允忠神道碑	乾符	086
正一品	羅讓	唐太師南陽王羅公神道碑	乾符	087
正一品	葛從周	贈太尉葛從周神道碑	闕	088
親王	錢鏐	大唐故天下兵馬都元帥尚父吳越國王諡武肅神道碑銘	五代	089
正二品	景範	銀青光祿大夫中書侍郎同中書門下平章事上柱國晉陽縣開國伯食邑三百戶贈侍中景公神道碑銘	五代	090
正一品	劉崇俊	大唐故匡時啟運功臣清淮軍節度壽州觀察處置等使特進檢校太傅使持節都督壽州諸軍事壽州刺史御史大夫上柱國彭城威侯贈太尉劉公神道碑	五代	091
宰相	馬仁裕	唐故德勝軍節度使檢校太保同中書門下平章事扶風馬匡公神道碑銘	五代	092
正一品	裴某	唐故尚書右僕射贈司空裴府君神道碑	大曆	093
正一品	薛嵩	唐故開府儀同三司檢校尚書右僕射兼御史大夫相州刺史昭義節度使平陽郡王贈太保薛公神道碑銘	大曆	094
	戴融	唐故朝散大夫都督容州諸州事容州刺史本管經略招討處置使兼御史中丞封譙縣開國男賜紫金魚袋戴公神道碑	貞元	095

正四品下	王顏	唐故虢州刺史王府君神道碑	貞元	096
從三品	林披	睦州刺史府君神道碑	寶曆	097
從三品	鄭伸	唐故朝請大夫守國子祭酒鄭府君神道碑	元和	098
正一品	李光顏	唐故河東節度觀察處置等使開府儀同三司守司徒兼侍中太原尹北都留守贈太尉李公神道碑	寶曆	099
正四品下	崔能	崔能神道碑（御史中丞）	闕	100
正一品	劉沔	唐故光祿大夫太子太傅致仕上柱國彭城郡開國公食邑二千戶贈司徒劉公神道碑銘	大中	101
正四品下	衛審符	衛刺史神道碑（蔡州刺史）	五代	102
正一品	相里金	晉故建雄軍節度使左龍武軍統軍檢校太尉贈太子太師西河郡開國侯食邑一千三百戶相里公神道碑	五代	103
從三品	馬文操	大晉故金紫光祿大夫檢校尚書左僕射兼御史大夫贈秘書監博平郡馬公神道碑銘	五代	104
秦王		高貞懿王神道碑	闕	105
		高武信王神道碑	闕	106
	高保勗	高公保勗神道碑	闕	107
		南平高王神道碑	闕	108
	劉繼顒	大漢都統追封定王劉繼顒神道碑	五代	109
正一品	李國昌	唐故左龍武軍統軍檢校司徒贈太保隴西李公神道之碑	五代	110
正三品	梁匡仁	唐故陝府監軍使大中大夫行內侍員外置同正員上柱國賜紫金魚袋安定縣開國男食邑三百戶梁公匡仁神道碑	五代	111

統計說明：

（1）官階均按照神道碑題名以及碑文中記錄情況統計所得；

（2）按李宗閔《輔國大將軍行左神策軍將軍知軍事檢校右散騎常侍兼御史大夫義陽郡王食實封二百戶贈越州都督刑部尚書符公神道碑銘》中載：「又按（喪）葬令，諸追贈官品得同正。」白居易《唐故湖州長城縣令贈戶部侍郎博陵崔府君神道碑銘》中亦載：「又案喪葬令，凡諸贈官，得同正官之制。」故凡是有贈官的碑主官階均按贈官品階統計，贈官未在碑題中顯示的，均在題名之後以括弧形式標注。

（一）中晚唐神道碑碑主的身份情況

根據貞元十四年，李宗閔《輔國大將軍行左神策軍將軍知軍事檢校右散騎常侍兼御史大夫義陽郡王食實封二百戶贈越州都督刑部尚書符公神道碑

銘》記載：「按國典，官至三品，墓得立碑。」〔註20〕以及大和五年，白居易《唐故湖州長城縣令贈戶部侍郎博陵崔府君神道碑銘》載：「按國典，官五品以上，墓廟得立碑。」〔註21〕考《大唐開元禮》卷三云：「凡立碑，五品以上螭首龜趺，高不得過九尺，七品以上立碣，圭首方趺，上高四尺，其石人、石獸等，三品以上六事，五品以上四事。」〔註22〕可見根據唐代禮制的規定以及上表中統計的情況，立碑者應為五品以上而非三品以上，李宗閔所載或因文字漫漶等原因有誤。

（二）中晚唐神道碑碑主身份的變化

因神道碑暴露於外，較難存留，目前已發掘的數量有限，故本文研究的數量也只占其中一部分，可能無法全面的展現出神道碑的變化趨勢。但是就目前的研究對象而言，從神道碑寫作的年代來看，隨著時間的變化，神道碑碑主的身份也產生了一些變化，大體還是體現出了一定的趨勢。

表3：中晚唐神道碑碑主身份統計表

	文官	武將	節度使	宦官	其它	四品官	五品官
大曆	9		6			4	1
建中	1						1
興元	1						
貞元	10	2	3	2		4	
永貞	1						
元和	11	4	4	5		2	
長慶	5					1	
寶曆	3		2			1	
大和	1	2	1	1	1	1	
開成	3		2	1			
會昌			1				
大中	3		1				

〔註20〕〔清〕董浩等：《全唐文》，北京：中華書局，1983年，第3252頁。

〔註21〕〔清〕董浩等：《全唐文》，第3070頁。

〔註22〕〔唐〕蕭嵩等奉敕撰：《大唐開元禮》，第3卷。見〔清〕《景印文淵閣四庫全書》第646冊，臺灣：商務印書館，1986年。

咸通	1		1			
乾符	2					
五代	4	1	3	1	1	1

統計說明：

（1）此表根據《全唐文》、《全唐文補編》、《全唐文補遺》中可考出碑主身份及年代的情況統計，有個別年代不詳以及因碑文闕失無法明確碑主身份的不在統計範圍內；

（2）「其他」類指皇親以及僧人等，因不屬於本文的考察對象，故列於「其他」類。

　　從表格統計情況來看，中晚唐神道碑碑主的身份問題主要體現了以下幾個特點：

　　1. 關於中晚唐時期，神道碑碑主的官階問題；

　　按照禮制的規定，五品官以上即可立碑。但是反應在統計表格中，可見四五品官立碑的現象似在貞元前比較多，貞元後比較少。白居易在大和年間為崔孚所作的神道碑文中也明確記載，崔孚後被追贈戶部侍郎，崔孚妻被追封岐國夫人，「皆從子貴也。」〔註23〕並且刻意在碑文中重申：「按國典，官五品以上，墓廟得立碑。又案喪葬令，凡諸贈官，得同正官之制。」〔註24〕也從側面說明，在晚唐時期五品官還立碑的現象已屬較為罕見。

　　2. 地方節度使的神道碑占較大的比例，且基本貫穿了整個中晚唐的時期。而且節度使的神道碑普遍篇幅較長，對碑主文治武功的描述十分詳盡。如常袞所作《故四鎮北庭行營節度使扶風郡王贈司徒馬公神道碑銘》：

　　　　皇帝使常侍以故征西扶風郡王臣璘功行之錄，詔門下侍郎平章事臣袞曰：「古諸侯大夫，計功稱伐，書於太常，勒之彝器。德勳高故其文懿，事業實，故其言遠，有國之大經也。納忠於王室，豈袞紀之禮闕歟？宜文其頌聲，以昭示承休於豐碑焉。」臣謹按司勳之戎籍，史官之年表，而敘之云：聖人稽黃虞之道，以武功文德，統御天下，赫赫明明，罔不率俾。唯犬戎自擅，寇於我西土，而猶懷以威德，久而浸驕。時乃大稽命將，考之令典，惟三年夏六月，庶邦百辟，洎侯王列將，咸會於明廷，乃大詰於爾在位，有能興我西師，僉曰璘哉。是用詔以鷹揚之命，於夏有鸞旂彤戈之賜。公拜手

〔註23〕〔清〕董誥等：《全唐文》，北京：中華書局，1983年，第5070頁。
〔註24〕〔清〕董誥等：《全唐文》，第5070頁。

稽首，不敢辭難，遂帥師朝那，弭節涇流，恢耀武威，以臨於戎狄。
既至，乃以戎服立於軍門之外，奉敭天子之威命，而訓於將軍列校
六正五吏三軍之大夫曰：「惟昔盛明，必有憂難，其在殷高宗也，有
鬼方之征，其在周文祖也，有昆夷之患。秦以安定北地戎狄內侮，
漢以金城隴西氐羌入寇，故遣率以守衛中國，修戰而高尚武力。國
家道德盛於殷周，甲兵雄於泰漢，亦有邊患，尚勞睿謀，則疆臣之
罪也，將何以塞責？誓將上奉神武之算，下憑戎士之力，鼓行而前，
殄殲群醜。」詞情抗厲，風雲動色，於是舉軍法以誓之，令簡而一，
眾畏而服，雖嘆喑老將，聞而悚然。乃周覽其山川，以備其戰守。
有若犀兕其威，貙豻其勇，屹立而不動者，持重之將統焉，御於水
硤之衝。蒙輪超乘，縵胡突鬢耽眄而橫奮者，雄毅之將董焉，捍於
瓦亭之陰。輕軒飛翰，闐闐桓桓，隸於射聲校尉，以出松谷。百夫
之特，萬人之敵，屬於車師後部，以殿銅城。火渠門之旗，舒於大
回川；雷密須之鼓，殷於都盧山。周之以木樵校聯，布之以簡石渠
答，部勒既定，天地肅然。遂使魁健氣索，猛鷙魂駭，卻略引去，
不敢近塞。故八年之間，再寇而已。此皆親稟睿略，協用武經，前
後獻功，悉如宸旨。方將大復流沙，遠收故地，奪我良將，罔卒西
事，以大曆十一年月日，薨於戎府，春秋五十六。天子廢朝而歎曰：
「安得雄邊威敵之臣如扶風乎？」遣中命以迎喪，顧近侍而流涕。
其至第也，百官會弔；其遣奠也，五校啟行；贈以車馬，含有貝玉，
所以哀大勳也。初公自二庭統甲士三千，赴鳳翔行在，遂陳來胡之
策。先皇帝奇之曰：「吾無憂於東方也。」遂戰青渠陣灃水，收二陝，
復三川；衛南以百騎破五千，河陽以一旅摧十萬。史朝義悉師自將，
大戰邙山，國家以天下勁兵，夾攻未動，公獨率所部，不陣而馳。
偃旗先登，闞如虓虎，鬭酣披靡，橫貫而出，回戈奮擊，虜陣始破，
交突數合，轟然大潰。時副元帥太尉光弼壯之曰：「吾用兵三十年，
未見以少擊眾，雄捷之若此。」每有征伐大計，悉諮訪焉，斯亦群
帥之傑。既而移軍右輔疾援河西，固已離之心，存將棄之地。及聞
僕固懷恩之變，即日旋師，萬類千群，延蔓山谷，輕行轉鬭，虜殺
而歸。屆於岐都，寇已四合，公乃持滿外向，坌入懸門，未及解甲，

背城出戰。戎師北走，數騎前追，眥血橫灑，朱殷金甲，槁戟而墜，應弦而倒者，數千萬人，可謂三軍之絕也。至於理鄭國，撫潁封，化郇邠，寧上郡戲於藩職，惠於長人。勞徠流庸，贍恤孤老，縑綜綿纊，工於織紝。入而有制，故《大東》之刺不作，禾麻菽麥，業於播藝，用之有節，故自北之化可懷，此又列郡之率化也。

公字某，扶風人也。自秦漢至於國朝，公卿大將軍通侯二千石，踵武王室，休有烈光。曾祖昭，朝散大夫新豐縣令。祖正會，右威衛將軍扶風郡公贈光祿卿。父晟，左司禦率府兵曹參軍，贈太子少保。忠孝在門，文武繼代，宦婚之盛，士族有耀。惟公勳冑華茂，雄姿高爽，少有四方之志，以才氣自任，擺落凡格，不嬰細微，故弋獵畋漁，嘯咤川澤。年二十，讀《伏波傳》，至「大丈夫當於邊野以馬革裹屍而還」，慨然崦歎曰：「豈使吾祖勳業，墜於地乎？」由是懍憤邊戎，徘徊孤劍，遂西至絕域，以奇功累授裨將。歷金吾將軍殿中監太保御史中丞，遷御史大夫，領北庭行軍領邠州刺史，加工部尚書節制涇原，以鄭潁二州隸之。尋拜右僕身右省事，階至儀同，進封異姓。副軍以降，略而不書。以英明之識，遇聖明之運，故得竭其智謀，極其任過，抗大節以激危難，擴洪仁以庇傷殘。公之理軍也，以穰苴《兵法》、《孫子》十三篇，先以正合，終以奇勝，聞廓深邃，應變無端。與之安，與之危，故可合不可離。同其敗，同其成，故樂死不樂生。至於木罌濟河、登山拔幟、解鞍而臥、鞭馬而馳，兼之有餘，亦不差異。嘗以家財二百萬贍三軍，與其散已食於行伍，陳賜金於廊廡，何相去之遠哉！公之事君也，奉之以實，納之以忠，造膝前籌，詞理明順，檢身無過，恭謹畏慎。祿賜所加，則受小辭大，任使所及，則履險讓夷。以忠材而親重，有降侯之遇也；以簡質而倚愛，有吳漢之信也。所謂國之神將，朝之藎臣，終慶於家，永於福祚，鍾石享于祖考，帶礪傳於子孫，宜哉。嗣子盱等，重族之盛，隸業承家，哀哀執喪，痛結天壤。萬家葬地，能誠昔賢，十里邱封，亦非遺志。獲承君命，欽率朝經，請諡嘉名，謂之合禮。銘曰：

峨峨雍城，積高氣靈。氣主金行，良將乃生。琅琅司徒，雄略縱橫。耽耽其視，震震厥聲。四方靜難，二紀操兵。初奮厥武，車

師戎府。鐵馬蛇矛,大黃白羽。天山瀚海,歇薄風雨。驍騎三千,
披荊竭主。從我撫軍,擊胡滅虜。回戈涼野,解敵岐下。烈烈英風,
橫飛西土。遂佩珩璜,分雄榮戟。寵臨方鎮,乃蔚乃赫。洪棱遐振,
虜氣外折。惠化滂流,人心內結。昆夷先零,白旆至涇。受算宸扆,
朱旗撫徵。密陰前塞,義渠故城。邱巒陵谷,遠近相屬。澶漫傾合,
紆餘回復。野戰高秋,金羈馳逐。左揮右射,虎捷神速。番渠愕視,
百姓推伏。國於扶風,祚爾嘉庸。位長庶僚,雁行三公。王用蕃錫,
我有鼓鍾。叔父昆弟,燕私邕邕。功成身歿,寵厚厥終。周漢二宣,
皆有勞臣。北征西討,出車轔轔。今我司徒,實同厥勳。勳在王室,
光昭後昆。〔註25〕

　　這樣的節度使神道碑在中晚唐較大量的出現,一是因為節度使在官階及
功勳上都符合神道碑的基本要求,二則是與中晚唐時期藩鎮林立、節度使位高
權重的現象直接相關。

　　3. 從唐德宗貞元年間開始,宦官的神道碑出現的頻率也較高,貞元年前
較為鮮見。這與德宗執政期間對宦官從抑制到倚重的形勢是較為一致的,正是
自貞元二年(786)起,德宗將神策軍左右廂擴建為左、右神策軍,宦官仍然
擔任監軍,反映出對宦官的信賴和寵重。而且自德宗起,宦官專政的現象愈演
愈烈,因此宦官的神道碑也在中晚唐的神道碑中佔有重要的一席之地。

　　綜上所述,神道碑因其碑主皆是當時社會擁有較高政治地位的人,因此神
道碑碑主身份的確認,以及隨著時間年代的更迭,表現出來的變化性,也部分
反應出了當時中晚唐社會的政局以及權力階層的變更。

四、中晚唐神道碑的寫作緣起及作者情況

　　考查上述 111 篇中晚唐神道碑,碑文的寫作緣起及作者情況可大致分為
以下幾種情況:

(一)皇帝為之樹碑,命辭臣作碑文

　　在某些情況下,皇帝需要親自命令為已逝的臣子樹碑,或是為了彰顯朝廷
對大臣功績的嘉獎,或是為了為整個社會樹立道德風範,或是為了表示對某個
利益群體的倚重。因此,多會由皇上信任的朝官為神道碑書寫碑文,此種情況
可見於以下記載:

〔註25〕〔清〕董誥等:《全唐文》,北京:中華書局,1983 年,第 1894 頁。

　　常袞《故四鎮北庭行營節度使扶風郡王贈司徒馬公神道碑銘》記載：「皇帝使常侍以故征西扶風郡王臣璘功行之錄，詔門下侍郎平章事臣袞曰：『古諸侯大夫，計功稱伐，書於太常，勒之彝器。德勳高，故其文懿，事業實；故其言遠，有國之大經也。納忠於王室，豈袞紀之禮闕歟？宜文其頌聲，以昭示承休於豐碑焉。』臣謹按司勳之戎籍，史官之年表，而敘之云。」〔註26〕常袞時為宰相。

　　權德輿《唐故義武軍節度支度營田易定等州觀察處置等使檢校司空同中書門下平章事贈太傅上谷郡王張公夫人鄧國夫人谷氏神道碑銘》：「貞元十二年秋九月，詔侍臣德輿以故義武節度檢校司空同中書門下平章事贈太傅上谷郡王張孝忠夫人谷氏之淑行內則，俾刻金石。」〔註27〕時權德輿知制誥。

　　裴度《唐故太尉兼中書令西平郡王贈太師李公神道碑銘》：「粵太和元年秋七月，聽拜疏上言，以公之徽烈，則御製碑文於渭川矣；以公之風度，則詔命圖形於雲臺矣。唯大其邱隴，鬱彼松賈，望有祁山之象，拜無峴首之碑，將刊貞石，式表幽隧，乃命臣度，稱伐言詩。」〔註28〕裴度時任宰相。

　　張仲素《內侍護軍中尉彭獻忠神道碑》：「詞臣奉詔，傳信揚芳，焯敘德善，永垂貞石。」〔註29〕張仲素時任中書舍人。

　　鄭薰《內侍省監楚國公仇士良神道碑》：「惟楚公永貞時祖宮有翼戴之勞，元和時宣徽有委遇之渥，今則已悲封樹，未刻松銘。乃命舉其殊庸，勒在貞石，用傳不朽，昭示將來。特詔詞臣，俾其撰述。臣薰恐惶直敘，不敢虛美。」〔註30〕

　　賈緯《大晉故金紫光祿大夫檢校尚書左僕射兼御史大夫贈秘書監博平郡馬公神道碑銘》：「臣學虧氏族，名竊史官，以大朝賞彼勳庸，將題周尹之頌。考其義烈，先旌左伯之碑，摭實去華，敬為銘曰。」〔註31〕賈緯為《唐年補錄》的作者，《景文集》稱：「緯博學善詞章，論議明銳，一時諸儒皆屈。」〔註32〕

〔註26〕〔清〕董誥等：《全唐文》，北京：中華書局，1983年，第1894頁。
〔註27〕〔清〕董誥等：《全唐文》，第2260頁。
〔註28〕〔清〕董誥等：《全唐文》，第2420頁。
〔註29〕〔宋〕李方：《文苑英華》，北京：中華書局，1966年，第932卷。
〔註30〕〔清〕董誥等：《全唐文》，第2889頁。
〔註31〕陳尚君輯校：《全唐文補編》，北京：中華書局，2005年，第1305頁。
〔註32〕〔宋〕宋祁：《景文集》，北京：中華書局，1985年，第59卷。

（二）誌主留有遺囑，交代身後碑誌文的寫作

有的碑主會在臨終前交代後事，認為「蓋棺定論」是人生最後一件大事，故會提前安排人選，交代自己的子嗣，請自己信任的人為自己創作神道碑文。如權德輿《唐故朝議郎使持節溫州諸軍事溫州刺史充靜海軍使賜緋魚袋河東裴府君神道碑銘》：「遺命以兄之子某為嗣，乃列其祖代官伐，請刻豐碑。辭之不獲，乃繫詞曰。」〔註33〕蕭鄴《嶺南節度使韋公神道碑》：「方大病，囑其後曰：『無厚葬，無用鼓吹，無煩諡於有司。志我墓者，無如故人趙君橦焉。若夫碑，則俾我外臬蕭鄴為之銘，庶乎實而詳也。』其敢以辭，遂為銘曰。」〔註34〕路岩《昌軍節度使渾公神道碑》：「父病篤，召從父弟右威衛上將軍佶泣告曰：『先少師以後事託吾季父，爾必繼之。』佶涕泗遵用，禮儀備具。他日持故吏行狀託余斯文，是以敘而銘之曰。」〔註35〕

（三）碑主家人請託

更常見的情況則是碑主家人請託，或請託族內親人，或請託當時碑誌文創作的名流，或是邀請對逝者瞭解較深的，同時有文筆的人寫作碑文。

一是碑主家人寫作碑文。

如顏真卿為其弟允臧所作的《朝請大夫行江陵少尹兼侍御史荊南行軍司馬上柱國顏君神道碑銘》：「其兄真卿，聞喪哀摧，甚去手足。乃命姪男前武功丞頂、諗，於其妻奉明縣君韋氏、其孤前京兆參軍頳皛頠禺等，以明年夏四月壬戌，歸祔君於上都萬年縣鳳棲原先塋之北，禮也。嗚呼！君姿質環博，襟靈沈粹，心根德義，躬服孝仁。理以居家，果於從政，與人深一定之分，臨事多獨見之明。屢佐戎旃，必聞忠益，六登憲府，皆推直諒，信可謂朝之正人、儒之君子。未申殿邦之用，遽齎入冥之恨。知與不知，孰不嗟悼？真卿釁深祜薄，門祚衰陵，同生之人，零落皆盡。唯形與影，相視不足，豈圖不造，永訣於斯！長號立銘，泣盡繼血。」〔註36〕韋建為其妻兄所作的《黔州刺史薛舒神道碑》：「余忝內弟，早荷周旋，傳盛德而備詳，敘高行而無愧。」〔註37〕牛僧孺為其姻親所作的《昭義軍節度使辛公神道碑》：「既葬，會謀曰：『先人德行官業，

〔註33〕〔清〕董誥等：《全唐文》，北京：中華書局，1983年，第2259頁。
〔註34〕〔清〕董誥等：《全唐文》，第3520頁。
〔註35〕〔清〕董誥等：《全唐文》，第3677頁。
〔註36〕〔清〕董誥等：《全唐文》，第1531頁。
〔註37〕〔清〕董誥等：《全唐文》，第1687頁。

宜刻於石，以聞不朽。隴西牛僧孺，時號專業文；陳郡殷臺，書跡絕妙。且其人吾家之婿，且練吾先人行事，敢不告求？』僧孺實紀錄而臺實書。既序而銘曰。」〔註38〕

二是請當時碑誌文創作的名人寫作碑文。

權德輿與韓愈都毫無疑問是當時碑誌文創作的名家，因此自然也是神道碑碑主家人請託的對象。權德輿《唐故劍南東川節度副大使知節度事管內支度營田觀察處置等使正議大夫持節梓州諸軍事守梓州刺史兼御史大夫護軍賜紫金魚袋贈禮部尚書盧公神道碑銘》：「某建中末與公同為丹陽公從事，中葳左戶請為郎，及茲建牙，壤地相接，周旋出入，殆四十年。今聖朝多士如林，永懷舊故，凋落向盡，保衡又沒，可勝慟耶？公之記室大理評事羅立言，狀公之行，將諸無容之請，牽課鄙懱，詞達而不文。」〔註39〕

權德輿《唐故成德軍節度營田副使正議大夫趙州別駕贈壽州都督河間尹府君神道碑銘》：「德輿門人蘭陵蕭籍，與澄為僚，同在公府，狀其往行，兼列命書。忝貳邦教，敢忘聳善。乃為銘曰。」〔註40〕韓愈《銀青光祿大夫檢校左散騎常侍兼右金吾衛大將軍贈工部尚書太原郡公王公神道碑》：「公之姊婿京兆尹李鱂謂太子右庶子韓愈曰：『子以文常銘賢公卿，今不可以辭。』應曰『諾』。而為銘曰。」〔註41〕

三是請託對誌主比較瞭解的，同時有文筆的人寫作碑文。主要有：

盧虔《御史中丞晉州刺史高公神道碑》：「虔忝吏末，曾工為文，受命於愛婿趙公，俾光昭公之令德，逖聽遺愛，搦劄而書，不覺涕之沱若。跪而銘曰。」〔註42〕

杜黃裳《東都留守顧公神道碑》：「以黃裳陪南宮之班列，接西掖之周行，忝於史官，頗知係錄，敘事詢於故老，銘德存於碩儒，追琢豐碑，永播徽烈。」〔註43〕

庾承宣《常山郡王田緒神道碑》：「公左右王家，底靜藩閫，功勳大略，書於惇史。若乃垂休聲於開國之地，申罔極於元侯之恩，刊勒豐碑，光顯舊壤，

〔註38〕〔清〕董誥等：《全唐文》，北京：中華書局，1983年，第3092頁。
〔註39〕〔清〕董誥等：《全唐文》，第2245頁。
〔註40〕〔清〕董誥等：《全唐文》，第2247頁。
〔註41〕〔清〕董誥等：《全唐文》，第2518頁。
〔註42〕〔清〕董誥等：《全唐文》，第2003頁。
〔註43〕〔清〕董誥等：《全唐文》，第2162頁。

門人之事也。追慕恩顧，直而不文。其辭曰。」〔註44〕

呂溫《唐故金紫光祿大夫檢校兵部尚書使持節都督秦州諸軍事兼秦州刺史御史大夫充保義軍節度隴西經略軍等使上柱國彭城郡開國公食邑二千戶贈尚書右僕射中山劉公神道碑銘》：「杞桂殊姿而共芳，珪璋異質而同潤，百祥之慶，其在茲乎？洗馬等相與謀曰：『夫步星氣者，無出於馮相之官；考鍾律者，必求于伶倫之族。我先人之業，非志士不知。』以某早纂功名，常窺閫奧，辨用心之所至，識行事之會歸，俾垂斯文，以示來哲。」〔註45〕

李程《河東節度使太原尹贈太尉李光顏神道碑》：「程忝公深知，備熟休烈，豐碑見託，安敢讓辭。其辭曰。」〔註46〕

戴少平《鎮國大將軍王榮神道碑》：「終天罔極，叩地何追，慮嘉躅之遺聞，請修文以記德。予以素承交契，見託臨終，辭之不俞，聊載貞石。」〔註47〕

蘇遇《忠武軍監軍使寧遠將軍守內常侍員外置同正員賜紫金魚袋上柱國贈雲麾將軍左監門衛將軍朱公神道碑》：「皆蒸蒸之心，願申罔極，以遇久同王事，備詳勳績。桑田非久，陵谷易遷。傳之不朽，在乎貞石。銜悲紀序，無愧乎詞。」〔註48〕

奚敬元《唐左羽林軍大將軍史公神道碑》：「其子以理命見託，固徵斯文，而表諸道，蓋不虛美。」〔註49〕

五、中晚唐神道碑的內容創作情況

神道碑作為碑誌文的一種，本身即涵蓋了敘述死者生平，抒發生者哀悼之情的內容，與墓誌銘及其他記人碑文一致。然而，由於神道碑作者的特點、碑主的身份、碑文的功用等與墓誌銘有一定的差異，因此反應在內容上也會具有自己的特性。

我們注意到，在《全唐文》中，神道碑的碑主同時還擁有墓誌銘，或為同一作者所出，或為不同作者所作。本文即將針對這一現象，將同一碑主的神道碑與墓誌銘進行內容上的對比，進而說明神道碑的內容程序特點。

〔註44〕〔清〕董誥等：《全唐文》，北京：中華書局，1983年，第2573頁。
〔註45〕〔清〕董誥等：《全唐文》，第2816頁。
〔註46〕〔清〕董誥等：《全唐文》，第2826頁。
〔註47〕〔清〕董誥等：《全唐文》，第3283頁。
〔註48〕〔清〕董誥等：《全唐文》，第3334頁。
〔註49〕〔清〕董誥等：《全唐文》，第3426頁。

情況一：同一人為同一碑主所寫的神道碑與墓誌銘。

中唐時期以《全唐文》中顏真卿為杜濟所作的神道碑與墓誌銘為例：

京兆尹御史中丞梓遂杭三州刺史劍南東川節度使杜公神道碑銘

征鎮四出，鑿門之寄崇；邦畿千里，內史之官最。非夫任均周、召，名軼趙、張，則何以展心膂之謀、光魚箭之制者矣？公諱濟，字應物，京兆杜陵人。晉征南大將軍、當陽侯元凱十四代孫，周禮部侍郎、殿內監、甘棠公懿之來孫，隋符璽郎乾佑之元孫，皇朝度支員外、主客郎中續之曾孫，朝散大夫明堂丞、贈潤州刺史知讓之孫，高陵令、贈太子少保惠之第三子也。器識通簡，履懷坦易，以文飾吏，用晦而明。逢機而舉無遺謀，蒞事而照有餘地。早歲以寢郎從調，書判超等，為李吏部彭年所賞，補梁州南鄭主簿。州主司馬垂為山南西道採訪使，引在幕下。俄丁內艱，終制，轉許州長社尉。楊光翽都督隴西，奏公為法曹；皇甫先採訪江西，奏公為推官。授大理司直，攝殿中侍御史，賜緋魚袋。尋正除殿中，俄宰郿縣。相國李峴尹京兆，奏公為渭南尉；僕射裴冕為劍南節度，奏公為成都令。遷綿州刺史，賜紫金魚袋。屬徐知道作亂，使裨將曹懷信招公，公執以歸朝。除戶部郎中，加朝散大夫。廣德中檢校駕部郎中上柱國。公善與人交，於嚴武情均莫逆，武再充劍南節度，為武行軍司馬。郭英乂之代武也，矯宣恩命，毀元宗宮為節度使宅。公驚其異謀，移疾不視事。今司空冀國公崔寧既誅英乂，請知使事，公堅臥不起，仍俾通泉令。今前殿中侍御史韋都兵密使家僮，潛表事實。大曆初，杜鴻漸分蜀為東西川，公為副元帥判官，知東川節度。拜大中大夫、綿劍梓遂渝合龍普等州都防禦使、梓州刺史兼御史中丞。公以威信馭戎，寬明蒞俗，克念八州之地，綏靖兩川之人。朝廷嘉之，尋拜東川節度使。俄而移軍，復為遂州都督。徵拜給事中，間歲拜京兆少尹，明日遷京兆尹。出為杭州刺史，不逾周歲，風化大行。不幸感疾，又聞代到，請尋醫於晉陵。以大曆十二年歲次丁巳秋七月二日辛亥，薨於常州之別館，春秋五十有八。夫人京兆韋氏曰平仲，房州刺史景駿之孫，禮部尚書琅琊王邱之外孫，太子中舍迪之第三女也。精識高明，正家柔克，移天有干夫之蠱，宜室多

綏族之仁。六姻稱其壺則，四德被於彤管。生五子四女。而公即世，夫人書哭茹毒，星言割哀。留子婿秘書省校書郎范陽盧少康泉四子匡陟緝寧家殘，獨與子楊甸萬里，以祗護喪櫬。冬十一月至上都，二十四日壬申，虔窆公於萬年縣洪原鄉之少陵原，祔先塋也。仍自為祭文以抒意，其略曰：「周旋吳蜀，備歷艱危。不陷寇難，賴君攜持。一朝孤立，更復何依？魚失水而鱗悴，樹無根而葉萎。」詞理精婉，才情懇到，聞者傷悠焉，於戲！公以傑俊之材，當艱虞之際，伸其智略，宣力盛時。頡頏鴛鷺之間，總統龍犀之節，旋登瑣闥，驟陟尹畿。方當焜燿高衢，升凌臺序，而一麾出守，鍛翮江臯。竟吉往而凶歸，齎此志而歿地；吾道憯矣！真卿何幸，得忝維私？未終倚玉之歡，遽切據梧之恨，籲足痛也！銘曰：

　　杜侯峨峨，令聞猗那。其用於世，為猷匪他。理稱易簡，政絕煩苛。州縣發跡，雲霄切摩。化存江滸，威肅岷嶓。巴蜀靖謐，精誠孔多。瑣闥久拜，亞尹遄過。始陟京兆，旋移浙河。雲如不弔，遘此凶瘕？哲婦哭晝，護喪奔波。祔於先壟，映蔚條柯。曷用表德？勒銘墳阿。〔註50〕

京兆尹兼中丞杭州刺史劍南東川節度使杜公墓誌銘

　　九有無虞，行師貴於衽席；四方取則，鈞鉅資乎浩穰。誰其有之，則杜公其人矣！公諱濟，字應物，京兆杜陵人。皇主客郎中續之曾孫，明堂令知讓之孫，贈太子少保惠之第三子。姿度韶舉，心靈敏達。在家必聞，既蘊睦親之志；所居則化，多稱不器之能。解褐南鄭主簿，州主司馬垂引在使幕，轉長社尉、隴西法曹。皇甫侁江西採訪，奏為推官。授大理司直，攝殿中侍御史，賜緋魚袋。尋正除殿中，歷宰郿、渭南、成都三縣、綿州刺史。賜紫金魚袋、戶部郎中，加朝散大夫。廣德中檢校駕部郎中上柱國，充嚴武劍南行軍司馬。杜鴻漸分蜀為東西川，以公為副元帥判官，知東川節度。拜大中大夫、綿劍梓遂都防禦使、梓州刺史兼中丞。時寇盜充斥，公示以威信，八將之不隕，公之力焉。尋拜東川節度使，俄而移軍，復為遂州都督。徵拜給事中，間歲拜京兆少尹，明日遷京兆尹。出

〔註50〕〔清〕董誥等：《全唐文》，北京：中華書局，1983年，第1543頁。

為杭州刺史，公務清簡，庭落若無吏焉。不幸感風疾，以大曆十二年歲次丁巳秋七月二日辛亥，薨於常州之別館，春秋五十有八。夫人京兆韋氏，太子中舍迪之第三女也。沈敏精深，高明柔克，干夫之蠱，以懋厥家。生五子四女。而公即世，夫人星言書哭，躬護櫬轊。與子楊以冬十一月二十有四日壬申，歸窆公於萬年縣洪原鄉之少陵原，祔先塋也。嗚呼！以公之志業才力，宜其振揮鱗翮，凌厲清浮，而命迍成山，功虧長世，籲足恨也！真卿忝居友婿，亟接周行，痛音徽之水隔，感存歿其何已！銘曰：

　　藹藹禺禺，時維杜公。業光臺省，政洽軍戎。乃尹京兆，乃麾江東。帝方俟理，命則不融。內子護喪，哀哀送終。〔註51〕

　　從以上兩篇文章的內容及寫法來分析，神道碑與墓誌銘的基本涵蓋內容是一致的，都包括了對死者杜濟的家世背景、仕宦經歷、性格特點、死亡及埋葬、家人情況的介紹，並都在最後的銘文中抒發了對死者已逝的感慨。然而它們的區別也很明顯——神道碑比墓誌銘從題示到內容都更為全面豐富。

　　在題示方面，神道碑點明了杜濟的官職為「京兆尹御史中丞梓遂杭三州刺史劍南東川節度使」，墓誌銘則簡化為「京兆尹兼中丞杭州刺史劍南東川節度使」，略去了梓州、遂州刺史的官職。在家世及仕宦歷程方面，神道碑都明顯要詳於墓誌銘。其中最重要的區別表現在，神道碑加入了對杜濟性情的直接描寫：「器識通簡，履懷坦易，以文飾吏，用晦而明。逗機而舉無遺謨，涖事而照有餘地。」對杜濟任官期間對發生事件的應對情況描述：「屬徐知道作亂，使裨將曹懷信招公，公執以歸朝。……郭英乂之代武也，矯宣恩命，毀元宗宮為節度使宅。公驚其異謀，移疾不視事。今司空冀國公崔寧既誅英乂，請知使事，公堅臥不起，仍俾通泉令。……公以威信馭戎，寬明涖俗，克念八州之地，綏靖兩川之人。」更為突出的是，神道碑中特別增加了杜濟臨終前自撰祭文的段落，並原文轉引，讓讀者直接領略到杜濟的文采斐然以及感傷淡遠的情懷。通過這幾方面元素的加入，杜濟的人物形象更為豐滿，他的為官之績、為友之道、為文之才都躍然碑面。

　　再來比較在碑誌文創作史上佔有重要地位的韓愈為王仲舒創作的神道碑與墓誌銘：

〔註51〕〔清〕董誥等：《全唐文》，北京：中華書局，1983年，第1546頁。

唐故江南西道觀察使中大夫洪州刺史兼御史中丞上柱國賜紫金魚袋贈左散騎常侍太原王公神道碑銘

王氏皆王者之後，在太原者為姬姓。春秋時，王子成父敗狄有功，因賜氏，厥後世居太原。至東漢隱士烈，博士徵不就，居祁縣，因號所居鄉為「君子」，公其君子鄉人也。魏晉涉隋，世有名人。國朝大王父元暕，歷御史屬三院，止尚書郎；生景肅，守三郡，終傅涼王；生政，襄、鄧等州防禦使，鄂州採訪使，贈吏部尚書。

公尚書之弟某子，公諱仲舒，字宏中。少孤，奉母夫人家江南。讀書著文，其譽藹鬱，當時名公，皆折官位輩行願為交。貞元初，射策拜左拾遺，與陽城合遏裴延齡不得為相。德宗初怏怏無奈，久而嘉之。其後入閣，德宗顧列謂宰相曰：「第幾人必王某也。」果然。月餘，特改右補闕，遷禮部、考功、吏部三員外郎。在禮部，奏議詳雅，省中伏其能。在考功，吏部提約明，故吏無以欺。同列有恃恩自得者，眾皆媚承，公疾其為人，不直視，由此貶連州司戶。移夔州司馬，又移荊南，因佐其節度事為參謀，得五品服。放跡在外積四年。元和初，收拾俊賢，徵拜吏部員外郎。未幾，為職方郎中知制誥。友人得罪斥逐後，其家親知過門縮頸不敢視，公獨省問，為計度論議，直其冤。由是出為峽州刺史，轉廬州，未至，丁母夫人憂。服除，又為婺州刺史。時疫旱甚，人死亡且盡，公至，多方救活，天遂雨，疫定。比數年，里閭完復。制使出巡，人填道迎，顯公德。事具聞，就加金紫。轉蘇州，變其屋居，以絕火延，堤松江路，害絕阻滯。秋夏賦調，自為書與人以期，吏無及門而集，政成為天下守之最。

天子曰：「王某之文可思，最宜為誥，有古風，豈可久以吏事役之？」復拜中書舍人。既至京師，儕流無在者，視同列皆邈然少年，益自悲，而謂人曰：「豈可復治筆硯於其間哉！上若未棄臣，宜用所長。在外久，周知俗之利病，俾治之，當不自愧。」宰相以聞，遂得觀察江南西道。奏罷榷酤錢九千萬。軍息之無已，掌吏壞產猶不釋，因之；公至，脫械不問，人遭水旱，賦窘。公曰：「我且減燕樂，絕他用錢，可足乎？」遂以代之。罷軍之息錢，禁浮屠誑誘，壞其舍以葺公宇。三年，法大成，錢餘於庫，粟餘於廩，人享於田廬，謳

謠於道途。天子復思，且徵以代，虛吏部左丞位以待之。長慶三年十一月十七日，薨於洪州，年六十二。上哀慟輟朝，贈左散騎常侍。某日，歸葬於某處。

某既以公之德刻而藏之墓矣，子初又請詩以揭之。詞曰：

生人之治，本乎斯文。有事其末，而忘其源。切近昧陋，道由是堙。有志其本。而泥古陳。當用而遷，乖戾不伸。較是二者，其過志也均。有美王公，志儒之本，達士之經。秩秩而積，涵涵而停。韓為華英，不矜不盈。孰播其馨，孰發其明。介然而居，士友以傾。敷文帝階，擢列侍從。以忠遠名，有直而諷。辨遏堅懇，巨邪不用。秀出班行，乃動帝目。帝省竭心，恩顧日渥。翔於郎署，驇於禁密。發帝之令，簡古而蔚。不比於權，以直友冤。敲撼挫揎，竟遭斥奔。久淹於外，歷守大藩。所至極思，必悉利病。萎枯以膏，燠暍以醒。坦之敞之，必絕其徑。濬之澄之，使安其泳。帝思其文，覆命掌誥。公潛謂人，此識宜少。豈無凋郡，庸以自效。上籍其實，俾統於洪。逋滯攸除，奸訛革風。祛蔽於目，釋負於躬。方乎所部，禁絕浮屠。風雨順易，秔稻盈疇。人得其所，乃恬乃謳。化成有代，思以息勞。虛位而俟，奄忽滔滔。維德維績，誌於斯石，日遠彌高。〔註52〕

江南西道觀察使贈左散騎常侍太原王公墓誌銘

公諱仲舒，字宏中。少孤，奉其母居江南，遊學有名。貞元十年，以賢良方正拜左拾遺，改右補闕，禮部、考功、吏部三員外郎。貶連州司戶參軍，夔州司馬。佐江陵使，改祠部員外郎，復除吏部員外郎，遷職方郎中知制誥。出為峽州刺史，遷廬州，未至，丁母憂。服闋，改婺州、蘇州刺史。

徵拜中書舍人，既至，謂人曰：「吾老，不樂與少年治文書。得一道，有地六七郡，為之三年，貧可富，亂可治，身安功立，無愧於國家可也。」日日語人。丞相聞，問，語驗，即除江南西道觀察使兼御史中丞。至則奏罷榷酒錢九千萬，以其利與民；又罷軍吏官債五千萬，悉焚簿文書；又出庫錢二千萬，以丐貧民遭旱不能供稅者；禁浮屠及老子為，僧、道士不得於吾界內因山野立浮屠老子像，

〔註52〕〔清〕董誥等：《全唐文》，北京：中華書局，1983年，第2521頁。

以其逛丐漁利,奪編人之產。在官四年,數其蓄積,錢餘於庫,米餘於廩。朝廷選公卿於外,將徵以為左丞,吏部已用薛尚書代之矣。長慶三年十一月十七日,未命而薨,年六十二。天子為之罷朝,贈左散騎常侍。遠近相弔。以四年二月某日,葬於河南某縣先塋之側。

公之為拾遺,朝退,天子謂宰相曰:「第幾人非王某耶?」是時公方與陽城更疏論裴延齡詐妄,士大夫重之。為考功吏部郎也,下莫敢有欺犯之者。非其人,雖與同列,未嘗比數收拾,故遭讒而貶。在制誥,盡力直友人之屈,不以權臣為意,又被讒而出。元和初,婺州大旱,人餓死,戶口亡十七八,公居五年,完富如初。案劾群吏,奏其贓罪,州部清整,加賜金紫。其在蘇州,治稱第一。公所至輒先求人利害廢置所宜,閉閣草奏,又具為科條,與人吏約。事備,一旦張下,民無不拊叫喜悅;或初若小煩,旬歲皆稱其便。公所為文章無世俗氣,其所樹立,殆不可學。

曾祖諱元暕,比部員外郎。祖諱景肅,丹陽太守。考諱政,襄鄧等州防禦使鄂州採訪使,贈工部尚書。公先妣渤海李氏,贈渤海郡太君。公娶其舅女,有子男七人:初、哲、貞、宏、泰、復、洄。初,進士及第;哲,文學俱善;其餘幼也。長女婿劉仁師,高陵令;次女婿李行修,尚書刑部員外郎。銘曰:

氣銳而堅,又剛以嚴,哲人之常。愛人盡己,不倦以止,乃吏之方。與其友處,順若婦女,何德之光。墓其有石,我最其績,萬世之藏。〔註53〕

韓愈作為一代碑誌文創作的大家,寫法向不拘泥於常規,內容上剪裁精當,結構上更是完全突破了碑誌文的固有格局。他筆下墓誌銘中的王仲舒,都是從生動的事件中出場,由此引出接下來的仕宦經歷與任官政績,將人物的性格與經歷一起予以呈現。而後寫的神道碑內容及風格則有了較明顯的差異,具體表現在:神道碑開場即以正規的筆法敘寫王仲舒的家世情況,然後依照時間的順序敘述王仲舒的仕宦經歷和政績。與墓誌銘內容上明顯差異的是:神道碑並未交代王仲舒的家人情況及埋葬情況,以長長的銘文彰顯王仲舒的一生而結束。

〔註53〕〔清〕董誥等:《全唐文》,北京:中華書局,1983年,第2526頁。

　　以不拘泥於常式創作而聞名的韓愈，在創作神道碑的時候，都能明顯看出他的恣意與無常在減少，遵守一般程序、中規中矩的成分在增加。

　　情況二：不同的人為同一碑主所寫的神道碑與墓誌銘。

　　以《全唐文》中鄭餘慶為賈耽所作神道碑以及權德輿為賈耽所作墓誌銘為例：

　　　左僕射賈耽神道碑

　　　　　公諱耽，字敦詩，其先長樂人也。七代祖元楷，因葛榮之亂，避地，始徙家於浮陽，隋開皇中，改浮陽為清池，今為清池人也。烈祖遠則，皇德州長河尉。祖知義，皇沁州源主簿，贈揚州大都督。考炎之，贈尚書左僕射。皆才光道溢，器位非偶，積善有遂，鍾於魏公。公天寶十載明經高第，乾元中授貝州臨清尉，州縣之職，與公非宜，兵戈甫興，時不韜才，公詣闕獻書，授絳州太平尉。太原節度王思禮察公器重識高，涵泳萬頃，署度支判官，轉試左驍衛兵曹，試大理司直監察殿中侍御史，職並如故。遂遷檢校繕部員外郎兼太原少尹、侍御史、北都副留守，仍賜金章紫綬，就加檢校禮部郎中。凡歷數使，賓待益重，奇才愈茂，宏器日彰，天下士君子推公為棟樑。遷汾州刺史，在郡七年，愷悌之愛，忠利之教，序四器，導五常，百姓日用而不知，熙然致於仁壽，烏足語其瑣細歟？徵拜鴻臚卿兼左右威遠營使，通夷狄之情，離賓客之位，其有素矣。是歲拜梁州刺史兼御史中丞、山南西道節度觀察度支營田等使，加朝議大夫，封廣川男。時守臣梁崇義，恃漢水峴山之險，負固倔強，公受詔領訖下沿江東討，降均州，屯穀城，所向皆捷，以功加銀青光祿大夫。上以慎理軍旅，以信夷夏，邊封謐清，而百姓宴安。是時故山南西道節度使、相國鄭公震洎邠節度使張僕射獻甫，或為部刺史，或為都將，皆雄毅宏達，常流不及，忌能飛語，危疑是懼，軍帥之例，罕有全度。公前推信誠，中發坦蕩，咸以事曉，加之慰薦，竟垂忠勳，兼佩將相，引張推轂受脤，微公之恢朗洞識，二人曷能臻歟？在鎮三年，遷檢校工部尚書、襄州刺史、御史大夫、山南東道節度觀察使，會李希烈亂常，朝廷致誅，詔公為司徒梁公勉招討副使，以公懿德瑰姿，不宜為副。寇難未平，徵拜工部尚書，

職崇喉舌，望允如鼎。俄以本官兼御史大夫、東都留守判東都尚書省事，充東都畿汝州都防禦使，又加東都畿唐汝鄧州都防禦觀察使。舊例居守不出王城，公以射藝絕倫，氣橫秋霜，德宗知公信在言前，優詔特許薄狩郊甸，允所謂珪璋特達之德也。遷檢校尚書右僕射，充義成軍節度、鄭滑等州觀察處置等使，屬有鄰師，戍兵護邊，魚服鶡冠，異軍三千，公弛柝罷警，門闈洞開，慮其未安，重延廊廡，坦易信誠，挺出今古，海渟山峙，茫茫屹屹，培塿畎澮，安得不服其洪濤峻嶠歟！凡更四鎮，踐履如一。尋以風疾，懇形封章，御劄名方與十全之醫馳賜，不允陳讓，俄而獲瘳。貞元九年入覲，拜尚書右僕射同中書門下平章事，朝廷為之寶，岩廊為之重，天下之以之信向，蠻夷以之懷來。加金紫光祿大夫，轉左僕射，依前平章事，遷檢校司空，依前左僕射平章事，遂嬰風疾，四表陳讓，不俞朝旨，御醫盈門，中使填路。嗚呼！有盛衰也，有晝夜也，聚散之理常也，死生之變大也，愚智同塵，賢不肖共轍，孰能究之哉？公為御史，先府君追贈太子中允，先夫人鞠氏贈東萊縣太君歸本郡遷葬，鄉邦榮之。先府君累贈尚書左僕射，鞠太君贈齊國太夫人，祖贈揚州大都督，祖妣崔氏累贈博陵郡太夫人，廟貌觀德，豐碑紀烈，奉君親而載劬，啟手足而免夫。始卒之道，俟其躋而，以永貞元年十月一日，薨於長安光福里之私第，享年七十六，輟朝四日，再贈太傅。詔鴻臚卿渾煉持節，備賻絹一千匹，米粟一千石，詔葬長安高陽原。夫人贈扶風郡夫人武功蘇氏，駕部郎中守忠之孫，處士珣之女，先公二十五年而歿，至是而合葬焉，秉周禮也。長子疇，太常寺協律郎，凋於青春；次子疄，太子議郎；少子疌，京兆府參軍。公好古，在汾州時，於戒行尼寺家童院得晉西河王司馬斌碑，太康中尚書郎索靖八分書，翳薈蕪薉之下，字可辨者猶存大半，有割太原四縣以為邦邑之語，公再建於寺殿之前。為尚書時，魏懷鄭汴，軍聲未輯，詔公宣過，而兩家之難解，抑推君命，且曰服寬信也。公玩習經籍，老而不倦，九流百氏，靡不該覽，通夷裔之風俗，盡山川之險易，歷代沿革之自，百王廢置之由，關塞通塞之因，牧圉盛衰之異，道程疏密之準，要荒享獻之數，聚米畫沙，成於指掌，矧夫丹青神化，

縑緗纂述。數十年來，西戎陷我河湟，其圖籍志錄，泯絕散落，非公強力精專，蹂□貫穿，靡書不探，雖賤必訪，則自汧隴而西，傳疑唱謬，紛紛不已，已化為莽昧，天意若曰降公之聰達精博，拯厥將墜歟？興元元年，詔公撰國圖，貞元十四年，先獻關中隴右及山南九州等圖，又撰《別錄》六卷，《吐蕃黃河錄》共四卷，優詔褒異賜馬一匹，銀器數事、錦綵三百匹。十四年冬，撰海內華夷圖成，並撰《古今郡國縣道四夷述》四十卷，《貞元十道錄》四卷，賜馬兩匹，銀器數事，錦綵五百匹，又內出銀榻二，蓋殊渥也。於戲！渤海左湧，洪河前激，湍瀞其地氣，必將有以孕育哲聖。謨明盛時，為紀為綱，為棟為梁，體貳為仁，萬夫之望，豈特河海地理云乎哉！亦將上動昭回，下降星精，為忠為孝，為聰為明，為君子為宏器，公有大度容物也；浩無津涯，而恪慎競畏，不有怠也，有明哲保身也；孰云肯綮，而端方肅祗，未嘗離也。公奉親以孝，事主以忠，待天下以信，博識以強力，廉隅以砥礪，居臺座十三年，秉戎律四鎮垂十五年，產不過中人，日給有不暇之意，非夫脫落塵機，翱翔青冥，孰能然哉？夫郤縠之說禮樂敦詩書，祭遵雖在軍旅不忘俎豆，邴吉之不過污丞相車茵，劉寬之無爛汝手，叔度之涯涘，元陽之不伐，衛玠之理遣情恕，公咸頡頏恢博，得其兼備者已。公考求六藝，張弓挾矢，允謂殊倫，連墮冥冥之羽，雙貫五采之翬，殪獡之歌，圖畫歌詠，憶嘻君子多乎哉！文章之制，博達而清約，盛矣！著述有未就者，歿有遺恨，嶙等知公與餘慶有忘年之眷，見託紀徽烈，俾鴻伐芬芳不歇，表唐德賢臣之目焉。銘曰：

圓方既明，淪渾粹精。辰耀騰溢，降為賢英。鬱鬱魏公，薰然淑清。脫落瑣細，胸吞長鯨。天寶之季，北塵薦起。懷策上謁，言塵可止。少年下位，事不行矣。命官絳臺，渥澤伊始。車騎開府，司空晉陽。萃賢揚幕，優游抑揚。惟公犖然，落落堂堂。群議乃曰，允膺巖廊。剖竹西河，眾蘇情結。風俗丕變，載欣載悅。六鈞服猛，雙鴻一發。式是威下，洸洸烈烈。入掌九賓，羽儀清都。四夷荒職，貢畫地圖。帝曰漢中，實惟爾區。廷授龍節，雙旌碩儒。推轂漢南，乃司冬官。保釐成周，白馬登壇。更踐數鎮，撫人以寬。或三四年，

遂成勝殘。徵弭中樞，朝廷為實。謀不外揚，功宣造膝。與物宥過，意工言質。天下日用，曷由窺室。知命兮死生齊，松楸列兮埏成蹊。海凶兮渾渾浩浩，一指兮天和倪。謬知言之重顧，銘樂石兮淒淒。萬物或幾乎息兮，惟公德兮竟隮。〔註54〕

唐故金紫光祿大夫檢校司空兼尚書左僕射同中書門下平章事上柱國魏國公贈太傅賈公墓誌銘（並序）

德宗皇帝享國二十有七年，注意於將相之臣，惟魏國賈公，諱耽，字敦詩。始則四握兵符，保釐節制，終乃再踐師長，燮和樞極。文武致用，實寧斯人，景鍾書伐，金鼎和味。咸有一德，用平泰階，奉綴衣之詔，公始感疾，先復土之期，公乃捐館。屬太上皇重公者碩，進加司空。今皇帝憫公徽懿，追命太傅。春秋七十六，佩相印十三年。前史稱賈生通達國體，其孫嘉好學世其家，其曾孫捐之建議深切，漢元帝為之罷珠崖郡，皆其先古之有議論風節者也。曾王父遠則，皇長河尉。生王父知義，沁源主簿，贈揚州大都督。都督生烈考炎之，燕居不仕，贈尚書左僕射，皆代德安貞，延耀於後。

公忠正仁恕，極深研幾，究今古於百氏，窮地域於九譯。乾元初，寰海未靜，褐衣危言，始尉太平，連辟大府。三入御史府，再為尚書郎，亞尹北都，剖符西河，嘉猷循行，所蒞居最。大曆十四年冬十月，緣大鴻臚貞師於梁，協力群帥，平夷江漢，青綬大封，炟然光明，進參六職，節制襄峴，載會兵車，撫徵淮右，徵詣行宮，真拜冬官。明年，以三后之任，分正洛師，加地進律，察廉唐鄧，復總賦輿，鎮於靈昌，政成八稔，愷悌清靜。於是膺審象之寄，贊格天之業，中外授受，勤勞王家。《易·坤》之說曰：「地道也，臣道也。」惟公有博載之量，露生庶物。《書·洪範》之說曰：「強弗友剛克，燮友柔克。」惟公推寬信之誠，弼亮時化。故其撫封也，不尚禁屬，不施皦察，扶導善氣，折銷未萌。使貪者讓，躁者靜；四鄰敬之如神明，闔境愛之如父母。其作相也，當先皇帝洪覆陰騭，財成造化，宗工舊老，但以忠厚承清光。故公之揚庥德輝，涵泳無際，藹然和平之運恬然易簡之道。至若匪躬詭詞，勞謙不伐者，亦何可

〔註54〕〔清〕董誥等：《全唐文》，北京：中華書局，1983年，第2164頁。

勝言？坦夷而周密，廣大而潔靜。從善虛已，求天下之才；博聞強
識，通天下之志，斯不可及已。所著《梁懷王傳碑》、《先君子碑》，
陳祖德以自況，載家聲於可久，體要閎達，邁乎群倫。撰《海內華
夷圖》，及論次地理之書，凡五十有五篇，貢在中禁，傳於域內。言
方志者，以公名家，被病更時，屏絕醫術。且曰：「吾以忠信為孔禱，
死生為天理，一氣聚散，斯焉順之。」美檟壽堂，自為終制，隤然
委化，以啟手足，雖從古知命之士，所難能焉。夫人武功蘇氏，駕
部郎中守忠之曾孫，處士珣之女，有柔儀淑行，歿於中身，二十有
五年矣。嗣子疇，太常寺協律郎，早夭。次子嶙，太子司議郎。少
子㟧，京兆府參軍事。馴行孝謹號咷毀瘠，奉二尊裳帷，合於九原。
刻茲樂石，以永終古。銘曰：

　　麟之儀儀，鳳之師師。有倬魏公，發輝清時。外總方國，埽除
蟆螣。入居公臺，左右皇極。於學無不通，於士無不容。穆如和風，
叩若華鍾。偉材閎議，信以發志。中行循性，其道易易。始初清明，
紀號永貞。維陽月之朔日兮，返智氣於冥冥。下旬逮半兮，祖載於
庭。神休古原兮，閟此音形。前直國門兮，旁邇梁傳。不忘本兮公
之素。笳簫啟路，歸此壤樹。嗚呼！有唐元老兮，魏公之墓。〔註55〕

這兩篇文章的主要區別除了體現在神道碑比墓誌銘的篇幅長容量大，仕
宦經歷描述更加詳細、銘文更長以外，突出表現在神道碑中突出了頌讚的部
分，藻詞麗句，對賈耽的稱頌多以稱揚描繪的虛語出之。

通過以上一組神道碑與墓誌銘的對比，我們可得出以下初步結論：

（1）神道碑與墓誌銘同為志人之作，基本內容要素是一致的，都基本包
括了碑主誌主的家族、經歷、評價等。然而較墓誌銘而言，神道碑更側重於對
碑主一生功績的描寫與人物特點全面性的展示，對碑主的埋葬情況以及家人
的情況交代較少甚至有時可不予敘寫；

（2）在謀篇布局以及寫作手法方面，神道碑通篇顯得更為法度謹嚴，程
式化的痕跡較重，較墓誌銘的創作少了更多的靈動性。用於頌讚的虛語部分較
多，通篇鋪陳、對仗、用典的手法使用更加頻繁，駢體化的傾向較墓誌銘更為
明顯；

〔註55〕〔清〕董誥等：《全唐文》，北京：中華書局，1983 年，第 2275 頁。

（3）神道碑的銘文部分較墓誌銘的銘文部分明顯篇幅更長，銘文絕大多數採用四字韻文形式。以《全唐文》中的中晚唐墓誌銘為考察對象，銘文的變化可謂多姿多彩隨處可見，有變化的占總數約 20%，一般的句數都不超過三十句。而在中晚唐的神道碑中，只有不足十篇的銘文部分採用了七言兮字句、九言等富有變化的形式，占總數不到 10%，銘文的句數一般不少於二十八句，多則可達八九十句。

而造成這種現象的原因正是由神道碑自身的特點決定的，神道碑樹立在地上，墓誌銘埋於地下，神道碑更傾向於面向現世的人，以及來迎接死者靈魂通過「神道」前往「神界」的「神」述功業；墓誌銘則更傾向於面向後世或死者的亡魂，記述死者的生平以及埋葬情況。

另外需要補充說明的是，神道碑的寫作時間與墓誌銘的寫作時間也有不同。墓誌銘因要在葬禮過程中隨棺木一同埋入地下，因此寫作的時候一般是在誌主死亡後埋葬前。而神道碑因為是在埋葬後立於地面，因此寫作時間有時會根據實際情況在埋葬之後才進行。如韓愈為路應所作的神道碑中提到：「元和六年，天子憫公疾，不可煩以職，即其處拜左散騎常侍，以其祿居。其歲九月望，薨於東都正平里第，年六十七。明年，葬京兆萬年少陵原，夫人滎陽鄭氏祔。既，其子臨漢縣男貫與其弟賞貞謀曰；『宜有刻也。』告於叔父御史大夫廊坊丹延觀察使恕，因其族弟進士群以來請銘，遂以其事銘曰。」〔註56〕李翱為柏良器所作的碑文中亦載：「公自少則戮力破賊，及壯解寧陵、猗柺之圍，希烈之所以兵不及於宋，而江東以全者，實公之所為也。功最高，位獨以不副，克生良子，能大厥家。太和元年，翱自廬以諫議大夫徵，路出於蔡，元封泣拜，且曰：『先公之碑未樹，教後嗣其果有辭矣也，公不可聽。』乃銘曰。」〔註57〕可知作碑文時間皆在埋葬之後。

第二節　銘文研究

銘文，當文字刻在器皿上的那一刻，它勢必具有了神聖性和莊重感。它的存在和物品的存在綁在了一起，而這些物品又恰恰不是普通的物品，鍾鼎禮樂之器，「物不朽者莫不朽於金石」。於是銘文就不僅僅是展示給「生而有

〔註56〕〔清〕董誥等：《全唐文》，北京：中華書局，1983 年，第 2521 頁。
〔註57〕〔清〕董誥等：《全唐文》，第 2855 頁。

涯」的當時人，它昭告於天地之間，提供的訊息通達古今。故劉勰在《文心雕龍‧銘箴》篇中極力強調「銘文」的本來屬性，勢必要「體貴弘潤」。他對不合銘文本質屬性的作品提出批評，批評東漢作家馮衍說：「敬通雜器，準矱武銘，而事非其物，繁略違中。」批評東漢李尤銘文云：「蓍龜神物，而居博弈之中；衡斛嘉量，而在臼杵之末；曾名品之未暇，何事理之能閒哉？」劉勰關於銘的文體論其實又拋出了文學史上一個熟悉又重大的問題，即文體的「正」與「變」。

一、銘文之「正體」與「變體」

1. 銘文「正體」

毫無疑問，銘文的「正體」即為劉勰所強調的：

「昔帝軒刻輿幾以弼違，大禹勒筍簨而招諫；成湯盤盂，著日新之規，武王戶席，題必戒之訓；周公慎言於金人，仲尼革容於欹器；則先聖鑒戒，其來久矣。故銘者，名也，觀器必也正名，審用貴乎盛德。蓋臧武仲之論銘也，曰：『天子令德，諸侯計功，大夫稱伐。』夏鑄九牧之金鼎，周勒肅慎之楛矢，令德之事也；呂望銘功於昆吾，仲山鏤績於庸器，計功之義也；魏顆紀勳於景鍾，孔悝表勤於衛鼎，稱伐之類也。……夫箴誦於官，銘題於器，名目雖異，而警戒實同。箴全御過，故文資確切；銘兼褒讚，故體貴弘潤：其取事也必核以辨，其摛文也必簡而深，此其大要也。然矢言之道蓋闕，庸器之制久淪，所以箴銘異用，罕施後代。惟秉文君子，宜酌其遠大焉。贊曰：銘實器表，箴惟德軌。有佩於言，無鑒於水。秉茲貞厲，敬言乎履。義典則弘，文約為美。」〔註58〕

同時也散見於歷代古籍中：《禮記‧祭統》云：「銘者，論撰其先祖之有德善、功烈、勳勞、慶賞、聲名，列於天下，而酌之祭器，自成其名焉，以祀其先祖者也。顯揚先祖，所以崇孝也；身比焉，順也；明示後世，教也。」〔註59〕《左傳‧襄公十九年》載臧武仲謂季孫云：「夫銘，天子令德，諸侯言時計功，大夫稱伐。」〔註60〕

〔註58〕〔南朝〕劉勰著，周振甫譯注：《文心雕龍今譯》，北京：中華書局，2013年，第100頁。

〔註59〕〔清〕阮元校刻：《十三經注疏‧禮記》清嘉慶刊本，北京：中華書局，2009年，第3479頁。

〔註60〕〔戰國〕左丘明著，楊伯峻注：《春秋左傳注》，北京：中華書局，2009年，第1044頁。

可知猶如物品之中最貴重的便是金石之器一般，文體中的銘文因其載體之貴重、保存時間之久遠，也決定了它的內容從時間、空間上都絕非其他文體可比，因此令德、記功、稱伐，都是儒家思想體系下最莊重之事。

由此論及墓誌銘中的銘文。銘文本為墓誌銘之主體，承擔的功能也如徐師曾在《文體明辨說·墓誌銘》中所言：「古之人有德善功烈可名於世，役則後人為之鑄器以銘。」〔註61〕此銘文的內容也是與石碑一起屹立於天地之間，向天地神明，向列祖列宗、當世人、後世人訴說著誌主一生的德善、功烈、勳勞、慶賞、聲名。也就是這一生在這世上留下的值得言說的痕跡。故我們經常可以在銘文中看到這樣的句子：貞元119：「琢石寄詞，用虞隣谷。」〔註62〕開成044：「崔氏之母墓於此，人世有終孝無已。」大中011：「千秋萬歲後，有問此者曰，有唐賢人君子之墳。」咸通064：「寂滅誰爾兮逍遙自然，子子孫孫兮知吾在焉！」中和005：「名留世表，神歸不還，記志景行，恐變山河。」大順001：「南原之禮，松楸可依，千古之後，世復何之！銘於旌表，用防改移。」咸通095：「英貞石兮，永固無窮。」光啟001：「貞石永紀，芳猷不息。」

故墓誌銘中銘文之正體的內容、風格、功能都是清晰而確定的。中晚唐墓誌銘中也不乏如此的正體之作。如：建中004：「嗚呼元臣，莫究其涯，直而能清，質而不華。揮翰掄材，濟美居多，移書抗議，執禮無頗。人或我疵，帝用我嘉，乃持國政，國政惟和。百度以鼎，九功可歌，道長遽運，已矣如何。寵贈斯崇，哀榮則那，永安真宅，畢此山阿！」該墓誌銘誌主為宰相崔祐甫，一生功業顯著，故銘文通過對其生平的高度總結，如「直而能清，質而不華」見於墓誌中「年才幼學，有司將補崇文生，公曰：此朝廷賞延所及，非立身揚名之道。竟不之就。……年廿五，鄉貢進士高第，時輩多朋黨請謁，以務聲華，公獨介然，端居以得之。……時永王總統荊楚，搜訪俊傑，厚禮邀公。公以王心匪臧，堅臥不起。人聞其事，為之惴慄，公臨大節，處之怡然。……問望素崇，獨步華省，綸誥之地，次當入踐。公歎曰：羈孤滿室，尚寓江南，滔滔不歸，富貴何有。遂出佐江西廉使，改試著作郎兼殿中侍御史，其厚親戚薄榮名也。……」等等諸多細節。再如「帝用我嘉，乃持國政，國政惟和。」亦見於

〔註61〕徐師曾著，羅根澤校點：《文體明辨序說》，北京：人民文學出版社，1962年，第46頁。

〔註62〕格式說明：此節內容中所引用的碑誌內容均來自周紹良主編趙超副主編：《唐代墓誌彙編》下冊，上海古籍出版社，1992年。序號與該彙編目錄同，不再一一標明頁碼。

墓誌中「公之入相也，屬代宗陵寢初營，今上勤政，事無鉅細，悉關決於公。公神隨務勞，疾與時邁，自秋徂冬，手足半瘓，匡牀伏枕，累表自陳。聖上慘然曰：倘遂不起，喪我股肱，奈社稷何。乃下優詔，許就私第，官爵之讓，終不見聽，而傳乘旁午，以召良醫，御府珍藥，相繼道路。自是每軍國大務，朝廷疑事，輒降中貴就第密訪所安。公手不能書，口占以對，啟沃之跡，人莫得知。自頃執政者一日不覿龍顏，人情則有異論，故語曰：一日不朝，其間容刀，必為耳目，以司讒。公則閉關移疾，載離寒暑，輕薄利口者宣之使言，而聖上之恩日崇，百僚之敬彌肅，蒼生之望益重。」對其德行、事功都高度頌讚，結句部分則將這些都彙報給了永存不朽的時空。

再如乾符025：「昔為列國，爭長任德，支姓下分，君族斯植。代有清芬，播為時文，綿延祖續，栢悅蘭薰。君德之美，汪然若水，善下之道，流於千祀。洛北之門，左堈右原，佳城於此，藏君之魂。」誌主為晚唐時期一普通官員韓綬，生前並無過人功績，但出生於望族之後（郡望昌黎），故銘文強調的是「綿延祖續」以及「君德之美」，可謂不偏不倚，體現了銘文「正體」之風。

另外從形式上來看，墓誌銘「銘文」的正體應為四言。中國最早期的文字表達以二言形式為主，至《詩經》以四言為主體。這與周初社會發展狀況是密切相關的。周初社會政治經濟的重大變化，導致了大量雙音詞的出現，為四言體產生奠定了語言學基礎；而《詩經》又是周代禮樂文明的產物，周禮的莊典性決定了《詩經》內容的莊典性，而四言的詩歌節律模式是一種平衡、標準和富於莊典性的結構，通過鋪敘從而進行頌美是最適宜用大量雙音詞和疊字構成的四言典型句式，適合表達嚴肅的內容。從《詩經》中的《綿》《皇矣》《公劉》等詩篇中均已得到體現，因此四言的格式與墓誌銘文的功能最相匹配。另外，四言詩由兩個對稱音組連接，符合人類社會早期與自然節律緊密協作、追求對稱節奏的文化心理。因此，墓誌銘文的正體為四言，在歷代墓誌銘文中雖然也存在著變化多端的其他形式，但在數量上占主要比例的也依然是四言，可見在人們的心中，在莊重的喪葬禮儀場合，依然最看重的還是與莊典性最為諧和的四言體。

綜上所述，墓誌銘「銘文」的正體，從形式上來說是四言體，從功能上來說是頌讚，從內容上來說是誌主生平的德行，從風格上來說正是劉勰所言「體貴弘潤」，從寫作手法上來說也如劉勰所說「其取事也必核以辨，其摛文也必簡而深，此其大要也。」

2. 銘文之「變體」

然而，正如《詩經》四言體在伴隨周王朝興盛了五六個世紀之後，在華夏民族「鐵器時代」到來之後，隨著井田制的崩潰和雅樂的亡佚，從此黯淡，結束了它的輝煌。在越來越多的墓誌銘中，銘文也以各種各樣的形式風格出現在我們眼前，和「正體」呈現出若即若離的關係，甚至與「正體」無甚關聯，是為「變體」。

從某種程度上來說，「變體」是對「正體」的背離，這也正是劉勰所不滿的地方。文體的存在價值就在於它的獨特性，總是背離正體，那「體」本身是否還可以繼續存在下去就變成了一個可遇見的岌岌可危的事件。從這個角度上來說，變體只要一出現就應該被口誅筆伐以至於消滅掉。可是，「一生二，二生三，三生萬物」，正因為統一、對稱、平衡被打破，於是萬物生，始現生機勃勃。五言詩、七言詩、詞、曲、小說等等各種問題，從開始出現就沒有逃脫過被輕視質疑的命運，但卻依然在一片質疑聲中蓬勃發展，呈現出異彩紛呈的文學之美。而在文學史中那些流光溢彩彪炳千古的佳作，其實放在文體的發展中也往往正是該文學體裁中的變體，如曹操的樂府詩，阮籍的五言詩，郭璞的遊仙詩，左思的詠史詩等等……

就中晚唐墓誌銘而言，「變體」所佔數量較大，在形式上體現為除了四言體之外，尚有三言、五言、七言加「兮」、八言加「兮」、雜言等多種形式。三言體如大中073：「滻水北，邙之陽，君今歸，夜何長！謂不年，壽而康，謂不遭，綬非黃。魂何依？豈飛揚，哭為銘，安所忘！」中和008：「其一，……葬之華，蜉之蝣，石之火，水之漚，四之質，難久留。其二。尊道德，洞仁義，望長林，成大器，孰知天，興禍至。醴泉竭，德星墜，女未歸，男尚稚。嬬妻房，冷秋水，睹遺蹤，逞雙淚。宿何緣，無終始，泣告余，請銘誌。」五言體如元和021：「有行以為本，有文以為華，恭以事其職，勤以嗣其家，位卑而無年，籲其奈何！」七言加兮字體如長慶002：「天地無情兮造化無刑，人有至德兮何壽而無貞？修短昧兮不可測，福冀助兮安有靈，幽冥隔兮終永別，恩愛斷兮肝腸傾。」八言加兮字體如咸通109：「愷悌君子兮如圭如璋，鳳鳥不至兮麟出罹殃。彼蒼不仁兮曷為其常？甘泉倏竭兮風焰摧光，孤獨灑兮行路淒傷，青鳥告吉兮寧神其岡。」長慶006：「孝果不避兮生有其志，成破是非兮歿為後言，良木風僵兮枝附先隕，不逮周文兮徒謝歸魂，嗚呼已而銘識空墳。」雜言體如大曆019：「天之中，邙之東，為我宅兆龜筮同。生於斯，歿於斯！幽

魂一去無還期。陟崗永望心斷絕，四水東流無盡時。」大曆 059：「吾家代業之積仁，安平嗣君，之德之純，懷其道而道不伸，王佐之器，莫試於經綸。老氏藏室何寂寞，吳江之澨又遼廓，哲人其萎舟去壑，柔明簡諒，君子之嬪，□華早落，厚夜無晨，昭昭萬古，共挹芳塵。」大曆 061：「休門蓄德兮詒厥修令，碩人其頎兮誕敷淑性。含章通理兮端裕純正，謙慈恭睦兮孝友和敬。天授夫德兮莫永斯命；臨其穴，惴其慄，冬之夜，夏之日，百歲之後，歸于其室。」貞元 057：「大道歸兮絕世緣，人生過隙兮俄百年，松門寂寂和煙閉，萬里悠悠陌與阡。素車轉兮載白骨，旐旂引兮入黃泉，兒孫慟哭兮將扣地，氣竭息兮上告天。背邙山兮塋域，面洛水兮逝川。」

　　另外銘文和墓誌的關係也不是固定的，有整篇都是銘文的情況，如咸通 017：「唐故太原王氏女墓銘　王氏殤女其名容，名由儀范三德充。誦詩閱史慕古風，卑盈樂善正養蒙。是宜百祥期無窮，奈何美疢剝其躬？芳年奄謝午咸通，秀夏二十三遭凶，翌月十八即幽宮。壽逾既笄三而終，晉陽之冑冠諸宗。厥考長仁命不融，外族清河武城東，中外輝焯為世雄，今已矣夫石鎯封，仲文刻銘藏戶中，以紓臨穴嫂哀恫，古往今來萬化同，高高誰為問圓穹？姑安是兮龜筮從，竢吉良兮從乃公。」有完全散文化的，如大中 142：「有車出洛，哀哀孝子，泣盡血兮哭無聲。於至年歲在戊寅七月庚戌朔白露後廿五日甲申，嗣子漢璋奉公及夫人之喪，合祔於河南縣平樂鄉王寇村之原，從龜筮之言也。嗚呼！公之孝友忠恕之德，享重名於；慈惠之道，彰令譽於婣族，而祿與壽皆不稱也。如此豈報施之理，獨不集吾先哉？漢璋銜哀祇事，謹其年月日時以志於名。」

　　在變體中，銘文的功能也超越了「頌讚」的部分，有抒發情感的功能，如乾符 026：「華吾族兮，成吾之妹；悴吾門兮，德亦其除。於天嗟兮付不懼，生有恨兮泣血漣洳。」有如文章結尾一般承擔餘韻尾聲的功能，如乾符 017：「德門兮賢多，歸令族兮孝和，天不仁兮奪壽，神不明兮奈何！豈冥漠兮婆娑，應依倚兮桂娥。想仙路兮春容，稱霞衣兮佩珂。千秋萬歲兮永安吉，洛城北兮邙山阿。」乾符 035：「歸魂悄悄，新壟巍巍，永埋美玉，長掩泉扉。都山川兮寂寞，念歲月兮遷移，流芳名兮百代，刊貞石兮千期。」

二、銘文的文學性

　　銘文的文學性體現在以下幾個方面。

1. 銘文在概述誌主生平，對誌主進行不同方面的頌讚時，深受詩經傳統的影響

《詩經》作為文學源頭，影響巨大。也體現在了對墓誌銘的影響中。有學者以趙超的《漢魏晉南北朝墓誌彙編》中的 556 方墓誌為考察對象，發現其中徵引《詩經》篇名的比例可達 22.6%，由此可見《詩經》影響之大。（臺灣林登順《魏晉南北朝「墓誌銘」引〈詩經〉篇名考》（《詩經研究叢刊》第十八輯））在中晚唐墓誌銘文中，這一現象也十分突出。如咸通 044：「婉彼靜女，慶承華胄，來嬪君子，潔我籩豆。」（《邶風·靜女》：「靜女其姝，俟我於城隅。愛而不見，搔首踟躕。靜女其孌，貽我彤管。彤管有煒，說懌女美。」〔註63〕《小雅·常棣》『儐爾籩豆，飲酒之飫。』）贊女性誌主之典雅貞靜；咸通 109：「愷悌君子兮如圭如璋，鳳鳥不至兮麟出罹殃。彼蒼不仁兮曷為其常？甘泉倏竭兮風焰摧光，孤獨灑兮行路淒傷，青鳥告吉兮寧神其岡。」（《大雅·卷阿》：「顒顒卬卬。如圭如璋，令聞令望。豈弟君子，四方為綱。」）咸通 111：「令問不匱，麟趾有制。」（《周南·麟之趾》：麟之趾，振振公子，于嗟麟兮。）贊誌主之品德及神采；貞元 112：「石韞玉兮蚌含珠，玉溫潤兮珠皎潔。石不開兮蚌不剖，英華光彩何由發？」（《秦風·小戎》：「言念君子，溫其如玉。」）贊誌主之品德；貞元 016：「彼美一人，既哲且芳，桃李花開，忽罹春霜。」（《鄭風·野有蔓草》「有美一人，婉如清揚。邂逅相遇，與子偕臧。」）喻女性誌主之柔婉美貌；中和 005：「名留世表，神歸不還，記志景行，恐變山河。」（《小雅·車舝》：「高山仰止，景行行止」）喻誌主之品行高尚；景福 002：「行標蘋藻，德配鳲鳩，嬻婉君子，福祿是遒。」（《召南·采蘋》：「于以采蘋，南澗之濱，于以采藻，于彼行潦。」《召南·鵲巢》：維鵲有巢，維鳩居之。《毛序》解釋「德如鳲鳩」。《邶風·新臺》：新臺有泚，河水瀰瀰。燕婉之求，蘧篨不鮮。）贊女性誌主之德行；咸通 076：「藹濃芳兮欺上春，落華胄兮嬪賢人。慶螽斯兮懿日新，何不壽兮歸天真？」（《周南·螽斯》：螽斯羽，詵詵兮。宜爾子孫，振振兮。）喻女性誌主宜室宜家。

2. 對典故的運用也是銘文文學性的體現

如貞元 050：「王子登仙，休徵求魚，中尉解義，太常注書。漢興五侯，

〔註63〕周振甫譯注：《詩經譯注》，北京：中華書局，2010 年，第 56 頁。另，本書稿引用的詩經均出自此版本，不再一一注明。

晉重司徒……」王子登仙：《列仙傳・王子喬》：「王子喬者，周靈王太子晉也。好吹笙作鳳凰鳴，遊伊洛間，道士浮丘公接以上嵩高山上。三十年後，求之於山上，見桓良，曰：『告我家，七月七日，待我於緱氏山頭』。至時，果乘白鶴駐山頭。望之不得見，舉手謝時人，數日而去。亦立祠於緱氏山下，及嵩高首焉。妙哉王子，神遊氣爽。笙歌伊洛，擬音鳳響。浮丘感應，接手俱上。揮策青崖，假翰獨往。」休徵求魚：指晉代王祥字休徵極盡孝道之事。干寶《搜神記》第 11 卷：「母常欲生魚，時天寒冰凍，祥解衣，將剖冰求之，冰忽自解，雙鯉躍出。」〔註64〕中尉指西漢宣帝年間的王吉，漢昭帝時，舉賢良充任昌邑王中尉。太常為三國時王肅。據此墓誌所載，此誌主乃文武雙全，戰功赫赫之官員，身後留有四子，有早逝、孝順、有功業等情況，故在銘文中所引用的典故均與其子情況相合，後人之情況本來就是誌主之成就，也是喪葬事宜的開端，故置於銘文開端，引出下文。咸通 047：「王黑之悲涼奚及，陸機之雅賦依然。」王黑乃東漢重臣王允之孫，符合誌主王褒後代之實，讚頌誌主乃名門之後。陸機乃西晉著名文學家，以賦見長，此處用以類比讚美誌主之才華，與墓誌中「縱雄辯而嶙谷潛喧，擅麗藻而綺霞爭秀」相合。咸通 053：「輪轅之材，干鎮之利，班燭復生，方應瞠視。」干鎮之利：《戰國策・齊策五》：「（蘇秦說齊閔王曰）今雖干將莫邪，非得人力，則不能割劌矣。」〔註65〕喻指誌主之才能。咸通 054：「鄰杵無相，百牙絕琴。」《禮記・曲禮上》：「鄰有喪，舂不相。里有殯，不巷歌。」〔註66〕東漢鄭玄注：「助哀也。相，謂送杵。」與墓誌中「親朋痛切，閭里哀傷」相合。戰國・呂不韋《呂氏春秋・本味》：「伯牙鼓琴，鍾子期聽之。方鼓琴而志在太山。鍾子期曰：『善哉乎鼓琴，巍巍乎若太山。』少選之間，而志在流水。鍾子期又曰：『善哉乎鼓琴，湯湯乎若流水。』鍾子期死，伯牙破琴絕弦，終身不復鼓琴，以為世無足復為鼓琴者。」〔註67〕誌主為處士，「淑順恭行，行得謙柔，福會良疇，高蹈雲水，美玉不炫，聲價益高。」故以此典故喻喪友之心痛。咸通 062：「卓魯之化，人皆去思。研桑之術，吏不

〔註64〕〔晉〕葛洪著，王叔岷校注：《列仙傳校箋》，北京：中華書局，2007 年，第 65 頁。

〔註65〕〔晉〕干寶著，李建國輯校：《新輯搜神記》，北京：中華書局，2007 年，第 660 頁。

〔註66〕〔清〕孫希旦撰，沈嘯寰、王星賢點校：《禮記集解》，北京：中華書局，1989 年，第 79 頁。

〔註67〕〔秦〕呂不韋編，許維遹集釋：《呂氏春秋集釋》，北京：中華書局，2009 年，第 310 頁。

敢欺。」卓魯：漢卓茂、魯恭的並稱。均以循吏見稱，後因以指賢能的官吏。南朝齊孔稚圭《北山移文》：「籠張趙於往圖，架卓魯於前籙。」〔註68〕研桑，指計研和桑弘羊，二人均為古代善於計算的人。研桑心計比喻有理財的本領。《文選・班固・答賓戲》：「和鵲發精於鍼石，研桑心計於無垠。」〔註69〕唐李善注：「越王句踐困於會稽之上，乃用范蠡、計然。韋昭曰：『研，范蠡之師計然之名也。』」《資治通鑒》載：「桑弘羊以計算用事……弘羊，洛陽賈人子，以心計，年十三侍中。」〔註70〕誌主「亟領煩劇，彌彰利用。剖剔盤錯，鋩刃不頓。」能力超群。大曆018：「□□李君，有質有文。徇祿非志，與時不群。□道□會，從其所愛。浪跡江山，終身吳會。□□□□□指周，亦願生女，緹縈之流。」該誌主女兒已出家，在為父親遷墳一事中盡展孝道感人至深，見於墓誌所載：「初公之卒，會公弟深尉臨安，公之女子尼子真性從，故公之柩殯於臨安。復深卒分水，令還殯臨安，而深妻薛氏先歸，營求遷卜，尼子泫然流涕，曰：古不遷葬者，從周之義。今戈戟未戢，鄉園且遙，或慮非常之虞，必從□古之道。若吾涉江登陸，盡室以西，是旅幽魂，而孤丘墓也。吾懷衣落髮，業已出家。請備掃除，留慰泉壤。薛氏不奪言於所親。公季弟江聞之，歔然而哭曰：兄弟孔懷，吾敢忘哉。又何尼子之起予。遂順流舉喪，以正丘首。君子曰：尼子純孝也。愛其父，施及於江。」緹縈救父典故出自《史記》卷一〇五《太倉公列傳》：「太倉公者，齊太倉長，臨菑人也，姓淳于氏，名意。少而喜醫方術。高后八年，更受師同郡元里公乘陽慶。慶年七十餘，無子，使意盡去其故方，更悉以禁方予之，傳黃帝、扁鵲之脈書，五色診病，知人死生，決嫌疑，定可治，及藥論，甚精。受之三年，為人治病，決死生多驗。然左右行遊諸侯，不以家為家，或不為人治病，病家多怨之者。文帝四年中，人上書言意，以刑罪當傳西之長安。意有五女，隨而泣。意怒，罵曰：『生子不生男，緩急無可使者！』於是少女緹縈傷父之言，乃隨父西。上書曰：『妾父為吏，齊中稱其廉平，今坐法當刑。妾切痛死者不可復生而刑者不可復續，雖欲改過自新，其道莫由，終不可得。妾願入身為官婢，以贖父刑罪，使得改行自新也。』

〔註68〕〔清〕嚴可均編：《全上古三代秦漢三國六朝文》，北京：中華書局，1958年，第2900b頁。

〔註69〕〔梁〕蕭統編，〔唐〕李善注：《文選》，上海：上海古籍出版社，1986年，第2022頁。

〔註70〕〔宋〕司馬光編著，〔元〕胡三省音注：《資治通鑒》，北京：中華書局，1956年，第639頁。

書聞，上悲其意，此歲中亦除肉刑法。」〔註71〕咸通067：「嗟訝盛衰兮已矣，空留掛劍兮青松！」咸通086：「樹留掛劍，明月清風。」這兩篇墓誌銘都為同僚友人所寫，故均採用了講述知己情深的季札掛劍的典故，符合友人作者的身份。《史記‧吳太伯世家》載：「季札之初使，北過徐君。徐君好季札劍，口弗敢言。季札心知之，為使上國，未獻。還至徐，徐君已死，於是乃解其寶劍，繫之徐君冢樹而去。從者曰：『徐君已死，尚誰予乎？』季子曰：『不然。始吾心已許之，豈以死倍吾心哉！』」〔註72〕咸通111：「今問不匱，麟趾有制。」誌主為一有身份的女性，故銘文中強調其美好的聲名、尊貴的身份對孩子的善於培養。「麟趾」，語出《詩‧周南‧麟之趾》：「麟之趾，振振公子。」鄭玄箋：「喻今公子亦信厚，與禮相應，有似于麟。」光啟002：「賢侔曹氏，德擬孟光。」誌主為女性，故以歷史上著名賢德女子讚美誌主之德行。曹氏：曹娥《後漢書》卷八十四〈列女列傳‧孝女曹娥〉：「孝女曹娥者，會稽上虞人也。父盱，能絃歌，為巫祝。漢安二年五月五日，於縣江溯濤婆娑迎神，溺死，不得屍骸。娥年十四，乃沿江號哭，晝夜不絕聲，旬有七日，遂投江而死。至元嘉元年，縣長度尚改葬娥於江南道傍，為立碑焉。」〔註73〕孟光：《後漢書》卷八十三〈逸民列傳‧梁鴻〉：「梁鴻字伯鸞，扶風平陵人也。……埶家慕其高節，多欲女之，鴻並絕不娶。同縣孟氏有女，狀肥醜而黑，力舉石臼，擇對不嫁，至年三十。父母問其故。女曰：『欲得賢如梁伯鸞者。』鴻聞而娉之。女求作布衣、麻屨，織作筐緝績之具。及嫁，始以裝飾入門。七日而鴻不荅。妻乃跪床下請曰：『竊聞夫子高義，簡斥數婦，妾亦偃蹇數夫矣。今而見擇，敢不請罪。』鴻曰：『吾欲裘褐之人，可與俱隱深山者爾。今乃衣綺縞，傅粉墨，豈鴻所願哉？』妻曰：『以觀夫子之志耳。妾自有隱居之服。』乃更為椎髻，著布衣，操作而前。鴻大喜曰：『此真梁鴻妻也。能奉我矣！』字之曰德曜，名孟光。……遂至吳，依大家皋伯通，居廡下，為人賃舂。每歸，妻為具食，不敢於鴻前仰視，舉案齊眉。」〔註74〕

〔註71〕〔漢〕司馬遷撰，〔南朝宋〕裴駰集解，〔唐〕司馬貞索隱，〔唐〕張守節正義，中華書局編輯部點校：《史記》，北京：中華書局，1982年，第2794頁。

〔註72〕〔漢〕司馬遷撰，〔南朝宋〕裴駰集解，〔唐〕司馬貞索隱，〔唐〕張守節正義，中華書局編輯部點校：《史記》，第1459頁。

〔註73〕〔南朝宋〕范曄撰，〔唐〕李賢等注，中華書局編輯部點校：《後漢書》，北京：中華書局，1965年，第2794頁。

〔註74〕〔南朝宋〕范曄撰，〔唐〕李賢等注，第2765頁。

3. 銘文的「詩性」

銘文的正體以四言詩為主，二二節奏，呈現對稱之韻律，雅正平衡之美，與其記功頌美之內容相一致。而對於銘文的變體來說，形式依舊有四言，且不限於四言，還有五言、七言等。但其內容、風格則完全不限於記功頌美，開始描寫、抒情，因此更接近於四言詩、五言詩、七言詩，呈現出了銘文的「詩性」。

以四言體為例。文德 001：「猗蘭夫人，最貞最賢，蕙風簾下，閨範窗前。容閒窈窕，體態嬋娟，成家豐足，養親周旋。嗚呼噫噫！倏爾乖離，逝川不返，倒景難追。悠悠冥路，寂寂魂歸，孤墳月朗，白楊風悲。蟾烏遞照，往返無窮，福盈禍至，變吉為凶。長辭人世，永別房壟，羅幃悄悄，寶鏡濛濛。偏露兒息，恒想音容。天長地久，墓際寒松。」誌主以柔美的形式在銘文中出場，筆者竭力描摹其窈窕美好。然後直抒胸臆，佳人遠去，天地與之同悲，無法留住生命的巨大遺憾，再至後面情景交融的憶念場景、物是人非的場景。尾聲回到墳前，寒松孤立於天地之間餘音渺渺耐人尋味……乾符 029：「愨質挺特，惢悶蘊德，功不自伐，默而以識。良木既壞，哲人其萎，乘鸞駕煙，知之其誰？閨壺垂訓，龜鏡遺式，夜燭臨飆，白駒過隙。幽顯輪迴，罔有定極，彼天蒼蒼，佳城鬱鬱。宛徇青鳥，那開白日，馬鬣黯封，龍耳隆嶷。萬歲之寧，千秋永吉。」超現實主義的寫作手法。一個生命的歷程在宇宙之間是如此平常，我們為一個生命的凋落而哀傷，可是放眼望去，彼天蒼蒼，佳城鬱鬱。銘文營造出來的寥廓高遠之境似乎又探討了死亡、消解了憂傷。於是死亡也可以成為一種回歸的安寧，擁有祝福與吉祥。

再如五言體：建中 009：「墳埋荒草裏，月照獨危俄。兒孫斷腸處，流淚血相和。」簡潔的場景描寫，但就是銘文的「變體」，情感是絕不壓制的，和著血淚在天地間盡情地宣洩和展示著。元和 106：「榮霸標青史，功勳振大音，運終樂有極，限到苦難任。慟哭唯妻子，摧殘貫古今，昔時一國寶，此日九泉沉。」此銘文有「頌美」的部分，「正體」強調頌美，正是推崇功業的意義之永垂不朽，以「不朽」對抗死亡帶來的「消亡」。而此「變體」銘文則將功勳落入死亡，消解了功勳的意義。無非是命運的又一次起伏，更強調的反而是死亡留給生者的痛苦，以及「國寶」也要面臨「沉沒」的無奈。光化 002：「朗朗青天月，忙忙紫塞雲；永奄幽坰戶，長閉夜臺人。玉兔東流急，金烏西照頻，朔風常凜凜，吹化壟頭塵。」完全的場景描寫。萬事萬物都在遵循自己的規律、生生不息，而人的生命卻宛如塵埃一般，命運如朔風一般「常凜凜」，可輕易

左右人的生命。在此銘文中，沒有對逝去生命的慰藉和迴護，一任對生命卑微、造化弄人的怨歎肆意流淌。

再如七言體：貞元 040：「古往今來何悠悠，四時運兮春復秋。白日西傾不可留，青松向晚何颿颿。人生修短各有分，聖分賢兮同此休。大中 114 洛陽之北山古崗，臥驎文鳳深可藏，中有叔質居玄堂，宜爾英鶵在帝鄉。寒泉一閉鎖白日，窆館玄夜堪斷腸，皇天知兮秋復春，爾之諸阮兮空自傷。」中和 006：「隴頭楊樹春風吹，狐兔縱橫墳畔悲，紅貌長辭三光曉，千秋萬古冢累累。」

在銘文的「變體」中，四言、五言、七言體都呈現了與詩相關聯的屬性，主要表現在寫作手法和情感表達方面。「正體」因為要服從其雅正之風的需求，故在表達方式上偏含蓄中正，在情感表達上也遵循中庸之道，哀而不傷。而銘文具備了「詩性」，就脫離了這樣的束縛，可使用多種多樣的手法來自由表達，如記敘、議論、想像、誇張等等，而情感表達也往往不再含蓄克制，忠實於真實的負面情感的袒露，甚而將生命最極致的喪親之痛鋪展於天地之間。

4. 銘文的「散文化」

銘文不僅「詩化」，甚至還呈現出了「散文化」的特點。如咸通 100：「何為生？何為死？聖賢不言其旨。吾已矣！嗚呼！異者形，同者氣，吾又何已矣！」乾符 009：「曹謝生女兮不才則賢，富貴在天兮孰後誰先？命不爾長兮賦受何偏？願不爾諧兮勞息何緣？天不可問，地不可論，魂歸極樂，骨瘞邙原。」咸通 039：「朝雲散兮露言晞，香奩去兮魂不歸。魂兮魂兮何處？念素壁之遺掛，痛錦字之閒機。嗚呼哀哉，終古依依。」咸通 040：「嗚呼夫人！女節婦式之餘，其淑惠篇藻感激始終之義，可以折二三守規之士矣，以斯垂芳，又何愧年祿不芳者耶？況忍擠夫人義歿者耶？」散文化是對銘文「正體」更直接的背離。在散文化的銘文中，儼然構建出了一種戲劇式的場景，作者對著某一個客體開始發問，而客體是緘默不言的，但它又確實是存在的，且具有強大的力量。於是作者在發問之後，或轉為憤怒的控訴，或轉成無可奈何的接納。因此，非常形象地帶讀者入境，代讀者問出人類共有的困惑已久的問題，故感染力極強，讀者可設身處地的體驗到作者強烈的情感。

還有的銘文中，或栩栩如生的塑造了誌主的形象，這完全不符合銘文「正體」的功能，承擔的是墓誌部分的功能。如：元和 120：「姓李氏，生崔氏，聰明神光，骨發天祉。言語未正，自解親親，顧瞻溢彩，顏色泣人。走弄之間，嘔吐生疾，氣噎深喉，血流中質。玄風潛吹，元精不凝，柔閒在抱，呼哭莫應。

既未及殤，詎可等彭，肝腸燼起，無奈此情！」或直抒胸臆，用直接的語氣表達強烈的情感，別說與「正體」之情感模式毫無關聯，就是與「詩性」之委婉風韻也無甚關係。如：大中102：「噫韓子！噫韓子！世以昧昧為賢而白黑分，眾以委委為道而曲直辨。生有志而巫不能就，豈命也夫！豈命也夫！」銘文的「散文化」還表現在，有的銘文居然像文章一樣，對銘文內容進行分章，甚為重視銘文的結構，不同的章節表達不同的內容，承擔不同的功能。如元和117：「蒼山高高，越水湯湯，慶流方遠，惟君克昌。其一。風韻獨得，冠絕當時，詠碎風景，道盡新奇。其二。故交邑子，半在鷈行，低眉下位，冀集高崗。其三。逝水西注，高春不留，敬篆貞石，永表林丘。其四。」

銘文的散體化還表現在，有不少的銘文體現了議論說理的部分，反應了不同的人生觀。有達觀派，認為人的生死是平常自然的，是可以接受的。如貞元115：「人有代謝，時有寒暄。」大中093：「由我者行，不由我者命，我行無違，我命難知，嗚呼已而。」乾符013：「喧喧世人，默默君子，世人銜名，君子修己。不忮不求，無非無是，行寡悔，而言寡尤，用則行而舍則止。」有認為既然人生短暫，那我們在短暫的人生中應該追求什麼呢？我們又該如何評價我們的人生呢？如元和013：「噫！萬物芸芸，各歸其根；人之最靈，亦同其源。少壯倏忽，百年駿奔；振乎清風，唯德是藩。」寶曆006：「賢不必壽，聖不終富，媲義胤淑，天奪其報。」開成015：「書稱五福，其一曰壽，惟人道善，自天垂祐。」大中164：「惟仁者壽，夫子格言，禍兮福倚，老氏攸傳。」咸通097：「天之廣大兮一晦一明，人之靈氣兮有滅有生。嗟其秉志而不道行。逝川濔濔兮伊聖興悲。」有悲觀派，在死亡面前承認人是無奈的，如開成040：「人生會歸此，相悲前後閒。況羽化之術難求，我將安住？」開成041：「一生一死乃經理，心匪達人，悲切同氣，嗚呼已□！」乾符016：「道之將行，時不我與，天既弗聽，吾將熟語。爰感存亡，孀妻稚子，命也有涯，人生如此。」有繼續在生死大事上進行哲學思考的，如會昌008：「人生以形，形極則傾，孰能反極，以全其形。有形必傾，無形不生，天不可問，神不可名，善人不淑，生人之丁。若浮若休，何去何留？海田山壑，銘秘重幽。」大中156：「積德累仁，孰測深廣？逍遙自怡，復誰能象？才高位卑，天兮何枉？金沙混政，隨流何往？」咸通010：「古往今來兮死之與生，賢愚一貫兮天地之情；鑽鋸起兮金玉何堅？斧斤用兮松柏何貞？」咸通101：「人何罪矣，天何心之？為善為惡，孰是孰非。」

5. 銘文情景交融、以情動人

銘文的文學性還表現在對情感的表達方面，銘文中不乏情景交融、以情動人的佳作。如元和018：「色慘封樹，光寒隴月，蒼蒼壽原，萬古林樾。」元和139：「林棲暮鴉，壟憩啼鵑，寂寞春墅，長宵月懸。」此二則看似僅限於對客觀物象的描摹，封樹、隴月、壽原、林樾、暮鴉、啼鵑、春墅、懸月等，但所有的意象都呈現出清冷孤寂之境，不刻意渲染情感，但觀此境自然了知觀境之情必是何等悲哀淒惻。大和061：「日月至明，尚有盈缺；丘山至壯，尚有崩裂；感彼馮君，隨波生滅。時惟孟冬，析析悲風，凝陰蔽野，苦霧霾空。敬勒斯志，千載無窮。」世上最堅不可摧之事物都尚有變幻，那麼無常便是可以接受的吧。假如要將慰藉感推至如此的層面，反過來可知需要被慰藉的心傷是有多麼深沉。在這麼廣大的背景之下，悼念誌主馮君，儘量合理化你的「生滅」。奈何正逢孟冬時節，悲風、凝陰、苦霧都是家人及作者內心傷痛的外顯。大中018：「人間將謝，仙宮是還，金殿啟扉，瓊樓開閉。風吟塞草，月冷松煙，綿綿萬古，神識何遷。」此銘文描寫的情境則直通雲霄之上，將神識的去處描寫得極為從容高潔，對誌主極致的愛不一定只表現為悲痛與不捨，亦可表現為對他下一段旅程的祝禱，而對方將去仙宮，亦是對誌主質素的極高褒獎。情感脫離了抓取和佔有，進入到欣賞、祝福、放手的層次，是為情感的更高境界。咸通027：「五曜垂晶，群山降靈，鍾茲間氣，瑞我昌庭。遇物生象，乘機肖形，情通盼響，思入微冥。顧陸遺蹤，曹張舊轍，芳塵寂寥，妙跡蕪絕。」筆觸精微的又一佳作。誌主應為一才華卓絕之畫家，按：顧陸應為顧愷之和陸探微，曹張為曹不興和張僧繇。畫家是得了上天的垂青，靈氣十足，於是這一生盡情揮灑著自己的天賦，所以畫家的離去都是輕靈的，後人只能追念他的遺蹤。懷念，卻沒有沉重的悲傷。這樣的生命有如驚鴻一瞥。咸通056：「輝消龍輔，鋒盡豪曹，河陽花謝，彭澤柳凋。玉篆珠幡，引歸送櫬，風淒寒露，永悲原野。」我不說你離去了，我只說世上最貴重的玉失去了光澤，最銳利的劍湮沒了鋒芒，潘岳種的花，陶潛植的柳都凋謝了。所以對親人來說，世上最珍貴的就不在了，你不必出場，曠野上迴蕩著的盡是失去你的悲傷。咸通107：「壽堂玄夜永，新壟寒煙匝，魚軒孝女來，鳳翣哀歌合。何古原之漠漠，動悲風兮脩脩。望夫君於咫尺，閉泉戶兮長幽。」女子對亡夫的思念，如泣如訴。乾符012：「詎料花發，風起清晨來飄蕊謝，紅香沒塵。」以一朵花意外的凋謝飄落喻女子的逝去。整件事的發生都寫得那麼輕捷自然。於是這一生就活成了一首詩。

中和 009：「是誰書雙鯉魚？是誰讀雙白鶴？鯉魚入深泉，白鶴飛上天。」希望成雙的情意已經發出，可接收者卻不在了。心意沉到了深淵，思念上了青天。中和 013：「水鏡澄心，寒松挺質。調雅薰弦，氣融春律。人仰宏規，官曆清秩。命也奚言，秀而不實。纔停薤唱，便掩松扃。寒暄暝色，旦暮潮聲。」清雅之人離去也該是優雅的。因此我們表達悲傷也該是克制的、點到為止的。那些未盡的表達都交由大自然來完成吧。咸通 038：「父王母高兮作媵於楊，始以音知兮終於行彰。其家千指兮劍戟鋒芒，處於其間兮卒無短長。善非為善兮天受其臧，心雖猶面兮無從而傷。楊子命其兮荼蓼備嘗，衣不暖體兮食不充腸。歲月遲遲兮五周星霜，人不堪憂兮卿不改康。宜有豐報兮白首相將，如何天奪兮二九其芳？風露猶清兮日月猶光，蘭薰玉潔兮不可弭忘。」誌主是一名藝伎身份後來做了妾，身份低微，後來夫君有罪行，誌主毅然堅守，並為其操持家務贍養公婆，後在生產時去世，一生經歷滄桑但品性上佳，故銘文中充分表達了對如此美好的生命逝去的惋惜，也深深打動了讀者。

而為了達到以情動人的效果，我們看到銘文的作者們也都用了不同的寫法來抒情，比如：大曆 023：「陌上行人拭淚看，嗚呼王父在於此！」建中 014：「憧憧過客，孰忍聞斯。」這是「對面處寫來」的手法；再如貞元 121：「女子之生兮七月而孤，所持者母兮夫何辜！天蒼蒼兮不迴，生幾時兮終日哀。」建中 007：「繫馬松下，霑纓淚流。」元和 127：「天不仁，天不仁。」元和 129：「嗚呼！愛而不見，如骨肉之情何！」貞元 024：「哀哀父母，生我劬勞，長我育我，興言號咷。觸目摧折，撫心如刀。」這是直抒胸臆的寫法。而且我們在銘文中看到了不同類型的感人肺腑的情感。例如母子情，元和 227：「皇天不仁，殲我慈母。浮雲往來，清魂何在？不見慈顏，空悲風樹，灑淚灑血，朝朝暮暮。」如夫妻情，大和 073：「所期偕老，何乃忽分？哀哀慟哭，逝者寧聞。其一。忠心是思，無休歇時，人來暫解，客去還悲。其二。生前所執，於此威儀，夜臺長閉，冥路何之？其三。音容永謝，覿睹無因，鏡匣妝奩，但委埃塵。其四。拱樹森森，旌竿孑孑。淚滴草頭，露珠和血。其五。」咸通 108：「夫人既往，余將何依？」咸通 115：「嗟嗟夫君！嗟嗟夫君！孔聖遺胤，顏回後身。高高者天，幽幽者神，高高不聞，不見不聞，又何足以云云！」乾符 020：「婉彼令德，秀於華宗，性通玄筌，教備公宮，道緣仙侶，婦德婦容。相視莫逆，十一年中，多生眷習，一夢相逢。萬期同盡，三有本空，得其趣者，出沒虛通。衍婦何貴？萊妻何窮？銜悲染翰兮銘此德風，玄堂虛□兮異日相從。」如兄弟

情，大中 131：「和璧出世，刖足方集，麟非其時，尚罹其咎。孔明五原，天無以祐，小謝風調，宜芳宇宙。月桂在握，力不能狩，晝夜不息，經史踐蹂。唯吾與汝，為兄為友，□想話言，何日而究。嗚呼哀哉！嗚呼哀哉！」大中 132：「噫有德兮壽合長，十八年兮何以亡？神理窈兮無處問，徒使人兮怨穹蒼。」乾符 002：「阿延阿延，壽何促哉？詩書禮樂，方期訓焉。未就吾志，奄歸黃泉，蘭萎珠碎，兄妹摧焉。龜筮告吉，窀穸是遷，慮變陵谷，置於墓門。」

6. 銘文的個性化

銘文的文學性還體現在，很多銘文根據它所呈現的誌主身份經歷的不同，體現出了與誌主相匹配的個性，避免了千人一面的侷限性。

如當誌主為女性時，銘文的風格偏柔美穠麗，而且針對不同的女性，風格亦呈現出細膩的差異。例如咸通 076：「藹濃芳兮欺上春，落華胃兮嬪賢人。慶蠡斯兮懿日新，何不壽兮歸天真？」誌主為一年輕去世的女子。大曆 021：「全吳地兮半刺家，食蘭羞兮屋荷花。我今不□兮其奈何？秋風切切恨山阿。」意象用蘭草、荷花，皆為唯美之物。而大順 003：「行光婦道，名冠母儀，玉同潤德，松比貞姿。令淑有聞，節儉無比，式表柔和，克弘懿美。蕣華彫豔，英蘭墮芳，人生若幻，一夢堪傷。薤露成悲，丹旐將發。窀穸是期，寢苦永訣。垂彼令名，保茲不朽，刻於金石，天長地久。」則可看出誌主是有地位的女性。「蕣華彫豔，英蘭墮芳」也是以嬌豔的花朵喻女性。咸通 041：「珪月圓明兮中凝瑞光，猗蘭擢穎兮總翠含芳。何陰雲之倏起兮，殄維夏之繁霜；顧明豔之俄失兮，徒怊悵以仿佯。慟皇情兮夙駕，去閶闔兮適中野，圖甘泉兮何為，想樂池兮同大夜。修容物兮禮有終，緘永恨兮意何窮？」此墓誌銘誌主為皇親國戚身份的楚國夫人，撰寫者為翰林學士，銘文通篇是楚辭筆法句式，讀誦起來類似散文詩的節奏語調，對明豔之凋謝的痛惜之情柔情而綿長。

當誌主為不仕之清高處士時，如大中 001：「運則永否，道惟我守，邈矣憲家，清風悠久。露往霜來，封樹何有？烈烈其馨，石腐偕朽。」強調誌主持守之「道」，整篇銘文風格也是清雅中正。當誌主為道士時，如會昌 012：「有道有德，法教之英，且齋且戒，動合真靈。功深行滿，蛻跡遺形，示人有終，混世之情。往而已矣，安測涯涘，追琢貞石，千秋萬祀。」銘文側重展示的即為誌主對道的追求以及達到的境界，並美化為天人合一的境界，於是絲毫沒有常文所有的悲傷意味。當誌主為僧人時，如大中 150：「四流易染，萬類難化，世同驚飆，色如奔馬。非習調御，孰明般若？非習能仁，寧有喜捨？生既不有，

滅亦不空，無去無來，大觀體同。至寶深藏，慧光不息，松塔新成兮秦山北，後天地不泯者惟。」以及廣明 002：「熾然貪欲，卻濁亂時，籠破鳥飛，尸羅為師。心宗達摩，出世良醫，付囑有在，我其護之。身心絕慮，知見斯微，生死已空，圓寂誰歸。孤峰春秀，白日秋暉，宴坐不起，庭花自飛。玉山示滅，神往形留，香木荼毗，金甒是收。哀哀嗣子，跋涉來求，狂盜不驚，冥獲天休。蕭蕭松塔，羃羃寒煙，靈骨茲崇，億劫罔遷。休傳寶偈，罷汲瓶全，爰□孝思，道風式傳。」此二則均緊扣佛教修智慧的主題，在有與無、生與滅之間參悟真理，因此也不存在常文所有的歎逝情懷。當誌主為武將時，如咸通 083：「天降英靈兮壯我雄方，弸諧造化兮為棟為樑。施武力兮折銳摧剛，勤王事兮披肝倒腸。上天速禍兮殲忠良，抱堅白兮歸泉堂。逝川杳日只如此，松檟風生徒自傷。」明顯誌主就是一個對社會建功立業的英雄，英雄的價值就在於他的功業，所以站在國家層面會惋惜這個生命的逝去。再如大和 063：「幼而能惠，聰明天假，總角乘羊，成童戲馬。諷念孔文，人推清雅。謝玉瓊珠，瘞茲墳下。」則可知誌主為一聰明穎悟的小孩，因此對他生命的離去感受到無奈心痛。

最後，再試看幾則名家所撰寫的銘文，我們也非常容易的看到如樊宗師、韓愈、李翱等本來就是古文運動的主力，在銘文的撰寫方面更體現了古文家的主張，樊宗師亦有「正體」的銘文撰寫，如貞元 052：「從禮智義仁，以潔其身，孝敬恭恪，以奉其親。秉心方正，蒞事貞純，昊天不傭，介福不臻。雄文否塞，不典綸言，直躬屯阨，不登史官。昔之旅殯，蜀都嶙巒，今也歸祔，洛師邙原。崇邙邐迤，洪河屈盤，棋木蔓草，壽宮斯安。」但這是樊宗師以從孫的身份為長輩撰寫「孫宗師奉命上紀，徘徊怵惕，敢述銘曰」，故中規中矩。而其另外的銘文則可以彰顯出其古文特色，如元和 021 銘曰：「有行以為本，有文以為華，恭以事其職，勤以嗣其家，位卑而無年，籲其奈何。」再如元和 065 銘曰：「不贏其躬，以尚其後人。」完全是「變體」之風。韓愈的銘文則體現的更為明顯，如元和 070：「元和九年歲直甲午正月十九日丁卯，浙東道觀察判官將仕郎試大理評事攝監察御史李翱，奉其叔氏之喪葬於茲。叔氏諱術，生子曰王老，遠在京師，翱實主其事。銘曰：翱生始言，叔氏棄歿。爰殯於野，年周四甲。豈無諸親，生故或迫。亦有息子，旅宦京國。邱墳孰封，松檟未列。殯宇零毀，狐狸所穴。中夜遠思，酸悽心骨。是以乞假公府，言來筮宅。追念延陵，喪子嬴博。葬不歸吳，於禮其合。唯叔平生，遊居是邑。夭謝於此，靈幽其託。女姪之西，仲兄之北。冥昭何異，可用居息。孰為故鄉，乃樹松柏。」

乾脆完全打破了墓誌與銘文之間的界限，用銘文承擔了繼續誌主生平、抒發哀情的功能。再如李翱所撰大和025銘曰：「鬱餘思兮哀淑人，才窈窕兮當青春。去吳會兮別爾親，越梁宋兮倦苦辛。抱沉疾兮彌十旬，終此地兮命何屯。嗟爾子兮未識，灑餘涕兮霑巾。託邙山而歸后土，為吾驅螻蟻而拂埃塵。」也是字數突破限制，句式也既有楚辭風格，又有散文式表達。再看柳宗元《故御史周君碣》：「忠為美，道是履。諫而死，佞者止。史之志，石以紀，為臣軌兮。」也是簡潔流暢之三字句，較為少見的「變體」。

第三節　中晚唐碑誌與文學

　　在中國文學史的進程中，與初盛唐文學相較，受多方面因素的綜合影響，中晚唐文學呈現出該階段鮮明的特點。文學史上一般概括為，自雅而俗，文學關注、描寫的階層開始下移，人性化的特點越發突出，文學類型、風格也呈現多樣化等等。其實在碑誌文的表達中，我們仍然可以看到這一趨勢的體現。唐朝的由盛轉衰，士人高昂政治理想的逐漸暗淡，入世熱情的減退，在碑誌這種直面生死的文體中，更容易對其文風的變化產生影響。在閱讀中晚唐碑誌的過程中，我們一方面體味著很多生命熱力的減退，但另一方面卻看到了更多精彩生動的故事講述，閱覽到更多的人事滄桑、不同的生命狀態，較之初盛唐碑誌文，人的形象沒有那麼高大英武、中和雅正了，但人卻更有個性、更加栩栩如生，人的情感也表達的更加直接、濃厚了。

　　我們先來看兩篇完整的具有代表性的墓誌作品：

大中084

　　唐故監察御史河南府登封縣令吳興沉公墓誌

　　　　……公即庶子第四子也。童髫以孝睦於家，弱冠而文章知外，堅心介節，人皆斂翼。始詣京兆府求薦，薦居上等，送入儀曹。是時文行清價，開路獨出，擢進士高第，兩就宏詞，為力者所爭，然所試文書，人皆念錄，授太子正字。盧司空鈞重其名，請為從事，同去南海，賓席三年，事皆決請。嘗戲曰：沉書記不面貨舶之風，無嗽貪泉之水。府罷，唯葛衣藤屨，輕裝而歸。轉鄠縣尉，為本府主試，曰：令吾擇才一日之足，何繫乎月耶。首送十人，八人登第，六人重科，置府無之。王相國起鎮南鄭，自相府已下，清舉名人，

相國從容言曰：余心繫一人，未嘗展用，今首奏吳興耳。授監察裏行判觀察事。事無不問，言無不從。因告兄中黃曰：古人云：士為知己者死。某於太原公得死所矣。三年歸臺，臺望峭冷，奸豪懼之。及將轉殿中，老吏多計，構惑司長，出為潁陽、登封二縣令。離縣還政，無不隨車灑泣，問安惜去。晚歲好修生之理，採栢而食，膚肌毛髮，自覺馨綠，然而不能除去舊疾。疾成不昏，如寐而往，年六十三，冤哉天乎，奪我弟矣。冤哉神乎，害我賢矣。……公平生用心，起孝立義，余於序後重寄言之。昔我先祖墳地，河南諸孫漂盪，遂絕省到，蒿棘枯蘙，久經歲月。公垂泣剪除，載申奠酹，植松樹栢，兆域惟新。庚午歲，公自長安龍首之東，放祔上路，千里冰霜，來歸我祖，以復四十七年之顧命也。昔我先人，文業廣大，未及纂修，架閣塵絲，筐緗散委。公年十六，悽感不食，旌別條章，如珠排貫，作家集二十卷。昔我先夫人嘗患氣衝，積歲不除，醫工多視，方藥無力。公孝心懇至，神明照通，遇異人蘇仲應授藥服之，三十年之憂一旦全去。昔我諸兄諸弟同受慈憐，先夫人於公別加勸誘，食必促筋，夜必延燈。公嘗感思，昊天何報。其後果先登第，迎侍版輿，引領力途，出離郊野。郊野沉困二十五年，及朝序初班，王命封贈，今冬官尚書河東柳公，天下之名書也，請書陽武縣封邑告身，珠鈿錦繡，裝麗錯落，鄉里榮之。先夫人拜封喜曰：吾得報矣。昔我凋零，近屬貧遠兄弟，乖張南北，書問阻通。公番禺從人，竭心撫救，男得婦娉，女得嫁資，時序往來，各安其業。昔我少孤無依，家計流宕，二妹成長，浩然無歸。公初成名，先議記屬，其於裝飾服玩從御之輩，皆無闕恨。得太原王存白、河東柳從直，皆文章清名之士也。昔我母兄之長，同歷苦辛，諸弟勵學；各就微志，公嘗歎憤，唯兄獨無。及嶺南從命，萬里來帆，束身而登，指顧皆得，攝樂昌曲江縣令，□一□躍馬，大展笑言，昔之衡門，與此遠矣。昔我渭溪之居，磬懸蓬室，公奔迫塞乘，乞假於人，藍谷登□□□，謂水泛舟之粟，救焚是急，如雨澤枯，然在屢空之中，霜露多感，修潔祀事，即如祿食，陳飾之精，器用□□□□迴環，無失清薦。昔我骨肉同居，少長滿座，或去都邑，或在蠻荊，逢歲災荒，米物翔貴，公來□□□□外言，但具牛車，載出郊郭，洛邑山甸，

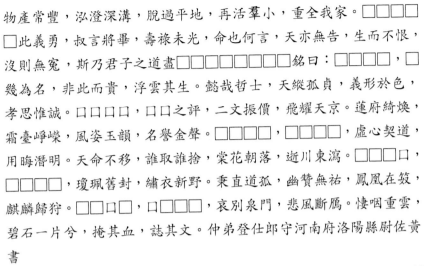

物產常豐，泓澄深溝，脫過平地，再活羣小，重全我家。□□□□
□此義勇，叔言將畢，壽祿未光，命也何言，天亦無告，生而不恨，
沒則無冤，斯乃君子之道盡□□□□□□□□□□銘曰：□□□□，□
幾為名，非此而貴，浮雲其生。懿哉哲士，天縱孤貞，義形於色，
孝思惟誠。□□□□，□□之評，二文振價，飛耀天京。蓮府綺煥，
霜臺崢嶸，風姿玉韻，名譽金聲。□□□□，□□□□，虛心契道，
用晦潛明。天命不移，誰取誰捨，棠花朝落，逝川東瀉。□□□□，
□□□□，瓊珮舊封，繡衣新野。秉直道孤，幽贊無祐，鳳凰在笯，
麒麟歸狩。□□□□，□□□□，哀別泉門，悲風斷鴈。悽咽重雲，
碧石一片兮，掩其血，誌其文。仲弟登仕郎守河南府洛陽縣尉佐黃
書

這是弟弟沈佐黃為其兄沈師黃所寫的墓誌文。在這篇墓誌文中，從結構上
來看，前面一半敘寫誌主生平，側重誌主在社會中的表現；後面一半都在通過
講述哥哥為沈家整個家族所做出的貢獻。情感的流露和對讀者的打動正是在
後半部分發生的。這是典型的中晚唐墓誌文的特點，人的社會屬性已經越來越
從大處去向小處，從社會、國家這樣的範疇讓位於家族、家庭，從宏大敘事轉
入平凡生活的敘事。沈師黃是一個在社會中的優秀人士，但對於弟弟、親人而
言，他更大的意義和價值在於他在家族中的表現。當弟弟歷數哥哥對整個家族
所有的付出承擔之時，描寫越細膩，就越能帶讀者入境，文中用了九個「昔我」
開頭的具體場景，細細描述，告訴讀者從前家裏是如何的，而沈師黃的努力使
得這個家族從「從前」走向了新生，而在這樣的對比之下，沈師黃自己卻走向
了死亡這件事就變得多麼難以讓人接受……如此讀者被這一份哀婉傷逝之情
深深打動，是為該墓誌文的文學感染力。

此篇文章的第二個特點就是駢散結合的形式，駢文的應用使文章雅致優
美，如「童髫以孝睦於家，弱冠而文章知外……不面貨舶之風，無噈貪□之
水。……食必促筋，夜必延燈……男得婦娉，女得嫁資……」等等，使文氣自
高。而散文化的寫作部分，如人物語言的應用，如「盧司空鈞重其名，請為從
事，同去南海，賓席三年，事皆決請。嘗戲曰：沉書記不面貨舶之風，無噈貪
泉之水。輕鬆幽默的語氣；如王相國起鎮南鄭，自相府已下，清舉名人，相國
從容言曰：余心繫一人，未嘗展用，今首奏吳興耳。授監察裏行判觀察事。事
無不問，言無不從。因告兄中黃曰：古人云：士為知己者死。某於太原公得死

所矣。」相國之從容言，與師黃之鄭重言，皆生動形象的塑造了人物形象。再如「先夫人拜封喜曰：吾得報矣。」寥寥四個字，卻道出母親心滿意足之感。這些口語的運用，則令人物形象栩栩如生，活靈活現地刻畫了人物的性格。文中還可見生動的細節描寫，如「府罷，唯葛衣藤屨，輕裝而歸。」寥寥數筆，可見沈師黃任上清廉，人品清白。再如「但具牛車，載出郊郭，洛邑山甸，物產常豐，泓澄深溝，脫過平地，再活羣小，重全我家。」將沈師黃如何接濟全家的生活細節形象寫出。聚焦於生活細節的描寫最易引起讀者共鳴，似親眼見證了這些事件的發生。故駢散結合的寫法使得文章在保持較高藝術水準的同時不失生趣，取得較高的文學成就。

再如大和067

大唐故太原王氏夫人墓誌銘並序（鄭當妻王緩）

……夫人承中外之積慶，生蘭玉之姿質，初笄之歲，實歸於余，孝友因心，閨壼傳訓，柔克親睦，慈明家肥，素履之餘，諷讀成性，恬淡簡暢，逍遙頤貞，食貧晏如，周仁不倦。敬余之長，撫余之下，相順之志，終日不違，富貴浮雲，所願偕老。每更涼燠，或奉家誨，靡不以承顏有闕，手足乖懂，向隅汍瀾，恨不明發。此之資性，雖恭姜何述。前日余以府移梁園，且迫見召，乃相諭曰：赴知無險，況幸寧謐，願復偃俛，無疑偕行。至止滿歲，忽曰：春秋微夢，自知無幾，願甘貧洛汭，且侶緇黃。無何，嚴君出鎮南徐，旌斾由洛，晨昏戀切，固請東下，不復顧身命，忍一日離也。明年疾作，願還吾廬，謂不復起，思有歸託。至都，綿歷抱疾，不間愚之憂也，知無不為。一日告余以壽夭陰定，非人能易，勿藥俟命，鼓盆當師。即命女奴發奩篋，視衣服首飾之具曰：斯可送矣，幸無枉費。一子曰翁兒，年始五歲，撫之曰：願以此故，無遠吾門。余驚且摧，其色不撓。是何曠達明決之如是。翌日臥食，奄然而往。冤叫穹蒼，白日將改，胼向無答，吾復何云。嗚呼。自結褵至留掛，纔七年耳，德容工言，婉懿和哲，付何備也。夫官再命，其壽不世，奪何甚也。籲。余不知竟有真宰者乎。有而何所宰乎。長男曰興子，恐其他出，念逾己子，咸在提曲，鞠然靡恃。余先塋滎水陽，物力未就，大事猶荷，斯為權窆，冀俟通便。陵谷之慮，聊紀歲時。銘云：清淮洋洋，夫人降祥，洎歸吾門，宜家道彰。閨範母儀，宗親領袖，所祈

偕老，天胡不祐。今則已矣，邙山之原，掩我芳姿，萬古之冤。寄哀於銘，魂也何言。

這是一篇丈夫寫給妻子的墓誌文，文中開篇即用四言體描摹了其妻的傳統美德。關於傳統美德，一般女性的墓誌中也經常涉及，但感覺多是戴著美德面具的木偶，既看不出木偶之人性，也不知這美德是出自角色扮演的需要還是真心所為。但在此誌文中，王緩內在的淡泊自足躍然紙上，特別是「素履之餘，諷讀成性」的知識修養讓她所有具有傳統美德的表現自然，發乎於內。因此夫君由衷的讚歎「此之資性，雖恭姜何述」。行文之此，便轉為場景描寫，用生動的語言串起了王緩離世前發生的事情，也是其夫君印象最深刻的場景。夫君府移梁園，王緩欣然與赴，帶給丈夫巨大的安全感。後進入與夫君道別的期間，讀者跟隨作者的筆墨，像時光回溯一般，看著王緩漸行漸遠直到訣別。這一段在完全可以以「訣別」概括之的情形下，作者卻如此不憚筆墨，正可證明在旁人看到只是一個「瞬間」，而在作者心裏卻是一段何其難以接受的漫長「過程」。因此，在這樣的背景下，進入到「冤叫穹蒼，白日將改，肸響無答，吾復何云。嗚呼。自結褵至留掛，才七年耳，德容工言，婉懿和哲，付何備也。夫官再命，其壽不世，奪何甚也。籲。余不知竟有真宰者乎。有而何所宰乎。」情感的噴薄而出一瀉千里，就顯得合情合理且動人肺腑。正體現了本文最大的特點，即文學的抒情性。

首先我們要明確的是，於夫妻關係之中，如此直抒胸臆型的抒情模式並不簡單。至少截止唐代，兒女私情依舊是不入流的，難以將其放在主流文體中大書而特書的。惟有悼亡詩才在特殊的死亡情境中，將妻子這一形象置於社會性的文字中，只是妻子，此時已是亡妻。在墓誌銘的發展中，也不乏由丈夫為亡妻進行書寫的墓誌作品，但主要的書寫方式依舊是頌美的，妻子的形象是刻板的，丈夫對亡妻的情感也是克制委婉的。因此在王緩的墓誌銘中，這樣的抒情模式就顯得格外有中晚唐文學的特點，人們越來越重視情感的表達，對情感表達的方式也不復往日之小心翼翼。這樣的例子在中晚唐墓誌中並不鮮見。如大中128：「干於夫人之情慮者，豈可一二勝道哉。浮世忽焉，唯覬偕老。……緘由是知夫人之成疾於此矣。未半歲果驗，其毒風已中，牽引支體，步履日艱，漸染嬰纏，七稔於此。逮去歲冬杪。緘以屏黜憂虞，羈遊於外，不得與夫人安處相守，致使羸苦益加，仍遘癘疫，即以二月五日捐舘於親仁里第。既斂之夕，凡周於身，與其申情展愛者，畢有倫理，俾授於緘以成其志焉。夫人習禮言詩，

尤專論語，崇奉釋教，深味佛經，誦讀講磨，咸得要妙。洞知聲律，不學而能，筆劄雅琴，皆所盡善。其識密意周，條理通貫者如此。閨闈禮範，播美六姻，嗚呼。不登壽榮，終於憂慼，豈分之所賦當止於此耶。由緘之才薄行違，而有累於賢淑者耶。竟何問也。」此墓誌中，夫人的形象是如此生動且與眾不同，夫妻之間精神交流之親密暢通可以想見，因此與上則墓誌相同的是，夫人的逝去也是一個因為難以接受而格外印象深刻因此細細描述的過程。另外這篇墓誌還要引起我們注意的也是情感部分，但他的情感已經不僅僅是簡單的悲傷，他會說：「緘以屏黜憂虞，羈遊於外，不得與夫人安處相守，致使羸苦益加……」，他會困惑：「由緘之才薄行違，而有累於賢淑者耶。竟何問也。」在悲傷之上，疊加了「自責」的情緒，而我們一看則知，這位丈夫的「自責」雖為「無理」卻正是暗含「有情」，因此竟比直抒胸臆更為動人。再如乾符017：「後一夕，陲得夢於夫人，曰：吾獲計於前途，得歸身於我黨。因緣復結，似可庶幾。釋不云乎：隨願往生。此夫人之深志也。德書未盡，詞且云云。」亦是日思夜想情深如斯。

談及悼亡詩，不妨再來看一下此類題材墓誌與悼亡詩之間的關係。梳理悼亡詩的發展歷程，至唐末為止，經歷了從《詩經・邶風・綠衣》到西晉潘安《悼亡詩》、南朝沈約《悼亡詩》，這一階段悼亡的重點放在「物是人非」，以及因此而引發的側重於對妻子功能性的懷念。妻子的存在意味著丈夫的生活有人照顧、有人陪伴，故妻子的離去讓丈夫生活不便、倍感孤單。而到唐代元稹的《遣悲懷》《離思》，悼亡的重點就更加偏移至「純情的表達」，妻子的形象從社會角色更傾向於人性化，妻子是美的，是姿態萬千的，丈夫對妻子的懷念則更傾向於對美好生命離去的歎惜，對自己未能讓妻子全然幸福滿足的自責，而這樣的情感較前而言，女性更被尊重了，雙方情感的平等性增強了。因此從這個角度來看，悼亡詩的發展和悼亡題材墓誌的發展具有一致性，都反應了中晚唐文學的發展特性。

通過以上兩篇墓誌的分析，我們可一窺中晚唐碑誌的文學性。最重要的特點即在於它與中晚唐文學史的發展具有一致性。其文學特點可散見於多篇墓誌。

特點一：敘事層面的發展：會講故事

大曆007：「師未泥洹，先則元記：吾滅度卅年內，有大功臣置寺度遺法居士為僧。卅五年後焚身，留吾果園，待其時也。果廿八年，有文武朝綱□國

老忠義司徒、尚書左僕射、朔方大使相國郭公上額於居士拜首受僧，奏塔梵宮，膀乾元寺。」講述的是僧人遺言的預言之準，有魏晉南北朝靈異故事之風格。

開成 036：「監軍使賈英秀欲□之不□，英秀因怒君黯潭，及離於鎮，英秀得殿軍事，諷邪人誣之，兼命節度□官王游順、軍胥李縉朝□竅，終曲殺之。公籍槁長號，一聲幾絕。居二三日□□泣□膺曰：我先人忠心貫神明，而受冤且死，我雖糜糜粉以從而無益，其冤□□又何人也。乃不葬捨去，徒跣訴乎帝閽，果聞乎天。詔下悉持付御史府，□驗皆如所訴，雖中貴人金虎幾成，無得絕孝子至誠之感矣。獄具，天子□之，盡□英秀爵，游順、縉朝皆報死焉。公卿大夫莫不歎曰：馮真子矣。」講述了孝子為亡父洗刷冤屈的故事。

開成 041：「元和中，吾先君從事郤公府於潞，生嬋，嬋名也，印奴小字耳。常謂其侍者：吾門不壽女，故世世憐女而甚於珠玉。乃選其乳姐泊高年女奴兩三人，令常常抱弄於兒前，唯所欲。及稍能理紅粧、衣綺羅，則凡是珍奇，莫不堆在眼。長慶中，吾先君由真司封郎，出為湖州牧，方報天子恩，俾一郡五縣人蘇息。屬天降茶毒於我家。時嬋年八歲，亦哀啼無晝夜，俾路旁聞者俱助涕，其孝敬柔敏，根於至性。但自笄迄今，首尾凡十載，未嘗一日能強履而暫離床衽間，然亦能慎親老顏色，奉中外周旋，故家事鉅細，與商量而後行，無不克中。又心宗黃老，能以淡泊怡遣，遂自號靈隱。常謂之曰：汝高祖曾祖祖考咸繼為臺官，首諸大郡，每治其冤繫而濟其窮人，若陰局不昏，當有□汝之苦者。豈謂狂飆忽驚，瓊華自殞，嗚呼哀哉。且釋氏書必司其因業，雖愈加於藥石，竟不免於沉痼，得非因業乎。」此女子的一生就具備故事性，從剛剛出生就似乎進入了一個有關命運的預言「吾門不壽女，故世世憐女而甚於珠玉。」故兒時受盡珍寵。然而八歲又被拋入命運無情的洪流中。後出嫁開啟新的人生旅程，女子一直沒有停止過內心關於命運的思考，故心宗黃老，又學習因果業力之說。然而終究沒有逃脫預言。一個關乎宿命引人深思的哲學故事。

會昌 048：「常謂夫人曰：塙之考妣尚未遷拊，公私牽迫，常所憂心。夫人亦常志之。……夫人典奉怡訓，眾所欽伏。自明州提孤護柩，號叫而歸。至蘇常間，念亡夫遷奉之一言，大江之中，橫波拄天，孑然一身，更無近親，截流忘生，下道累日，啟中丞之先世三棺並歸。江山萬重，幾欲幾死，行路之人，聞者悲歎。將護大事，歸葬於洛城之北。如此之志，豈不曰節婦乎。」妻子為滿足丈夫的心願，為公婆長途遷墳的故事。人有信本身就是不易，更難的是為了「信」付出行動善始善終，而這個不容易的特點又落在女子身上，愈發不易。

大中 160：「季女號雲卿，善音律，妙歌舞，詞巧春林之鶯，容麗秋江之月。家洛橋之北，秋水泛漲，領女奴輩數人，徐步金堤，閒觀雪浪，裾服綽約，豔態橫逸，洛陽令魏鑣鳴驂呵路，目逆而送之，俾媒妁導意於夫人，夫人曰，某有幼女，善事貴人，不求財聘之厚，唯願歸依得地。洛陽宰大嘉其誠意，喜而納之，寵以玉容，貯於金屋。朞年果產一男，小字曰路人。」一段關於邂逅的愛情故事，在婚姻大事父母之命面前，顯得充滿了偶然性，卻又得成正果，成就才子佳人的一段佳話。

敘事性並非中國文學的強項，但墓誌卻是關於人的一生，而有人的地方就有故事的發生。故在墓誌中，反而看到了精彩紛呈的各種故事。敘事的嘗試打破了古代精英文士的思維桎梏，故事的講述不僅無害於誌主美好品格的彰顯，反而更增強了可信度和影響力。且在墓誌故事中，我們會很容易看到魏晉南北朝小說、唐傳奇的影響，無論是主題還是寫作方式上。因此中晚唐墓誌的故事書寫反過來也會對敘事文學的發展起到一定的作用。

除去故事書寫之外，在中晚唐墓誌中，我們還看到了對「人」的更加重視。中晚唐文學的發展特色之一就是從對「重要的人」的重視移動至對「普通的人」的重視，也即對「生命」本身的重視。因此，中晚唐墓誌中不乏栩栩如生個性鮮明的人物。

以女性為例。傳統女性多是以婦德、婦言、婦工為刻畫女性的綱目，因此女性描寫容易給人千人一面之感。但在中晚唐女性墓誌中，女性的形象可以如此生動。如貞元 112：「諷誦詩書，必賾先儒之旨趣，博通藝能，皆出常人之閫閾，非聰歟。立事必適時宜，悟理在於言下，非惠歟……以是家君與夫諸兄，常奇此女，欲與賢人，前後致聘多矣，視之率非其匹。由是依違之閒，竟使簪珮無歸，追恨所深，痛斷肌骨。向使得之良士，為之嘉偶，必能傳婦則母儀於當世，書清規令范於彤管，永孤此望，為怨難勝。雅好玄寂，臻道之深，自受法籙，修行匪懈，每聞楚詞乘彼白雲至於帝鄉，則悠然長想。時或居閒，無人整容，靜處飄飄然，沖虛之意深焉。由此而論，庸非上仙之所謫耶。則焉肯復處人閒之累。」一位才華出眾的女子，竟無緣婚配，這種與主流評判標準相違背的現象，在此篇墓誌中只言遺憾，沒有批判。而且在此事實之後，墓誌竟將對此女子的讚美推向了極致：「由此而論，庸非上仙之所謫耶。則焉肯復處人閒之累。」至此，一位清新脫俗不染俗物的極其特別的女性形象已浮現在讀者面前。再如會昌 005：「夫人性閒默澹重，不喜華飾，每親戚會集，以一出戶猶

登山涉江。在夫家凡十四年，於晨夕侍問，鮮及庭砌，未嘗出行。去家僅踰年，夫人之姊既寡，告別適淮海，以車輿召夫人，語分離。夫人辭曰：某聞婦人送迎不出門，見兄弟不踰門，今姊雖遠訣，且束於聖人之教，不得盡私愛，不敢往。其姊竟不能強。遂就其家而訣去。牢年三十，在洛陽，嘗於外有子，既亂夫人未之名，一日一為侍婢失語所漏，方甚媿恐。夫人曰：久以君無男用，憂幾成病，今則□□當賀，奈何媿為。因以錦繡二幅賞侍兒能言。不棄隔我子於外，畚令知母恩。內此婢，遂收養之。其愛撫之道，非親戚莫知。其不自出，然性本悲怯，每自疑不壽，固云：吾年七歲時，在京城中有以周易過門者，先夫人為吾筮之，遇乾之剝，以□之壽不能過三十，縣是以佛道一教，懇苦求助，因衣黃食蔬，三元齋戒，諷黃□道德經，餘日則以金剛藥師楞伽思益為常業，日不下數萬字，晦朔又以緡錢購禽飛，或沉飯飽魚腹。以是懇急，因致愁惑。又惡聞哭聲。及丕吉□語，常令小兒持筆，題其戶牖□壁之上，為大吉長壽字，每一覽之則暫喜，如遠客得家信，□庚申年春，夫人嘗得疾，服藥未效，因自以焦氏易林筮之。遇□字辭，既恐惑，因多惡夢。既踰年而終。嗚呼。」這位女性的性格極具複雜性。一方面，她高度符合傳統女德的要求，律己極嚴，主動地不打折扣地遵循所謂「聖人之教」，事事完全從夫家的角度來考慮決策，行為處事看似無私無念；但另一方面，她又深陷七歲時的占卜說辭而無法自拔，充滿悲怯與恐懼，在恐懼的驅使下親近宗教、做善事、只聽吉語等等，最終仍青春早逝。簡直活生生的女性主義經典案例。如此女子的一生，她到底在追求什麼？又獲得了什麼？引發社會層面、哲學層面的思考、討論。另外，假如我們站在作者創作的層面，又忍不住拍案叫絕，作者完全是春秋筆法，如實如是呈現了女性的一生。既沒有站在傳統女德層面對其行徑大唱讚歌，亦沒有自上而下充滿優越感的輕易評判和濫施同情。

再如男性。長慶 009：「父諱慕舉，傲隱雲臥，披荷戴簦，飲水曲肱，且歌且嘯，時稱逸者也。府君有擒虎之勇，拔鈎之力，楊穿白羽，雁落虛弓，猿啼遶枝，號於奇人者哉。」作者費墨極少，卻筆筆精準，宛如最高明的人物畫家，描繪出父子倆截然不同的個性。大和 085：「公以相門之孫，郡守之子，家業豐厚，足自贍給，而宗族弟兄，遠近咸至，同居共食，無所間異，不十數歲，蕩然靡餘，忻忻然若有所得而不恨也。匪保財產，克敦友愛，可謂過人之度矣。」一個家業豐厚輕財重義的性情之人，放至今日也足以登上社會熱點。開成 054：「府君平生，雅好儒術，尤多博識。門承素業，代習簪

裾，實謂世上良材，人間茂器。弱冠之歲，浪跡江表，常自放曠，不受羈束，笑傲軒冕，賤慢榮祿。中外親戚，多在省闈，訝公沉靜，或時誚之。年近壯室，尚未有求宦之意。後因遊公卿之間，或是姻好，睹朱門赫赫，緋紫煌煌，目視心驚，忽然大悟。乃曰：丈夫在世，不踐名位，徒自汩沒，蔑然無聞，實曰浪生，豈為勇也。繇是奮衣西邁，歷抵京國，當年用品蔭獲一子出身，初選朝請郎，授洪州豐城縣主簿。」個性鮮明、與眾不同，又一個不按常理出牌的男子，年輕時置好的出身於不顧放飛自我，而突然到某一個人生階段時有了不同的人生感受，於是換了一種所謂更符合主流社會標準的活法。除了展示人物與眾不同的個性之外，亦可見身份感強烈、一以貫之的人生範式。如會昌 007：「其業專，其學博，勇於退不勇於進，故不為爵祿所羈。而遊於潯沱之陽，翛然自得，遂結茅其上，與孤峰斷雲為偶。時時持其髯，仰寥廓而吟，吟罷獨酌，謂天間無復人也。晚歲□□□道，於五字文學長生，演四句偈學無生，老而彌篤，竟以是終。」以及大中 140：「諱中黃，字中美，本吳興人，生長秦雍。童蒙聰悟，幼而能文，弱冠已後，窮經造聖，如抱饑渴，晝不問膳，夕不席帶，莫顧寒暑，以竟寸陰。古人有聚螢映雪緝柳編蒲者，不足以儔矣。如此積廿年，故諷六籍如貫珠，話青史如指掌，文章一百首，考試三百場，為解言上下各十九章，設賓主問答，析辨名理，不容秋毫，則揚子解嘲、士衡連珠未足比也。解言既行於世，聲光震耀，卿士拭目，鄉薦神州，名在殊等，貢於有司，第登甲科。宗伯高公鍇疏青蒲曰：沉某所試琴瑟合奏賦，有似《文選》、《雪賦》、《月賦》。臣與第三人。文藻之價，搖動內外。今禮部侍郎李公潘深知之，嘗謂人曰：沉生詞筆乃河圖洛書耳。」此二人一出世一入世，但相同點都是找到了自己人生的熱愛，並一以貫之堅持到底，因此人物形象根基紮實，卓然挺立於芸芸眾生之中。

與重視人物形象塑造一起出現的，便是對生活細節的重視。中晚唐時期，文人漸漸不再高高在上，只膜拜聖人英雄，只關注宏大事件。平凡的人擁有的是平凡的生活，平凡的人也有鮮活的個性，這些鮮活的個性很多都根植於生活細節中。因此重視細節描寫也成為中晚唐墓誌敘事性的表現之一。

如元和 088：「公即常侍府君之嫡長子也。英姿卓犖，幼而穎拔，生六年而就學，十歲能屬文，時常侍以重德。顧學為當時所師仰，第一流者畢至其門，每研賾經術，商榷今古，無不至於夜分。公潛伏軒墀之下以聽之，不知雪霜寒暑之至也。」這段描寫中的細節一是家庭研學氛圍，與第一流者研學至深夜；

細節二在細節一的基礎上，尚有更精細的幾筆描摹，即年輕的誌主在外偷聽，過於專心，以至不知寒暑，何等專注於學。大和 099：「瀚曾官於河潼，知華驛。時屬河北有師拒王命者，持詔之臣，往復軍師，日之百數輩，闐溢館舍，公食不足，即夫人罄其私室，以備官須，往往寒衣不續，簞食絕味，慮瀚之內愧以職公而不補其家，則假以他事，而飾詞以相怡悅。時家甚窘，而禮義富之。」這是常見的生活細節，丈夫為官，剛好掌管交通要道，於是來往官員的接待就成了大事，公家經費不足，但接待還得進行，於是妻子只能用自己的私房錢來貼補，生動鮮活的細節描寫。會昌 005：「夫人生四女，長曰李，次曰引，次曰書，次曰馬。□□□□喪，李方九歲，枕其屍，哭絕良久，有如天成。祖母憐其哀，恐至毀滅，遂命置他室，不使其見備凶事。其下皆五六歲，或既晬，咸未知其有死。以為且寐還覺，尚呼之於庭戶間。既斂不見，人告之以既歿，然後哇哇而啼，痛親其父。」一個母親的離去，撇下四個年歲不等的女兒，大女兒已懂事傷心，祖母憐愛拉走大女兒，不讓死亡之事再刺激她。別的女兒還小，還在睡覺，一覺醒來知道母親不在了的反應，都是如此真實感人。這就是尋常場景，但這些尋常場景被書寫被讀者閱讀思索之後，發現裏面蘊含的滋味又如此讓人百轉千回。會昌 041：「四十五年稱未亡人，計生活於郊屋，荊扉瓦牖，食糠羹藋，眉不蹙澀，怡怡然若居朝市食香脆也。開成四年八月廿二日，無疹不痛，疊足如寐，沒於京兆府雲陽縣龍雲鄉韋之舊業，享年六十六。」再平凡卑微的生活中也有人性之光，孀居多年的寡婦，看似不具備感受幸福的條件，但她就是「怡怡然」，淡泊知足，以至善終。引發人的思考，生命的意義難道只存在那些功德和紀念碑之中嗎？荊扉瓦牖，食糠羹藋，一樣體現著生命的意義。大中 026：「軍人笑歌，閭巷嘻嘻，我公來矣。我族安矣。」短短四句，卻將誌主到任之後的表現之佳交代清楚，其實政績真的需要那麼複雜的計量評價系統嗎？連軍人都在笑歌，百姓都很快樂，這樣的細節最有說服力。大中 049：「淮蔡既夷，府君禮辭就第，杜門自守，每臨水登山，有終然之契。手植花卉，邀迓賓朋，意愿如也。」大中 115：「無何嗜酗飲，人有挈瓶就之者，必對酌吟笑，百無所繫，素業蕩空，亦不為念也。」此二則都是心意愿如者才能呈現的細節，簡單的生活、單純的客體，都足以令誌主身心愉悅。咸通 015：「肇甚願而幹，盧氏婦婉而明，騏驥與張也咸慧，每晨午昏夕，肇在側，婦在於堂廉，孫弄於左右，怡怡焉有家肥之樂，蓋本由於弘德而致也。」此為含飴弄孫天倫之樂的細節。

特點二：抒情性的增強

已見上文分析，此處不再贅述。只補充一則講述友情的墓誌：咸通080：「嗚呼！人之□齡□遐□反孰主張是，而不繫於善惡孝悌也。詩歎淑人君子，胡不萬年。謂是□也。庠嘗射策春闈，竊在下風，熟君德聲。及此承乏，數月相從。一篇一酌，每至促膝，無不移時，歡猶未艾，悲又間之，嗚呼哀哉！天亦茫茫，殲我良友。邱壠既卜，執紼有期，願刻樂石，以表永別。」除去親情愛情之外，也尚有如此動人的抒發友情之作品。朋友促膝談文論道，不覺時間逝去，生動的細節描寫即可傳達出友人相得之意、相契之情。

特點三：多種文學創作手法的運用

1. 大量使用人物語言

中晚唐墓誌中，文章出現散體化傾向，口語、對話也頻繁出現在墓誌中。有自白式：大曆062：「公喟然歎曰：吾老矣，安能折腰於此豎子。」大曆072：「公曰：吾之盡心理人也，行道而已，非有媚焉。進退之分，所稟於朝也。消長之時，所關於命也。焉皇皇於其間哉，吾將居易而已。建中003：「公歎曰：羈孤滿室，尚寓江南，滔滔不歸，富貴何有。……公憮然曰：威福之柄，不在人臣，鄭卿鄉校，吾之師也。天下服其弘量。」貞元062：「夫人親之以德，未嘗忿競，每歎曰：浸潤之譖，狙詐之行，緝緝幡幡，謟以求媚，吾所甚惡也。於是寬柔以教，約己而申人，老安少懷，和樂欣欣如也。」貞元094：「妃乃曰：余山東之風，以禮樂自守，褒顯爵號，非余始望。況德不及於先姑，行無光於後嗣，豈余之福也。嗚咽累日，荷之若驚。」貞元111：「因詣方袍士，語及無生，喟然歎曰：萬法歸空，一身偕勾，□□名位，曷足控搏。遂投綬捐璽，適於京師。」長慶008：「公徘徊不遇，而憤發累旬，且曰：丈夫生世，豈長鬱鬱如此。欲遺脫名利，以養浩然，徙居江淮，遂其高尚。」大和050：「因與諸生講罷，語及時之通塞，窮達之事，乃奮然起曰：大丈夫得不以畫干天下而求富貴者耶。焉能久戚戚於斯而已。」大中046：「公幼稟奇節，長懷異操，嘗謂知己曰：予觀人之爭名，汲汲趨馳世路，及得名祿者，十無一二焉。既得之必孜孜以守，守之不至，坐見顛墜覆亡之患，何勞生營營以貽憂患乎。且衣食給足，以放逸無羈，盡其修短之分，固予之願耳。」大中162：「軍器常侍先娶潁川祿氏，數奇不耦，夫人祿氏早亡。軍器常侍時護漢南，鼓盆歌罷，曰：粢祀之職，禮不可虧。潔以蘋蘩，必資中饋。由是思鵲巢之共理，詠雞鳴以求賢。」乾寧006：「天下將亂，且歎曰：窮理講學，將非其時。」

有與人陳述式：大曆 062：「公尤好老氏道德、金剛、般若，嘗誡子監察御史渾、陸渾主簿沔曰：吾之詩書禮易，皆吾先人於吳郡陸德明、魯國孔穎達重申討覈，以傳於吾。吾亦以授汝，汝能勤而行之，則不墜先訓矣。」元和 129：「憶其始歸汝墳之歲，嘗命婢使之勤老者偕往。迨歸，謂予曰：婦事姑盡順矣，姑待婦不間矣。」寶曆 001：「於潤時，潤將王國清作亂，脅吳人將掠州庫。州吏恇怯四散，逃埔竄竇，各奔其屬。獨長史神貌不擾，叱於吏曰：彼狂賊也，不訖日當誅，胡若之耶。命左右闔州扉設御，果如長史言，卒完其庫。」寶曆 017：「每誡其軍士曰：少長有禮，出入克諧。得其眾心，如肘運臂。」大和 046：「閒歲，讜覲伯姊於洛陽，乃歎息言曰：吾念晨昏之違，未嘗少寧其心也。河洛衣冠所萃，且家世之舊，爾其圖之。」開成 011：「常廢卷怡神，指事興歎，乃為執友曰：予每覿前賢揚名後代，榮非謂己，慶重承家。吾堂構未基，兄弟終鮮，志之所尚，夫何以為。」會昌 043：「俄有獄訟，決於令木可，其徒因趨入，將有說，公乃指曰：大道千里，百轍必由其出列者。爾其骨肉乎，四海乎。必將有出吾大道者。子其反之，無以惑是。苟其刑，迫其毒，吾將不忍出吾大道者也。其徒於是頓首負愧，俱不復言。」咸通 059：「君嘗告其兄晦曰：祿養之榮，孰問高卑。是以雖為塵吏。必盡其心力焉。」乾符 031：「大中初再調授武進縣尉，謂君曰：曩以若等幼稚，未克□生，今既長成，可以蔵事。吾恐墜先志，為平生羞。遂以武進授君曰：無以家事縈我，我其行矣。乃就詞科，累戰皆北。」

有他人表達式：貞元 125：「座主劉公滋曰：輕名位，重骨肉，公有之矣。遂署之。」元和 138：「始公伯父皇任工部郎中，海內之先賢也。含純剛之德，有高代之之行。每見公歎曰：吾家世儒術傳嗣，常懼後來，光列不顯。我見此子，實慰吾懷。」寶曆 006：「是斂竟時，夫人大哭曰：天何予。一世往以譴，一世今以是。天刃我，惡我乎。不寶金罪也。號一發，不識者亦墮涕。」大和 049：「先太夫人謂司馬曰：爾官雖貧，秩且自立，使吾兒孫男女歡聚不遠，寢食愛惡，得復乎清平之代，如此非汝之力，吾誰致之。」大和 099：「瀚性謹厚，志尚儒雅，凡未識瀚者見瀚之風度，俯仰皆曰：豈非碩德名儒之家耶。由是人十之七八具詞也。」開成 036：「人多器之，皆曰：馮家千里駒也。」會昌 001：「姑常謂之曰：蔣氏新婦解吾意，每所動用，皆合吾心。」會昌 011：「時太君不良能行久矣，及兵曹詔下，喜曰：苟刑部追榮，我食封而向也祿，吾無恨矣。由是食節有加。」

有對話式：大和 039：「時故相國張公始鎮薊門，嘗言曰：控于大邦，誰其共理。……公嘗論曰：人生一代，倏忽間耳，居富貴而以單貧自苦，是矯也。蒙爵祿不以患難為先，非夫也。故平生以志意感概功業自負，心無細故，志好大節，侃侃然真丈夫之事也。」開成 045：「尊師學道既久，門人嘗造而問曰：師始以法得無生理，既臻其極，而今出入蓋由其戶耶。尊師答曰：否。夫假法以明道，其若工之利器爾。棟梁已就，斤斧何施。吾道既達，法亦何有。」會昌 043：「其後以上黨寇平之明年，公率然有北思，抵於魏。魏帥何公因問曰：吾近以屬郡獻天子版籍祇於貢，天下人謂我何。公闞色對曰：天下人為非也。公當氣其軍，勁其守，橫兵以南指則已矣。燕趙間聞其言，馳風以出仕，愛君親以惡其後也。」咸通 037：「公姑務拜祝，疾屈雄藩，亞相悅其來曰：吾臨菈之初，方條貫軍府，嘗諳爾干蠱。今不遠千里來，欲命爾武銜，奏職牙庭，裨吾鎮撫。何如。此則踵班定遠之擲筆不殊也。公斂容謝之曰：文德武略，飛聲悉齊，思在軍前，是襲弓劍。」

2. 墓誌中還運用了引經據典的手法

如大曆 014：「易曰：黃裳元吉，文在中矣。」此墓誌誌主為一女性，此處引用是指她嫁入夫家之後盡顯傳統美德，故引《易經‧坤卦》，指美好的婦德為整個家族帶來吉祥。大中 109：「孟子曰：修天爵而人爵從之。信然也。……乾之九三曰：履重剛之險，而副理之序位，無乃象乎。其為主任，非易易也。而公處之，妙得其所。公其得人爵乎。」咸通 032：「顏子淵死，孔子曰：德行厥躬，不實殂落，命矣夫。」出自《論語‧雍也》：「孔子對曰：有顏回者好學，不遷怒，不貳過。不幸短命死矣，今也則亡，未聞好學者也。」喻誌主之博學以及悼念其亡故。乾寧 006：「傳曰：周人之思召公，愛其甘棠，況其子乎。」典出《左傳‧襄公十四年》：「武子之德在民，如周人之思召公焉，愛其甘棠，況其子乎？」指誌主之子的對誌主的追思懷念，贊其孝心。

3. 文章結構的創新

文貴曲，雖說墓誌一般有其固定的程序，敘其宗族家譜，敘其生平、家庭關係，哀悼其死亡等等。但在中晚唐墓誌中，我們也會看到文章結構的創新，例如大中 060 就是極其具有代表性的一篇：

> 大中五年秋八月癸卯，尚書刑部員外郎余君卒。甲辰，訃於尚書。其同列諸郎聚立以相弔，弔罷，語君之平生，或曰吾豈唯與君同為屬於此，蓋昔者亦嘗同為御史。於是遂各各有言，或曰嘗同為博士，

或曰嘗同為集仙之職，或曰嘗同為王畿尉，或曰嘗同為祕書官，或曰嘗同為貢士。同為貢士者曰：君始少時，從東海徐先生學。君家貧親老，常五日一歸，歸必負薪米以資其養。養固無怠而學亦不息。居數年，盡得徐先生業。徐先生特善草隸書，故君亦傳其能。忽一日束揭書囊，徒行來京師，以明經為鄉里所舉。再舉登上第。既而益嗜學，其探賾淵奧，性得懸解，諸生皆不如君。君既歸江上，遂取前人之善為詞判者，習其言，循其矩，無幾而所為過出前人。復持所志詣有司請試，有司考其言，拔萃居四等，因授祕書省正字。同為祕書官者曰：君在省閤時，其儕多自喜其門地聲彩，借其官為基級，殊無意於事事。君獨謹嚴以博閱，考正為績，他僚久而咸伏其實。同為王畿尉者曰：君之去正字，歷數年，又從吏部選。其試不求高於人，而下筆自入高等，遂授鄂縣尉，因乞假迎其親。至洛而丁親喪，凡當時與君列者，雖未熟君而愛君甚，聞其丁喪皆歎惜之。同為集仙之職者曰：君之終喪也，闃居洛表，不與人交。故相國司空李公知君之文行，起君為奉先尉校理集賢御書，後轉為修撰。今相國司空白公又以君為直學士。君與諸學士講敘經史，四座未嘗不怗怗推敬。同為博士者曰：君為直學士時，已拜博士。屬上有事於南郊，又屬恭僖太后將祔廟，又屬懿安太后崩。君詳定禮儀，無不協當。初，宣懿太后已祔穆宗廟室，既而議者欲以恭僖代之。君以為自古無已入復出之文。遂敗眾議。今浙東觀察使李公時掌貢士，聞君之抗直，乃奏君考試諸生之業經者。君杜枉逕，塞濫源，諸生皆歌誦之。同為御史者曰：君自博士為侍御史時，京兆有殺人者，反誣平人，訊鞫留歲餘，比奏，上疑之。事下御史臺，君復問未竟，三日而賊首明白。上嘉其能，歲滿亦終用君為刑部員外郎。同為刑部之屬者曰：君初為郎，會大赦天下，君草起請文，請流謫之人當遷移者加常時千里。其仁惠如此。君自居南宮，益有美譽，白相國嘗從容以君姓字為上言曰：其人精密可居翰林。因使攝左千牛衛中郎將，冀稍昇殿，得親侍左右，欲使上自知之。嗚呼。今歿矣奈何。於是諸郎又聚歎者良久，然後各往其家哭君而弔其孤。既踰月，君之從父弟前杭州參軍弘休狀君之緒，與君之行，及君夫人之緒之行來請銘。且曰：君諱從周，字廣魯，其先會稽人。……非銘其墓則無以贊其幽以充孝子之心，實曰吾君之僚也，曷敢以辭。遂為之銘。

> 銘曰：丘居者易為堂，澤居者易為沼。卿子公孫之為人，方圓自巧孰
> 是孤生，有若夫子。不漸不膏，不蔭不倚，生以道終，名以行始，鳴
> 呼。後之人無室其毀。

此篇墓誌儼然戲劇導演手法，開始讓讀者和文中諸君一起相會於誌主的悼念現場，這些悼念的人都是與誌主有著各種關係的親密人士，傷逝、歎惜是大家共同的情感基調，基於此，不同關係的同學、同僚依次出場，以時間為序，從不同的角度開始回憶，誌主的一生也就伴隨著這些回憶而在讀者面前徐徐展開。墓誌本來就是「他者角度」，誌主已然長眠無法親自講述評價這一生，於是他者便擁有了權力，而第三方讀者便有機會瞭解誌主。對於這篇墓誌來說，墓誌常規程序所表達的內容都得到了表達，但因為結構的創新變化給墓誌的發展史上增添了一抹亮色。

中晚唐墓誌中我們還看到進一步打破墓誌常式，不是「他者角度」，由誌主生前自撰墓誌。例如大中 102《唐故朝議郎檢校尚書戶部郎中兼襄州別駕上柱國韓昶自為墓誌銘並序》：

> 昌黎韓昶，字存之，傳在國史，生徐之符離，小名曰符。幼而
> 就學，性寡言笑，不為兒戲，不能闇記書，至年長不能通誦得三五
> 百字，為同學所笑。至六七歲，未解把筆書字。即是性好文字，出
> 言成文，不同他人所為。張籍奇之，為授詩，時年十餘歲，日通一
> 卷，籍大奇之，試授詩，童皆不及之。能以所聞，曲問其義，籍往
> 往不能答。受詩未通兩三卷，便自為詩。及年十一二，樊宗師大奇
> 之。宗師文學為人之師，文體與常人不同，昶讀慕之。一日一為文，
> 宗師大奇。其文中字或出於經史之外，樊讀不能通。稍長，愛進士
> 及第，見進士所為之文與樊不同，遂改體就之，欲中其彙。年至二
> 十五，及第釋褐，柳公公綽鎮邠辟之，試弘文館校書郎。相國竇公
> 易直辟為襄州從事，校書如前。旋除高陵尉集賢殿校理，又遷度支
> 監察，拜左拾遺。好直言，一日上疏或過二三，文字之體，與同官
> 異。文宗皇帝大用其言。不通人事，氣直不樂者，或終年不與之語。
> 因與俗乖，不得官。相國牛公僧孺鎮襄陽，以殿中加支使，旋拜祕
> 書省著作郎，遷國子博士。因久寄襄陽，以祿養為便，除別駕檢校
> 禮部郎中。丁難服除，再授襄陽別駕、檢校戶部郎中。大中九年六
> 月三日寢疾，八日終於任，年五十七。……

這篇自撰墓誌的重點有如下幾點：第一，不費筆墨於自己的家族譜系，連其父韓愈都未提及，實為一奇；第二，強調了自己在文學上面的才華，更強調的是自己學文歷程以及為文風格的與眾不同；第三，陳述自己的為官歷程，但重點仍放在自己的與眾不同「好直言」「與俗乖」；第四，重視自己生命中的「貴人」，如張籍、樊宗師、柳綽、竇易直、牛僧孺等等。

前已述及，墓誌的一般程序開篇即敘寫誌主宗族家譜。但在中晚唐墓誌中，隨著散體化的進程，我們發現不少墓誌也打破了這一常規程序，開始獨闢蹊徑，在墓誌的開篇就有如一般文章的開頭一樣，開始匠心獨運謀篇布局，注重前言式的導入。例如大曆072開篇：「仁義之道，知或試者，必於字甿隸，正風俗。是以前史言循吏，皆牧宰焉。以之觀忠愛，以之辯條理，聖人之教行矣，君子之風見矣。」大和020開篇：「王者制國，立文武之訓，招選茂異，命百執事。其於興禮樂，陳教化，式繫乎文。禁奸慝，刑暴亂，必資乎武。分鑣並騖，癈一莫可。其有器識通濟，則兼用之。該二事者，今得之於張君矣。」此二則均是似以論文中的論點開頭，擺出一個無可辯駁符合主流思想的至理名言，由此統領全篇，成為全篇之綱目。而接下來引出誌主之生平經歷，也都必然圍繞這個開篇展開，用人生實踐了這樣的至理。因此看開篇便可知誌主應為政府官員。再如會昌043開篇：「延陵季子葬子於嬴博之間，其墳高可隱，仲尼往觀而歎曰：季子於禮中哉。」此開篇用孔子讚美季札的典故，來喻指誌主之德行出眾。大中113開篇：「昔蔡琰父邕夜鼓琴，忽弦斷，姬時年六歲，曰：此是第二弦。邕曰：偶中耳。琰曰：吳札觀之，知興亡之國。師曠吹律，識南風之所自。由此言之，何足不知也。」此開篇用蔡琰之典故，即可知誌主為一有才華的女子。文德001開篇：「夫玄黃覆載，四時之運行。烏兔推移，八節之遞照。乃有傾而有缺，尚有昊而有盈。扶疏之樹千條，浩渺之流一帶，根源可鞠，封烈必詳。」此開篇後必接誌主的家族譜系，但又比直接進入家譜要更有氣勢，以此等開篇令人首先進入宇宙時空，有逍遙遊之風，文氣浩然。

特點四：與文學史的直接關聯

中晚唐墓誌與文學的關係最直接的表現莫不在於一些誌主本身就是文人，他們自身的文學修養、文學成就，以及由此而產生的社會關係圈，與其他文人之間的交遊，都是宏觀文學史的微觀呈現。

例如我們會從墓誌材料發現誌主進入學習階段時所使用的教材，這就是他們自身文學修養的重要來源。散見於墓誌中涉及閱讀篇目的記載有：「後授

易詩小戴禮……弱冠治魯春秋與虞夏商周之書……年八歲，以通古文尚書、論語，登春官上第。……始通詩禮，略觀史傳。……子政少習典誥史傳，業左氏春秋何論，……公幼不好弄，能敬師受詩及春秋左氏傳。……傍聞左氏，九歲入大學，十三誦易，十五能言詩，……公洞曉歸藏連山書，明通左氏傳，守道篷高人之躅，理產傳陶朱之術，通兩經書……未逾十五，孝經、論語、尚書、爾雅、周易皆長念，禮記帖盡通。……通左氏春秋。」從這些記載中可以看出，唐人學習的書目有：《尚書》《易經》《禮記》《春秋》《左傳》《詩經》《孝經》《爾雅》《論語》等等，特別是《春秋》《左傳》出現的頻次最高。

不少誌主本身也擁有較高的文學成就。有的能詩，如貞元 125：「司農卿姚公明敦餞詩云：官屈須推命，時危莫厭貧。城樓近江水，潮退看垂綸云云」。元和 023：「公幼有文，年十四，上時雨詩，代宗以為能，將召入為翰林學士。」元和 117：「工於歌詩，天然自妙。風月滿目，山水在懷。採月中桂，探驪龍珠。變化無方，駭動人鬼。故劉水部復，唐之何遜。君之宗人巨源，今之鮑昭。咸所推伏，莫敢敵偶。」大中 107：「公理務之暇，接以和顏，間以酒饌、博弈、詩句，靡不盡其歡心。賣行，悉以俸錢，唯恐不至。污俗軍士，咸知雍容。里社小兒，亦能吟詠。化之所至也，於今稱焉。」大中 131：「君即當院第十二子也以長倫排次第第八。君生十三年，遭罹大禍，兄長撫念，情過深慈，唯吾獨行檟楚，束汝稚心，兩經既就，深解五言詩，朋儕稱揚，共名小謝。時太常博士權安當代儒宗，朝野師歸，後進集門，仰旨嵩高，有文者幸獲一謁，深熟朋友莫不改觀焉。唯汝吐一詞，呈一句，皆吟詠無厭。當謂詩人曰：可範可規。嗚呼。」咸通 085：「葉茂當時，代稱其美，舉文衡則漢有平子，論博識則晉有茂先。清波長瀾，備載簡冊……若夫學廣如江海之渺瀰，文華並天星之煥爛，高談則龍飛豹變，下筆則煙霏霧凝，窮八體於豪端，搜六義於懷抱，千古闕文，前哲遺韻。盡為公之所錄。公應進士舉，天下知名。著古律詩千餘篇，風雅其來，莫之能上，覽者靡不師服。於是乎今鄂州觀察判官盧端公庠頃為河南府掾，充考試官，公因就試，遂投一軸。盧公謂諸僚友曰：張子之文，自梁宋已來，未之有也。復課一詩送公赴舉云。一直照千曲，一雅肅羣俗，如君一軸詩，把出奸妖服。又云：乃知詩日月，曈曈出平地。又今尚書右司郎中楊戴為淮南太守時，制一敘獎公之文曰：張氏子用古調詩應進士舉，大中十三年，余為監察御史，自臺暮歸，門者執一軸曰：張某文也。閱於燈下，第二篇云。寄征衣：開箱整霞綺，欲制萬里衣，愁剪鴛鴦破，恐為相背飛。余遂矍然掩卷，不知所

以為激歎之詞，乃自疚曰：余為詩未嘗有此一句。中第二紀，為明時御史，張子尚困於塵坌，猶是相校，得無愧於心乎。凡公知遊，莫匪重得廊廟之器也，苟非其道，雖王公大人，終不屈從，所不成名者，氣高使之然也。蓋聞有大才而無貴仕者，固不虛語耳。」有的善文或有文集：大中 011：「手抄古今書數千卷，為文章二十通。」大中 115：「晝立性綿密，雅尚詞章，常所著文成廿卷，自目為金門小集。」大中 137：「有集卅卷，名□□集，則其後可知也。」

　　亦有反映文學交遊的墓誌材料。大曆 017：「……公始以經術擢第，署滑州匡城尉，次補瀛州樂壽丞。理尚剛簡，蓋肅如也。酷好寓興，雅有風骨。時新鄉尉李頎、前秀才岑參，皆著盛名於世，特相友重。方振雄藻，比肩英達。孰是異才，而無顯榮。以乾元元年終於貝丘，凡百文士，載深慟惜。…」建中 016：「……彭況生君身長六尺，性倜儻，善屬文，工楷隸廣德中，有季父仕於恒，因省遇亂，來遊幽薊，與宏農揚鏻太原王璠、河東柳挺以文相友，為當時高唱。」大中 059：「君幼以孝謹聞，先公比諸子尤愛。及弱冠，好學，敏於文義六經微奧，有從師久不能辨者，反覆機席間，心惟目想，已自曉解。又善屬文，每下筆輒有新意，鋒彩明健，如攄霞振英，雖釿刃不拘，而理必歸正。繇是當時文士如李甘、來擇輩，咸推尚之。時隴西李公名漢稱最重，一見所作，遂心許不可破。明年，為禮部主司，果擢居上第，年方廿八，在諸生為少俊。氣圓骨堅，神粹道直，目之者咸謂必貴而壽。」咸通 027：「問民間事，公封口不對，唯取內府法書名畫日夕指摘利病。上又令作竹障數十幅，既成，因自為詩，命翰林學士陳夷行等和之，盛傳於世。公於草隸亦精絕，章陵玉冊及懿安太后諡冊，皆公之書也。丞相衛國公聞有客藏右軍書帖三幅，衛公購以千金，因持以示公。公曰：此修已給彼而為，非真也。因以水濡紙抉起，果有公之姓字。其為桃杏百卉蜂蝶蟬雀，造物者不能爭其妙於其際，仍備盡法則，筆不妄下。世人有得公片跡者，其緘寶軏玩，千萬古昔。公嘗云：周侈傷其峻，周昉。張鮮累其澹，張太府。萱盡之其唯韓乎。又曰：吳怪逸玄通，陳象似幽悉，楊若瘵人強起庭光，許若市中鬻食，琨。性夷雅疎澹，白皙美風姿，趙郡李遠見之，以為沈約謝眺之流。大中初，詞人李商隱每從公遊，以為清言玄味，可雪緇垢。憲嚴君有盛名於世，亦朝夕與公申莫逆之契，高遊勝引，非公不得預其伍。公又為昭獻畫毛詩疏圖，藏於內府。以咸通四年二月一日遘疾，歿於昭國里第，享年□十九。……憲嘗為詠蛺蝶詩，公稱其句，因作竹映杏花，畫三蝶相從，以寫其思。」

第三章　中晚唐代表作家的
碑誌創作研究

　　每一種文學體裁幾乎都有它的代表作家，碑誌文也不例外。中晚唐比較有
代表性的碑誌文作家包括權德輿、韓愈、柳宗元等人，其中以韓愈的影響力為
最大，學界對韓愈碑誌創作的成果研究也最多。

　　權德輿在中唐時期擁有文壇盟主的地位，他的碑誌創作在當時影響極大，
為多位皇親顯貴等創作碑誌。但是學界目前針對權德輿的碑誌研究涉及很少，
因此，本文將展示在中唐時期權德輿碑誌創作的「盛況」，並對其原因進行分
析，揭示權德輿碑誌創作的特點及在碑誌文發展史上的影響。

　　韓愈碑誌創作的研究成果較多，但均是集中於創作特色的分析，以及對後
世碑誌創作的影響力。本文則從文學接受的角度出發，對韓愈不拘常式的碑誌
創作迅速獲得廣泛認可的原因進行探究，並從碑誌文發展的歷史來重新評述
韓愈碑誌創作對碑誌文發展的作用。

　　關於柳宗元碑誌的系統研究仍較少，但實則柳宗元碑誌創作是相當具有
個人特色的，他的碑誌創作時間較集中於「永貞革新」失敗後的貶謫歲月中，
因此本文以柳宗元碑誌為出發點，重點闡釋「永貞革新」對柳宗元人生產生的
影響。

第一節　權德輿碑誌文研究

一、權德輿創作的碑誌文繫年

根據權德輿創作的碑誌內容，將碑誌文繫年如下：

大曆九年

《潤州丹陽縣丞盧君墓誌銘》

大曆十一年

《唐故潤州丹陽縣尉李公夫人范陽盧氏墓誌銘》

建中二年

《揚州兵曹參軍蕭府君墓誌銘》

建中三年

《監察御史清河張府君墓誌銘》

興元元年

《故太子右庶子集賢院學士贈左散騎常侍王公神道碑銘》

《唐故洛陽縣尉何君夫人范陽盧氏墓誌銘》

貞元二年

《唐睦州桐廬縣丞柳君故夫人天水權氏墓誌銘》

貞元五年

《朝散大夫使持節都督容州諸軍事守容州刺史兼侍御史充本管經略招討制置等使譙縣開國男賜紫金魚袋戴公墓誌銘》

貞元六年

《唐故潤州昭代寺比丘尼玄應墓誌銘》

貞元七年

《唐故朝議郎使持節溫州諸軍事溫州刺史充靜海軍使賜緋魚袋河東裴府君神道碑銘》

貞元九年

《唐故正議大夫衛尉少卿聞喜縣開國伯賜紫金魚袋裴君誌銘》

《叔父故朝散郎華州司士參軍府君墓誌銘》

貞元十年

《唐故洪州建昌縣丞崔君墓誌銘》

貞元十一年

《唐故相國右庶子崔公夫人河東縣君柳氏祔葬墓誌銘》

貞元十二年

《唐故義武軍節度支度營田易定觀察處置等使檢校司空同中書門下平章事贈太傅上谷郡王張公鄧國夫人谷氏墓誌銘》

《唐故成德軍節度營田副使正議大夫趙州別駕贈壽州都督河間尹府君神道碑銘》

《唐故義武軍節度度支營田易定等州觀察處置等使檢校司空同中書門下平章事贈太傅上谷郡王張公夫人鄧國夫人谷氏神道碑銘》

《故朝議郎行尚書倉部員外郎集賢院待制權府君墓誌銘》

貞元十三年

《故正議大夫守門下侍郎同中書門下平章事成紀縣開國男賜紫金魚袋贈太子太傅貞憲趙公神道碑銘》

貞元十四年

《唐故東都留守東都汝州防禦使銀青光祿大夫檢校吏部尚書判東都尚書省事兼御史大夫上柱國扶風縣開國伯贈太子少傅杜公神道碑銘》

《金紫光祿大夫司農卿邵州長史李公墓誌銘》

《朝散大夫使持節饒州諸軍事守饒州刺史上柱國崔君墓誌銘》

貞元十五年

《故朔方河中晉絳邠寧慶等州兵馬副元帥河中絳邠節度度支營田觀察處置等使元從奉天定難功臣開府儀同三司檢校司徒兼中書令河中尹上柱國咸寧郡王贈太師忠武渾公神道碑銘》

《唐故宣武軍節度副大使知節度事管內支度營田汴宋亳潁等州觀察處置等使金紫光祿大夫檢校尚書左僕射同中書門下平章事隴西郡開國公贈太傅董公神道碑銘》

《朝散大夫守司農少卿賜紫金魚袋隴西縣開國男李公墓誌銘》

貞元十六年

《唐故四鎮北庭行軍兼涇原等州節度支度營田等使開府儀同三司檢校尚

書右僕射使持節涇原諸軍事涇州刺史兼御史大夫上柱國南川郡王贈司空劉公神道碑銘》

《唐故山南西道節度營田觀察處置等使開府儀同三司檢校尚書左僕射同中書門下平章事兼興元尹上柱國馮翊郡王贈太保嚴公墓誌銘》

《再從叔故試大理評事兼徐州蘄縣令府君墓誌銘》

貞元十七年

《唐故楚州淮陰縣令贈尚書右僕射王府君神道碑銘》

《唐故太常卿贈刑部尚書韋公墓誌銘》

《唐故給事郎使持節房州諸軍事守房州刺史賜緋魚袋崔公墓誌銘》

貞元十八年

《唐故使持節歙州諸軍事守歙州刺史賜緋魚袋陸君墓誌銘》

《尚書司門員外郎仲君墓誌銘》

《前京兆府咸陽縣丞權公故夫人清河張氏墓誌銘》

《唐故通議大夫守戶部尚書兼御史大夫持節充朔方鎮西北庭興平陳鄭等州行營兵馬及河中節度都統處置使兼管內觀察使權知絳州刺史賜紫金魚袋贈揚州大都督府李公神道碑銘》

貞元十九年

《故中散大夫守尚書右僕射上柱國賜紫金魚袋贈太子太保姚公神道碑銘》

《唐故朝議大夫洋州刺史王君夫人博陵縣君崔氏祔葬墓誌銘》

《再從叔故京兆府咸陽縣丞府君墓誌銘》

貞元二十年

《唐故中書侍郎同中書門下平章事太子賓客贈戶部尚書齊成公神道碑銘》

《鄜坊節度使推官大理評事唐君墓誌銘》

貞元二十一年

《唐故金紫光祿大夫檢校司空兼尚書左僕射同中書門下平章事上柱國魏國公贈太傅賈公墓誌銘》

《唐故中大夫守尚書工部侍郎兼御史大夫史館修撰上柱國賜紫金魚袋充弔贈吐蕃使贈禮部尚書張公墓誌銘》

永貞二年

《唐故朝散大夫守秘書少監致仕周君墓誌銘》

元和元年

《金紫光祿大夫檢校禮部尚書使持節都督廣州諸軍事兼廣州刺史御史大夫充嶺南節度支度營田觀察處置本管經略等使東海郡開國公贈太子少保徐公墓誌銘》

《唐故使持節郴州諸軍事權知郴州刺史賜緋魚袋李公墓誌銘》

元和二年

《唐故右神策護軍中尉右街功德使開認儀同三司守右武衛大將軍知內侍省事上柱國樂安縣開國公內侍省少監致仕贈揚州大都督府孫公神道碑銘》

《唐故湖州武康縣丞許君夫人京兆韋氏墓誌銘》

元和三年

《尚書度支郎中贈尚書左僕射正平節公裴公神道碑銘》

《太原府司錄事參軍李府君墓誌銘》

《長安主簿李君墓誌銘》

元和四年

《唐故劍南東川節度副大使知節度事管內支度營田觀察處置靜戎軍等使光祿大夫檢校尚書左僕射使持節梓州諸軍事兼梓州刺史御史大夫鄭國公贈司空嚴公神道碑銘》

《故中散大夫殿中侍御史潤州司馬贈吏部尚書沛國武公神道碑銘》

《唐故銀青光祿大夫守吏部尚書兼御史大夫充諸道鹽鐵轉運等使上柱國趙郡開國公贈尚書右僕射李公墓誌銘》

元和五年

《故幽州盧龍軍節度副大使知節度事管內支度營田觀察處置押奚契丹兩番經略盧龍軍等使開府儀同三司檢校司徒兼中書令幽州大都督府長史上柱國彭城郡王贈太師劉公墓誌銘》

《唐故太中大夫守太子賓客上柱國襄陽縣開國男賜紫金魚袋羅公墓誌銘》

元和七年

《唐故光祿大夫檢校尚書右僕射兼右衛上將軍南充郡王贈太子太保伊公神道碑銘》

《故尚書工部員外郎贈禮部尚書王公神道碑銘》

《唐丞相金紫光祿大夫守太保致仕贈太傅岐國公杜公墓誌銘》

元和九年

《唐故江南西道都團練觀察處置等使中散大夫使持節都督洪州諸軍事守洪州刺史兼御史中丞騎都尉賜紫金魚袋贈左散騎常侍崔公神道碑銘》

元和十年

《唐故太清宮三洞法師吳先生碑銘》

《唐故尚書工部員外郎贈禮部尚書王公改葬墓誌銘》

《獨孤氏亡女墓誌銘》

《殤孫進馬墓誌銘》

《唐故衛國夫人李氏墓誌銘》

元和十一年

《唐故章敬寺百岩大師碑銘》

《唐故河南府登封縣令權君墓誌銘》

元和十二年

《唐故劍南東川節度副大使知節度事管內支度營田觀察處置等使正議大夫持節梓州諸軍事守梓州刺史兼御史大夫護軍賜紫金魚袋贈禮部尚書盧公神道碑銘》

《王妣夫人宏農楊氏祔葬墓誌銘》

二、權德輿碑誌文創作盛況

（一）盛況

《舊唐書》卷一四八《權德輿傳》載：「德輿自貞元至元和三十年間，羽儀朝行，性直亮寬恕，動作語言，一無外飾，蘊藉風流，為時稱向。於述作特盛，《六經》百氏，游泳漸漬，其文雅正而弘博，王侯將相泊當時名人薨歿，以銘紀為請者什八九，時人以為宗匠焉。」〔註1〕

《全唐文》中《唐故權相公墓碑》亦載：「公既以能為文辭擅聲於朝，多銘卿大夫功德，然其為家，不視簿書，未嘗問有亡，費不侍余。」〔註2〕

〔註1〕〔後晉〕劉昫等：《舊唐書》，北京：中華書局，1975年，第4001頁。

〔註2〕〔清〕董誥等編：《全唐文》，上海：上海古籍出版社，1990年，第2518頁。

貞元八年至元和十三年，在此期間，權德輿共創作了五十六篇碑誌文，占所作碑誌文的絕大多數。而且，多為「王侯將相當時名人」所作，有遵皇帝之命為皇親所作，如貞元十二年所作《唐故義武軍節度使支度營田易定觀察處置等使檢校司空同中書門下平章事贈太傅上谷郡王張公鄧國夫人谷氏神道碑》，是因「皇帝以文明御方夏，以德禮序人倫。貞元十二年秋九月，詔侍臣德輿以故義武節度檢校司空同中書門下平章事贈太傅上谷郡王張孝忠夫人谷氏之淑行內則，俾刻金石。」〔註3〕有為逝去宰相所作，如《故正議大夫守門下侍郎同中書門下平章事成紀縣開國男賜紫金魚袋贈太子太傅貞憲趙公神道碑銘》的趙憬，《唐故宣武軍節度副大使知節度事管內支度營田汴宋亳潁等州觀察處置等使金紫光祿大夫檢校尚書左僕射同中書門下平章事隴西郡開國公贈太傅董公神道碑銘》的董晉，《唐故山南西道節度營田觀察處置等使開府儀同三司檢校尚書左僕射同中書門下平章事兼興元尹上柱國馮翊郡王贈太保嚴公墓誌銘》的嚴震，《唐故中書侍郎同中書門下平章事太子賓客贈戶部尚書齊成公神道碑銘》的齊抗，《唐故金紫光祿大夫檢校司空兼尚書左僕射同中書門下平章事上柱國魏國公贈太傅賈公墓誌銘》的賈耽，《唐丞相金紫光祿大夫守太保致仕贈太傅岐國公杜公墓誌銘》的杜佑；有為名臣所作，如《唐故東都留守東都汝州防禦使銀青光祿大夫檢校吏部尚書判東都尚書省事兼御史大夫上柱國扶風縣開國伯贈太子少傅杜公神道碑銘》的杜亞，《唐故劍南東川節度副大使知節度事管內支度營田觀察處置靜戎軍等使光祿大夫檢校尚書左僕射使持節梓州諸軍事兼梓州刺史御史大夫鄭國公贈司空嚴公神道碑銘》的嚴礪，《唐故劍南東川節度副大使知節度事管內支度營田觀察處置等使正議大夫持節梓州諸軍事守梓州刺史兼御史大夫護軍賜紫金魚袋贈禮部尚書盧公神道碑銘》的盧坦等，不勝枚舉。

（二）原因

1. 權德輿的文壇盟主地位

根據嚴國榮《權德輿研究》中「權德輿生平與交遊考」一節，將權德輿的生平劃分為三個階段：「一、肅宗乾元二年（759）至代宗大曆十四年（799），寓居三吳，讀書遊學時期；二、德宗建中元年（780）至貞元七年（791），入幕淮南，從事江西時期；三、貞元八年（792）至憲宗元和十三年（818），入為朝官，出為藩侯時期。」權德輿創作碑誌文的鼎盛期正是他人生的第三個階段。

〔註3〕〔清〕董誥等編：《全唐文》，上海：上海古籍出版社，1990年，第2260頁。

在人生的第一個階段，即讀書遊學時期，權德輿首先具備了出色的文學稟賦，韓愈《唐故相權公墓碑》：「公生三歲，知變四聲，四歲能為詩。七歲而貞孝公卒，而貞孝公卒，來弔哭者見其顏色聲容，皆相謂『權氏世有其人』。及長，好學，孝敬祥順。」〔註4〕《舊唐書‧本傳》云：「德輿生四歲，能屬詩；七歲居父喪，以孝聞；十五為文數百篇，編為《童蒙集》十卷，名聲日大。」〔註5〕及年稍長，移居丹陽，讀書、遊學、交遊於三吳間。期間曾向早期古文家李華、獨孤及求教請學，與陸傪、姚南仲、崔元翰等名士結為至交。在此期間，鄉間已有人請權德輿撰銘作序，如大曆九年所作《潤州丹陽縣丞盧君墓誌銘》，大曆十一年所作《唐故潤州丹陽縣尉李公夫人范陽盧氏墓誌銘》。因此，這一時期是權德輿步入文壇及仕途的準備階段。

到入幕淮南，從事江西時期，權德輿先後輾轉於江淮水陸運使杜佑幕、包佶幕、江西觀察使李兼幕，在幕府生涯中，與眾多知名文士交遊，如韓洄、杜佑、包佶、杜亞、李兼等故交或長者；如陸羽、秦系、皎然、戴叔倫等著名詩人；如梁肅、齊抗、崔元翰、王紹、盧群、盧坦、陸傪、陸質、許孟容、楊憑、李藩等，後來都成為他在學術或政治生涯的同僚或同道。這段入幕經歷，權德輿還創作了大量的詩文，這些都為他入朝為官、主盟文壇創造了良好的政治、人事、輿論環境。

因此，貞元七年（791），權德輿已經過前兩個人生階段的積累及歷練，文名盛譽已經人傳至京城，且為德宗所知。《舊唐書‧本傳》云：「府罷，杜佑、裴冑皆奏請，二表同日至京。德宗雅聞其名，徵為太常博士，轉左補闕。」〔註6〕

貞元十年，權德輿遷起居舍人，「歲中，兼知制誥。」〔註7〕從此，權德輿開始了九年掌知制誥的生涯。據《舊唐書‧本傳》云：「是時，德宗親覽庶政，重難除授，凡命於朝，多補自御劄。始，德輿知制誥，給事有徐岱，舍人有高郢；居數歲，岱卒，郢知禮部貢舉，獨德輿直禁垣，數旬始歸。嘗上疏請除兩省宮，德宗曰：『非不知卿之勞苦，禁掖清切，須得如卿者，所以久難其人。』德輿居西掖八年，其間獨掌者數歲。」〔註8〕《全唐文》卷六一一楊嗣復《丞

〔註4〕〔清〕董誥等編：《全唐文》，上海：上海古籍出版社，1990年，第2518頁。
〔註5〕〔後晉〕劉昫等：《舊唐書》，北京：中華書局，1975年，第148卷。
〔註6〕〔後晉〕劉昫等：《舊唐書》，第148卷。
〔註7〕〔後晉〕劉昫等：《舊唐書》，第148卷。
〔註8〕〔後晉〕劉昫等：《舊唐書》，第148卷。

相禮部尚書文公權德輿文集序》亦載：「（權德輿）登朝為起居舍人，改駕部員外郎，換司勳郎中，遷中書舍人。凡四任九年，專掌詔誥。大則發德音，修典冊，灑朝廷之利澤，增盛德之形容；小則褒才能，敘官業，區分流品，申明誠勸。無誕詞，無巧語，誠直溫潤，真王者之言。」知制誥的生涯使權德輿獲得了德宗的信賴與認可，充分說明了他的文字工夫到了「採章皆正色而無駁雜，調韻皆正聲而無奇邪，滔滔然如河東注，不知其極，而又處命書綸綍之任，專考核品藻之柄，參化成輔翊之勳」〔註9〕的程度。德宗的認可即直接奠定了他在文壇上的地位。

權德輿文壇盟主地位的確立還與他拜禮部侍郎，知貢舉的經歷緊密相關的。《舊唐書·本傳》載：「貞元十七年冬，以本官知禮部貢舉。來年，真拜侍郎，凡三歲掌貢士，至今號為得人。」〔註10〕《新唐書·本傳》載：「久之，知禮部貢舉，真拜侍郎。凡三歲，甄品詳諦，所得士相繼為公卿、宰相。取明經初不限員。」〔註11〕韓愈《唐故相權公墓碑》云：「十八年，以中書舍人典貢士，拜尚書禮部侍郎。薦士於公者，其言可信，不以其人布衣不用；即不可信，雖大官勢人交言，一不以綴意。奏廣歲所取進士明經，在得人，不以員拘。」〔註12〕《丞相禮部尚書文公權德輿文集序》云：「貞元中，奉詔考定賢良草澤之士，升名者十七人；及為禮部侍郎，擢進士第者七十有餘。鸞鳳杞梓，舉集其門。登輔相之位者，前後凡十人，其他征鎮岳牧文昌掖垣之選，不可悉數。繼居其任者，今猶森然。非精識洞鑒其詞而知其人，何以臻此耶？」〔註13〕

權德輿得以為朝廷選拔到得力人才的原因主要有兩條，第一，他倡導改變初唐以來以詩賦、章句取士而忽視德行、學問的弊病，求德才兼備者。權德輿在《答柳福州書》中提出自己的取士觀點：「今之取士，在於禮部吏部。吏部按資格以擬官，奏郎官以考判，失權衡輕重之本，無乃甚乎！至於禮部求才，猶似為仁由已，然亦沿於時風，豈能自振？嘗讀劉秩祭酒上疏云：『太學設官，職在造士，士不知方，時無賢才，臣之罪也。』每讀至此，心嘗慕之。……近者祖習綺靡，過於雕蟲，俗謂之甲賦律詩儷偶對屬。況十數年間，至大官右職，教化所繫，其若是乎？是以半年以來，參考對策，不訪名物，不徵隱奧，求通

〔註9〕〔清〕董誥等編：《全唐文》，上海：上海古籍出版社，1990年，第2736頁。
〔註10〕〔後晉〕劉昫等：《舊唐書》，第148卷。
〔註11〕〔宋〕歐陽修、宋祁：《新唐書》，北京：中華書局，1975年，第165卷。
〔註12〕〔清〕董誥等編：《全唐文》，第2518頁。
〔註13〕〔清〕董誥等編：《全唐文》，第2736頁。

理而已。求辨惑而已，習常而力不足者，則不能回復於此，故或得其人，庶他時有通識懿文，可以持重不遷者，而不盡在於齷齪科第也。」〔註14〕故權德輿此取士標準的確立，對當時文風、學風、士風的改變有重要作用。第二，權德輿在主持科舉之時，重才學不重出身，形成了良好的科場風氣，深得人心。如《舊唐書・李實傳》載：「前歲，權德輿為禮部侍郎，實託私薦士，不能如意，後遂大錄二十人迫德輿曰：『可依此第之；不爾，必出外官，悔無及也。』德輿雖不從，然頗懼其誣奏。」〔註15〕可見權德輿頂住了巨大的壓力力保科場風氣之清正。

權德輿自身的文學成就也奠定了他作為文壇盟主的基礎。中唐著名詩僧皎然有《答權從事德輿書》盛讚權德輿的文學成就：「權三從事足下：傳吏至，辱書，謬蒙發揚，殊增悚恧。觀其立言典麗，文明意精，實耳目所未接也。幸甚幸甚！貧道隳名之人，萬慮都盡，強留詩道，以樂性情。蓋絲蘗起餘塵未泯，豈有健羨於其間哉？初貧道聞足下盛名，未睹制述，因問越僧靈澈、（闕）古豆盧次方，僉曰：『楊、馬、崔、蔡之流。』貧道以二子之言，心期足下，日已久矣！。」〔註16〕皇甫湜在《論業》中提到：「權文公之文，如朱門大第，而氣勢宏敞，廊廡廩庾，戶牖悉周。……若數公者……皆一時之豪彥，筆硯之麟鳳，公皆游泳其波瀾，偃息其林藪。」〔註17〕

其他確立權德輿文壇盟主地位的因素，還可參看《西北師大學報》2002 年第七期雷恩海《走向貞元文壇宗主的階梯——權德輿的家世背景及學術淵源考察》一文。

2. 權德輿早期的幕府經歷與文人交遊

權德輿有豐富的地方幕府經歷，《舊唐書・本傳》載：「韓洄黜陟河南，辟為從事，試秘書省校書郎。貞元初，復為江西觀察使李兼判官，再遷監察御史。」〔註18〕故權德輿對地方幕府的生活、公務流程非常瞭解，因此在敘述誌主的地方任官經歷時，能夠舉其要點，評述精當。如《故正議大夫守門下侍郎同中書門下平章事成紀縣開國男賜紫金魚袋贈太子太傅貞憲趙公神道碑銘》中的趙

〔註14〕〔唐〕權德輿撰，郭廣偉校點：《權德輿詩文集》，上海：上海古籍出版社，2008年，第 41 卷。

〔註15〕〔後晉〕劉昫等：《舊唐書》，北京：中華書局，1975 年，第 135 卷。

〔註16〕〔清〕董誥等編：《全唐文》，上海：上海古籍出版社，1990 年，第 4234 頁。

〔註17〕〔清〕陳鴻墀纂：《全唐文紀事》，北京：中華書局，1959 年，第 119 卷。

〔註18〕〔後晉〕劉昫等：《舊唐書》，北京：中華書局，1975 年，第 148 卷。

憬「大凡難理之府,皆待公為重。……行之三年,教化明備,底貢有藝,賦政不煩。矩以杜奇邪,露章而無吐茹,飛語雷動,明誠山立。受代逾年,事實敷聞,故有左曹之命。講貫舊章,惟直是視,刑或失入,議將必還。公望日盛,其勤靡鹽,故有和戎之役。致賜諭旨,協寧殊鄰,疆場之言,專對而不跆;紀綱之僕,承事而不徵。保就安利,北方感悅,故有在塗之拜」〔註19〕,《唐故東都留守東都汝州防禦使銀青光祿大夫檢校吏部尚書判東都尚書省事兼御史大夫上柱國扶風縣開國伯贈太子少傅杜公神道碑銘》中的杜亞「函關陝服,介於周秦,命公以藩屏之任,化用清靜,身為律度,里閭無吠犬,府庭無諍詞,四封之內,幼艾相賀,能去煩矣。河靈蒲阪,陶唐所理,命公以尹正之重,地本沃饒,化之純儉,盡以解梁之鹽,歸於有司,凡緡物錢之息其出,池澤之賦其入,歲一萬萬率皆罷廢,不以利為利矣。揚州葆強,都會庶富,命公為節制之帥,日講軍實,歲修職貢,師貞人和,政成事時,河渠填淤,積歲為病,乃釃二浸於蜀岡之西,濬舊坊以股引,順地浉而啟閉,滌源導滯,力省功倍,邢溝之人,受其賜而歌頌之矣」〔註20〕,《唐故宣武軍節度副大使知節度事管內支度營田汴宋亳穎等州觀察處置等使金紫光祿大夫檢校尚書左僕射同中書門下平章事隴西郡開國公贈太傅董公神道碑銘》中的董晉「上以為陳留天下之郊也,非素重臣不可以率先賦政。公既受命,與一二從事記室,儒服而前,不待裹言,不恃扞衛,寬信夷易,闇然風行。長城大蔡,蘊在靈府,悍將伏罪,齊人樂業,四鄰諸侯,折衷於公」〔註21〕,《唐故中書侍郎同中書門下平章事太子賓客贈戶部尚書齊成公神道碑銘》中的齊抗「先是山越寇攘,蕩覆城寺。公乃卜勢勝之爽塏,因習俗之便安,三時不害,百堵皆作,朝典陟明,拜蘇州刺史,吳實劇部,大田多稼,浮徭冒役,吏禁或弛,占著名數,戶版不均。公乃閱其生齒,書其比要,強家大猾,不得蓋藏,公持單輕,與之紓息,已日乃孚,厥猷茂焉,遷潭州刺史御史中丞湖南觀察使。以向時二郡之理而宏大之,其仁可知也。左曹理本,徵為給事中;周郊寄重,擢為河南尹。盜有宋瞿曇者,白晝椎剽,為郡偷囊橐,三川病之,幾三十年。公法令嚴具,網絡張設,名捕魁宿,使無遺類,指顧之間,擒摘如神」〔註22〕等,都是有著較為豐富的地方任

〔註19〕〔清〕董誥等編:《全唐文》,上海:上海古籍出版社,1990年,第2249頁。
〔註20〕〔清〕董誥等編:《全唐文》,第2249頁。
〔註21〕〔清〕董誥等編:《全唐文》,第2251頁。
〔註22〕〔清〕董誥等編:《全唐文》,第2251頁。

官經歷，由權德輿來創作這些人的墓誌銘，固然與權德輿當時身份顯貴、文名卓著有關，但是權德輿有豐富的人生經歷，能夠更好的把握對逝者整個人生的功過評價，也是時人願意請他來「蓋棺定論」的重要因素。

在權德輿創作墓誌的誌主中，有很多是與他有交遊的故交，有因為工作關係比較瞭解的誌主，有因自己對佛道的參悟而更能領悟其信仰狀況的誌主。如《唐故使持節歙州諸軍事守歙州刺史賜緋魚袋陸君墓誌銘》中的陸傪：「常與故虔州刺史隴西李公受、故右補闕安定梁寬中、今禮部郎中京兆韋德符、右補闕廣平劉茂宏、秘書郎趙郡李叔翰、方外士右諭德博陵崔公穎暨子友善。噫夫！相視莫逆，行二十年，洪範之攸好德，儒行之遠相致，今則已矣。可勝慟也耶！」〔註23〕《唐故中書侍郎同中書門下平章事太子賓客贈戶部尚書齊成公神道碑銘》中的齊抗：「以德輿夙承湖海之舊，中忝掖垣之屬，他日舉代靡形話言。獲於遺編，實見陰德，顧茲無似，有玷知人，濡涕含毫，以表幽宅。」〔註24〕《鄜坊節度使推官大理評事唐君墓誌銘》中唐款：「予與文編周旋於文章道義，二十年矣，故辱君之歡亦舊，淮湖曉阻，京轂會合，合姓怛化，在旬歲之中，寢門屑涕，情何有極？」〔註25〕《唐故太中大夫守太子賓客上柱國襄陽縣開國男賜紫金魚袋羅公墓誌銘》中羅珦：「以德輿與公同服大僚，頃歲奉行中執法之詔，又嘗讀亡友楊戀功放慢金石遺愛之說，公之率履，固為周知。」〔註26〕《唐故劍南東川節度副大使知節度事管內支度營田觀察處置等使正議大夫持節梓州諸軍事守梓州刺史兼御史大夫護軍賜紫金魚袋贈禮部尚書盧公神道碑銘》中的盧坦：「某建中末與公同為丹陽公從事，中歲左戶請為郎，及茲建牙，壤地相接，周旋出入，殆四十年。今聖朝多士如林，永懷舊故，凋落向盡，保衡又沒，可勝慟耶？公之記室大理評事羅立言，狀公之行，將諸無容之請，牽課鄙儢，詞達而不文。」〔註27〕《唐丞相金紫光祿大夫守太保致仕贈太傅岐國公杜公墓誌銘》中的杜佑：「以德輿常忝府辟，晚聯臺座每荷同升之義，盍陳無愧之辭，直書德輝，以鏤幽礎。」〔註28〕《唐故江南西道都團練觀察處置等使中散大夫使持節都督洪州諸軍事

〔註23〕〔清〕董誥等編：《全唐文》，上海：上海古籍出版社，1990年，第2266頁。
〔註24〕〔清〕董誥等編：《全唐文》，第2251頁。
〔註25〕〔清〕董誥等編：《全唐文》，第2268頁。
〔註26〕〔清〕董誥等編：《全唐文》，第2280頁。
〔註27〕〔清〕董誥等編：《全唐文》，第2245頁。
〔註28〕〔清〕董誥等編：《全唐文》，第2274頁。

守洪州刺史兼御史中丞騎都尉賜紫金魚袋贈左散騎常侍崔公神道碑銘》中的誌主：「鄙夫久貳六官，與君周旋甚熟，頃忝宰府，詳知報政，迨茲居守，而仲謨儼然焉。衰疾不文，直詞傳信。」〔註29〕；《唐故劍南東川節度副大使知節度事管內支度營田觀察處置靜戎軍等使光祿大夫檢校尚書左僕射使持節梓州諸軍事兼梓州刺史御史大夫鄭國公贈司空嚴公神道碑銘》中的嚴礪：「以德輿嘗志太師之墓，亦草輿州之詔，耳目事實，其詞不誣，是焉篆刻，以表神道。」〔註30〕如《唐故太常卿贈刑部尚書韋公墓誌銘》中的韋渠牟：「悲夫！公敏於歌詩，縟采綺合，大凡文集若干卷，撰《莊子會釋》、《老子》、《金剛經釋文》、《孝經》、《維摩經疏》、《三教會宗圖》共十餘萬言，又奏修《貞元新集開元後禮》二十卷，詔下有司，令行於代。當其憫坐馳哀弱喪也，泛然若不淯於物，及披肝膽承顧問也，毅然若不有其身。起儒官博士，十三四年，踐文石，登玉堂；赤車金印，薰灼中外。其所以得之者，無他腸故也。《禮器》曰：『觀其發而知其人之智。』《洪範》曰：『俊人用章。』噫嘻！太常之道，其智而俊歟？雅為晉國韓公魯郡顏公之所薦寵，魯公嘗稱遺名子洞徹三教，讀佛書儒書道書向三萬卷，又多言其神奇之跡，今茲不書。姑書其章明宏大者，用識窀穸，一以申嘗僚之義，一以遂孝子之心。」〔註31〕

三、權德輿碑誌文創作的個人特色

1. 語言雅正，文風含蓄，措辭的分寸感拿捏妥帖

權德輿的碑誌文語言醇厚典雅，有左氏典麗之風，卻並無駢文的繁縟藻飾，生澀板滯，整體文風平易溫潤，文氣疏朗和暢。

如他在碑誌文中形容誌主的性情，趙憬：「公保抱之歲，生知色養，羈貫之年，則無幼志。及夫被儒服，踐法言，敬直而文，肅莊而溫。端誠博物，錯綜古今，非大中至正，不接於心術。……以厚德載物，以全才宣化，舉直盡忠。敷納詳明。正百度之本，去一朝之便，事有統紀，心無面從。嘉猷讜言，鎮定宏大。謙厚而不伐，持平而居易；辟邪塞違，貞厲而不校。陟恪始終，帝載用和。」〔註32〕

〔註29〕〔清〕董誥等編：《全唐文》，上海：上海古籍出版社，1990 年，第 2247 頁。
〔註30〕〔清〕董誥等編：《全唐文》，第 2251 頁。
〔註31〕〔清〕董誥等編：《全唐文》，第 2279 頁。
〔註32〕〔清〕董誥等編：《全唐文》，第 2249 頁。

描述人的政績，如杜亞：「函關陝服，介於周秦，命公以藩屏之任，化用清靜，身為律度，里無吠犬，府庭無諍詞，四封之內，幼艾相賀，能去煩矣。河靈蒲阪，陶唐所理，命公以尹正之重，地本沃饒，化之純儉，盡以解梁之鹽，歸於有司，凡縗物錢之息其出，池澤之賦其入，歲一萬萬率皆罷廢，不以利為利矣。揚州葆強，都會庶富，命公為節制之帥，日講軍實，歲修職貢，師貞人和，政成事時，河渠填淤，積歲為病，乃釃二浸於蜀岡之西，濬舊坊以股引，順地泐而啟閉，滌源導滯，力省功倍，邗溝之人，受其賜而歌頌之矣。勤學在公，盡瘁其身，上思衰憂之禮，乃命保釐之任。昔在成周，三后協心，公率其道，寬而有制。且以洛苑汝墳，棄地可闢，籍其介夫，頒以稼器。歲皆登成，人用洽和，地官以之省費，游手以之務本。」〔註33〕

甚至寫人的職官變遷也溫文爾雅，寫戴叔倫的墓誌中：「公早以詞藝振嘉聞，中以材術商功利，終以理行敷教化。師履素王之訓，周旋君子之儒，淑聲休問，苾芬四暢。初摳衣於蘭陵蕭茂挺，以文學政事，見稱蕭門。文本菁華，而長於比興，粲為采章，鏘如珩璜，鼓鍾於宮，累辟大府。分命於計相也，則為湖南河內留後，自秘書正字三遷至監察御史。曳裾於賢王也，則為湖南江西上介，由大理寺司直再轉至尚書祠部郎中。其皇人成化也，則東陽一同之人沐旬歲之治，撫人飫三年之惠，容人被逾月之教，夔人聞詔而歡，承訃而哀，不及蒙其澤。歷官十一，而雲安不書，所至之邦，必刻金石。」〔註34〕

權德輿碑誌文的措辭尺度拿捏一是體現在對自己家人墓誌的寫作方面，對家人家世的描寫簡單帶過，如權少成墓誌：「曾王父益州成都縣尉府君諱無侍，王父許州臨潁縣令府君諱伋，父華州司士參軍府君隼。」〔註35〕較多的筆墨用於品性方面，如權少成墓誌：「君毅然有守，折其疑文，詞堅氣正，不直不已，梁人得以蒙其澤，遂其生。郡表尤異，拜河南府兵曹，曹事修理。」〔註36〕權隼：「公之祿甚薄而家甚肥，中外無閒言，諸孤猶已子，閨門之內，和樂薰如也。」〔註37〕對仕途及才能成就方面的描寫偏向客觀與淡化敘寫，如權隼：「既除喪，為親戚所勉，調補宋州宋城縣丞。孟尚書某方持郡節，深

〔註33〕〔清〕董誥等編：《全唐文》，上海：上海古籍出版社，1990 年，第 2279 頁。
〔註34〕〔清〕董誥等編：《全唐文》，第 2265 頁。
〔註35〕〔清〕董誥等編：《全唐文》，第 2281 頁。
〔註36〕〔清〕董誥等編：《全唐文》，第 2281 頁。
〔註37〕〔清〕董誥等編：《全唐文》，第 2268 頁。

相推重，每歲考課，居郡中最。大曆中授福昌丞，貞元初改華州司士，嘗辟彭城劉公蕭國班公之府，皆分事任，實助經費。所至之邦，必聞其政，所奉之主，必加以禮，而又學古不怠，歌詩必類，緣情而不流，體要而無害。故秘書包公謂公內外循理，心正氣和，君子以為知言。」〔註38〕權自挹：「與故王右丞維、今歸尚書崇敬為文雅道素之友，其餘或不踐其域，故知我者希。」〔註39〕

　　而對於自己的悲痛情緒敘寫則比較直接，如權少成墓誌：「嗚呼！吾無期叔父，無期大功兄弟，以至於君。且有一歲之長，斑白相視，疾恙相悲，奄然委化。痛入肝膈，故出涕而銘之。」〔註40〕（《唐故河南府登封縣令權君墓誌銘》權少成）尺度拿捏還表現在給韋渠牟所作的墓誌銘中，韋渠牟為人輕佻浮躁，雅好詩文，頗受德宗寵信。權德輿基於同僚，不得不作之。在《唐故太常卿贈刑部尚書韋公墓誌銘》中，權德輿重點寫了韋渠牟的雅好詩文和任官經歷，而對其為人處事等則寥寥數語帶過：「歲中歷右補闕左諫議大夫，再當言責之地，切劘獻替，數進熟於君，規事建議飆起鋒出，卓犖頡頏，取重於時，三接日旰，公卿仰其風采。薦巖穴有道之士，以待兩言。其他推轂，皆一言感慨，就義若渴，見不善如探湯，與夫陰拱自愛持容容之計者，固為愈矣。」〔註41〕既不傷其體面，又尊重了人與事的客觀性，其間分寸拿捏之爐火純青，自不待言。

2. 對誌主家人的交代簡潔

　　在常規的墓誌銘中，家世交代是必備的要素，也是一般寫作者都會濃墨重彩渲染一筆，以期達到弘揚家世、展現「源遠流長」之功效。在此風極盛的時期，家世的描寫能占去整篇墓誌銘相當長的篇幅。我們僅以權德輿之前銜接緊密的獨孤及所作碑誌文與李華所作碑誌文為例：

　　《全唐文》卷三九○獨孤及《唐故朝議大夫高平郡別駕權公神道碑銘》：「公諱徹，字幼明，隴西天水人也。權氏之先，出於顓頊。其遠祖殷武丁之小子，生而有文在手曰權，因以權受封，且命氏焉。至周為楚武王所滅，國除。其後有仕隴西者，遂家於天水。歷漢魏、晉宋間，子孫世都尉為郡守。至裔孫

〔註38〕〔清〕董誥等編：《全唐文》，上海：上海古籍出版社，1990年，第2268頁。
〔註39〕〔清〕董誥等編：《全唐文》，第2263頁。
〔註40〕〔清〕董誥等編：《全唐文》，第2281頁。
〔註41〕〔清〕董誥等編：《全唐文》，第2279頁。

翼，與王景略同佐苻堅，官至僕射。後僕射數世至景宣，景宣生士玢，並知名於時。士玢生萬春，歷華州刺史，封千金縣公。華州嗣右領軍將軍曰文獎，領軍嗣永興令曰懷育，公永興之嗣也。」〔註42〕

《全唐文》卷三一八李華《太子少師崔公墓誌銘》：「八代祖元孫，宋度支郎中，以忠烈見危致命。夫人攜二子亮、敬，默依夫人之黨，挺志羈孤之中，安親危窘之際。亮即公七代祖也，八為尚書，一為僕射。孫肇師，官至中書侍郎。元子北齊安州總管府掾諱道淹，公之曾祖也。生萬年主簿臨洺令諱方騫，公之大父也。生武功主簿贈吏部尚書諱貞固，公之考也。郎中殉王事，僕射利生人，中書之名望，安州之道德，臨洺之愛人，武功之體道，荀淑以盛德及子，陳寔以素風及孫，誠哉吾聞其語矣！今見其人也。」〔註43〕

像這樣的從姓氏來源或「八代祖」開始敘寫的，在墓誌銘中是極其平常的寫法。然而在權德輿所作的碑誌文中，對家世的簡單處理是他與眾不同的一個亮點。他一般的寫法都是簡潔的交代三代來歷即可，如《潤州丹陽縣丞盧君墓誌銘》中：「自曾王父衛州司馬府君諱宏壽，初貞晦不仕，公車徵拜，生冀州信都主簿府君諱友裕，友裕生揚州高郵縣令府君諱相，君即高郵之第若干子。」〔註44〕《唐故潤州丹陽縣尉李公夫人范陽盧氏墓誌銘》中：「曾祖悌，皇高道不仕。祖綱，皇城門郎。父侑，皇太原縣尉。雖仕，皆數命，以至淪謝，而皆飾行懿文，有當時之譽。」〔註45〕

即使是給功績顯著的人作神道碑，權德輿也仍以「交代」而不是「彰顯」為目的，如《故正議大夫守門下侍郎同中書門下平章事成紀縣開國男賜紫金魚袋贈太子太傅貞憲趙公神道碑銘》：「曾王父仁本，皇司列少常伯同東西臺三品，以忠清勵翼，多所發明，乾封總章之際，號為稱職。王父贈趙州都督誼，歷右司郎中乾封縣令司僕少卿。烈考贈鄭州刺史道先，仕至洪州錄事參軍。惟祖禰含章，故慶延追錫，崇構丕矩，復大於公。」〔註46〕如《故太子右庶子集賢院學士贈左散騎常侍王公神道碑銘》：「其先魏信陵君無忌之後，秦滅魏，謂之王家。周太尉尚書令翦，以勳勞閥閱，為藩衛威重。從太尉三代至隋司金上士邪孟洺相等七州刺史明進，明進生同州河西縣令喜，喜生蒲州長史贈禮部郎

〔註42〕〔清〕董誥等編：《全唐文》，上海：上海古籍出版社，1990年，第1757頁。
〔註43〕〔清〕董誥等編：《全唐文》，第1427頁。
〔註44〕〔清〕董誥等編：《全唐文》，第2269頁。
〔註45〕〔清〕董誥等編：《全唐文》，第2273頁。
〔註46〕〔清〕董誥等編：《全唐文》，第2249頁。

中慶，慶生吏部侍郎揚州大都督府長史贈禮部尚書揚州大都督易從。積是德善，叢滋彰大。」〔註47〕

權德輿這樣的寫作方式與他「尚氣、尚理、有簡、有通」的文論主張是直接相關的，正是在這樣的文論思想的指引下，權德輿的碑誌文創作包括散文創作都十分講究謀篇布局，詳略得當。相對於一個人漫長的一生來說，墓誌銘主要是為了從品性、經歷等角度刻畫一個人的形象，因此家世出身成為權德輿簡寫的部分。

3. 一般會交代自己的名字及寫作原因

在權德輿寫作的碑誌文中，交代自己的名字及寫作原因，也是屢見不鮮，成為權氏墓誌特色的一個標誌，這種現象特別到了他創作的中後期更為明顯。試列舉一些這樣的例子：《潤州丹陽縣丞盧君墓誌銘》：「予僑居丹陽，嘗與君遊，故粗書事實，以備刻石。」〔註48〕，《潤州丹陽縣尉李公夫人范陽盧氏墓誌銘》：「乃命權氏甥德輿為之銘。」〔註49〕《唐睦州桐廬縣丞柳君故夫人天水權氏墓誌銘》：「從父兄子德輿，一二群從，銜茹永痛，書實錄於墓石。」〔註50〕《朝散大夫使持節都督容州諸軍事守容州刺史兼侍御史充本管經略招討制置等使譙縣開國男賜紫金魚袋戴公墓誌銘》：「公仲兄新城長伯倫，以予夙承公歡，且有遺託，既不獲讓，是用直書。」〔註51〕《唐故潤州昭代寺比丘尼玄應墓誌銘》：「德輿於密縣為族外弟，服儒同術，里仁甚久，哀託論撰，謹無媿辭。」〔註52〕《唐故洪州建昌縣丞崔君墓誌銘》：「以德輿詳其素履，俾為墓銘。」〔註53〕《唐故成德軍節度營田副使正議大夫趙州別駕贈壽州都督河間尹府君神道碑銘》：「德輿門人蘭陵蕭籍，與澄為僚，同在公府，狀其往行，兼列命書。忝貳邦教，敢忘聳善。」〔註54〕《故朝議郎行尚書倉部員外郎集賢院待制權府君墓誌銘》：「以德輿諸孫之列，習於舊史，鄰子之學，誠慚古人，滕公之室，敢識幽壤。」〔註55〕《故正議大夫守門下侍郎同中書門下平章事成紀縣

〔註47〕〔清〕董誥等編：《全唐文》，上海：上海古籍出版社，1990年，第2255頁。
〔註48〕〔清〕董誥等編：《全唐文》，第2269頁。
〔註49〕〔清〕董誥等編：《全唐文》，第2273頁。
〔註50〕〔清〕董誥等編：《全唐文》，第2273頁。
〔註51〕〔清〕董誥等編：《全唐文》，第2265頁。
〔註52〕〔清〕董誥等編：《全唐文》，第2282頁。
〔註53〕〔清〕董誥等編：《全唐文》，第2269頁。
〔註54〕〔清〕董誥等編：《全唐文》，第2247頁。
〔註55〕〔清〕董誥等編：《全唐文》，第2263頁。

開國男賜紫金魚袋贈太子太傅貞憲趙公神道碑銘》：「以德輿叨居宰士，嘗辱深知。職奉贊書，備詳盛烈，俾刻金石，聞於無窮。」〔註56〕《唐故東都留守東都汝州防禦使銀青光祿大夫檢校吏部尚書判東都尚書省事兼御史大夫上柱國扶風縣開國伯贈太子少傅杜公神道碑銘》：「以德輿辱公之知，俾論風烈，懼詞之不敏，而無愧焉。」〔註57〕《金紫光祿大夫司農卿邵州長史李公墓誌銘》：「德輿王父，公族之出也，先人於公為中表昆弟，羈貫獲見，殆四十年。元道等泣以墓石見託，雖文之鄙樸，而不敢辭也。」〔註58〕《唐故宣武軍節度副大使知節度事管內支度營田汴宋亳潁等州觀察處置等使金紫光祿大夫檢校尚書左僕射同中書門下平章事隴西郡開國公贈太傅董公神道碑銘》：「全道等猶懼懿鑠之不永於後，與陵谷之有遷也，以德輿奉行公之命書者三，宜金石刻，故跡共誄諡而為之銘。」〔註59〕《朝散大夫守司農少卿賜紫金魚袋隴西縣開國男李公墓誌銘》：「以德輿獲詳踐履，俾篆斯文。」〔註60〕《唐故山南西道節度營田觀察處置等使開府儀同三司檢校尚書左僕射同中書門下平章事兼興元尹上柱國馮翊郡王贈太保嚴公墓誌銘》：「弼以德輿職忝司言，知大臣之功行，捧持官簿，哀託銘篆。是用論次，藏諸九原。」〔註61〕

這種情況的不勝枚舉，一是體現了權德輿對這一「蓋棺論定」之事的鄭重態度，必要交代清楚此篇墓誌是在什麼樣的情況下由何人所作，以顯莊重；二是到了碑誌文創作的中後期，權德輿文名日盛，因此也更加自重其名，客觀上也起到了防止偽作的情況發生。

4. 銘文的搖曳變化

權德輿的碑誌文雖然文風典雅中正，但是並不代表板滯，他的文章的變化除了體現在情感及分寸的變化上，重點即體現在墓誌銘的銘文創作上。權德輿能根據所寫誌主的身份，以及自己的個人情感，從形式及詞采上對銘文進行變化。如寫女性時的銘文則文風柔婉，詞句婉麗，凸顯女性柔美賢淑氣質，如《唐睦州桐廬縣丞柳君故夫人天水權氏墓誌銘》：「采蘩采蘋，列於詩人。恭惟淑明，與古為鄰。嘉玉粹溫，萐英荶荶。淒風夜蟄，銷鑠堙淪。命

〔註56〕〔清〕董誥等編：《全唐文》，上海：上海古籍出版社，1990年，第2249頁。
〔註57〕〔清〕董誥等編：《全唐文》，第2244頁。
〔註58〕〔清〕董誥等編：《全唐文》，第2264頁。
〔註59〕〔清〕董誥等編：《全唐文》，第2251頁。
〔註60〕〔清〕董誥等編：《全唐文》，第2264頁。
〔註61〕〔清〕董誥等編：《全唐文》，第2277頁。

不可問兮，從古沄沄。追琢淑德兮，用識幽墳。」〔註62〕如《王姓夫人宏農楊氏祔葬墓誌銘》：「惟王母之令德，淑明柔克。閨門延耀，以引以翼。王父安卑兮，其道未光。先公大節兮，易名章章。伊孤孫之蒙騃，不獲逮事。慶靈流澤兮，積累名器。溮河湯湯，青車帷裳。伊水之陽，祔於幽堂。萬有千歲兮，徽音不忘。」〔註63〕《唐故潤州丹陽縣尉李公夫人范陽盧氏墓誌銘》：「去夏屋之渠渠兮，即孤邱之峨峨。往不可復兮，沉痛如何？薤露蒿里兮，古有哀歌。」〔註64〕

　　在為家人寫作墓誌時，權德輿的情感抒發則比較隨意，因此體現在銘文上，形式也較一般墓誌銘更富於變化。如《唐故河南府登封縣令權君墓誌銘》：「東周蒼茫兮，甸邑鮮原。以之賦政兮，以之歸根。嗚呼不可作兮，死生沄沄。」〔註65〕《殤孫進馬墓誌銘》：「惟魂氣兮無所之，爾之神得所往兮，吾又惡用夫涕洟」〔註66〕《叔父故朝散郎華州司士參軍府君墓誌銘》：「惟叔父，秉直清。溫而文，誠而明。六試吏，揚令名。再從事，有淑聲。猗夫人，懿純德。倬婦行，為內則。樂申申，恭翼翼。女有家，男述職。天不傭，降鞠凶。道未行，禍已鍾。刻金石，識邱封。德不泯，哀無窮。」〔註67〕

　　在為佛道中人創作墓銘時，更展示了權德輿在宗教方面的修為，對佛家生死不滅理念的領悟，對道家清靜自然境界的了知。如《唐故章敬寺百岩大師碑銘》：「西方之教，南宗之妙，與日並照。百岩得之，為代導師，穎若琉璃。結火燔性，愛流溺正，癡冥奔命。即心是佛，即色是空，師之通兮。無來無去，無縛無解，師之化兮。楬茲靈塔，丹素周匝，示塵劫兮。」〔註68〕《唐故東京安國寺契微和尚塔銘》：「教旨清淨，戒珠圓映。識浪情塵，還源反性。彼一切見，皆妄想生。精修密詣，湛爾融明。示現者何？此身非久，強為之銘，以焯於後。」〔註69〕《唐故潤州昭代寺比邱尼元應墓誌銘》：「柔濡清淨，蓮花之性。端明綱直，淑女之行。上無詒懼，下振母儀。晚悟真諦，空王為師。體魄者何？

〔註62〕〔清〕董誥等編：《全唐文》，上海：上海古籍出版社，1990年，第2273頁。
〔註63〕〔清〕董誥等編：《全唐文》，第2273頁。
〔註64〕〔清〕董誥等編：《全唐文》，第2273頁。
〔註65〕〔清〕董誥等編：《全唐文》，第2281頁。
〔註66〕〔清〕董誥等編：《全唐文》，第2281頁。
〔註67〕〔清〕董誥等編：《全唐文》，第2268頁。
〔註68〕〔清〕董誥等編：《全唐文》，第2260頁。
〔註69〕〔清〕董誥等編：《全唐文》，第2261頁。

電焰無期。往而不復，哀哀孝思。」〔註70〕《唐故太清宮三洞法師吳先生碑銘》：「萬情弊弊，謬緻之內。先生懸解，邈視區外。族繫於東吳，稟靈於仙都。演道於明廷，棲神於太清，隱機於開元，歸根於露仙。其來適然，其去寥然。大圓清兮大方厚，元鄉返駕兮無何有，刻介石兮茲不朽。」〔註71〕

在為逝去的友朋創作墓誌銘時，權德輿更看重的是真摯情感的流露，因此銘文部分總是能夠以情動人。如《鄜坊節度使推官大理評事唐君墓誌銘》：「一氣沄沄，浮休滑愍。英華未伸，奄忽歸根。于嗟乎嘉言，于嗟乎九原，刻此清芬。」〔註72〕《唐故使持節郴州諸軍事權知郴州刺史賜緋魚袋李公墓誌銘》：「郴之政兮理平，君之行兮廉清。矧有深知兮秉國之成，亟言於朝兮將陟其明。窅然符守兮奄忽冥冥，胸臆約結兮未攄平生。道途自遠兮廣柳郀靈，風雨所交兮卜洛佳城。元龜是貞，厚載是寧，吁嗟乎內兄！」〔註73〕《唐故使持節歙州諸軍事守歙州刺史賜緋魚袋陸君墓誌銘》：「皦皦陸生，中和粹清。直如朱弦，潔如白珩。或默或語，不將不迎。如何斯人？晻忽冥冥。蚩蚩下輩，戩谷或丁。煜煜芳蘭，嚴霜飄零。命不可問，死不可作，嗚呼陸生！」〔註74〕

為身份顯貴之朝廷官員作神道碑時，則銘文格式嚴整，法度井然，凸顯誌主身份之莊重成為第一要義。如《唐故劍南東川節度副大使知節度事管內支度營田觀察處置靜戎軍等使光祿大夫檢校尚書左僕射使持節梓州諸軍事兼梓州刺史御史大夫鄭國公贈司空嚴公神道碑銘》：「地中有水，利用行師。於惟鄭公，藩屏清時。蜀川橫潰，人用怪駭。公披肺肝，請埽蜂蠆。賦車誓眾，沐浴齋戒。吉語日聞，嘉猷是賴。以犒以饋，間關感慨。如飛如翰，輝燿宏大。既理漢中，乃遷梓潼。武以貞師，文以撫封。八旒七章，既長宗公。乃倚乃伏，如何不淑。樹賈蒼蒼，墓門肅肅。立茲介石，永表陵谷。」〔註75〕《唐故江南西道都團練觀察處置等使中散大夫使持節都督洪州諸軍事守洪州刺史兼御史中丞騎都尉賜紫金魚袋贈左散騎常侍崔公神道碑銘》：「矯矯少師，菌湖之南，播遺懿兮。抑抑常侍，在江之西，施美利兮。仍代元侯，寬明輯

〔註70〕〔清〕董誥等編：《全唐文》，上海：上海古籍出版社，1990年，第2282頁。
〔註71〕〔清〕董誥等編：《全唐文》，第2262頁。
〔註72〕〔清〕董誥等編：《全唐文》，第2268頁。
〔註73〕〔清〕董誥等編：《全唐文》，第2267頁。
〔註74〕〔清〕董誥等編：《全唐文》，第2266頁。
〔註75〕〔清〕董誥等編：《全唐文》，第2245頁。

柔，政樂易兮。此物此志，四封茂遂，古循吏兮。宜永介福，□然廞復，左
貂襚兮，河清鮮原，羽葆翻翻，潛智氣兮。有涯必盡，流此淑聞，斯可貴兮。
刻飾豐碑，崔嵬龜螭，永為識兮。」〔註76〕《唐故中書侍郎同中書門下平章
事太子賓客贈戶部尚書齊成公神道碑銘》：「昔在營邱，大風泱泱。有倬平陽，
令聲章章。不踐宰政，貽慶子姓。倉曹含光，太學追命。厥生中書，秉哲居正。
鵬起扶搖，鸞翔慶霄。乃登紫微，以瑞清朝。吉凶糺繩，寒暑結轍。其生有涯，
其用無極。壽堂冥漠，冢樹森植。楬茲馨香，終古是式。」〔註77〕

四、權德輿所作碑誌文的價值

（一）史料價值

　　史傳材料的差異是《新唐書》與《舊唐書》較明顯的差異之一。《新唐書》
較《舊唐書》新增的人物傳記大約有九百餘人，學界一般認為這些新增或補正
材料的出處或是出自當時的譜牒材料，或是出自墓誌、碑文，還有就是來源於
《舊五代史》以及關於唐五代的筆記小說。

　　由於權德輿是中唐時期的朝廷重臣，且書寫墓誌的對象多為名人顯宦，因
此我們從《新唐書》中的新增史傳材料中似也可看到權德輿碑誌文的史料價
值。

　　如《新唐書・裴行儉傳附裴倩傳》：「（裴鎮）子倩，字容卿，歷信州刺史。
勸民墾田二萬畝，以治行賜金紫服，代第五琦為度支郎中。卒，謚曰節。」
〔註78〕此傳記就是出自權德輿為裴倩撰寫的墓誌《尚書度支郎中贈尚書左僕
射正平節公裴公神道碑銘》：「公諱倩，字容卿，……歷信饒二州刺史，……陰
其農耕二萬畝。……加金印紫綬，……公以郎吏代故相第五琦專判度支
事。……」〔註79〕

　　再如《新唐書》卷一四三《徐申傳》：「徐申，字維降，京兆人。擢進士第，
累遷洪州長史。嗣曹王皋討李希烈，檄申以長史行刺史事，任職辦，皋表其能，
遷韶州刺史。韶自兵興四十年，刺史以縣為治署，而令丞雜處民間。申按公田
之廢者，募人假牛犁墾發，以所收半畀之，田久不治，故肥美，歲入凡三萬斛。

〔註76〕〔清〕董誥等編：《全唐文》，上海：上海古籍出版社，1990年，第2547頁。
〔註77〕〔清〕董誥等編：《全唐文》，第2251頁。
〔註78〕〔宋〕歐陽修、宋祁：《新唐書》，北京：中華書局，1975年，第108卷。
〔註79〕〔清〕董誥等編：《全唐文》，第2254頁。

諸工計所庸，受粟有差，乃徙治故州。未幾，邑閈如初。創驛候，作大市，器用皆具。州民詣觀察使，以其有功於人，請為生祠，申固讓，觀察使以狀聞，遷合州刺史。始來韶，戶止七千，比六年，倍而半之。會初置景州，授刺史，賜錢五十萬，加節度副使。遷邕管經略使。黃洞納質供賦，不敢桀。逾年，進嶺南節度使。前使死，吏盜印，署府職百餘員，畏事泄，謀作亂。申覺，殺之，詿誤一不問。遠俗以攻劫相矜，申禁切，無復犯。外蕃歲以珠、玳瑁、香、文犀浮海至，申於常貢外，未嘗膳索，商賈饒盈。劉闢反，表請發卒五千，循馬援故道，縣爨蠻抵蜀，擣闢不備。詔可，加檢校禮部尚書，封東海郡公。詔未至，卒，年七十。贈太子少保，諡曰平。」〔註80〕其中很多關鍵點也似出自於權德輿《金紫光祿大夫檢校禮部尚書使持節都督廣州諸軍事兼廣州刺史御史大夫充嶺南節度支度營田觀察處置本管經略等使東海郡開國公贈太子少保徐公墓誌銘》：「公諱申，字維降，……永泰初，當著作賈常侍至操柄儀曹，搴士林之菁華，舉進士上第，調補秘書正字。四徵翹車，相屬於途，望公舉趾以為重，九江而西，服嶺而南，與朔塞被邊之地，聯為命介。……嗣曹王之守鍾陵而誅李希烈也，公以長史行刺史事，調州師以護饟向道，厥勞茂焉。江漢既清，拜韶州刺史。先是長史不任職，官曹弛廢，刺史寓於理下，邑之令丞與編人雜處，比屋庸亡，公田為蕪，公乃假之耕牛，賦與種食，人人自占，視其力而為之制。歲乃善熟，積為倉箱，於是計徒庸，程日力，作為城寺，大治垣屋，廡置市列，道橋器用皆備焉。罷去之日，夫家名數，倍差於始至，而不書於籍。邑子張棣等五百人獻其理狀，得請於觀察府，以函奏書，請立碑祠。公瞿然止之曰：『此刺史職耳，一旦上聞，與沽伐者何異？』所不忍為也。府不能奪，改合州刺史，以先濮陽郡太夫人兆域未祔，表求改葬。緦麻既除，以御史中丞領景州刺史。自兵興四十年，山東諸侯率強大驕蹇，郡二千石多自命於轅門，蓋縣官息人含垢，而因緣漸漬然也。至是朝廷以滄州負海，勁兵攸處，乃建節將幕庭，裂屬城以置支郡，會其帥亦請缺守於朝，朝論難之，二府比推擇未稱，因召公入見而面命焉。錫命服文馬，緡錢五百萬尋加節度副使，中朝之條職憲令，始被於景人。是歲，節度使來朝，既從父兄為代，表公以本官為軍司馬，陳情去職，征還京師，復以御史中丞出蒞邕州，領經略之任。開南蠻徼道，宣明威信，種人黃氏，納質請命，化條風行，獷俗以清。明年，中貴人持兵符詔

〔註80〕〔宋〕歐陽修、宋祁：《新唐書》，北京：中華書局，1975 年，第 143 卷。

書至部，以御史大夫督南海二十一州軍事而節制焉。前此守臣物故，軍吏乘變，竊發印符，易置部校，拔用惡少年百輩，軍中幾亂，相率亡命。公既至，捕誅首惡，悉原諸詿誤者，夷越負險阻，白晝攻剽，芟夷根株，使無遺類。然後布以寬大，人安作業，溟漲之外，巨商萬艦，通犀南金，充牣狎至，天子之恩澤賜予，聲明物採皆待焉。上應急宣，以馳疾傳，下無強賈，用絕奸利，和輯招徠，外區懷之。則四封之內，其理可知也。朝典疇庸，進階至銀青光祿大夫。時庸蜀未靖，公密疏請發卒徒五千，循伏波故道，由樊蠻抵岷峨，以會師期誅不恪，詔可其奏，就加禮部尚書，秩正三品，疏封東海。命書未及至，奄捐館舍，襚以太子少保印綬，弔祠稱焉。是歲改元元和，公之生七十年矣。」〔註81〕

　　同時權德輿的墓誌還可反映出當時中唐社會的狀況。如《唐故東都留守東都汝州防禦使銀青光祿大夫檢校吏部尚書判東都尚書省事兼御史大夫上柱國扶風縣開國伯贈太子少傅杜公神道碑銘》：「揚州葆強，都會庶富，命公為節制之帥，日講軍實，歲修職貢，師貞人和，政成事時，河渠填淤，積歲為病，乃釃二浸於蜀岡之西，濬舊坊以股引，順地泐而啟閉，滌源導滯，力省功倍，邗溝之人，受其賜而歌頌之矣。」〔註82〕即可體現出揚州當時的富庶程度和經濟發展水平；《唐故劍南東川節度副大使知節度事管內支度營田觀察處置靜戎軍等使光祿大夫檢校尚書左僕射使持節梓州諸軍事兼梓州刺史御史大夫鄭國公贈司空嚴公神道碑銘》：「永貞紀號，井絡上變，軍司馬因守臣之喪，席兇器以要好爵，而又劫蜀人，圍梓潼。天子旰食，西南愁擾，公毅然飛章，條上方略。請以漢中之師，率先進取，畫山川之阨塞，調饋餉之名物。」〔註83〕記載了永貞年間的蜀地之亂，此條不見於《資治通鑑》及唐書本紀中，故可補正史之缺。

　　《唐故光祿大夫檢校尚書右僕射兼右衛上將軍南充郡王贈太子太保伊公神道碑銘》：「建中初，德宗訓齊萬方，端正百度，以梁崇義負阻江漢，未嘗會朝，詔東諸侯分道問罪。公實領江西偏師，而統於希烈。希烈以牒書署公漢南漢北兵馬使，公明智牢讓，獨率所部兵大破翟暉於蠻水，俘徒三萬以至於斬崇義。平江漢，厥功居多，希烈愛公愈深，公懼之愈切，一旦決與數騎遁歸。既

〔註81〕〔清〕董誥等編：《全唐文》，上海：上海古籍出版社，1990 年，第 2262 頁。
〔註82〕〔清〕董誥等編：《全唐文》，第 2244 頁。
〔註83〕〔清〕董誥等編：《全唐文》，第 2245 頁。

而希烈以急變聞，且賂公以堅甲善馬，為之反間。」〔註84〕此條材料則可與《新唐書・帝紀第七》中的記載「山南東道節度使梁崇義反。五月，京師雨雹。庚申。置待詔官三十人。六月，熒惑、太白鬥於東井。癸巳，淮寧軍節度使李希烈為漢南、漢北兵馬招討使，以討梁崇義」〔註85〕相參看，瞭解到李希烈起初參與平叛時與內部將領的相互制衡過程。

《尚書度支郎中贈尚書左僕射正平節公裴公神道碑銘》：「自淮而南，涉江而西，荊衡漢沔，湘中夏口，半天下奧壤，為都府者十數。公四顯使車，連佩數印，督課郡國，調其盈虛，吏祿兵食之仰給，輸將轉漕之回遠，法錢牢盆之制，田租口賦之差，權其輕重，商其功利。」〔註86〕則是直接描寫了漕運的路線、供給量，以及漕運管理的方式，為漕運史研究者提供史料依據。《唐故正議大夫衛尉少卿聞喜縣開國伯賜紫金魚袋裴君誌銘》：「貞元元年，旱蝗相乘，列郡災耗，君奉府檄，蒞於定襄，勞徠安集，有異等之效，就加金印紫綬，以疇其能。」〔註87〕《唐故尚書工部員外郎贈禮部尚書王公改葬墓誌銘》：「當德宗朝，向納尊信，漢廷臣莫二，時上馭天下歲久，宰政之外，大僚往往以辨智材能獻熟得君者，或險決以務忮害，或妄誣以取快愜。僕射則和平將順，不疚不惑，人到於今稱之。」〔註88〕則反映了德宗朝的蝗災情況以及當時的君臣之風。

（二）權德輿碑誌文的文學價值

1. 權德輿碑誌文創作與他提倡的古文運動

羅宗強《隋唐五代文學思想史》提出中唐士人的復古主張「主張文以明儒家之道，重政教之用，宗經復古。」〔註89〕在創作實踐方面，文體文風也發生著由駢而散的不可阻擋的轉變趨勢。元結、顧況、賈至、蕭穎士、李華、柳識，及稍後的獨孤及、梁肅、陸贄、崔祐甫、權德輿、柳冕等人的文章創作實戰，已經為韓、柳的文體文風變革奠定了堅實的基礎。

權德輿就是出現在文體文風變革期間的中堅人物，與古文運動有著千絲萬縷的聯繫。葛曉音《論唐代的古文革新與儒道演變的關係》對權德輿在古文運動的作用給予了一定的評價，指出：「在李華、獨孤及、梁肅等人到韓柳之

〔註84〕〔清〕董誥等編：《全唐文》上海：上海古籍出版社，1990年，第2246頁。
〔註85〕〔宋〕歐陽修、宋祁：《新唐書》，北京：中華書局，1975年，第7卷。
〔註86〕〔清〕董誥等編：《全唐文》，第2254頁。
〔註87〕〔清〕董誥等編：《全唐文》，第2280頁。
〔註88〕〔清〕董誥等編：《全唐文》，第2281頁。
〔註89〕羅宗強：《隋唐五代文學思想史》，北京：中華書局，2003年，第296頁。

間，權德輿是個承前啟後的重要人物。他既有『尚氣、尚理、有簡、有通』的文說，又歷任禮部、吏部尚書和宰相，長期居於選人高位。所以能在執掌典選期間，改革不重經義、但習驕儷的考試方式。」〔註90〕

（1）權德輿以自身的創作體現了古文運動提倡的理念

權德輿對文學創作及文學作品，自有其獨到的理念。從他眾多為他人文集作序的文章中可體現出權德輿自身的文學觀點。嚴國榮在《權德輿研究》一書中將權德輿的文論主張總結為三點，即言而蘊道，「尚氣、尚理、有簡、有通」以及抒發情志，〔註91〕其中與古文運動的理念比較貼合的是前兩點。權德輿自稱「半年以來，參考對策，不訪名物，不徵隱奧，求通理而已，求辨惑而已」，以自己的創作實踐，參與、推動了中唐文風文體過渡、變化的過程。本文擬就從權德輿的碑誌文創作的角度來探討他對自己文論主張的實踐情況。

第一、言而蘊道。

權德輿在《中嶽宗元先生吳尊師集序》中提到：「道之於物，無不由也，無不貫也，而況本於元覽，發為至言。言而蘊道，猶三辰之麗天，百卉之麗地。平夷章在，恬淡溫粹，飄飄然軼八紘而溯三古，與造物者為徒。共不至者，遣言則華，涉理則泥，雖辨麗可嘉，採真之士不與也。」〔註92〕在《唐御史大夫贈司徒贊皇文獻公李棲筠文集序》中提到：「辰象文於天，山川文於地，肖形最靈，經緯教化，鼓天下之動，通萬物之宜，而人文作焉，三才備焉。命代大君子，所以序九功，正五事。精義入神，英華髮外，著之話言，施之憲章，文明之盛，與天地準。」〔註93〕

無論是面對信奉儒家思想的李棲筠，還是道教中人吳尊師，權德輿都認為應該「言而蘊道」，雖然「道」的具體含義會因信仰的不同有所差異，但共通性都是文字要體現一種自己堅持的正向的理念。權德輿在為他人寫作碑誌文時，特別在評價誌主品性方面，對符合「道」的行為予以褒獎，體現了「言而蘊道」。如《故太子右庶子集賢院學士贈左散騎常侍王公神道碑銘》：「明年冬，上思避狄之亂，玉虯西狩。公聞，挈二子奔詣行宮，在塗發疾，為凶黨所得，不敢加害，劫送京師。元惡惜公素名，污以右職，桀犬日至，盜言孔

〔註90〕葛曉音：《漢唐文學的嬗變》，北京：北京大學出版社，1990年，第156頁。
〔註91〕參見嚴國榮：《權德輿研究》，北京：中國社會科學出版社，2006年。
〔註92〕〔清〕董誥等編：《全唐文》，上海：上海古籍出版社，1990年，第2214頁。
〔註93〕〔清〕董誥等編：《全唐文》，第2230頁。

甘，不時赴就，期以大戮。公瞑目噤口，其心確然，私謂所親曰：『忘君恩以苟生，非忠；蹈賊刃以誅死，非孝。』於是藥攻五臟，艾灼四肢，耗其神形，終啟手足，任重道遠，君子以為難。前此理命其子曰：『吾嘗被冕服，近天子之光，不能酬恩刷恥，而遭罹執劫，得正而斃，猶生之年。但慮竊國泉以賄我，義無所受，勿使偽命污吾之行。』口占遺表，言終而絕。禮盛服充，追崇身後，君君臣臣，其至矣哉！」〔註94〕如《朝散大夫使持節都督容州諸軍事守容州刺史兼侍御史充本管經略招討制置等使譙縣開國男賜紫金魚袋戴公墓誌銘》中：「始在轉運府也，董賦於南荊，會蜀將楊琳，擁徒阻命，詔書告諭，初無革志，宵引銳卒，劫脅使臣曰：「歸我金幣，可以紓死。」公山立不撓，勇生於仁，端其詞氣，強於師旅。暴叛知感，乞盟於公。黎明，率其徒西向拜泣，指期詣闕，家臣列狀，天子召對，而推功於府，不伐其勞，時談翕然。」〔註95〕雖彰顯的是誌主的「道」，但其實也是權德輿以自己的文字體現了自己所堅信並遵從的「道」。

第二、「尚氣、尚理、有簡、有通。」

權德輿在其文《醉說》中提到：「嘗聞於師曰：尚氣、尚理、有簡、有通。能者得之以是，不能者失之亦以是，四者皆得之於全然，則得之矣。失於全然，則鼓氣者類於怒矣。言理者傷於懦失，或稿信而呀口，貼貼以墮水，好簡者則瑣碎以橘怪，或如誠緯；好通者則寬疏以浩蕩，龐亂憔悴。豈無一曲之效？固致遠之必泥，苟未能朱統大羹之遺音遺味，則當鍾餐在懸，牢酸列位，何速玩丸索而耽櫃餌，況顛命而傷氣。六經之後，班馬得其門。其或態如中郎，放如漆固，或道拔而峻深，或坦夷而直溫，固當莫然而神，全然而天，混成四時，寒署位焉，穆如三朝，而文武森然，酌古始而陋凡今，備文質之彬彬，善用常而為稚，善用故而為新。雖數字之不為約，雖彌卷而不為繁，貫通之以經術，彌縫之以淵元，其天機與玄解，若污鼻之祈輪，豈止文也，以宏諸立身。不如是，則非吾黨也，又何足以辨云。」〔註96〕

權德輿此處所論的即對文章的感性、理性的把握，以及對文章結構、行文節奏的適度安排。列舉了把握不好產生的問題以及做到這四點後文章達到的

〔註94〕〔清〕董誥等編：《全唐文》，上海：上海古籍出版社，1990年，第2255頁。

〔註95〕〔清〕董誥等編：《全唐文》，第2265頁。

〔註96〕〔唐〕權德輿撰，郭廣偉校點：《權德輿詩文集》，上海：上海古籍出版社，2008年，第31卷。

效果。權德輿在自己的墓誌創作中也力求達到這四者的妥善處理。試以《唐故
使持節歙州諸軍事守歙州刺史賜緋魚袋陸君墓誌銘》為例：

> 君諱傪，字公佐，吳郡人。曾祖某，某官。考某，某官。君早
> 孤，與兄隱居於越，有佳山水，率子弟耕汲於其中，日修桑門之法，
> 擯落人事。貞元初，兄既歿，始為宗姻士友所強，慨然有應知己之
> 心。繇試左環衛，歷大理評事，攝監察御史裏行佐黔中，又以殿中
> 侍御史內供奉佐浙東。凡四居憲職，介二方伯，皆有直聲休利，邦
> 人宜之。十二年，所從既罷，繼之者再至，率以重禮禮君，終不能
> 屈，非所樂而不苟合故也，朝廷宗公賢大夫多悅其風。十六年徵拜
> 祠部員外郎，居二年，執事者上言其才，請為劇曹，會東方守臣表
> 二千石之缺。天子方加恩元元，循責吏理，面命執事曰：「誠如是，
> 姑使為郡，須其報政，縻以好爵。」遂拜歙州刺史。在途發瘍，夏
> 四月二十日，卒於洛師，享年五十五。夫人河東柳氏，殿中侍御史
> 並之息女，才淑有賢行。長子某，年在羈貫。嗣子某，未離襁抱，
> 夫人既得卜吉，且以孤藐之詞，請表墓於父友，故鄙夫泣書於寢門
> 之外而不讓云。君峻而通，直而和，群而不黨，至若流俗之齟齬，
> 細人之姑息，屑屑汲汲之態，不萌於胸中。器度夷遠，英華髮外，
> 居常無怵迫，臨事有風節。同心定交，造次以文，評議鑒裁，精明
> 不惑，從善親仁，發於肺肝，文章宏朗，有作者風格。學不為人，
> 與古為徒，向使登其年，充其量，束帶公朝，其骨鯁魁壘之士歟？
> 常與故虔州刺史隴西李公受、故右補闕安定梁寬中、今禮部郎中京
> 兆韋德符、右補闕廣平劉茂宏、秘書郎趙郡李叔翰、方外士右諭德
> 博陵崔公穎暨子友善。噫夫！相視莫逆，行二十年，洪範之攸好德，
> 儒行之遠相致，今則已矣。可勝慟也耶！時貞元十八年歲直鶉首秋
> 七月甲子，鏤堅石而銘曰：

> > 皦皦陸生，中和粹清。直如朱弦，潔如白珩。或默或語，不將
> > 不迎。如何斯人？晻忽冥冥。螢螢下筆，戠穀或丁。煜煜芳蘭，嚴
> > 霜飄零。命不可問，死不可作，嗚呼陸生！〔註97〕

這篇不足八百字的墓誌銘，從結構上可分為五個部分，首先寥寥數言介紹
誌主的郡望及出身，第二部分敘述陸傪的人生經歷，第三部分交代家庭情況，

〔註97〕〔清〕董誥等編：《全唐文》，上海：上海古籍出版社，1990 年，第 2266 頁。

第四部分敘寫陸傪的品性及交遊，並帶出與作者的友情，最後一部分則是銘文。從人生經歷及品性的敘寫中體現了「尚理」，對陸傪品性的褒獎體現了權德輿自身堅持的理念與對陸傪的理性評價部分；抒發自己喪友之痛以及銘文的深深慨歎則體現了「尚氣」之說；通篇的結構安排做到了有簡有通，成功塑造了陸傪立體豐滿的形象。

（2）權德輿以碑誌文的形式直接體現對早期古文家的稱譽與支持

權德輿與早期古文運動先驅交往密切，權德輿之父權皋是天寶間名士，和同避亂於三吳間的古文運動早期領袖李華、柳識、獨孤及乃莫逆之交，權德輿對李華、獨孤及等人以師輩事之，並和同時隨獨孤及學習古文的梁肅、朱巨川、高參、趙憬、崔元翰、陳京、唐次、齊抗等人為同門之好。在德宗貞元八年（792）他入朝為官之前這一漫長的讀書、遊學、佐幕時期，權氏與江東文人中的皎然、陸羽、李曹、呂渭、秦系等人交遊唱和，與江西文士中的戴叔倫、楊於陵、許孟容、楊憑、皇甫提等僚友交往酬贈。

在權德輿逐漸入主文壇後，他先後為梁肅、唐次、趙憬、齊抗、陸傪、仲子陵等寫作了祭文與碑銘，在這些作品當中，對他們在文學方面的成就與努力給與了高度的評價。如對齊抗的評價：「惟公深而通，肅而寬，出處動靜，必以中正。敬用五事，暢於四支，資性儼恪，尤長鑒裁。在岐也，薦齊忠公映，佐蕭也，薦盧恭公邁，皆至丞相。其他推轂下士，為朝廷臣，成天下重名碩望者，不可勝書。凡所論著，皆研幾析理，宏雅夷遠。洪州《文宣王廟》碑、張蕭盧在相國《碑》志，本聖人教化之跡，推大政蕃明之道，固其性術講貫，而發抒乎斯文。文集二十卷，中倫體要，盡在是矣。」〔註98〕（《唐故中書侍郎同中書門下平章事太子賓客贈戶部尚書齊成公神道碑銘》）對仲子陵的評價：「君修身愨固，為學精力，其初典校，有詔百執事詳定冕服，炳然上奏，得禮之中，再仕旬內，皆參奉常論撰之務。后蒼二戴曲臺石渠之論乖疑難正者，咸折衷焉。有司請正太祖東向之位，而祧獻懿二主，議者云云。君議略曰：『九聖在天，二祖在祧，國家卜代，其年未始有極，宜立定制，為萬代程，請遷二主於德明興聖廟。』詞甚切正，後以異論紛紛，又著《通難》一篇，引經據古，諸儒不能屈。雖留中未下，而知禮者直之。為郎三歲，受詔典黔中選補，賦祿清平，南人悅焉。皇皇者華，道於故里，里中人以為榮觀。覆命逾年，稍進郎

〔註98〕〔清〕董誥等編：《全唐文》，上海：上海古籍出版社，1990 年，第 2251 頁。

位，循性詣理，恬於聲榮。聵然放懷，以馮唐、顏駟自況，修詞甚博，推本六經，賦詩類事，往往有卓異不羈之韻，邃於禮服，上下古今儀制，著《五服圖》十卷，自為一家之言。起庸蜀諸生，以文義自達，至禮官元士，三登於朝，講義洽聞，不疚不跲。」〔註99〕（《尚書司門員外郎仲君墓誌銘》）提高了這些古文家的聲譽，客觀上擴大了古文運動在士林中的知名度和影響。

2. 在碑誌文創作史上承上啟下的地位

如上文總結，權德輿的碑誌創作整體風格偏向嚴整有度，突出的特點是對敘述尺度的出色把握，以及語言的雅正。然後，權德輿大量使用散文句式，對人物的形象刻畫也有栩栩如生的一面。權德輿本人作為獨孤及的弟子，且與梁肅等古文運動中人交厚，對於古文運動的推動也起到了一定的作用。因此，權德輿的碑誌創作正是出現在一個碑誌文發展史上承上啟下的時段，也具有著承上啟下的特色。

縱觀碑誌文的發展，到了權德輿時期，碑誌寫作已經產生了很大的變化，碑誌的敘述結構漸漸根據寫作對象的變化而走向多元，碑誌的語言也基本完成由駢到散，為了人物敘寫的便利而變得句式多樣，誌主的人物形象也不再千人一面，逐漸具備了自己的個性，包括材料的選擇，表達方式的選擇，都逐漸擺脫以前謹慎呆板的方式，朝著個性化的方式靠攏。

漸變積累就會引起突變，韓愈碑誌創作的時代，即將到來。

第二節　韓愈碑誌文研究

作為唐代古文運動的領袖，以及唐代文學大家，韓愈傾其一生倡導和從事古文運動，在促進唐代文風轉變和文體改革方面做出了巨大貢獻。北宋學者姚鉉評價韓愈「韓吏部超卓群流，獨高遂古，以二帝三王為根本，以六經四教為宗師。憑陵轥轢，首唱古文。遏橫流於昏墊，闢正道於夷坦。」〔註100〕當代美學家李澤厚也在《美的歷程》中評價韓文「把盛唐那種雄豪壯偉的氣勢情緒納入規範，既嚴格地收納凝練在一定形式、規格、律令中」從而對後世的影響極為深遠，『江山代有才人出，各領風騷數百年』，杜詩、顏字，再加上韓愈的

〔註99〕〔清〕董誥等編：《全唐文》，上海：上海古籍出版社，1990年，第2263頁。
〔註100〕〔宋〕姚鉉《唐文粹》序，見〔清〕《景印文淵閣四庫全書》第1343冊，臺灣：商務印書館，1986年。

文章，卻不止領了數百年的風騷，它們幾乎為千年的後期封建社會奠定了標準，樹立了楷模，形成為正統。」〔註101〕

據韓愈的女婿兼弟子李漢所收集的韓愈的散文數量統計，碑誌文作品共有 76 篇，其中大部分為墓誌銘，在韓愈的文學創作中佔有較重要的位置。韓愈的墓誌銘因打破了一般墓誌銘按照家世、身世、生前、死後敘述的結構模式，根據人物性格和生活的不同，採取靈活多變的方法，因此風格別具，迥然於常式，在墓誌銘的發展史上素為人重視。早在元代學者潘昂霄的《金石例》中，就引用了大量韓愈的碑誌文，總結出撰寫碑誌文的種種文例格式，作為文人們寫作的範本。以後明代王行的《墓銘舉例》，清代梁玉繩的《誌銘廣例》，也都是把韓愈的碑誌文作為典範來引用，由此可見韓愈文筆影響之大。

針對韓愈生平、文學方面的研究向來是史學界、文學界的研究熱點，關於韓愈墓誌銘的研究也從冷僻漸漸走向繁榮，近年來針對韓愈墓誌銘的研究論文約有二十餘篇，就韓愈墓誌銘的文體、文風、在墓誌銘發展史上的地位以及韓愈是否存在「諛墓」等方面進行了專題研究。

一、韓愈墓誌銘的接受與影響

根據研究成果彙集情況分析，對韓愈墓誌銘的研究已初步達成以下幾點共識：1. 韓愈墓誌銘的「諛墓」現象並不突出，墓誌銘在大的趨勢上本是揚善頌人之作，韓愈的墓誌銘基本做到了因人誌墓，客觀敘述；2. 韓愈墓誌銘的寫作手法不拘一格，具有開創性的意義，體現了中唐傳記文學的繁榮發展；3. 韓愈墓誌銘在墓誌銘的發展史上具有里程碑的意義，他的墓誌銘作品開創了墓誌銘發展的一個新的時代，對後世墓誌銘的發展有深遠的影響。如 2000 年第 5 期《南京師大學報》上周敏《韓愈碑誌文的創革之功》中指出「韓愈碑誌文作為這一文體的典範，在接受後人頂禮膜拜的同時，也成了新的模式化創作道路的起點，形成了陳陳相因、不思創新、生搬硬套的公式化創作傾向。韓愈在碑誌文領域的改革突破了六朝以來的模式化套路，卻未能避免新的模式化傾向出現。所不同者，韓愈之前因襲庾信，韓愈之後因襲韓愈也。」2007 年第 5 期《西安交通大學學報》上李慧、劉凱《庾信及魏晉南北朝墓誌與韓愈及唐墓誌之比較》一文明確提出「在韓愈的垂範和影響下，中唐及以後的墓誌撰寫少用四、六體駢文，多用散文或者直接用古文。」2009 年第 3 期《中國文學研

〔註101〕 李澤厚：《美的歷程》，北京：文物出版社，1981 年，第 138 頁。

究》上周悅《從漢唐碑誌文的文體演變看韓愈碑誌文的正與變》一文中也認為
「韓愈碑誌文則在漢魏六朝初盛唐碑誌文基礎上新變：變駢為散，變雅為奇。
相對於前代碑誌文，韓愈碑誌文多新變，而相對於後世碑誌文，韓愈碑誌文被
尊為正體。……而自宋元至於明清的墓誌碑銘類作品莫不推崇韓愈，視韓愈碑
誌文為馬首是瞻乃是不爭的事實。」

　　綜合以上的研究成果，本文擬就以下兩個方面提出自己的觀點，進行更為
深入的探討：1. 墓誌銘本身重要的特點就是它的莊重性、程式化，而文風大變
的韓愈墓誌銘何以在當時社會就受到了普遍的接受與高度的認可？2. 韓愈墓
誌銘雖然在文學價值上和社會影響上取得了巨大的成功，但真的對後世墓誌
銘的創作程序造成了重要的影響嗎？

1. 韓愈墓誌銘的接受

　　隨著歷史的變遷和社會的發展，墓誌最初只是簡單標注死亡刑徒的情況
以便官方統計，到後來開始簡單的記載死者的簡況，再到後來詳細的記載死者
生平並抒發生者的情感。發展到中唐時期，墓誌銘交代死者生平、交代埋葬情
況的兩大功能已發展的非常成熟，儒家慎終追遠、事亡如事存的孝道喪葬觀也
已深入民心。

　　《荀子‧禮論》云：「喪禮者，以生者飾死者也。大象其生以送其死也。
故如死如生，如亡如存，終始一也。禮者，謹於治生死者也。生，人之始也；
死，人之終也。終始俱善，人道畢矣，故君子敬始而慎終。……夫厚其生而薄
其死，是敬其有知而漫其無知也，是奸人之道，而倍叛之心也。」〔註102〕《孝
經‧紀孝行章》曰：「孝子之事親也，居則致其敬，兼則致其樂，病則致其憂，
喪則致其哀，祭則致其嚴……」〔註103〕宣傳父母過世時，要以哀痛的心情隆
重料理喪事，在行祭祀時，要以嚴肅的態度來追思父母，才稱得上孝。杜佑《通
典》卷一三九《開元禮纂類‧凶六》「三品以上喪中（四品以下至庶人州）」有
「去靈車，後次方相車，次誌石車，次大棺車……」〔註104〕的記載，可見唐
時已將墓誌列入禮制，墓誌銘作為喪葬禮的重要一部分，受到時人的高度重
視。

〔註102〕〔戰國〕荀子撰，葉紹均選注：《荀子》，上海：商務印書館，1930年，第13
　　　　卷。
〔註103〕〔唐〕玄宗御注：《孝經注疏》，第6卷，見〔清〕《景印文淵閣四庫全書》第
　　　　182冊，臺灣：商務印書館，1986年。
〔註104〕〔唐〕杜佑：《通典》，上海：商務印書館，1935年，第139卷。

《大唐故曹州成武縣丞博陵崔氏府君改葬墓誌銘並序》中撰者云：「……觀古之宰貴重臣祠廟丘冢之所，見其崩摧，便房遺櫬，與朽壞皆盡，而獨銘志尚存焉。故諸侯計功，大夫稱伐，勒名金石，所以傳無窮之歲。」〔註105〕

《唐故九華觀書□師藏形記》中提到「夫刊石立銘，慮陵谷無久，丹青易歇，俾後代之人知氏族耳。」〔註106〕

可見時人對墓誌銘的重視程度，墓誌銘因其流傳後世的主觀期望和客觀效果而被賦予了「莊重性」的個性特點。並且到中唐時期，墓誌銘的基本程序、寫法、包括寫作風格早已程式化。明人王行在他的《墓銘舉例》卷首曾言：「凡墓誌銘，書法有例。其大要十有三事焉：曰諱、曰字、曰姓氏、曰鄉邑、曰族出、曰行治、曰履歷、曰卒日、曰壽年、曰妻、曰子、曰葬日、曰葬地，其序如此，如韓文《集賢校理石君墓誌銘》是也；其他雖序次或有限後，要不越此十餘事而已。」〔註107〕他這裡說的「事」就是構成墓誌內容的要素。也正如《墓誌的文體特徵與〈文選〉「墓誌」箋論》一文中指出：「墓誌銘的內容，除了徐師曾所指出的誌主的官銜、姓氏名號、世系宗支、生平事蹟、卒葬年月、子孫情況之外，還在文末綴以齊言讚頌之辭。因銘刻不易，故墓誌的讚頌文辭都用語簡約，一般以四言體形式出現，力圖做到言約義豐，為此又必須用典，包括事典和語典。此外，如果墓主無可讚頌的功德，則以抽象語出之，因此也派出墓誌空洞溢美的通病。」〔註108〕線仲珊在其碩士論文《唐代墓誌的文體變革》中也提出，從初唐到中唐，是墓誌銘「因襲舊制」與「緩慢發展」的階段，〔註109〕雖偶有陳子昂、張說等的墓誌增添幾抹亮色，但墓誌銘的整體創作程序是較為固定的，結構上陳陳相因、諛墓言詞層出不窮、墓主形象較為模糊等，墓誌銘充分體現了它作為應用文的特點，許多墓誌銘都像是填空之作。

〔註105〕 周紹良主編：《唐代墓誌彙編》，上海：上海古籍出版社，1992年，第1778頁。

〔註106〕 周紹良主編：《唐代墓誌彙編續集》，上海：上海古籍出版社，2001年，第795頁。

〔註107〕 〔明〕王行：《墓銘舉例》，第1卷，見〔清〕《景印文淵閣四庫全書》第1482冊，臺灣：商務印書館，1986年。

〔註108〕 李乃龍：《墓誌的文體特徵與〈文選〉「墓誌」箋論》，《廣西社會科學》2007年第2期，第122頁。

〔註109〕 參看線仲珊：《唐代墓誌的文體變革》，中國社會科學院研究生院碩士論文，2003年。

　　而在這種背景下，韓愈所創作的墓誌銘，除了具備幾點墓誌銘必備內容要素外，完全不按常理出牌，攜帶著被重新編排的行文結構、揮灑自如的文風、從官階中擺脫出來的題目、形式多樣的銘文等等，進入時人的視野，並迅速得到接受，獲得高度評價。劉禹錫曾道出當時韓愈碑誌文受歡迎的盛況：「手持文柄，高視寰海。權衡低昂，瞻我所在。三十餘年，聲名塞天。公鼎侯碑，志隧表阡。一字之價，輦金如山。」〔註110〕（《祭韓吏部文》）韓愈所作的《銀青光祿大夫檢校左散騎常侍兼右金吾衛大將軍贈工部尚書太原郡公王公神道碑》中提到：「……葬得日，公之姊婿京兆尹李翛謂太子右庶子韓愈曰：『子以文常銘賢公卿，今不可以辭。』應曰『諾』。」〔註111〕更有《唐故中散大夫少府監胡良公墓神道碑》中描寫的場面：「……其子逞、迺、巡、遇、述、遷、造與公婿廣文博士吳郡張籍，以公之族出、行治、歷官、壽年為書，使人自京師南走八千里，至閩南兩越之界上請為公銘刻之墓碑於潮州刺史韓愈，……」〔註112〕文名之盛，實令人歎為觀止。

　　墓誌銘本身的莊重性、程式化，時人對喪葬禮儀的高度重視，以及韓愈富有變化的墓誌銘的被追捧，形成了一幅看似有些矛盾、但充滿趣味的畫面。本文試從文學接受的角度將此現象進行剖析。

　　文學接受系統一般包括接受客體、接受主體、接受環境和接受效果四個基本構成要素。這些要素本身的內在特性以及它們之間的相互作用，決定了文學接受系統的整體結構狀態及其動態變化。

　　首先分析一下接受客體即韓愈所作的墓誌銘的情況。鑒於文學作品的特殊性，創作者與作品的直接關聯，這裡的接受客體又應細分為兩個層面：一是作者韓愈，二是韓愈所寫的墓誌銘。首先分析韓愈，從韓愈留存墓誌銘（含發揮墓誌銘作用的碑文）的創作時間上看，時間跨度自貞元至長慶年間，其中高產期相對集中於元和長慶年間，詳見下表：

表4：韓愈碑誌創作繫年表

時　　間	作　　品
貞元十一年	李元賓墓銘

〔註110〕　〔唐〕劉禹錫：《劉禹錫集》，北京：中華書局，1990年，第10卷。
〔註111〕　〔清〕董誥等編：《全唐文》，上海：上海古籍出版社，1990年，第2518頁。
〔註112〕　〔清〕董誥等編：《全唐文》，上海：上海古籍出版社，1990年，第2518頁。

貞元十四年	清邊郡王楊燕奇碑文
貞元十五年	崔評事墓誌銘
貞元十七年	貝州司法參軍李君墓誌銘
貞元十八年	施先生墓銘
貞元十九年	河南府法曹參軍盧府君夫人苗氏墓誌銘
元和元年	虢州司戶韓府君墓誌銘
元和二年	處士盧君墓誌銘
	盧渾墓誌銘
	太原府參軍苗君墓誌銘
	考功員外盧君墓銘
元和三年	河南少尹裴君墓誌銘
元和四年	河南緱氏主簿唐充妻盧氏墓誌銘
	國子助教河東薛君墓誌銘
	監察御史元君妻京兆韋氏夫人墓誌銘
元和五年	河中府法曹張君墓碣銘
	登封縣尉盧殷墓誌
	朝散大夫贈司勳員外郎孔君墓誌銘
	中散大夫河南尹杜君墓誌銘
元和六年	乳母墓銘
	興元少尹房君墓誌銘
	江西觀察使韋公墓誌銘
	河南府王屋縣尉畢君墓誌銘
	襄陽盧丞墓誌銘
元和七年	銀青光祿大夫守左散騎常侍致仕上柱國襄陽郡王平陽路公神道碑銘
	河南少尹李公墓誌銘
	集賢院校理石君墓誌銘
元和八年	河東節度觀察使滎陽鄭公神道碑文
	魏博節度觀察使沂國公先廟碑銘
	息國夫人墓誌銘
	扶風郡夫人墓誌銘
	殿中侍御史李君墓誌銘
	朝散大夫商州刺史除名徙封州董府君墓誌銘

元和九年	劉統軍碑
	試大理評事王君墓誌銘
	貞曜先生墓誌銘
	檢校尚書劉公墓誌銘
元和十年	清河郡公房公墓碣銘
	秘書少監贈絳州刺史獨孤府君墓誌銘
	虞部員外郎張府君墓誌銘
	監察御史衛府君墓誌銘
元和十一年	曹成王碑
	銀青光祿大夫檢校左散騎常侍兼右金吾衛大將軍贈工部尚書太原郡公王公神道碑
	四門博士周況妻韓氏墓誌銘
元和十二年	河南令張君墓誌銘
	試大理評事胡君墓銘
元和十三年	唐故相權公墓碑
	鳳翔隴州節度使李公墓誌銘
元和十四年	唐故中散大夫少府監胡良公墓神道碑
元和十五年	柳子厚墓誌銘
	韓滂墓誌銘
長慶元年	昭武校尉守左金吾衛將軍李公墓誌銘
	朝散大夫尚書庫部郎中鄭君墓誌銘
	朝散大夫越州刺史薛公墓誌銘
	殿中少監馬君墓誌
	中大夫陝府左司馬李公墓誌銘
長慶二年	楚國夫人墓誌銘
	國子司業竇公墓誌銘
長慶三年	南陽樊紹述墓誌銘
	太學博士李君墓誌銘
	女挐壙銘
	司徒兼侍中中書令許國公贈太尉韓公神道碑銘

	唐故江南西道觀察使中大夫洪州刺史兼御史中丞上柱國賜紫金魚袋贈左散騎常侍太原王公神道碑銘
長慶四年	正議大夫尚書左丞孔公墓誌銘
	江南西道觀察使贈左散騎常侍太原王公墓誌銘
	幽州節度判官贈給事中清河張君墓誌銘

　　元和長慶年間，正是韓愈生命的後半段，橫跨韓愈 48 歲至 57 歲，這期間正是他從江陵法曹逐漸升任到吏部侍郎，人生事業處於上升成熟期的階段；也正是他積極倡導古文運動，與韓門眾弟子一起推廣古文運動，在文壇上最具號召力的時期。元和八年（813），白居易作《韓愈比部郎中史官修撰制》：「太學博士韓愈，學術精博，文力雄健，立詞措意，有班、馬之風。求之一時，甚不易得，加以性方道直，介然有守，不交勢利，自致名望。可使執簡，列為史官，記事書法，必無所苟。仍遷郎位，用示褒升。」〔註113〕此外，唐人對「韓詩」並未做出明確的評價，但對「韓文」卻推崇備至，皇甫湜在《諭業》一文提出：「韓吏部之文，如長江大注，千里一道，沖飆激浪，瀚流不滯。」〔註114〕《舊唐書》的評價更為綜合：「自魏晉以還，為文者多拘偶對，而經誥之指歸，遷雄之氣格，不復振起矣。故愈所為文，務反近體，抒意立言，自成一家新語。後學之士，取為師法。當時作者，無以過之，故世稱「韓文」焉。」〔註115〕這段文字以史家敘述的口吻作評價，指出了韓愈古文產生的歷史背景、韓愈古文的獨特面貌以及對當時文壇的影響。

　　而韓愈所創作的墓誌銘，從創作之初就體現了強烈的「韓文」風貌與個性色彩，運用各種藝術手法來塑造誌主的形象，此點已有多篇論文專題論述，本文不再贅述。可得出結論的是，韓愈所創作的墓誌銘，做到了隨物賦形各肖其人，人物性格鮮明，人物形象栩栩如生，完全有別於常規墓誌銘千人一面的效果。

　　因此，韓愈作為當時名動一時的文壇領袖，創作的墓誌銘能夠更好的發揮出墓誌銘「志人」的作用，作為接受客體，擁有了十分紮實的被接受的客觀基礎。

〔註113〕〔唐〕白居易撰，顧學頡校點：《白居易集》，北京：中華書局，1979 年，第 38 卷。

〔註114〕〔清〕陳鴻墀：《全唐文紀事》，上海：上海古籍出版社，1987 年，第 82 卷。

〔註115〕〔後晉〕劉昫等：《舊唐書》，北京：中華書局，1975 年，第 160 卷。

　　其次要剖析的是接受主體。當時唐人，特別是中唐士人階層即知識分子階層的狀態。士人階層在演進中其「志於道」的傳統品性保持了可觀的傳承，同時，在不同歷史時期，他們還會受到時代環境的影響和制約，從而顯示出鮮明的時代色彩。

　　中唐時期，安史之亂的影響還在持續，藩鎮割據，朋黨相爭，社會動盪不安，帝國統治面臨重重危機。士人在這一時期即沒有像盛唐時期那樣自比王侯、立取卿相，把理想置於高高的雲端，也不再如安史之亂時期的茫然不知所措，而是面對社會現實，以適應求生存。他們用現實的眼光審視世界，並開始關注個體生活，表現出日趨世俗化的士風傾向。正如《唐國史補》卷下所云：「長安風俗，自貞元侈於遊宴，其後或侈於書法圖畫，或侈於博弈，或侈於卜祝，或侈於服食，各有所蔽也。」〔註116〕這種以世俗生活實現心理慰藉的內在需求，使士人的人生追求從社會功名逐漸轉向個體世界的滿足。蔣寅先生解剖他們的心理說：「他們希望忘掉那噩夢般令人心有餘悸的歲月，追回逝去的青春，補償失去的天倫之樂，生活態度由盛唐的理想主義、英雄主義轉向平凡、世俗的人倫情感和家庭生活樂趣。」〔註117〕

　　中唐時期更是儒、佛、道三教之間由鼎立紛爭轉向調和歸一的重要階段。朱易安先生認為：「三教並存，首先取決於統治者的『儒教治世』、『道教治身』、『佛教治心』的實用主義指導思想，使三教並存並獲得賴以存在的政治基礎。而三教的『同歸於善』又成為士階層在儒學為體的基礎上容納道釋的思想基礎。儒、道、釋在士人的實際生活中形成一種互相交融、互輔相成的關係，並導致中唐的士人採用了儒教為體、釋道為用的實用主義生存方式，成為三教並存的社會基礎。」〔註118〕在這一思想大背景下，世人幾乎都會自覺地不自覺地接近三教，受到不同程度的影響。大多數中唐士人依據這樣的宗教信仰格局確立了自己的人生態度和人生方式：外服儒風，內修梵行，隨緣任運，隨遇而安，既有追求世俗聲色、功名利祿的享受，又追求人格的獨立、精神的解脫。

　　中唐是一個亂世，政治抱負與黑暗現實的巨大反差，人格理想與功利人生的尖銳衝突，使中唐詩人認同接受了陶淵明的生活態度與處世方式：委運、順化、放達、閒逸，並把這種生活態度與處世方式當作人生之大要，這樣他們就

〔註116〕〔唐〕李肇：《唐國史補》，上海：上海古籍出版社，1979年，卷下。
〔註117〕蔣寅：《大曆詩人研究》，北京：中華書局，1995年，第10頁。
〔註118〕朱易安：《中唐詩人的濟世精神和宗教情緒》，江海學刊，1998年，第5期。

可以相對超脫世俗，悠然地徜徉在自我的精神家園之中了。他們對生死、人生都有了相對超脫的認識：「陋巷喜陽和，衰顏對酒歌。懶從華髮亂，閒任白雲多。」〔註119〕「攜酒花林下，前有千載墳。於時不共酌，奈此泉下人。……且逐一歡笑，焉知賤與貧。」〔註120〕「心放出天地，形拘在風塵。」〔註121〕等等。

在這樣的情況下，中唐士人自然更易於接受打破常規的事物，而且，韓愈創作的更自然鮮活的體現生死觀以及個性評價的墓誌銘，更迎合了他們渴望變化、超脫生死及人生苦痛的心理需求。例如為節度使劉昌裔所作的碑文《劉統軍碑》，序言中只提及為之作碑文的原因，卻用了長長的銘文來描述他的一生，與一般序言長篇累牘的敘寫功績的手法完全不同。

　　劉統軍碑

　　　　唐故陳許軍節度使金紫光祿大夫檢校尚書左僕射兼御史大夫右龍武統軍彭城郡開國公食邑二千戶，贈潞州大都督劉公，諱昌裔，字光後，薨既葬，將反機於京，舍於墓次。故吏文武士門人送客訖事，會哭將退，咸顧戀牽連，一口言曰：「自我公薨至葬，凡所以校德焯勤者，莫不粗完。隱卒崇終，有都督之詔；日事時功以著不可誣，有太史之狀、太常之狀，有謚，有誄，有幽堂之銘；又如即外碑刻文以顯詩之，其於傳無已，豈不益可保？」於是相許諾，以告其孤縱。縱哭，捨杖拜曰：「縱不敢違。」則相與刻銘。文曰：

　　　　劉處彭城，本自楚元。陽曲之別，緜公祖邊。公曾祖考，為朔州守。祖令太原，仍世北邊。樂其高寒，棄楚不還。逮於公身，三世晉人。公生而異，魁顏巨鼻。幼如舒退，少長好事。西戎乘勢，盜有河外。公雖家居，為國喑噫。來告邊帥，可破之計。楊琳為橫，巴蜀靡雕。公由遊寄，單船諭招。折其尾毒，不得動搖。琳後來降，公不有功。終琳之已，還臥民里。蓋古有云，「人職其憂」。無事於職，而與國謀。德宗之始，為曲環起。奮筆為檄，強寇氣死。決敗算成，效於屈指。環有許師，公遂佐之。蘇氏軋敵，多出公畫。累拜郎中，進兼中丞。雖在陪貳，天子所憑。蔡卒幸喪，圍我許郭。

────────────

〔註119〕彭定求等：《全唐詩》，北京：中華書局，1956年，第1482頁。
〔註120〕彭定求等：《全唐詩》，第1897頁。
〔註121〕彭定求等：《全唐詩》，第4243頁。

新師不牢，勖勤將逋。公為陳方，應變為械，與之上下。寇無所賴。
遂至遁敗。以功遷陳，實許之半。聲駕元侯，以勢自憚。復入居許，
為軍司馬。脫權下威，士心益歸。卒嗣環職，棄惡從德。乃與蔡通，
塗其榛棘。稚耇嬉遨，連手歌謳。上無可怨，外無與仇。既長事官，
濬之大夫。其償未塞，僕射以都。及癸巳歲，秋湧水出。流過其部，
破民廬室。公即疏言，此皆臣怨。防斷不補，瀆民於泉。臣耄且疾，
宜即大罰。上曰災害，大臣其來。允余之思，其可止哉。驛隸走呼，
有中使來。公迎於驛，遂行不回。六月隆熱，上下歊趉。公鞭公驅，
去馬以輿。公病日惡，不能造闕。仆臥在宅，閔有加錫。命為統軍，
龍武之右。兼官左相，百僚長首。冬十一月，日將南至。公遂薨殂，
年六十二。奏聞怛悼，俾官臨弔。悲不聽朝，贈督潞州。存歿之賚，
於數為憂。明年九月，東葬金谷。公往有命，匪後人卜。〔註122〕

再如所作的《太學博士李君墓誌銘》：

太學博士頓邱李於，余兄孫女婿也。年四十八，長慶三年正月
五日卒。其月二十六日，穿其妻墓而合葬之，在某縣某地。子三人，
皆幼。

初於以進士為鄂岳從事，遇方士柳泌，從授藥法，服之，往往下
血，比四年，病益急，乃死。其法以鉛滿一鼎，案中為孔，實以水銀，
蓋封四際，燒為丹砂云。余不知服食說自何世起，殺人不可計，而世
慕尚之益至，此其惑也！在文書所記及耳聞相傳者不說，今直取目見
親與之遊而以藥敗者六七公，以為世誡。工部尚書歸登、殿中御史李
虛中、刑部尚書李遜、遜弟刑部侍郎建、襄陽節度使工部尚書孟簡、
東川節度御史大夫盧坦、金吾將軍李道古，此其人皆有名位，世所共
識。工部既食水銀得病，自說若有燒鐵杖自顛貫其下者，摧而為火，
射竅節以出，狂痛呼號乞絕；其茵席常得水銀，發且止，唾血數十升
以斃。殿中疽發其背死。刑部且死，謂余曰：「我為藥誤。」其季建，
一旦無病死。襄陽黜為吉州司馬，余自袁州還京師，襄陽乘舸邀我於
蕭洲，屏人曰：「我得秘藥，不可獨不死，今遺子一器，可用棗肉為丸
服之。」別一年而病，其家人至，訊之，曰：「前所服藥誤，方且下
之，下則平矣。」病二歲竟卒。盧大夫死時，溺出血肉，痛不可忍，

〔註122〕〔清〕董誥等編：《全唐文》，上海：上海古籍出版社，1990 年，第 2519 頁。

乞死，乃死。金吾以柳泌得罪，食泌藥，五十死海上。此可以為誡者也。蘄不死，乃速得死，謂之智，可不可也？

五穀三牲，鹽醯果蔬，人所常御。人相厚勉，必曰「強食。」今惑者皆曰：「五穀令人夭，不能無食，當務減節。」鹽醯以濟百味，豚、魚、雞三者，古以養老；反曰：「是皆殺人，不可食。」一筵之饌，禁忌十常不食二三。不信常道而務鬼怪，臨死乃悔。後之好者又曰：「彼死者皆不得其道也，我則不然。」始病，曰：「藥動故病，病去藥行，乃不死矣。」及且死，又悔。嗚呼！可哀也已，可哀也已！〔註123〕

此文只通過服食丹藥不進常食這一個特點的描寫，即寫活了一個執拗迂腐的太學博士形象，而且完全違反了一般墓誌銘隱惡揚善的特徵，在文中歎其迂腐，悲其不幸。

同時，在韓愈之前，各種文體的變化業已出現，士人在接受心理方面已具備一定的基礎。且就一般社會心理而言，能夠請到名人為家人做墓誌銘本身就是對家人最好的追思，對公眾最體面的交代。

再次是接受環境。人們對於一種文學形式的接受往往會受到當時的文學大環境影響。中唐作為一個轉折的時代，它的轉折地位還不僅表現於相關社會制度的變遷，文人心態的變化、文學思想的轉型、文學創作的變化均包含於其內。中唐詩歌在詩歌風格和體裁上就呈現出異彩競放的局面，明代胡應麟言：「東野之古，浪仙之律，長吉樂府，玉川歌行，其才具功力，故皆過人。如危峰絕壑，深澗流泉，並不成趣，不相沿襲。」〔註124〕詩人們表現出風格多樣、體裁專擅的個性，並且每個詩人也不拘於單一風格的運用，打造出多樣性特點的中唐詩壇。散文、傳奇得到了數量上和質量上的新發展，在佛教的影響下變文崛起，俗講流行，詞也開始逐步興盛起來。尤其是散文，古文復興，佔領了中唐文學的半壁江山，並且風格多樣，在藝術標準上臻於完備，趙孟堅在《凌愚谷詩集序》云：「文章至唐而體備，其情態婉委，肌理豐澤，膚而密，婉而麗，斯亦世代至此而盛乎！故自貞元、元和而上，李、杜、韓、柳以至乎長慶元白，皆唐文之懿也。」〔註125〕而傳奇小說開始流行並超越以

〔註123〕董浩等編：《全唐文》，上海，上海古籍出版社，1990年，第2529頁。

〔註124〕〔明〕胡應麟：《詩藪‧內編》，上海：上海古籍出版社，1979年，第5卷。

〔註125〕〔宋〕趙孟堅《彝齋文編》，第3卷，見〔清〕《景印文淵閣四庫全書》第1181冊，臺灣：商務印書館，1986年。

往的固定敘事模式，在內容上突破了以神仙鬼怪為主人公的搜奇志怪小說，人與人之間的愛情成了主要的關注點，注重人本身；在表現上，除了記述事件發生外，還注意細緻地描寫人物的心理變化，《李娃傳》、《霍小玉傳》、《鶯鶯傳》等成為曠古奇有的傳世佳作，總體上呈現了詩歌多樣，散文繁榮，傳奇興盛、新文體勃興的局面。而這一局面背後則反映出中唐文學本身已表現出打破文體侷限的特點，如在宇文所安的《韓愈和孟郊的詩歌》中，專闢一章《韓愈：敘事體的發展》對韓愈的敘事體詩進行了細緻的文本分析和總結，在內容上，以講述說教性的故事或個人生活經歷為主；在表現手段上，則突破了盛唐的抒情典範，以文為詩，為詩歌發展開闢了新方向。白居易自然也是以文為詩的典範，《詩源辯體》卷二十四、卷二十八中總結了其「敘事詳明」、「議論痛快」、「以文為詩」等特點，並做出相關評價〔註126〕。陳寅恪則認為他不僅以文為詩，還以小說為詩：「長於繁瑣之詞，描寫某一時代人物妝飾，正是小說能手。」〔註127〕

在這樣的大文學環境下，墓誌銘作為應用文學的一種，出現寫作手法、寫作程序的變化，就像大海裏的一朵浪花一樣，單獨看可能略顯突兀，但是與眾多搖曳多姿的浪花一起，就正十分合理的匯成了中唐文學變化的海洋。

另外需要引起我們注意的是，文學作品中對自然和社會的解釋一般都是以原有的知識為基礎進行擴充和改造，儒、釋、道各家學說為其提供了現成可用的資源，共有的價值觀和既定的規則是初盛唐的文學寫作的依據，而中唐，隨著共有世界觀的瓦解，傳統的價值觀遭到了質疑和嘲弄，文人的創作從「公共化」走向了「個人化」，採取個人化的詮釋，從個人的智慧和興趣出發，對自然、社會發表極具個性色彩的議論，他們「傾向於尋求和構築『奇』，精緻的、不能再縮減的個體局部，基於機智或神秘之上的類比。」〔註128〕因此，墓誌銘作為探討生死最直接的文學載體，不再嚴格遵循傳統價值觀，多樣的表達程序下傳達出的一點點灑脫、一些些自在，可能正是當時的文學大環境所呼喚的產物。

〔註126〕參見〔明〕許學夷撰，杜維沫校點：《詩源辯體》，北京：人民文學出版社，1987年，第24卷，第28卷。
〔註127〕陳寅恪：《元白詩箋證稿》，北京：三聯書店，2001年，第96頁。
〔註128〕〔美〕宇文所安：《中國「中世紀」的終結——中唐文學文化論集》，北京：生活・讀書・新知三聯書店，2006年，第40頁。

綜合上述對接受客體、接受主體及接受環境的分析，可以得出結論，韓愈創作的墓誌銘雖然迥異於一般墓誌銘的常規程序，但是韓愈作為在當時文壇富有影響力的知名文人，創作的墓誌銘本身更好的發揮了墓誌銘「志人」的效果，並且在一個本身就充滿著變化的中唐時期，迎合了渴望變化開始追求個性的中唐士人的心理需求，因此迅速獲得了充分的接受和高度的評價。

2. 韓愈所作墓誌銘對後世墓誌銘創作的影響——是豐碑，不是分水嶺

韋勒克說：「一件藝術品的全部意義，是不能僅僅以其作者和作者同時代人的看法來界定的。它是一個累積過程的結果，也即歷代無數讀者對此作品批評過程的結果。」〔註129〕運用於文學作品上，這句話闡述的其實就是「文學發展」的理念，即要用發展的眼光來看待和綜合評價文學作品或文學現象。

文學的發展包括「順向發展」和「逆向發展」兩個層面。順向發展是按照歷史時間順序進行的發展，是既往文學如何影響後世文學，後世文學如何沿革傳統的發展；逆向發展是與歷史時間順序相反方向的發展，是每個時代的當代光芒這樣或那樣地照亮過去遺產，使傳統作品和歷史上文學現象的隱藏含義程度不同地凸現出來，從而使其意義和價值重新建構的發展。在這種發展形態裏，我們能夠窺見某部作品或某種文學現象在不同時代所獲得的不同意義、遭際的不同命運，從另一方面看到人們文學觀念和審美意識的歷史遷移。

從逆向發展的層面上看，韓愈所創作的墓誌銘被高度評價乃至於推崇，奉為圭臬，貫穿於整個唐宋元明清時代。已如前文所述，如元代潘昂霄撰《金石例》十卷，首創以「例」研究金石文字，類下設例，以例統文。卷二至卷五考訂包括德政碑、神道碑、墓誌、碣、墓碑、行狀在內二十五種傳記文體緣起，並輔以例證，例多出自於韓愈、柳宗元之文。卷六至卷八則專為韓文公誌銘括例。明代王行《墓銘舉例》中說：「由齊至隋唐諸家文集，傳者頗多，然詞皆駢偶。惟韓愈始以史傳作之，後之文士率祖其體。」〔註130〕其論碑誌文之例，以韓愈集中碑誌文為主，兼及唐宋諸文家集中可作為範例之碑誌文，書中也詳論碑誌文寫作技法，如以韓愈《唐故河東節度觀察使滎陽鄭公神道碑文》為範例論「綱」要「目」詳曰：「蓋題為綱，文為目。綱既詳之而目則略者，嫌於辭之繁也。其綱舉其要而目致其詳者，如韓文《唐故河東節度觀察使滎陽鄭公

〔註129〕〔美〕韋勒克・沃倫：《文學理論》，上海：三聯書店，1984年，第35頁。
〔註130〕〔明〕王行：《墓銘舉例》，見〔清〕《景印文淵閣四庫全書》第1482冊，臺灣：商務印書館，1986年。

神道碑文》之類是也。」清代有志於墓銘例一類著作者頗多，無一不尊韓愈為正。如黃宗羲《金石要例》中在「稱呼例」一條舉韓愈集中碑誌文為例，在「碑誌文煩簡例」一條中贊韓愈碑誌文「煩簡得當」〔註131〕。鮑振方《金石訂例》在潘蒼崖《金石例》和黃宗羲《金石要例》基礎上作嚴密詳審的考訂，卷二前小序交代：「文章貴先合體，體者例也。昌黎文越八代之衰，義正詞嚴，《金石例》一宗其法。但例之緣起可否，有不盡於昌黎者。」〔註132〕王振聲在序言中也明確指出：「自昌黎振起八代之衰，其法流傳。」〔註133〕在卷四「金石推例」八十條中，以一文為一例，首先列韓昌黎二十條，即占所列十四家中四分之一篇目。至於劉寶楠《漢石例》中也將韓愈碑誌文與前代碑誌文比較以後，以為「昌黎之功，誠以不細。」〔註134〕韓愈所創作的墓誌銘，在墓誌銘的發展史上是「豐碑」的結論，正是從這個意義上的分析得出，亦是學界公認之結論。

　　本文重點要討論的是，從「橫向發展」的層面上來看，韓愈創作的墓誌銘是如何影響後世墓誌銘創作，後世墓誌銘又如何沿革了韓愈墓誌銘創作特色的發展。

　　首先，我們應明晰韓愈所作墓誌銘的寫作特點。學界對韓愈所作墓誌銘的文學特點已有多篇文章論述，本文不做過多探討。綜合已有研究成果，可得出韓愈所作墓誌銘具備以下幾個特點：1. 全部散體寫作，是其「古文運動」理念的體現；2. 以小說家筆法、戲劇化衝突塑造人物；3. 銘文樣式多變；4. 通篇結構富有變化，隨意布排。在這四個特點中，第二個特點與第四個特點是與作者自身才力緊密相關的，傳承性並不強。但第一個特點和第三個特點直接體現了作者的創作理念與墓誌銘的基本特質，具備很強的可供傳承的特點。因此本文考察韓愈所作墓誌銘對墓誌銘創作的影響，重點考察創作體式及銘文樣式這兩點，兼及第一和第四兩個特點的考察。

　　從與韓愈同時至以後的中晚唐墓誌銘創作情況來看，以《全唐文》的墓誌銘為考察對象，較為突出的墓誌銘代表作家有柳宗元、劉禹錫、呂溫、李翱、元稹、白居易、杜牧、穆員、徐鉉等。此處著重考察柳宗元、劉禹錫、白居易和杜牧的墓誌銘創作。

〔註131〕〔清〕黃宗羲：《金石要例》，見〔清〕《景印文淵閣四庫全書》第 1483 冊，第 823 頁，臺灣：商務印書館，1986 年。
〔註132〕〔清〕黃宗羲：《金石要例》，北京：中華書局，1985 年，第 2 卷。
〔註133〕〔清〕黃宗羲：《金石要例》，北京：中華書局，1985 年，第 4 卷。
〔註134〕〔民國〕劉寶楠：《漢石例》，北京：中華書局，1985 年，第 2 卷。

　　柳宗元共創作墓誌銘（含同樣發揮墓誌銘作用的塔銘）63 篇。從體式來看，柳宗元明顯表現出偏愛在寫作時使用大量整齊的句式，甚至是駢句，章士釗在評價柳宗元所作《安南都護張公誌》時提到：「此張舟志也，全體用駢語，而如文單環王怙力背義云云，竟用七句相對為長聯，公患浮海之役可濟可覆而無恃云云，且用十句相對，其聯更長，此最為桐城派所不喜，然子厚似亦好用其所長過甚，因遭到儉腹者疾首蹙額，理有固然。夫七句聯共十四句，十句聯共二十句，兩共為三十四句，以五字或六字平均計之，當在二百字弱或微強，倘誌文不長，則兩聯已占去全副之半矣，亦自於志體非宜。」〔註 135〕同樣作為「古文運動」的倡導者，柳宗元在創作墓誌銘時卻仍遵循常法，完全沒有出現韓愈全部散體寫作的現象。

　　再看柳宗元所作墓誌銘的銘文部分，有銘文的墓誌計 28 篇，四言 20 篇，三言 6 篇，其他 2 篇。並且三言也是傳統誌銘中極為常見的一種形式；在四言銘文中，超過 20 句的銘文就有 16 篇，超過 30 句的有 9 篇，即使三言的銘文，也有達到 30 句的銘文。由此可以看出柳宗元撰寫銘文的傳統意識。

　　劉禹錫創作墓誌銘 12 篇，在結構排布方面較少變化，通篇採用了散體的語言程序，可見韓文及古文運動的深刻影響。但在銘文方面，有 9 篇都採用了四言的傳統形式，並且銘文篇幅均較長，其中包括劉禹錫的自撰墓誌《子劉子自傳》，全篇程序儼然，銘文亦為四言。可見劉禹錫的墓誌銘創作觀即是較為傳統的。

　　白居易創作墓誌銘 22 篇，採用了散體的語言形式。銘文方面，在秉承四言傳統的基礎上，也能做到因志人對象的身份特點差異而改變銘文的程序。他本人在《策林》六十八《議文章》中也提出這樣的觀點：「（前略）然臣聞，大成不能無小弊，大美不能無小疵。是以凡今秉筆之徒，率爾而言者有失，斐然成章者有失。故歌詠、詩賦、碑褐、贊詠之制，往往有虛美者失，有愧詞者矣。若行於時，則誣善惡而惑當代；若傳於後，則混奧偽而疑將來。臣伏思之，恐非先王文理化成之教也。……伏惟陛下：詔主文之司，諭養文之旨，體辭賦合炯戒諷喻者，雖質雖野，採而獎之；碑類有虛美愧詞者，雖華雖麗，禁而絕之。……」〔註 136〕但是，他本人的墓誌銘，在這方面做得就不夠好，多數的

〔註 135〕 章士釗：《柳文指要》，北京：中華書局，1971 年。

〔註 136〕 〔唐〕白居易撰，顧學頡校點：《白居易集》，北京：中華書局，1979 年，第48 卷。

墓誌銘仍然是寫「大成」「大美」而不寫「小弊」「小疵」，尤其是敘官職不厭其煩，而對墓主一生的行事往往著墨不多，以致墓主的形象並不鮮明。

　　最後來看杜牧的墓誌銘創作情況。杜牧現存墓誌約 14 篇。明人何孟春在《餘冬序錄》中說：「朱子嘗言，牛僧孺何緣去結得個杜牧之，杜為渠作墓誌。今《通鑑》所載維州事，有些好底，皆是墓誌。」〔註 137〕從中可從側面反映出杜牧墓誌寫作具有一定的成就。首先，杜牧也基本採用散體寫作，只是由於晚唐駢體文風的回歸，因此部分墓誌銘呈現出駢散結合的文風，如《唐故江西觀察使武陽公韋公遺愛碑》中「……公始至任，計口取俸，除去冗事，取公私錢，教人陶瓦，伐山取材，堆疊億計。人能為屋，取官材瓦，免其半賦，徐責其直，自載酒食，以勉其勞，初若艱勤，日成月就，不二周歲，凡為瓦屋萬四千間，樓四千二百間，縣市營廄，名為棟宇，無不創為。㳻湖入江，節以斗門，以走暴漲。闢開廣衢，南北七里，蕩漾污壅，築堤五尺，長十二里。堤成明年，江與堤平。鑿六百陂塘，灌田一萬頃，益勸桑苧，機織廣狹，俗所未習，教勸成之。凡三週年，成就生遂，手為目視，無不如志。公之為政，去害興利，機決勢去，如孫、吳乘敵，不可當向。輔以經術，仁撫智誘，慈母之心，赤子之欲，求必得之。故人自盡力，所指必就。子產治鄭，未及三年，國人尚謗，黃霸治穎川，前後八年，始曰愈治。考二古人行事，與公相次第，不知如何。……」〔註 138〕一段。其次，杜牧非常注重細節描寫，並也以戲劇化的手法誌人，如《唐故進士龔軺墓誌》：「會昌五年十二月，某自秋浦守桐廬，路田錢塘。龔軺袖詩以進士名來謁，時刺史趙郡李播曰：『龔秀才詩人，兼善鼓琴。』因令操《流波弄》，清越可聽。及飲酒，頗攻章程，謹雅而和。飲罷，某南去，舟中閱其詩，有山水閒淡之思。後四年，守吳興，因與進士嚴惲言及鬼神事，嚴生曰：『有進士龔軺，去歲來此，晝坐客館中，若有二人召軺者，軺命駕甚速，始跨鞍，馬驚墮地，折左脛，旬日卒。』余始了然。憶錢塘見軺時，徐徐尋思，如昨日事，因知尚殯於野，乃命軍吏徐良改葬於卞山南，去州城西北一十五里。嚴生與軺善，亦不知其鄉里源流，故不得記。嗚呼！胡為而來二鬼，驚馬折脛而死哉。大中五年辛未歲五月二日記。」〔註 139〕在不足三百字的誌文中，有

〔註 137〕〔清〕陳鴻墀：《全唐文紀事》，北京：中華書局，1959 年，第 38 卷，第 493頁。

〔註 138〕〔清〕董誥等編：《全唐文》，上海：上海古籍出版社，1990 年，第 3466 頁。

〔註 139〕〔清〕董誥等編：《全唐文》，第 3468 頁。

兩處細節描寫，一寫其品性，一寫其死因，而兩處細節描寫中前者能使人對墓誌的大致品性有一瞭解，後者為誌文帶來一種神秘氣息，使文章有了波折。第三，杜牧的銘文創作也變化較多，根據誌主的身份特點，杜牧選擇了不同的語言程序撰寫銘文等，如《唐故淮南支使試大理評事兼監察御史杜君墓誌銘》的銘文：「銘曰：古之達人，以生為寄為夢，以死為歸為覺，不知生偶然乎，其有裁受乎？偶然即泯為大空，與不生同，其有裁受乎？嗚呼！勝之今既歸而覺矣，其自知矣，何為而然乎？嗚呼哀哉。」〔註140〕完全以議論手法入銘文，抒發了對人生的感慨，可謂別裁。第四，杜牧作墓誌時，根據墓主本身的特點，他對怎樣寫墓主的一生，要表現墓主一生的什麼東西都有一個通盤的考慮，然後在此基礎上選擇寫作的方式。如《唐故進士龔招墓誌》，因為對墓主的事蹟瞭解不多，因而只能寫自己與他見面的事和傳聞；《唐故款州刺史邢君墓誌銘並序》是想表現墓主的治理之才以及與他的友誼，所以前事不書。由此看來，杜牧在這一點上，是在韓愈開創的基礎上進一步的發展。

如果說以上作家的墓誌銘創作情況具有較強的代表性，則《唐代墓誌彙編》及《唐代墓誌彙編續集》中元和年至唐末共約 1240 篇的墓誌銘則具有普遍性的意義。綜合這些墓誌銘的寫作情況，就文體而言，判斷是駢體或散體的標準除了對偶句的多少外，還在於文章風格的追求，那麼可明顯看到，這些普遍性的墓誌銘中絕大多數仍是採取駢散結合的方式進行寫作，完全採取散體寫作的只占極少數，而且整篇墓誌銘仍然以追求典雅工整、嚴謹有度為基本風格；銘文部分，雖出現了很多句式的變化，如兮字句、五言、七言等句式的加入，但是仍然以傳統的四言銘文為主，且銘文的風格仍以謹慎的總結概括為主，少有如韓愈所作墓誌銘中銘文部分恣意揮灑的議論等風格；對人物形象的塑造也以平鋪直敘為主，力求安全地、較平面的陳述逝者的品行，用語言、事件等小說家筆法來立體的塑造人物僅為少數；在文章結構方面，則更鮮見隨意布排，仍以遵守傳統法度為主。

結合代表性和普遍性兩個因素的綜合分析，可見韓愈的墓誌銘創作作為「豐碑」對於同時期以及後世的墓誌銘創作的影響，稍體現在較有代表性的作家身上，如杜牧。但這種影響也似可湮沒於杜牧自身的才華與創作理念，不可一概而論的認定為韓愈的影響。而對於大眾的普遍的墓誌銘創作而言，雖間或

〔註140〕〔清〕董誥等編：《全唐文》，第 3472 頁。

受到代表性作家或當時文風的些許衝擊，但總體上仍然是按照自初盛唐以來的墓誌銘創作程序緩慢發展。其中的原因，一是因為墓誌銘本身首先是作為一種應用文，發揮現實功用是它的首要目的，文學性必須服從於功能性，因此文學的變化只能對它產生「微調」的作用，總體不可能產生巨大的變化；二是一種文體的破體變格也要取決於作者個人的才情識見與學養。就韓愈個人而言，其個性才情、史識學養及兼美的創作理念和自覺的創變意識，使之在碑誌文文體演變過程中具有捨我其誰擔此大任的條件。而對於大眾來言，只能一邊仰望著「豐碑」感歎，一邊仍在自己所能駕馭的範圍內，受著客觀文學發展規律的制約，創作程序常規的墓誌銘。

二、從碑誌看韓愈的人生觀

碑誌的本質是「蓋棺論定」。當人走完這一生的歷程時，由墓誌銘的創作者代表社會為他的一生做出總結，所謂生死大事，所以墓誌銘一直為世人所看重。墓誌銘雖然代表的是主流社會的評價觀點，但也多少會反映出創作者對「人的一生應該怎樣度過」這個問題的思考和答案，亦即創作者的人生觀。特別是能讓創作者產生共鳴、致使真情流露的碑誌作品，更能有助於我們加深對創作者本人人生觀的瞭解。作為碑誌創作的大家，韓愈共創作碑誌七十五篇。從這些碑誌裏，可一窺韓愈本人的人生觀。

（一）韓愈碑誌體現的人生觀

1. 仁愛為本

在傳統儒家思想裏，孔子把「仁」作為最高的道德原則、道德標準和道德境界。韓愈本人在《原道》裏也表明他的儒家思想的基礎建構正是「博愛之謂仁，行而宜之之謂義，由是而之焉之謂道」〔註141〕，他的門人李漢無疑也在學習以及編纂韓愈文集時體會到了這一點，他有感而發，稱韓文正是「千態萬貌，卒澤於道德仁義，炳如也」〔註142〕。

然而縱覽韓愈的詩文，同傳統士人的表達方式類似，鮮少有直接表達「仁愛」主題及情緒的作品，我們只能從韓愈與友人之間的和詩贈文，或是讀古籍而有感的作品中間接、含蓄地體會到韓愈對於「仁愛」的重視及感性呼喚。如

〔註141〕馬其昶校注，馬茂元整理：《韓昌黎文集校注》，上海：上海古籍出版社，1986年版，第 12 頁。
〔註142〕馬其昶校注，馬茂元整理：《韓昌黎文集校注》，第 2 頁。

這首《琴操十首‧履霜操》中，韓愈雖發出了「母生眾兒，有母憐之。獨無母憐，兒寧不悲」的對於母愛的呼喚，讓我們直接聯想到韓愈自幼孤苦的生長環境，但這樣直抒胸臆呼喚仁愛的作品仍是很少見的，韓愈更多的詩文作品，總是以一個理性嚴肅的學者或長者身份，講述著他腦中的觀點，心中的道。

韓愈的碑誌中，他則常常被誌主富有人情味、充滿仁愛之心的行為所打動，當我們看到韓愈以充滿感情的筆觸敘寫此類事例時，常常能接觸到韓愈渴望情感、呼喚仁愛的一面。

張徹，韓愈的堂侄女婿，其本人死於地方節度使的一場兵變中，臨死前還罵不絕口，時人皆贊「義士」。韓愈在寫張徹墓誌銘時，自然大量篇幅集中於張徹的忠義之舉，但在後半段寫到了張徹對他弟弟張復充滿仁愛之心的行為：「君弟復亦進士，佐汴宋，得疾。變易喪心，驚惑不常。君得閒即自視衣褥薄厚，節時其飲食，而匕筯進養之，禁其家無敢高語出聲。醫餌之藥，其物多空青、雄黃諸奇怪物，劑錢至十數萬；營治勤劇，皆自君手，不假之人。」〔註143〕（《幽州節度判官贈給事中清河張君墓誌銘》）細節描寫向來是韓愈碑誌創作的特色，但能將細節準確到知道張復的藥方里有「空青、雄黃」等物，說明在日常生活中，張徹對弟弟的照顧必定打動了韓愈的心，而讓韓愈有了細緻的觀察和體會。韓愈在處理這段文字時，並無一字直接讚歎，但我們讀這段時，一個仁愛的兄長形象躍然於眼前，竟比前段張徹的忠義之舉更能打動一個普通人的心。韓愈推崇仁愛的態度不言自明。

再如為李虛中而作的墓誌銘，「君昆弟六人，先君而歿者四人。其一人嘗為鄭之滎澤尉，信道士長生不死之說，既去官，絕不營人事。故四門之寡妻孤孩，與滎澤之妻子，衣食百須，皆由君出。自初為伊闕尉，佐河南水陸運使，換兩使，經七年不去，所以為供給教養者。及由蜀來，輩類御史皆樂在朝廷進取，君獨念寡稚，求分司東出。嗚呼，其仁哉！」〔註144〕（《殿中侍御史李君墓誌銘》）李虛中照顧哥哥棄之不管的寡妻孤兒，盡職盡責，甚至捨棄了「在朝廷進取」的機會，這次韓愈直接讚歎「其仁哉」。

又見《朝散大夫越州刺史薛公墓誌銘》中，韓愈也特別提到誌主薛戎「公篤於恩義，盡用其祿，以周親舊之急，有餘，頒施之內外，親無疏遠，皆家歸

〔註143〕馬其昶校注，馬茂元整理：《韓昌黎文集校注》，上海：上海古籍出版社，1986年版，第545頁。

〔註144〕馬其昶校注，馬茂元整理：《韓昌黎文集校注》，第439頁。

之。」〔註145〕這三位誌主的共同特點都是「仁愛」，而且他們的仁愛超越了一般人的小愛，並不是通常意義上的父慈子孝等等，而是當生活出現了特別考驗人的非常狀況時，如精神病患者需要的照料、不該由自己背負責任時出現在當事人面前的窮急狀況等，誌主們都表現了驚人的耐心、持久的關懷，並能夠犧牲自己的利益，這些行為背後，正是儒家思想所推崇的「仁愛」二字。

深受儒家思想浸淫的韓愈，一直將「仁」視為為人處世甚至濟世之根本，故他對這樣的行為推崇備至也屬自然。然而，韓愈飽含情感的筆觸仍然讓我們感到，他的推崇並不僅僅是理性認同，更有感性共鳴，與他的個人經歷不無關係。

韓愈自述「吾少孤，及長，不省所怙，惟兄嫂是依。」〔註146〕（《祭十二郎文》）在父母至親至愛這一塊，韓愈有著一生都無法填補的殘缺，也正因如此，韓愈更理解孤苦之人的不易。幸而兄嫂對他很好，「視余猶子，誨化諄諄」，〔註147〕（《祭鄭夫人文》）因為這份養育之情來之不易，韓愈對兄嫂就格外感恩，並推而廣之，對一切超越了小愛的「仁愛」之心、仁愛之舉推崇備至。

在韓愈碑誌中，打動他的「仁愛」行為還體現在公平待人方面，且韓愈就是直接的受益者。如竇牟，是韓愈相交近乎一生的師友，韓愈在《國子司業竇公墓誌銘》中深情回憶「愈少公十九歲，以童子得見，於今四十年。始以師視公，而終以兄事焉。公待我一以朋友，不以幼壯先後致異。公可謂篤厚文行君子矣。」〔註148〕韓愈一生經歷起起伏伏，開罪過小人經歷過世態炎涼，而竇牟以「仁愛」對待韓愈，「不以幼壯先後致異」。再參看韓愈為柳宗元所寫的墓誌銘中的大發感慨：「嗚呼！士窮乃見節義。今夫平居里巷相慕悅，酒食遊戲相征逐，詡詡強笑語以相取下，握手出肺肝相示，指天日涕泣，誓生死不相背負，真若可信；一旦臨小利害，僅如毛髮比，反眼若不相識，落陷阱，不一引手救，反擠之，又下石焉者，皆是也。此宜禽獸夷狄所不忍為，而其人自視以為得計。」〔註149〕（《柳子厚墓誌銘》）故可知韓愈對失掉仁愛的「勢利」之舉的痛恨，再對比竇牟一生待他之仁愛公平，故感受格外深刻，遂有此記。

〔註145〕馬其昶校注，馬茂元整理：《韓昌黎文集校注》，上海：上海古籍出版社，1986年版，第519頁。

〔註146〕馬其昶校注，馬茂元整理：《韓昌黎文集校注》，第336頁。

〔註147〕馬其昶校注，馬茂元整理：《韓昌黎文集校注》，第334頁。

〔註148〕馬其昶校注，馬茂元整理：《韓昌黎文集校注》，第524頁。

〔註149〕馬其昶校注，馬茂元整理：《韓昌黎文集校注》，第510頁。

再如韓愈曾在碑文中讚美鄭儋，說他「部將有因貴人求要職者，公不用，用老而有功、無勢而遠者。」〔註150〕（《河東節度觀察使滎陽鄭公神道碑文》）這是對「仁愛」的進一步拓展，仁愛不僅僅體現在待人方面，也是做官為國家處理政事公平公正的源泉，韓愈早就認識到，「博愛之謂仁，行而宜之之謂義，由是而之焉之謂道」，（《原道》）孔子「仁論」也主張「仁」的實現是推自愛之心以愛人的過程，所謂「己欲立而立人，己欲達而達人」。所以「仁愛」既滿足了韓愈的感性需求，又符合他的理性認知，個人以及整個社會都需要以仁愛為本，因此韓愈對仁愛推崇備至。

2.「矻磨乎事業，發奮乎文章」

「文章事」對於韓愈來說，是他一生的重點。他在《答竇秀才書》中說：「愈少駑怯，於他藝能自度無可努力，又不通時事，而與世多齟齬。愈終無以樹立，遂發憤篤專於文學。」〔註151〕韓愈「篤專於文學」的目的何在呢？他在《爭臣論》說：「君子居其位，則思死其官；未得位，則思修其辭，以明其道。我將以明道也。」〔註152〕

在韓愈的碑誌中，誌主的「文章事」是他濃墨重彩描摹的部分。而韓愈看重的「文章事」並不同於人們一般理解的，擁有出眾的寫作水平即可。如韓愈在為王仲舒創作的神道碑中，提到王仲舒年輕時就「讀書著文，其譽藹鬱，當時名公，皆折官位輩行願為交。」但這還不是重點，重點是後面的一個細節：「天子曰：『王某之文可思，最宜為誥，有古風，豈可久以吏事役之？』」〔註153〕（《唐故江南西道觀察使中大夫洪州刺史兼御史中丞上柱國賜紫金魚袋贈左散騎常侍太原王公神道碑銘》）「可思」與「有古風」，是王仲舒文章的特點，也是韓愈最為看重的兩個特點。一是在文章內容上，表達了作者的思想，可說是在用文章來「明道」；第二體現在形式上，正契合了韓愈提倡的古文運動，去除蕪雜冗贅的形式，追求行文方面平易暢達的主張。而天子口中的那句「豈可久以吏事役之？」其實也道出韓愈內心的聲音，能夠寫出如此文章的人，應該到更重要的位置，承擔更重要的社會責任，而不應以碌碌奔走的小吏身份浪費一生。

〔註150〕馬其昶校注，馬茂元整理：《韓昌黎文集校注》，上海：上海古籍出版社，1986年版，第399頁。
〔註151〕馬其昶校注，馬茂元整理：《韓昌黎文集校注》，第138頁。
〔註152〕馬其昶校注，馬茂元整理：《韓昌黎文集校注》，第108頁。
〔註153〕馬其昶校注，馬茂元整理：《韓昌黎文集校注》，第498頁。

　　《答李翊書》是一篇系統體現韓愈文學觀念的文章。韓愈在談到自己經營文章事的過程時，強調自己遇到最大的困難就是「惟陳言之務去，戞戞乎其難哉！」〔註154〕劉熙載在《藝概‧文概》中如此解釋：「所謂『陳言』者，非必剿襲古人之說認為已有也，只識見議論落於凡近，未能高出一頭，深入一境，自『結撰至思』者觀之，皆『陳言』也。」韓愈在習文的過程中，迫切希望建立起自己獨特的風格，而他也認識到，唯有獨特之內在思想，才能形成獨特之文字，故而他自然將重點轉到「氣盛」的修養上。因此體現在韓愈碑誌中，他在評判誌主文學成就方面，亦會格外看重誌主的文章事是不是能夠「務去陳言」，擁有獨特之面目。

　　散文家樊宗師去世後，韓愈為其做《南陽樊紹述墓誌銘》，他首先肯定了樊宗師創作的高產：「得書號《魁紀公》者三十卷，曰《樊子》者又三十卷，《春秋集傳》十五卷，表、箋、狀、策、書、序、傳記、紀、志、說、論、今文、贊、銘，凡二百九十一篇，道路所遇，及器物門裏雜銘二百二十，賦十，詩七百一十九。曰：多矣哉！古未嘗有也。」然而數量當然不是韓愈最關注的重點，「然而必出於己，不襲蹈前人一言一句，又何其難也！必出入仁義，其富若生蓄萬物，必具海含地負，放恣橫從，無所統紀；然而不煩於繩削而自合也。嗚呼！紹述於斯術，其可謂至於斯極者矣。」〔註155〕樊宗師的文章，實現了「出入仁義」，即「明道」的需求，而文章本身的形式也臻於完美，符合為文的要素又擁有強烈的個性，這樣的文章，韓愈認為就「至於斯極者矣」。

　　再如韓愈為薛公達做的《國子助教河東薛君墓誌銘》，記述薛公達「君少氣高，為文有氣力，務出於奇，以不同俗為主。始舉進士，不與先輩揖，作《胡馬》及《圓丘》詩，京師人未見其書，皆口相傳以熟」。〔註156〕首先是「氣高」、「為文有氣力」，體現了韓愈「氣盛言宜」的觀點，後自然出現了一個為文為人均有個性的誌主。這篇墓誌銘中還講述了「奇文」傳播的情景，剛開始薛公達是「不與先輩揖」，看起來不合群甚至不知禮的，但因為詩文夠奇夠好，反而最後仍然能達到「皆口相傳以熟」的良好傳播效果。這段描寫一是也符合韓愈自身寫個性文章遇到的情況，「其觀於人，不知其非笑之為非笑也。如是者

〔註154〕馬其昶校注，馬茂元整理：《韓昌黎文集校注》，上海：上海古籍出版社，1986年版，第169頁。
〔註155〕馬其昶校注，馬茂元整理：《韓昌黎文集校注》，第539頁。
〔註156〕馬其昶校注，馬茂元整理：《韓昌黎文集校注》，第361頁。

亦有年，猶不改。」〔註 157〕（《答李翊書》）韓愈正是經歷了這樣一個為人嘲笑否定，但因為自己的堅持，而終究沒有被環境改變，反而引領了一時文風成為一代文宗的過程。所以韓愈此段的敘寫是有情感方面的共鳴；第二則是表達了韓愈對自己文學主張終會獲得認同的自信。

另外韓愈的此類觀點還明確地體現於為孟郊和柳宗元所做的墓誌銘中：「先生生六七年，端序則見，長而愈騫，涵而揉之，內外完好，色夷氣清，可畏而親。及其為詩，劌目鉥心，刃迎縷解，鉤章棘句，掏擢胃腎，神施鬼設，間見層出。唯其大玩於詞，而與世抹殺，人皆劫劫，我獨有餘。」〔註 158〕（《貞曜先生墓誌銘》）仍然是將孟郊的修養工夫置於言辭獨特之前，符合「氣盛言宜」的內在邏輯關係。而柳宗元則是「俊傑廉悍，議論證據今古，出入經史百子，踔厲風發，率常屈其座人；名聲大振，一時皆慕與之交。諸公要人，爭欲令出我門下，交口薦譽之。……居閒，益自刻苦，務記覽，為詞章，汛濫停蓄，為深博無涯涘，而自肆於山水間。」〔註 159〕（《柳子厚墓誌銘》）在柳宗元這裡，已經不存在需要經歷一個曲折的過程再得到認可，柳本人就是「文以明道」的代言人。

文章對於韓愈來說，是用以明道的。所以韓愈對於文章的態度是極其認真的，這也是他對人生事業孜孜以求的表現。

3. 逆境中的奮發有為

貞元十三年（797），三十歲的韓愈雖然考中進士，但未能通過吏選，進入地方幕府佐汴州，又以疾辭。在此之前，年輕的韓愈生活的重點還在於不斷提升自己，尋找機會實現抱負，而從事業不順蟄伏期開始，韓愈開始對如何應對逆境進行了深刻的思考，《復志賦》就是他這一思考的總結。

《復志賦》中最後明志：「昔余之約吾心兮，誰無施而有獲；……苟不內得其如斯兮，孰與不食而高翔。抱關之厄陋兮，有肆志之揚揚。伊尹之樂於畎畝兮，焉貴富之能當？恐誓言之不固兮，斯自訟以成章。往者不可復兮，冀來今之可望。」〔註 160〕韓愈經過痛苦的心路歷程，終於還是跟自己的心有了一個約定，在現實環境不如人意的情況下，仍然要堅持自己內心的志向不更改。

〔註 157〕馬其昶校注，馬茂元整理：《韓昌黎文集校注》，上海：上海古籍出版社，1986年版，第 169 頁。
〔註 158〕馬其昶校注，馬茂元整理：《韓昌黎文集校注》，第 444 頁。
〔註 159〕馬其昶校注，馬茂元整理：《韓昌黎文集校注》，第 510 頁。
〔註 160〕馬其昶校注，馬茂元整理：《韓昌黎文集校注》，第 4 頁。

　　因此，當韓愈為他人創作墓誌銘時，他十分重視誌主在逆境中的表現。順境中的成就雖然也會有所褒揚，但逆境中誌主的作為往往會被韓愈描摹的更加動人，更富感染力。究其原因，這樣的行為與韓愈內在的人生觀達成了一致，故而感動了韓愈，進而感動讀者。

　　人生的逆境有很多種，生而受苦招致無妄之災是逆境，貶官受挫是逆境，即使身居要職面臨高壓困境險境時其實也是逆境。

　　韓愈所做《中大夫陝府左司馬李公墓誌銘》中，就提到自幼孤苦的誌主：「（父）崏為蜀州晉原尉，生公，未晬以卒，無家，母抱置之姑氏以去，姑憐而食之。至五六歲，自問知本末，因不復與群兒戲，常默默獨處，曰：『吾獨無父母，不力學問自立，不名為人！』年十四五，能暗記《論語》、《尚書》、《毛詩》、《左氏》、《文選》，凡百餘萬言，凜然殊異。姑氏子弟，莫敢為敵。浸傳之聞諸父，諸父泣曰：『吾兄尚有子耶？』迎歸而坐問之，應對橫從無難。諸父悲喜，顧語群子弟曰：『吾為汝得師。』於是縱學，無不觀。」〔註161〕這段經歷與韓愈本人的經歷十分類似，如皇甫湜《韓愈神道碑》裏就提到韓愈「先生諱愈，字退之。乳抱而孤，熊熊然角，嫂鄭氏異而恩鞠之。七歲屬文，意語天出。長悅古學，業孔子、孟子，而侈其文。」〔註162〕一個早慧孤單的孩子，「自問知本末」後，就全身心的浸淫在經典中，汲取日後自立自強的力量。看起來是對經典的勤學，背後卻是積極昂揚的人生態度，喚起了韓愈對自己人生的共鳴，深得韓愈之心。

　　再如韓愈為王仲舒所做《故江南西道觀察使贈左散騎常侍太原王公墓誌銘》，其中提到王仲舒：「……故遭讒，而貶。在制誥，盡力直友人之屈，不以權臣為意，又被讒而出。元和初，婺州大旱，人餓死，戶口亡十七八，公居五年，完富如初。按劾群吏，奏其贓罪，州部清整，加賜金紫。其在蘇州，治稱第一。公所至，輒先求人利害廢置所宜，閉閤草奏，又具為科條，與人吏約。事備，一旦張下，民無不抃叫喜悅；或初若小煩，旬歲皆稱其便。」〔註163〕因為自己的正直而遭讒遭貶，但仍然在貶所勵精圖治在其位謀其政。

　　還有張署，他是昔日與韓愈一同遭「幸臣之讒」、因此被貶的患難之交。從監察御史貶至偏遠地方的小縣令，這樣的遭際不可謂打擊不大，但張署並未

〔註161〕馬其昶校注，馬茂元整理：《韓昌黎文集校注》，上海：上海古籍出版社，1986年版，第 542 頁。

〔註162〕〔清〕董浩等編：《全唐文》，北京：中華書局，1983 年版，第 7037 頁。

〔註163〕馬其昶校注，馬茂元整理：《韓昌黎文集校注》，第 534 頁。

因為這種打擊就從此心灰意冷，在他後來遭到起用後，歷任了刑部郎、虔灃二州刺史以及河南令等官職，而無論在哪一任上，他都積極進取，有所作為。韓愈在為他做的《河南令張君墓誌銘》中就歷數他在各地的政績：「自京兆武功尉拜監察御史。為幸臣所讒，與同輩韓愈、李方叔三人俱為縣令南方。二年，逢恩俱徙掾江陵。半歲，邑管奏君為判官，改殿中侍御史，不行。拜京兆府司錄。諸曹白事，不敢平面視；共食公堂，抑首促促，就哺歠，揖起趨去，無敢闌語。縣令丞尉，畏如嚴京兆，事以辦治。京兆改鳳翔尹，以節鎮京西，請與君俱，改禮部員外郎，為觀察使判官。帥他遷，君不樂久去京師，謝歸，用前能，拜三原令。歲餘，遷尚書刑部員外郎。守法爭議，棘棘不阿。改虔州刺史。民俗相朋黨，不訴殺牛，牛以大耗；又多捕生鳥雀魚鱉，可食與不可食相買賣，時節脫放，期為福祥。君視事，一皆禁督立絕。使通經吏與諸生之旁大郡，學鄉飲酒喪婚禮，張施講說，民吏觀聽從化，大喜。度支符州，折民戶租，歲徵綿六千屯，比郡承命惶怖，立期日，惟恐不及事被罪。君獨疏言：『治迫嶺下，民不識蠶桑。』月餘，免符下，民相扶攜，守州門叫歡為賀。改灃州刺史。民稅出雜產物與錢，尚書有經數，觀察使牒州徵民錢倍經。君曰：『刺史可為法，不可貪官害民。』留牒不肯從，竟以代罷。觀察使使劇吏案簿書，十日不得毫毛罪。」〔註164〕

　　人生中的逆境當然不止貶官這一種境遇，當身犯險境、危及個人利益時，表現出的狀態也是韓愈所關注的點。比如韓愈所作《河南少尹李公墓誌銘》中重點描寫了誌主李素以身犯險的事蹟：「衢州饑，擇刺史，侍郎曰：「莫如郎李某。」遂刺衢州。至一月，遷蘇州。李錡前反，權將之戍諸州者，刺史至，斂手無敢與敵。公至十二日，錡反。公將左右與賊戰州門，不勝；賊呼入，公端立責以義，皆斂兵立，不逼。錡命械致公軍，將斬以徇。及境，錡適敗縛，公脫械還走州。賊急卒不暇走死，民抱扶迎盡出。天子使貴人持紫衣金魚以賜。」〔註165〕

（二）韓愈對人生觀的實踐

　　一般來說，人的思想指導他的行為。韓愈一生所看重的人生之本，亦即「仁愛」、「文章事」以及身處逆境仍然奮發有為的人生態度，不僅僅體現於他

〔註164〕馬其昶校注，馬茂元整理：《韓昌黎文集校注》，上海：上海古籍出版社，1986年版，第459頁。

〔註165〕馬其昶校注，馬茂元整理：《韓昌黎文集校注》，第368頁。

為他人而寫的碑誌，韓愈更是不打折扣地踐習於自己的人生，並獲得外界社會的一致認可。這也反應在韓愈身後別人為他而創作的碑誌中。

皇甫湜為韓愈而作的《韓愈神道碑》中有云：「內外惸弱悉撫之，一親以仁，使男有官，女有從，而不嗇於己生。交於人，已而我負，終不計，死則庇其家，均食剖資。與人故，雖微弱，待之如賢戚。人詬笑之，愈篤。」〔註166〕正是寫韓愈的「仁愛」，對親人對朋友甚至對不如己的所謂微弱之人，都深懷仁愛之心舉仁愛之行；「七歲屬文，意語天出。長悅古學，業孔子、孟子，而侈其文。秀人偉生，多從之遊，俗遂化服，炳炳烈烈，為唐之章。」此段則指韓愈「文章事」，無須多言，能夠當得起「為唐之章」，則不僅僅是「文章事」，可稱得上是「千秋文章事」了。

皇甫湜所作碑誌的重點放在了韓愈一生事蹟，而這些事蹟都恰巧無一例外地展示了韓愈身處逆境仍奮發有為的人生觀。如貶至陽山後的作為，使得「陽山民至今多以先生氏泊字呼其子孫」。皇甫湜與韓愈相差不過十幾歲，故皇甫湜提到的「至今」應屬於當時實際發生的客觀事實，這是從當時民眾的反響來間接證明韓愈在貶官陽山時亦有所作為。清人萬承風《謁韓文公祠即次公〈衙齋有懷〉韻並寄王明府》詩中也提到：「昔聞湟關南，異俗真可吒。山居雜瑤壯，獵食薄耕稼。……戶不聞詩書，日唯追獐麝。自從韓公來，禮義為策駕。務本習漸移，農桑朱無價。入耳有絃歌，從禽廢弋射。」清人的詩雖然時代較晚，但將韓愈在陽山時期的作為更加明晰化了，韓愈讓這樣一個昔日的蠻荒之地開始知書習禮，並拓寬了生活物資的來源。生活觀念的轉化、生活方式的轉變，這些對於人類的生活都是至關重要的，韓愈在陽山不過一年時間，還是貶官至此心情沮喪之時，卻讓當地百姓收穫到了最重要的東西，影響傳頌至今。

皇甫湜所作《韓文公墓誌銘》中還提到韓愈以身犯險置個人安危於不顧的典型事例，即長慶二年（822）韓愈受詔宣撫鎮州之事。其時據李翱《韓公行狀》載：「鎮州亂，（王廷湊）殺其帥田弘正，徵之不克，遂以王庭湊為節度使，詔公往宣撫。既行，眾皆危之，元積奏曰：『韓愈可惜。』穆宗亦悔，有詔令至境觀事勢，無必於入。」朝廷對王廷湊「徵之不克」後的宣撫顯然不可能贏得王廷湊的信任，加之叛軍內失控的強兵悍將甚多，韓愈此次的「宣撫」之行幾乎注定凶多吉少，所以元積直接歎其可惜。而穆宗也因愛惜韓愈，下令觀望

〔註166〕〔清〕董浩等編：《全唐文》，北京：中華書局，1983年版，第7039頁。

即可，不必非入險境。而韓愈的態度是：「安有受君命而滯留自顧？」遂疾驅入。而後在王廷湊「嚴兵拔刃，弦弓矢以逆。及館，甲士羅於庭」的情況下，大聲與對方抗辯，後幸不辱使命全身而歸。此事也成為韓愈一生中，與貞元十九年御史臺上書論旱、元和十三年隨裴度出征淮西、元和十四年諫論佛骨相提並論的義勇行為。

葉嘉瑩先生曾經在《唐宋詞十七講》中指出，「真正偉大之作者乃是以自己全部生命之志意與理念來寫作他們的詩篇，而且是以自己整個之一生之生活來實踐他們的詩篇的。」這樣的觀點仍然也適用於韓愈，在中國不少的知識分子都呈現出「心畫心聲總失真，文章仍復見為人。高情千古閑居賦，爭信安仁拜路塵！」（元好問《論詩絕句》）的狀態時，韓愈在為他人而作的碑誌中，讚歎「仁愛」精神，重視「文章事業」，推崇在逆境之中也要奮發有為的生命狀態，而他自己也身體力行，用自己的一生為自己的人生觀做了最好的注解。

（三）韓愈人生觀實踐中的缺憾

縱觀韓愈的一生，即便他懷有仁愛之心，以文章事業彪炳千秋，遇到挫折也能夠不折不撓奮發有為，他對自己的人生仍然有無法釋懷之處，仍有缺憾。觀其所做墓誌中，《河南少尹李公墓誌銘》感慨李素的一生：「高其山而坎其中。以為公之宮。奈何乎公。」〔註167〕《朝散大夫越州刺史薛公墓誌銘》中在述及其生平時，用將近三分之一的篇幅描寫薛戎被柳冕所構陷之冤：「映卒，湖南使李巽、福建使柳冕，交表奏公自佐，詔以公與冕。在冕府，累遷殿中侍御史。冕使公攝泉州，冕文書所條下，有不可者，公輒正之。冕惡其異於己，懷之未發也。遇馬總以鄭滑府佐忤中貴人，貶為泉州別駕，冕意欲除總，附上意為事，使公按置其罪。公歎曰：『公乃以是待我，我始不願仕者，正為此耳。』不許。冕遂大怒，囚公於浮圖寺，而致總獄，事聞遠近。值冕亦病且死，不得已，俱釋之。」〔註168〕《中大夫陝府左司馬李公墓誌銘》的誌主也是受到不公平待遇，一生事業未成，韓愈在銘文中勉強安慰道：「愈下而微，既極復飛，其自公始。公多孫子，將復廟祀。」〔註169〕語氣中仍流露出對這樣有才華卻

〔註167〕馬其昶校注，馬茂元整理：《韓昌黎文集校注》，上海：上海古籍出版社，1986年版，第368頁。

〔註168〕馬其昶校注，馬茂元整理：《韓昌黎文集校注》，第519頁。

〔註169〕馬其昶校注，馬茂元整理：《韓昌黎文集校注》，第542頁。

不得志的文人命運深深的惋惜。而這樣的惋惜、無法釋懷，也是韓愈對自己人
生的一份沉重慨歎。且不必說他青年時期「三試於吏部則無成」，單是他步入
仕途後，因上《御史臺上論天旱人饑狀》而被貶陽山、《平淮西碑》被推倒、
因諫迎佛骨而被貶潮州，才華滿腹、懷一片赤誠之心卻遭受不公平待遇。韓愈
雖以積極的態度進行應對，但內心對此類事件卻終是無法釋懷，想不通、委屈、
無奈等情緒一直縈繞於心，因此在面對與他有此類同樣遭遇的人的墓誌銘中
予以流露。

　　韓愈也曾從個人修為的角度做過認真反思。如同几乎所有的中國文人一
樣，希望在世俗生活中積極進取的同時，還能降服情緒的衝動，保持內心的
淡定平靜，是一個做了多年不願醒來的美夢。在韓愈寫的《清邊郡王楊燕奇
碑文》中，誌主「不畏義死，不榮幸生，故其事君無疑行，其事上無間言」。
〔註170〕這是一種讓韓愈敬佩的寵辱不驚的風範和處事正直圓融的風格；在
《朝散大夫商州刺史除名徙封州董府君墓誌銘》中，董溪「賓接門下，推舉
人士，侍側無虛口；退而見其人，淡若與之無情者」。〔註171〕這是進退之間
周轉自如，情緒修養已達一定境界的狀態。而韓愈自己呢？他知道自己有一
顆急於為人所知的心，所以在《知名箴》中勸誡自己「今日告汝，知名之法：
勿病無聞，病其曄曄。」〔註172〕在《上兵部李侍郎書》中也反省自己「惟是
鄙鈍，不通曉於時事，學成而道益窮，年老而智益困，私自憐悼，悔其初心，
發禿齒落，不見知己」。〔註173〕特別是在他的《答馮宿書》中，他想要聽取
朋友建議改變自己性格提高個人修養的願望是如此的強烈：「僕何能爾？委
曲從順，向風承意，汲汲恐不得合，猶且不免云云，命也。可如何。然子路
聞其過則喜，禹聞昌言則下車拜。古人有言曰：「告我以吾過，吾之師也。」
願足下不憚煩，苟有所聞，必以相告。吾亦有以報子，不敢虛也，不敢忘也。」
〔註174〕

　　那韓愈是否通過這種理性的自我修持達到了他的理想狀態呢？長慶三
年，五十六歲的韓愈移葬自己夭折的女兒墳墓回家鄉，他在墓誌銘《女挐壙銘》

〔註170〕馬其昶校注，馬茂元整理：《韓昌黎文集校注》，上海：上海古籍出版社，1986
　　　　年版，第356頁。
〔註171〕馬其昶校注，馬茂元整理：《韓昌黎文集校注》，第441頁。
〔註172〕馬其昶校注，馬茂元整理：《韓昌黎文集校注》，第56頁。
〔註173〕馬其昶校注，馬茂元整理：《韓昌黎文集校注》，第143頁。
〔註174〕馬其昶校注，馬茂元整理：《韓昌黎文集校注》，第191頁。

中這樣敘寫女兒「惠而早死」的原因是：「愈之為少秋官，言佛夷鬼，其法亂治，梁武事之，卒有侯景之敗，可一掃刮絕去，不宜使爛漫。天子謂其言不祥，斥之潮州，漢南海揭陽之地。愈既行，有司以罪人家，不可留京師，迫遣之。女拏年十二，病在席，既驚痛與其父訣，又輿致走道，撼頓失食飲節，死於商南層峰驛，即瘞道南山下。」〔註175〕「哀而不怨」的儒家修養讓韓愈未曾在墓誌銘中直接抒發怨懟之情，但這樣的鋪陳敘事中，我們仍然能體會到韓愈心中的大慟，而這背後則仍是對自己當年遭受不平待遇的無法釋懷。韓愈的情緒修養、性格修正，既不能保證他的仕途一帆風順，也無法讓他平心靜氣地接受自己不公平的命運。遷墳後的第二年，韓愈病逝。

考察韓愈的思想，攘斥佛老、與佛教的拒不相容的態度，是其思想的重要組成部分。陳寅恪《論韓愈》一文中已指出韓愈的排佛有考慮「匡救政俗之弊害」以及「呵詆釋迦，申明夷夏之大防」等因素，站在國家民族的立場上，自是有其合理性。但如此激烈的排佛態度可能卻有礙韓愈自身思想的圓融，例如他在貶官潮州時，遇到了老和尚大顛，韓愈也稱其「頗聰明，識道理，遠地無可與語者，故自山召至州郭，留十數日，實能外形骸，以理自勝，不為事物侵亂。與之語，雖不盡解，要自胸中無滯礙；以為難得，因與來往。」儘管「以理自勝，不為事物侵亂」和「胸中無滯礙」正是韓愈夢寐以求的心理狀態，也明知大顛的境界得益於佛學的浸淫修養，但韓愈仍然執著於自己固有的思想理念，仍要堅決跟佛教劃清界限，對天地鬼神發誓以自證道：「天地鬼神，臨之在上，質之在傍，又安得因一摧折，自毀其道以從於邪也！」〔註176〕（《與孟尚書書》）

韓愈對佛教思想的極端態度，可提供一個探測韓愈思維及行為模式的角度。而結論，可能已被知韓愈至深的朱熹道出，他在研讀韓愈的文集後指出：「然考其（韓愈）平生意向之所在，終不免於文士浮華放浪之習，時俗富貴利達之求。」這樣一個將大部分注意力都集中在外部世界的傳統文人，無法獲得內心的安寧平靜，即使當他想要改善自己的內心狀況，但他偏執固執的思維習慣，對其他思想流派的過度排斥，終使得他在踐習人生觀的過程中，無法達到自己期望的圓融狀態。

〔註175〕 馬其昶校注，馬茂元整理：《韓昌黎文集校注》，上海：上海古籍出版社，1986年版，第560頁。
〔註176〕 馬其昶校注，馬茂元整理：《韓昌黎文集校注》，第211頁。

第三節　柳宗元碑誌文研究——從碑誌看柳宗元與 「永貞革新」

所謂「永貞革新」，嚴格意義上應該叫「王叔文集團革新」，發生在貞元二十一年（公元 805 年）正月丙申（二十六日）唐順宗即位後，至貞元二十一年八月乙巳（初九日）憲宗即位之前，即整個唐順宗在位時期，尤其是前期。而永貞年號則在本年八月辛丑（初五日），太上皇誥中才發布「宜改貞元二十一年為永貞元年」，此時實際已是憲宗當政。本文仍沿用學術界的慣稱「永貞革新」。此次革新是一次官僚士大夫以打擊宦官勢力、革除政治積弊為主要目的的改革。但持續時間不過一百多天，隨著順宗失勢、憲宗即位而宣告失敗。

柳宗元始終是「王叔文集團」的核心成員。如《順宗實錄》卷五：

> （王叔文）頗自言讀書知理道，乘間常言人間疾苦，上將大論宮市事，叔文說中上意，遂有寵。因為上言某可為將，某可為相，幸異日用之。密結韋執誼並有當時名欲僥倖而速進者陸質、呂溫、李景儉、韓曄、韓泰、陳諫、劉禹錫、柳宗元等十數人，定為死交，而凌準、程異等又因其黨而進，交遊蹤跡詭秘，莫有知其端者。〔註177〕

既為「死交」，在王叔文等人權傾朝野炙手可熱時，柳宗元也跟著升遷。先是貞元十九年（803）閏十月，柳宗元入朝任監察御史裏行，到貞元二十一年（805）四月九日，柳宗元就被提升為正六品上的禮部員外郎，僅隔一年，官階晉升了兩品。他自己後來也回憶說：「僕當時年三十三，甚少，自御史裏行得禮部員外郎，超取顯美。」可見「永貞革新」時期，柳宗元是變革集團的中堅力量。

一、柳宗元所作行狀對「永貞革新」背景的反映

就在柳宗元剛任禮部員外郎不久時，他為曾都在集賢殿書院工作過、曾為集賢學士的亡人陳京寫了一篇《陳給事行狀》，此篇行狀作為墓誌銘的先聲，因為陳京去世的時間和柳宗元寫行狀的時間都剛好發生在「永貞革新」期間，而陳京本人又起勢於大曆中，作為一個比較重要的政治角色（幾為相）經歷了德宗統治的貞元年間。因此他的一生剛好提供了一個角度去探查「永貞革新」

〔註177〕〔唐〕韓愈：《順宗實錄》卷五，《韓愈全集校注》，成都：四川大學出版社，1996 年 7 月第 1 版，第 2980 頁。

的時代背景，這篇行狀也因此具有了一定的史料價值。柳宗元對陳京一生典型材料的擇取也可與當時的革新運動重點有所呼應。

《陳給事行狀》一開始交代陳京的出身與生平：

> 五代祖某陳宜都王　曾祖某皇會稽郡司馬　祖某皇晉陵郡司功參軍　父某右補闕翰林學士贈祕書少監　某州某縣某鄉某里陳京年若干狀
>
> 公姓陳氏，自潁川來，隸京兆萬年胄貴里，諱京。既冠，字曰慶復。舉進士，（大曆元年，京中進士第。）為太子正字、咸陽尉、太常博士、左補闕、尚書膳部考功員外郎、司封郎中、給事中、祕書少監。自考功以來，凡四命為集賢學士。〔註178〕

進行革新的王叔文集團，從出身來看基本屬於庶族朝官，陳京的行狀中也可以看出，他出身於低層官吏家庭，本人進士出身。《行狀》後面又提到：「大曆中，公始來京師，中書常舍人袞、楊舍人炎讀其文，驚以相視曰：『子雲之徒也。』常以兄之子妻公，由是名聞。」陳京受到了常袞的賞識，而常袞何許人？參考《新唐書・常袞傳》：

> 常袞，京兆人，天寶末，及進士第。性狷潔，不妄交遊。……文采贍蔚，長於應用，譽重一時。魚朝恩賴寵，兼判國子監。袞奏：「成均之任，當用名儒，不宜以宦臣領職。」……元載死，拜門下侍郎、同中書門下平章事，弘文、崇文館大學士。袞苛細，以清儉自賢。……建中初，楊炎輔政，起為福建觀察使。始，閩人未知學，袞至，為設鄉校，使作為文章，親加講導，與為客主鈞禮，觀遊燕饗與焉，由是俗一變，歲貢士與內州等。卒於官，年五十五，贈尚書左僕射。其後閩人春秋配享袞於學官云。〔註179〕

唐書不言常袞家世，則至少不是高門士族，「及進士第」說明他是以進士出身的。「文采贍蔚，長於應用」，「以清儉自賢」也多少顯示他進士出身的一些特質。尤其任福建觀察使時，大力發展當地教育，為進士考試培養、輸送大量人才，受到當地人民的愛戴，更以實際行動表現他對科舉取士的擁戴和支持。可以說，常袞是出身寒門的庶族朝官的代表人物和代言人。而陳京與常袞

〔註178〕〔唐〕柳宗元：《柳宗元集》，北京：中華書局，1979 年 9 月第一版，第 191～192 頁。

〔註179〕〔宋〕歐陽修、宋祁：《新唐書》卷一百五十，北京，中華書局，1975 年 2 月第 1 版，第 4809 頁。

家族聯姻，也說明門第相配，都屬於出身寒門的庶族朝官。陳京的仲兄又娶了柳宗元的妹妹，這樣的關係組合更進一步證明了王叔文集團主要代表了庶族朝官，也就是「永貞革新」的階層背景。

在行狀接下來的內容中，柳宗元著重選取了幾類事件來描摹陳京的一生，其中包括：

> 涇人作難，公徒行以出，奔問官守。段忠烈之死，上議罷朝七日。宰相曰：「不可，方居行宮，無以安天下。」公進曰：「是非宰相之言。天子褒大節，哀大臣，天下所以安也，況其特異者乎？」上用之。〔註180〕

文中提到的事件即是發生在德宗時期的「建中之亂」，正是「永貞革新」的歷史背景之一：藩鎮割據。陳京認為皇帝應該罷朝七日，就表明了他對「段忠烈之死」也即段秀實對跋扈藩鎮拒不妥協、鬥爭到底的行為表示認可並支持的態度。柳宗元挑出此事件，也恰巧因為陳京的行為與革新集團的主張是基本一致的。如《順宗實錄》上有載：

> 貶宣州巡官羊士愕為汀州寧化縣尉。士諤性傾躁，時以公事至京，的叔文用事，朋黨相煽，頗不能平，公言其非。叔文聞之，怒，欲下詔斬之，〔韋〕執誼不可，則令杖殺之，執誼又以為不可，遂貶焉。由是叔文始大惡執誼，往來二人門下者皆懼。先時劉闢以劍南節度副使將韋皋之意於王叔文，求都領劍南三川，謂叔文曰：「太尉使某致微誠於公，若與其三川，當以死相助；若不用，某亦當有以相酬。」叔文怒，亦將斬之，而執誼固執不可。闢尚遊京師。未去，至聞士諤，遂逃歸。（《順宗實錄》卷四貞元二十一年六月乙亥）

足見革新集團為了革除弊政，加強中央集權，對囂張跋扈、手中權力過大而又貪心不足的藩鎮節度使是深惡痛絕的。

《陳給事行狀》還選取了這樣一類事件：

> 昭陵山峻而高，寢宮在其上。內官懲其上下之勤，輾汲之艱也，謁於上，請更之。上下其議，宰相承而諷之，召官屬使如其請。公曰：「斯太宗之志也。其儉足以為法，其嚴足以有奉，吾敢顧其私容而替之也？」（替，一作贊。）奏議不可。上又下其議，凡是公

〔註180〕〔唐〕柳宗元：《柳宗元集》，北京：中華書局，1979年9月第一版，第193頁。

者六七人，其餘皆曰更之便。上獨斷焉，曰：「京議得矣。」從之。
〔註181〕

這段材料其實講述了兩個問題，一是陳京認為為政應該守太宗之法，其儉才足以為後世法，所以反對因為山勢之高就要更其所的建議；二其實也反應了當時「內官」勢力之強，以及陳京對內官的態度。因為內官提了建議，此處孫汝聽注：「宰相不能抗」〔註182〕，陳京獨敢與之抗衡；更微妙的在後面「上又下其議」，於是「其餘皆曰更之便」，這是揣測聖意後的媚行，但陳京堅持己見，後面的結果也又是一次出人意料。

宦官專權，一直是中唐後的一大禍患。《舊唐書·宦官傳·序》曰：

德宗避涇師之難，幸山南，內官竇文場、霍仙鳴擁從。賊平之後，不欲武臣典重兵，其左右神策、天威等軍，欲委宦者主之，乃置護軍中尉兩員、中護軍兩員，分掌禁兵，以文場、仙鳴為兩中尉，自是神策親軍之權，全歸於宦者矣。自貞元之後，威權日熾，蘭騎將臣，率皆子蓄，藩方戎帥，必以賄成，萬機之與奪任情，九重之廢立由己。元和之季，毒被乘輿。……向使不假威權，但趨惟展，何止四星終吉，抑亦萬乘延洪。昔賢為社鼠之喻，不其然乎？

因此，在短短的變革時間裏，王叔文革新集團與宦官之間的鬥爭也算是重頭戲，《順宗實錄》卷三貞元二十一年五月條說：

辛未，以右金吾大將軍范希朝為檢校右僕射兼右神策京西諸城鎮行營兵馬節度使。叔文欲專兵柄，籍希朝年老舊將，故用為將帥，使主其名，而尋以其黨韓泰為行軍司馬專其事，甲戌，以度文郎中韓泰守兵部郎中兼中丞充左右神策京西都柵行營兵馬節度行軍司馬，賜紫。

同書卷五所附王叔文傳在講了這個措施後還接著說：

中人尚未悟。會邊上諸將各以狀辭中尉，且言方屬希朝，中人始悟兵權為叔文所奪，乃大怒曰：「從其謀，吾屬必死其手。」密令其使歸告諸將曰：「無以兵屬人。」希朝至奉天，諸將無至者。韓泰白叔文，計無所出，唯曰「奈何，奈何！」

〔註181〕〔唐〕柳宗元：《柳宗元集》，北京：中華書局，1979年9月第一版，第194頁。

〔註182〕〔唐〕柳宗元：《柳宗元集》，第194頁。

因此，陳京行狀中此類與宦官爭論事件的選取，也客觀上反應出當時宦官權勢之盛，也即「永貞革新」的歷史背景之一。

行狀中還提到「初禮部試士，有與親戚者，則附於考功，莫不陰授其旨意而為進退者。（一無者字。）及公則否，卓然有有司之道，不可犯也。」〔註183〕《新唐書》中提到德宗朝時說「德宗猜忌刻薄，以強明自任，恥見屈於正論，而忘受欺於奸諛。故其疑蕭復之輕己，謂姜公輔為賣直，而不能容；用盧杞、趙贊，則至於敗亂，而終不悔。及奉天之難，深自懲艾，遂行姑息之政。由是朝廷益弱，而方鎮愈強，至於唐亡，其患以此。」一朝之敗亂，因素眾多。史書上重點提到皇帝用重臣時的偏誤，但行狀中提到的禮部取士之暗箱操作、黑暗腐敗，亦可從側面補充佐證當時永貞革新的背景。

二、碑誌中體現「永貞革新」對柳宗元生活帶來的影響

《順宗實錄》載貞元二十一年三月二十四日立皇太子前後事：

> 上疾久不瘳，內外皆欲上早定太子位，叔文默不發議。已立太子，天下喜，而叔文獨有憂色。常吟杜甫題諸葛亮廟詩末句云：「出師未用身先死，長使英雄淚滿襟。」因歔欷流涕。〔註184〕

當時的太子，就是日後的唐憲宗。王叔文革新集團在立太子一事表現出來的消極態度，再加上順宗的命不久長、宦官集團的反撲、革新集團的內訌等等因素，最終導致了「永貞革新」的失敗，「二王八司馬」事件的發生。

《舊唐書・憲宗紀》中載：

> 己卯，京西神策行營節度行軍司馬韓泰貶撫州刺史，司封郎中韓曄貶池州刺史，禮部員外郎柳宗元貶邵州刺史，屯田員外郎劉禹錫貶連州刺史，坐交王叔文也。……己卯，再貶撫州刺史韓泰為虔州司馬，河中少尹陳諫台州司馬，邵州刺史柳宗元為永州司馬，連州刺史劉禹錫朗州司馬，池州刺史韓曄饒州司馬，和州刺史凌準連州司馬，岳州刺史程異郴州司馬，皆坐交王叔文。

33歲的柳宗元就這樣從「超取顯美」的位置上跌落下來，而且應該說柳宗元的一生都再無重新翻盤、重新進入核心權力層的機會。朝廷在元和元年

〔註183〕〔唐〕柳宗元：《柳宗元集》，北京：中華書局，1979年9月第一版，第193頁。

〔註184〕〔唐〕韓愈：《順宗實錄》卷五，《韓愈全集校注》，成都：四川大學出版社1996年7月一版，第2980頁。

（806）這一年裏，就發過三次詔命，一再重申「八司馬」不僅不在寬赦之列，而且不得「量移」。《舊唐書》卷一四《憲宗紀》記載：「左降官韋執誼、韓泰、陳諫、柳宗元、劉禹錫、韓曄、凌準、程異等八人，縱逢恩赦，不在量移之限」。因此，柳宗元的餘生，都是在「永貞革新」失敗的陰影中度過的。而柳宗元一生大部分的碑誌文都是在「永貞革新」失敗後在貶地寫作而成，因此可從這些碑誌中一窺「永貞革新」對柳宗元生活帶來的影響。

（一）家庭生活方面

到永州半年後，與柳宗元依為命的母親盧氏於元和元年（806）五月病逝。在《先太夫人歸祔誌》中，他如此描摹母親的形象：

> （宗元）嘗逮事伯舅，聞其稱太夫人之行以教曰：「汝宜知之，七歲通《毛詩》及劉氏《列女傳》，斟酌而行，不墜其旨。汝宗大家也，既事舅姑，周睦姻族，柳氏之孝仁益聞。歲惡少食，不自足而飽孤幼，是良難也。」又嘗侍先君，有聞如舅氏之謂，且曰：「吾所讀舊史及諸子書，夫人聞而盡知之無遺者。」某始四歲，居京城西田盧中，先君在吳，家無書，太夫人教古賦十四首，皆諷傳之。以詩禮圖史及剪製縫結授諸女，及長，皆為名婦。〔註185〕

盧氏是一位知書達理的母親，有著良好的教養，在柳宗元的童年生活中，承擔著主要撫養者和教育者的角色。更為難得可貴的是，當柳宗元遭遇宦海沉浮時，盧氏表現出深刻的理解、寬廣的胸懷和從容的風度：

> 既得命於朝，祗奉教曰：「汝忘大事乎？吾家婦也，今也宜老，而唯是則不敢暇，抑將任焉。若有日，吾其行也。」及命為邵州，又喜曰：「吾願得矣。」竟不至官而及於罪。是歲之初，天子加恩群臣，以宗元任御史尚書郎，封太夫人河東縣太君。八月，會冊太上皇后於興慶宮，禮無違者。既至永州，又奉教曰：「汝唯不恭憲度，既獲戾矣，今將大儆於後，以蓋前惡，敬懼而已。苟能是，吾何恨哉！明者不悼往事，吾未嘗有戚戚也。」〔註186〕

可以說，柳母對於柳宗元來說，不僅僅是有養育之恩的慈母，更是一生最重要的精神支柱。然而，因為貶謫，「徙播癘土，醫巫藥膳之不具……喪主子

〔註185〕〔唐〕柳宗元：《柳宗元集》，北京：中華書局，1979 年 9 月第一版，第 326 頁。
〔註186〕〔唐〕柳宗元：《柳宗元集》，第 326～327 頁。

婦七歲，而不果娶。竄窮徼，人多疾殃，炎暑熇蒸，其下卑濕，非所以養也。診視無所問，藥石無所求，禱祠無所實，蒼黃叫呼，遂遘大罰」〔註187〕。

母親的病逝，給柳宗元帶來了巨大的痛苦。他的自責痛苦之情不能自己：

> 以速天禍，非天降之酷，將不幸而有惡子以及是也。又今無適主以葬，天地有窮，此冤無窮。……天乎神乎，其忍是乎！而獨生者誰也？為禍為逆，又頑很而不得死，逾月逾時，以至於今。靈車遠去而身獨止，玄堂暫開而目不見。孤囚窮縶，魄逝心壞。蒼天蒼天，有如是耶？有如是耶？而猶言猶食者，何如人耶？已矣已矣！窮天下之聲，無以舒其哀矣；盡天下之辭，無以傳其酷矣。〔註188〕

這樣的情緒還反映在為父親柳鎮所做的《先侍御史府君神道表》中：

> 嗚呼！宗元不謹先君之教，以陷大禍，幸而緩於死。既不克成先君之寵贈，又無以寧太夫人之飲食，天殛薦酷，名在刑書。不得手開玄堂以奉安祔，罪惡益大，世無所容。尚顧嗣續，不敢即死。支綴氣息，以嚴邦刑。大懼祭祀之無主，以忝盛德。〔註189〕

「樂莫樂兮新相知，悲莫悲兮生別離」，更何況是跟至親的生死別離，更何況是因為自己的遭遇連累了母親而導致的一場生死別離。柳宗元到此時可能才開始意識到，革新運動的失敗給他的生活帶來了什麼。

貶謫永州的惡劣生活不但讓柳宗元失去了母親，還讓他失去了女兒。《下殤女子墓磚記》中記載：「下殤女子……其始名和娘……元和五年四月三日死於永州，凡十歲。其母微也，故為父子晚。」〔註190〕大概和娘是柳宗元的侍妾所生，生於長安，約五歲時來到永州與柳宗元才正式相認，然而這對好不容易公開相認的父女，在永州共處了五年後就又要生死別離，柳宗元又體會到了「白髮人送黑髮人」之痛。

元和七年正月，柳宗元又經歷了一次喪親友之痛：他的姐夫崔簡死在驩州。崔簡以文雅清秀見重於當時，在前永州刺史去世後，朝廷就將崔簡派來為刺史。然而崔簡還未到任，就被污以貪污罪，流放至驩州。崔簡死後，他的兩個兒子奉靈柩北歸，結果途中渡海遇風暴而死，一家慘遇令人唏噓。柳宗元在

〔註187〕〔唐〕柳宗元：《柳宗元集》，北京：中華書局，1979 年 9 月第一版，第 325～327 頁。

〔註188〕〔唐〕柳宗元：《柳宗元集》，第 325～327 頁。

〔註189〕〔唐〕柳宗元：《柳宗元集》，第 297 頁。

〔註190〕〔唐〕柳宗元：《柳宗元集》，第 341 頁。

《祭姊夫崔使君簡文》中表達了二人的深厚情誼以及自己心中的哀痛：「惟昔與君，年殊志匹，晝諮夕計，期正文律。實契師友，豈伊親昵，誰謂斯人，變易成疾。良志莫踐，乖離永訣，嗚呼哀哉！」〔註191〕

《故永州刺史流配驩州崔君權厝誌》中亦記載其人其事：

> 博陵崔君，由進士入山南西道節度府，始掌書記。至府留後，凡五徙職，六增官，至刑部員外郎。出刺連、永兩州。未至永，而連之人愬君。御史按章具獄，坐流驩州。幼弟訟諸朝，天子黜連帥，罷御史，小吏咸死，投之荒外，而君不克復。元和七年正月二十六日卒。孤處道洎守訥，奉君之喪，逾海水，不幸遇暴風，二孤溺死。七月某日，柩至於永州。八月甲子，槁葬於社壇北四百步。〔註192〕

後又有《祭崔簡旅櫬歸上都文》。崔簡的離世，給柳宗元帶來的不僅是精神上的痛苦，崔簡的遺屬很多，「名為贓賄，卒無儲蓄，得罪之日，百口嗷然，叫號羸頓，不知所赴。」〔註193〕這些遺屬的生活都要柳宗元來照料。後來崔簡女兒的婚嫁也是柳宗元所主持。此女去世後，柳宗元還做《祭崔氏外甥女文》以及《薛君妻崔氏誌》，其中誌文中就提到「以叔舅命，歸於薛。」〔註194〕

受到影響的還有柳宗元的從弟柳宗直。宗直一直才學出眾，然而「兄宗元得謗於朝，力能累兄弟為進士。凡業成十一年，年三十三不舉」〔註195〕。又見《祭弟宗直文》中也提到：「如汝德業，尚早合出身，由吾被謗年深，使汝負才自棄。志願不就，罪非他人，死喪之中，益復為愧。」〔註196〕革新運動的失敗，不僅僅貶謫了柳宗元，還讓他的從弟宗直對官場也喪失了信心，空負才華又早離人世，柳宗元「益復為愧」。況且，他認為宗直雖然一直病弱，但死亡還是與他有關。「炎荒萬里，毒瘴充塞，汝已久病，來此伴吾。到未數日，自云小差，雷塘靈泉，言笑如故。一寐不覺，便為古人。」〔註197〕此時，距「永貞革新」已過去了十年，然而柳宗元又至柳州做刺史，還朝無望，「永貞革新」失敗的陰影仍然籠罩著他和他的家人。

〔註191〕〔唐〕柳宗元：《柳宗元集》，北京：中華書局，1979年9月第一版，第1103頁。
〔註192〕〔唐〕柳宗元：《柳宗元集》，第231～232頁。
〔註193〕〔唐〕柳宗元：《柳宗元集》，第903頁。
〔註194〕〔唐〕柳宗元：《柳宗元集》，第346頁。
〔註195〕〔唐〕柳宗元：《柳宗元集》，第323頁。
〔註196〕〔唐〕柳宗元：《柳宗元集》，第1100頁。
〔註197〕〔唐〕柳宗元：《柳宗元集》，第1101頁。

　　因為貶謫，連累了家人的健康，柳宗元要承受失親之痛和自責之苦的雙重心理折磨。同時，他還要承受與親人難以相聚、甚至親人離世自己也不能相送的痛苦。外甥崔駢在京去世，柳宗元在《祭外甥崔駢文》中這樣抒發自己的心情：

> 刑曹繼之，以病告余，銜憂驅使，裹藥操書。雖驚狀劇，猶恃神扶，豈知所賴，終以誤吾。我自得罪，無望還都。想爾新墓，少陵之隅，何時歸瘞圮土下呼。漬淚徹壙，以沾以塗，此心未慊，祗益摧紆。累見於夢，寧知有無？寄之哀辭，惟爼及壺。嗚呼哀哉！
> 〔註198〕

　　此種心情亦見於《祭崔氏外甥女文》：「臨視無路，溯風慟哭，怛焉自中，如刃之觸。」〔註199〕

　　柳宗元在柳州時，更讓他痛心且引發他身世之感的還是岳父楊憑的去世。楊憑也曾經歷過「永貞革新」，然後受素不和之御史彈劾，從而被貶，「南過九疑，東逾秣陵，顛沛三載，天書乃徵。」柳宗元十分同情楊憑的經歷，又很欣賞岳父做事的能力，曾寫過《唐放邕管招討副使試大理司直兼貴州刺史鄧君墓誌銘》，這位鄧某曾是楊憑的僚屬，文章稱讚他「於湖南則外按屬城，內專平準，蒞卝人錫石之地，參鳧氏鼓鑄之功。溢山告祥，國用益贍，吏無並緣以巧法，人無怨讟以苦役，凡處斯職，莫能加焉。於江西，則旁緝傳置，下緄支郡，俾無有異政，以一於詔條，財賦之重，待君而理。」〔註200〕實際上也是在肯定楊憑在湖南、江西任上的政績。因此，本是翁婿相親，又有相似的貶謫經歷，楊憑的去世讓柳宗元又一次體驗貶謫帶來的錐心之痛：

> 某以通家承德，夙奉良姻，莫成子姓，早喪淑人。恩禮斯重，眷撫惟新，綢繆其志，實敬實勤。迨今契然，十月八祀，家缺主婦，身遷萬里。謗言未明，黜伏逾紀，德輝間絕，音塵莫俟。歲首發函，視遠如邇，雖當沉痼，心術猶治。撫膺頓首，流泣瞠視，既歠而還，莫傳音旨。鄉風長慟，於茲已矣。嗚呼哀哉！〔註201〕

〔註198〕〔唐〕柳宗元：《柳宗元集》，北京：中華書局，1979年9月第一版，第1109～1110頁。

〔註199〕〔唐〕柳宗元：《柳宗元集》，第1107頁。

〔註200〕〔唐〕柳宗元：《柳宗元集》，第251頁。

〔註201〕〔唐〕柳宗元：《柳宗元集》，第1048～1049頁。

（二）社會生活方面

1. 得友

柳宗元被貶到永州後，隨著時間的流逝，以及一些情投意合之人先後來到永州，柳宗元慢慢又有了自己在當地的社交圈，社會生活也相對活躍了一些。他的碑誌作品中，對這些朋友以及彼此之間的友情有所記錄。

元和三年，崔敏來到永州做永州刺史。可惜兩年後便去世了，柳宗元為其所作的《唐故朝散大夫永州刺史崔公墓誌》中讚頌了他治理永州的政績：

> 惟是南楚，風浮俗鬼，戶為胥徒，家有襪□。大者虐鰥孤以盜邦賦，□愚蒙以神詭言。悖於政經，莫有禁禦。公於是修整部吏，黜侵凌牟漁者數百人，以付信於下，而徵貢用集；擒戮妖師，毀焫萵淫昏者千餘室，以舉正群枉，而田閭克和。寬以容物，直以率下。邦人方安其理，縉紳猶鬱其望。體魄遽降，哀何有窮？〔註202〕

而他與崔敏之間的交遊時光是美好而難忘的，《祭崔使君敏文》中云：

> 某咸以罪戾，謫茲炎方，公垂惠和，枯槁以光。鳴鑾適野，泛鷁沿湘，廣筵命樂，華燭飛觴。高歌屢舞，終以無荒，紛慮斯屏，憂懷暫忘。良時不再，斯樂難常，今其奈何？顧慕感傷。鳴呼！室有逝去，川無息流，追懷曩辰，恍若夢遊。莫徹中寢，魂邅乘舟，邦人永思，匍匐隱憂。況我懷德，心焉若抽，潔誠可鑒，蘋藻非羞。
> 〔註203〕

柳宗元既是以貶謫罪臣的身份到了永州，當地長官的素質和態度就顯得尤為重要，因為有了崔敏，有助於讓他在條件艱苦的永州能暫時緩解生活上、情感上的孤獨痛苦。

原睦州刺史李幼清，也是柳宗元到永州後來往密切的好友。李幼清是被桀驁不馴的強藩所誣告，先是流放到循州，後來量移到永州的。柳宗元曾為李幼清的侍妾寫過墓誌《太府李卿外婦馬氏誌》，中云：「李君為睦州，詆狂寇見誣，左官為循州錄，過而慕焉，納為外婦，偕竄南海上。及移永州，州之騷人多李之舊，日載酒往焉。聞其操鳴弦為新聲，撫節而歌，莫不感動其音，美其容，以忘其居之遠而名之辱，方幸其若是也。」〔註204〕可見在那個偏遠的地方，

〔註202〕〔唐〕柳宗元：《柳宗元集》，北京：中華書局，1979年9月第一版，第228～229頁。

〔註203〕〔唐〕柳宗元：《柳宗元集》，第1073～1074頁。

〔註204〕〔唐〕柳宗元：《柳宗元集》，第1349～1350頁。

柳宗元和這些有著相似經歷的朋友一起，聽過馬氏的美妙歌聲，這是他們落寞時光中的美好慰藉。

柳宗元還寫過一篇《馬室女雷五墓誌》：

> 雷五生巧慧異甚，凡事絲纊文繡，不類人所為者，余睹之甚駭。家貧，歲不易衣，而天姿潔清修嚴，恒若簪珠璣，衣紈縠，寥然不易為塵垢雜。年十五，病死；後二日，葬永州東郭東里。以其姨母為妓於余也，將死，曰：「吾聞柳公嘗巧我慧我，今不幸死矣，安得公之文志我於墓？」其父母不敢以云。葬之日，余乃聞焉，既而閔焉。以攻石之後也，遂為砂書玄碑，追而納諸墓。〔註205〕

雷五大約是柳宗元某個侍妾或侍妓的外甥女，反映出柳宗元在永州的生活側面。而柳宗元欣然為這個在當時看來身份低微的小女子作志，亦見冰冷遭遇中的柳宗元心中潛藏的溫情，也是他當時社會生活的組成部分。

元和二年名將南霽雲的兒子南承嗣也被貶至永州，與柳宗元因此有了相交的機緣。南承嗣也是一名忠勇善戰的義士，曾與判斷的西川劉闢進行了堅決的鬥爭。然而後來也遭遇被誣陷被貶的命運。柳宗元曾應南承嗣之請，為其父寫了《唐故特進贈開府儀同三司揚州大都督南府君睢陽廟碑》，歌頌南霽雲的功績。

柳宗元在永州期間還有一位重要的朋友吳武陵，也是因貶而來永州。可以說，與柳宗元交往最為密切，給他鼓勵、啟發最多的是吳武陵，二人的交遊多見於信件和詩歌，不見於碑誌，故此處不再贅述。

像吳武陵、李幼清、南承嗣這樣的人，各人的秉性、出身不同，但都是當時現實政治的失意者。柳宗元與他們正有同病相憐之感，他和這些人的交往，相濡以沫互相慰藉，又因為自己是敏感的作家和深刻的思想家，從中也得到許多感受和啟發。

2. 失友

「二王八司馬事件」讓柳宗元來到永州，交往了一些新的朋友。但同時，他的那些舊友們的遭際，也讓柳宗元為之牽掛。

凌準，是「八司馬」中的成員。曾與柳宗元的父親柳鎮是同僚，算是柳宗元的前輩，其文章、學術均使柳獲益匪淺。柳宗元在悼念他的詩裏說：「念昔

〔註205〕〔唐〕柳宗元：《柳宗元集》，北京：中華書局，1979年9月第一版，第349頁。

始相遇，腑腸為君知。進身齊選擇，失路同瑕疵。」〔註206〕可見二人還屬於榮辱與共、相知甚深的忘年交。

在《故連州員外司馬凌君權厝誌》中，柳宗元回憶了他們曾一起經歷過的「永貞革新」事件：

> 德宗崩，遍臣議秘三日乃下遺詔，君獨抗危詞，以語同列王伾，畫其不可者十六七，乃以旦日發喪，六師萬姓安其分。遂入為尚書郎，仍以文章侍從，由本官參度支，調發出納，奸吏衰止。以連累出和州，降連州。居母喪，不得歸，而二弟繼死。不食，哭泣，遂喪其明以沒。蓋君之行事如此，其報應如此。夫人高氏，在越。孤四人，南仲、殷仲在夫人所，未至。執友河東柳宗元，哀君有道而不明白於天下，離愍逢尤天其生，且又同過，故哭以為志，其辭哀焉。〔註207〕

對於凌準之死，柳宗元如此之傷懷大概有三方面的原因：一是二人天性稟賦有相似之處：「讀書為文章」以及「獨抗危詞」的正直與倔強；二是兩人同進退同承擔的政治生涯起伏經歷；三是凌準後來「二弟繼死」，失明以歿，身後又如此孤獨淒涼。

還有一位重要人物，就是柳宗元認為「交侶平生意最親」的呂溫。呂溫貞元十四年進士及第，又登宏辭科，授集賢殿校書郎，曾與柳宗元是同僚。劉禹錫曾評呂溫「勇於六藝之能，咸有所祖。年益壯，志益大，遂拔去文學，與俊賢交。重氣概，核名實，歊然以致君及物為大欲」，(《唐故衡州刺史呂君集紀》，《劉賓客文集》卷一九)可見亦為人中之俊傑。王叔文曾特別器重呂溫的傑出才華，但「永貞革新」期間，恰值呂溫出使吐蕃被羈留，未為革新出力，自然革新失敗時也未被牽連遭貶。後來回朝之後，因為與權臣李吉甫有隙，也被一貶再貶至道州刺史。元和六年，呂溫去世，時年僅四十歲。柳宗元先後為呂溫寫了《祭呂衡州溫文》和《衡州刺史東平呂君溫誄》。

在《祭呂衡州溫文》中，柳宗元提到呂溫之於他的意義，「宗元幼雖好學，晚未聞道，洎乎獲友君子，乃知適於中庸，削去邪雜，顯陳直正，而為道不謬，兄實使然。」〔註208〕柳宗元自謙真正懂得君子之道已經是後來的事了，然而

〔註206〕〔唐〕柳宗元：《柳宗元集》，北京：中華書局，1979年9月第一版，第1209頁。

〔註207〕〔唐〕柳宗元：《柳宗元集》，第264～265頁。

〔註208〕〔唐〕柳宗元：《柳宗元集》，第1053頁。

呂溫卻早已在踐行君子之道，所謂知易行難，對於「知」都較難的「君子之道」，呂溫卻能實實在在的付諸於行動，「積乎中不必施於外，裕乎古不必諧於今，二事相期，從古至少，至於化光，最為太甚。理行第一，尚非所長，文章過人，略而不有，素志所蓄，巍然可知。」〔註209〕因此對於柳宗元而言，呂溫於他頗有幾分「精神導師」的意味。然而就是這樣一個在柳宗元眼中難得的人，卻英年早逝，並沒有在當世發揮出他應有的價值。這樣的身世之悲引發了柳宗元強烈的共鳴，應該說在柳宗元為呂溫寫的這兩篇文中，呂溫離世這件事就像導火索一樣，引爆了柳宗元對「懷才不遇」這件事的極大憤慨，以及對當時社會不公平現象的強烈不滿，進而怨天尤人、質詢所謂的天意！

如祭文中所言：

……嗚呼天乎！君子何厲？天實仇之；生人何罪？天實仇之。聰明正直，行為君子，天則必速其死。道德仁義，志存生人，天則必夭其身。吾固知蒼蒼之無信，莫莫之無神，今於化光之歿，怨逾深而毒逾甚，故復呼天以云云。……道大藝備，斯為全德。而官止刺一州，年不逾四十，佐王之志，沒而不立，豈非修正直以召災，好仁義以速咎者耶？……貪愚皆貴，險很皆老，則化光之夭厄，反不榮歟？所慟者志不得行，功不得施，蚩蚩之民，不被化光之德；庸庸之俗，不知化光之心。〔註210〕

最後更連續用了十八個疑問句，抒寫自己憤鬱之情：

嗚呼化光！今復何為乎？止乎行乎？昧乎明乎？豈蕩為太空與化無窮乎？將結為光耀以助臨照乎？豈為雨為露以澤下土乎？將為雷為霆以泄怨怒乎？豈為鳳為麟、為景星為卿雲以寓其神乎？將為金為錫、為圭為璧以棲其魄乎？豈復為賢人以續其志乎？將奮為神明以遂其義乎？不然，是昭昭者其得已乎，其不得已乎？抑有知乎，其無知乎？彼且有知，其可使吾知之乎？〔註211〕

在誄文中，柳宗元也提到呂溫去世後，在民間引起了強烈的反響：「君由道州以陟為衡州。君之卒，二州之人哭者逾月。湖南人重社飲酒，是月上戊，不酒去樂，會哭於神所而歸。余居永州，在二州中間，其哀聲交於北南，舟船之

〔註209〕〔唐〕柳宗元：《柳宗元集》，北京：中華書局，1979年9月第一版第1053頁。

〔註210〕〔唐〕柳宗元：《柳宗元集》，第1053頁。

〔註211〕〔唐〕柳宗元：《柳宗元集》，第1054頁。

下上，必呱呱然，蓋嘗聞於古而睹於今也。」〔註212〕然而，這樣的身後名又能如何？這些現在為呂溫之死哀歎的人又真正懂得多少呂溫的價值呢？「君之志與能不施於生人，知之者又不過十人。世徒讀君之文章，歌君之理行，不知二者之於君其末也。」〔註213〕所以呂溫終究是孤獨的，「君之文章，宜端於百世，今其存者，非君之極言也，獨其詞耳；君之理行，宜極於天下，今其聞者，非君之盡力也，獨其跡耳。萬不試而一出焉，猶為當世甚重。若使幸得出其什二三，則巍然為偉人，與世無窮，其可涯也？」〔註214〕而呂溫的孤獨，又豈不是柳宗元的孤獨？而且此時的柳宗元，失去了呂溫，他的內心更孤苦無依了，柳宗元因此甚至對自己的人生增添了幾分悲觀，祭文中柳宗元直抒胸臆：「海內甚廣，知音幾人？自友朋凋喪，志業殆絕，唯望化光伸其宏略，震耀昌大，興行於時，使斯人徒，知我所立。今復往矣，吾道息矣！雖其存者，志亦死矣！臨江大哭，萬事已矣！窮天之英，貫古之識，一朝去此，終復何適？」〔註215〕

「永貞革新」不過百餘日，「二王八司馬」事件爆發之時，柳宗元可能萬萬沒有想到，這居然影響了他的一生，而且不僅僅影響到他個人，還累及家庭。他的社會生活層面，也接觸了和他一樣有貶謫經歷的友人，看到了政治局勢之變幻莫測，又痛失至親至友，爆發「懷才不遇」之悲、產生「時也命也」之歎。

三、柳宗元對「永貞革新」的態度

1. 不悔

貞元二十一年（805）六月二十日，王叔文的母親去世。這看似是一個偶然事件，但對於當時在處於關鍵時期的「永貞革新」來說，卻加速了其敗亡的進程。革新運動的支持者以及最大的後臺就是順宗皇帝，然而順宗從本年二月即位就一直處於重病的狀態，四月李純就被立為太子，王叔文心知情況不妙，五月在與宦官爭奪兵權的鬥爭中又以失敗告終。七月底，皇太子李純監國；八月四號，順宗禪位。「永貞革新」可謂徹底失敗了。

然而就在八月初，王叔文貶官前的幾日，柳宗元為王母寫下了《故尚書戶部侍郎王君先太夫人河間劉氏誌文》。當時王叔文已經失去了權力，地位岌岌

〔註212〕〔唐〕柳宗元：《柳宗元集》，北京：中華書局，1979 年 9 月第一版，第 217頁。

〔註213〕〔唐〕柳宗元：《柳宗元集》，第 217 頁。

〔註214〕〔唐〕柳宗元：《柳宗元集》，第 217 頁。

〔註215〕〔唐〕柳宗元：《柳宗元集》，第 1053～1054 頁。

可危。清人何焯評價此文:「夫人無事可書,乃生頌其子,佞也。」實際以當時的情況來看,「生頌」王叔文不但沒有任何好處,反而要承擔著極大的風險。因此這篇作品絕不是普通的「諛墓」之作,也不是一篇尋常的墓誌銘。它表面上是為王母作志,其實是在歌頌王叔文,也就是在為革新事業辯護,乃至在為挽救革新事業而努力。文章高度讚揚了王叔文的才能,特別突出了他執政那幾個月的政績:

> 叔文,堅明直亮,有文武之用。貞元中,待詔禁中,以道合於儲後,凡十有八載,獻可替否,有匡弼調護之勤。先帝棄萬姓,嗣皇承大位。公居禁中,訏謨定命,有扶翼經緯之績。由蘇州司功參軍,為起居舍人、翰林學士。將明出納,有彌綸通變之勞,副經邦阜財之職。加戶部侍郎,賜紫金魚袋。重輕開塞,有和鈞肅給之效。內贊謨畫,不廢其位,凡執事十四旬有六日。利安之道,將施於人,而夫人卒於堂,蓋貞元之二十一年六月二十日也。知道之士,為蒼生惜焉。〔註216〕

這篇誌文用高度凝練概括的筆墨,突出地描寫了王叔文在輔佐順宗時的地位和功績,強調他是「以道合於」順宗,為人和行事都是光明正大的;且極具才幹:「有匡弼調護之勤,有扶翼經緯之績,有彌綸通變之勞」;在實行「永貞革新」的過程中,也是「利安之道,將施於人」。而且對他居喪離職表示惋惜,「知道之士,為蒼生惜焉」,大有希望王叔文東山再起之意。以當時的政治局勢來看,政治風向已完全逆轉,連王伾也已經退避,柳宗元也如此義正辭嚴地為革新派唱讚歌做宣傳,這需要極大的勇氣,也表現出柳宗元堅定執著的個性,以及他對革新事業的莫大熱情。

緊接著,「二王八司馬」事件爆發,柳宗元被一貶再貶到永州。唐代的永州,還是相當荒僻的地方。柳宗元職務的全稱是「永州司馬員外置同正員」,永州是中州,司馬是正六品上。但永州司馬依例只是個閒員,依白居易《白氏長慶集》卷四四《江州司馬廳記》中言此職多由「內外文武官左轉右遷者遞居之」。而「員外置」則是在編制之外,當時朝廷有員外及攝、試官不得干預政務的規定,因此柳宗元到永州後既無公務,也無館舍,「俟罪非真吏」而已。這種境況與之前的年少得志形成鮮明對比,也自會在人的心中造成落差。

〔註216〕〔唐〕柳宗元:《柳宗元集》,北京:中華書局,1979年9月第一版,第244頁。

　　然而柳宗元並沒有因為這樣的落差而質疑自己的做法，他到永州不久，就寫了一篇很重要的文章——《唐故給事中皇太子侍讀陸文通先生墓表》，是為前一年九月在長安亡歿的陸質所作。

　　對於「永貞革新」而言，如果說王叔文、王伾是始作俑者，「八司馬」是革新的中流砥柱，順宗皇帝是後臺支持，那陸質則可說是革新的精神領袖。章士釗在《柳文指要》一書中說：「陸淳（質）並非子厚一人之師，而實是八司馬及同時流輩之所共事。」所謂「同時流輩」，則應指與「八司馬」同時而又志趣相合的一類人，如王叔文、呂溫、李景儉等。事實確實如此，如在「八司馬」中，除韋執誼、柳宗元等深受陸質影響之外，韓泰收藏並研治陸質的《春秋集傳微旨》，凌準收藏並研治陸質的《春秋集傳微旨》、《春秋集傳辨疑》、《春秋集注》。呂溫則不但是陸質的學生，《新唐書·呂溫傳》記載他曾「從陸質治《春秋》」，收藏並研治陸質的《春秋集注》，而且代陸質撰寫《進集注春秋表》。可以說，陸質新《春秋》學的經世致用思想，對永貞革新集團的主要成員都有很大的影響。

　　正因為陸質的學術和思想指導了革新派人士，而且也屬於革新集團的核心成員，所以他被革新派召入朝廷，安排作時為太子的李純的侍讀。但李純並不喜歡他。《舊唐書》中載：

　　　　時執誼得幸，順帝寢疾，與王叔文等竊弄權柄。上在春宮，執誼懼，質已用事，故令質入侍，而潛伺上意，因用解。及質發言，上果怒曰：「陛下令先生與寡人講義，何得言他。」質惶懼而出。未幾病卒。……貞元二十一年卒。〔註217〕

　　從此條記載種似也可看出李純也即後來的憲宗皇帝對革新派的態度。這也為日後革新運動的失敗，以及憲宗皇帝對革新派的嚴懲不貸埋下了伏筆。

　　陸質之所以沒有收到嚴懲，是因為他去世的時間太早。陸質死時柳宗元等人剛剛接到貶官的消息，來不及寫文章紀念。到永州後，在陸質將葬的時候，他代表同僚寫了這篇墓表。在此時，柳宗元以流囚的身份，又代表著「門人世儒」的口氣來為他人誌墓，可見這篇墓誌是一篇不同尋常的作品。文章一方面大力肯定陸質《春秋》學的意義與貢獻：

〔註217〕〔後晉〕劉昫等：《舊唐書》卷一百八十九下，北京，中華書局，1975 年 5 月第 1 版，第 4977 頁。

>……吳郡人陸先生質，與其師友天水啖助洎趙匡能知聖人之旨，故《春秋》之言及是而光明。使庸人小童皆可積學以入聖人之道，傳聖人之教，是其德豈不侈大矣哉！〔註218〕

其實也就是在肯定革新運動的指導思想是沒有問題的。

而另一方面，又突出他輔佐李純之事：

>……用是為天子爭臣尚書郎、國子博士、給事中、皇太子侍讀，皆得其道。刺二州守，人知仁；永貞年，侍東宮，言其所學，為《古君臣圖》以獻，而道達乎上。是歲，嗣天子踐祚而理，尊優師儒……嗚呼先生，道之存也以書，不及施於政；道之行也以言，不及睹其理。門人世儒，是以增慟。將葬，以先生為能文聖人之書通於後世，遂相與諡曰文通先生。後若干祀，有學其書者，過其墓，哀其道之所由，乃為石以表碣。〔註219〕

這裡的門人即韓泰、凌準等革新人物。在當時的具體環境下，他們一起「私諡」、紀念陸質，顯然是別有深意的。肯定陸質實際也是在肯定革新思想和行動。這仍是在表明已經被貶謫的情況下，柳宗元並沒有反悔的表現。他在後來所寫的《答元饒州論春秋書》裏又詳細說到自己師從陸質、傾服和鑽研他的學說的情形：

>……往年曾記裴封叔（瑾）宅聞兄與裴太常言晉人及姜戎敗秦師於殽一義，常諷習之；又聞韓宣英（曄）及亡友呂和叔（溫）輩言它義，知《春秋》之道久隱，而近乃出焉。京中於韓安平（泰）處始得《春秋微旨》，和叔處始見《春秋集傳集注》，恒願掃於陸先生之門。及先生為給事中，與宗元入尚書同日，居又與先生同巷，始得執弟子禮。未及講討，會先生病，時聞要論，嘗以易教誨見寵。不幸先生疾彌甚，宗元又出邵州，乃大乖謬，不克卒業。復於亡友凌生（準）處盡得《宗指》、《春秋辨疑》、《集注》等一通，伏而讀之……〔註220〕

從這段文字，可見他在永州更集中精力研讀陸質著作的情況，這種對精神導師理論的堅持研習，本身就是堅持革新理想不後悔不妥協的表現。

〔註218〕〔唐〕柳宗元：《柳宗元集》，北京：中華書局，1979 年 9 月第一版，第 208～209 頁。

〔註219〕〔唐〕柳宗元：《柳宗元集》，第 209～210 頁。

〔註220〕〔唐〕柳宗元：《柳宗元集》，第 818～819 頁。

　　另外在柳宗元所做的《先君石表陰先友記》中，記其先友於父墓碑。在這個六十六個人的名單中，有兩個名字也與「永貞革新」有關，應引起我們的注意。

　　第一個是杜黃裳。杜黃裳屬於朝中「舊臣」，三朝元老，他的女婿就是革新派韋執誼，《資治通鑒·唐紀》順宗永貞元年載：「先是，太常卿杜黃裳為裴延齡所惡，留滯臺閣，十年不遷，及其婿韋執誼為相，始遷太常卿。」如此看來，似乎杜黃裳應該順理成章地支持革新派。然而事實恰恰相反，《通鑒》後面繼續記載道：

　　　　黃裳勸執誼帥群臣請太子監國，執誼驚曰：「丈人甫得一官，奈何啟口議禁中事！」黃裳勃然曰：「黃裳受恩三朝，豈得以一官相買乎！」拂衣起出。〔註221〕

　　杜黃裳竟是堅定的憲宗擁立者，也是後來輔佐憲宗肅平藩鎮的主力大臣之一。他對待「永貞革新」的態度也無外乎就是不支持、不反對罷了。

　　柳宗元在《先友記》中這樣記載杜黃裳：「杜黃裳，京兆人。弘大人也，善言體要，為相。有牆仞，不佞。以謀克蜀，加司空，出為河中節度。」

　　寥寥數語中竟有「善言提要……有牆仞，不佞……」等讚語。可見柳宗元評價人並不總是以「是否支持革新」為唯一標準。杜黃裳雖然並不支持革新運動，但他仍然以自己的風骨贏得了柳宗元的敬重。

　　然而《先友記》中還有一人就未能得到如此待遇。柳宗元在《先君石表陰先友記》中關於鄭餘慶記載云：「鄭餘慶，榮陽人，再為相。始天下皆以為長者，及為大官，名益少。今為尚書、河南尹，無恙。」鄭餘慶是王叔文執政時召回京城的逐臣之一，卻為憲宗朝所重用，憲宗即位後，於八月二十七日下《授鄭餘慶平章事制》，文曰：「有天下者曷常不選賢與能，納於輔弼，用乂厥辟，以和群生。……朕祗若大訓，圖任舊人；疇諮庶工，用佐予理。」〔註222〕其間竅要除了憲宗朝「圖任舊人」外，是否還有其他，因史料缺乏不可易知，然而柳宗元卻對其下如此考語，原因暫且不明。

　　從柳宗元被貶至永州後所寫的這些碑誌材料來看，柳宗元對「永貞革新」的態度是明確的，並沒有因為自己受挫就否定自己參與革新運動的行為，更沒有否定革新運動的發起者，沒有否定運動本身。

〔註221〕〔宋〕司馬光：《資治通鑒》卷二百三十六，唐紀五十二，順宗永貞元年，北京：中華書局，1956年6月第1版，第7614頁。

〔註222〕〔清〕董誥等：《全唐文》卷五十六，北京：中華書局1982年影印，第605頁。

2. 堅持

（1）堅持抑強藩

如前所述，柳宗元來永州後認識了名將南霽雲的兒子南承嗣。南霽雲是「安史之亂」中著名的睢陽保衛戰的將領，後因戰死而被朝廷褒獎。到了中唐時期，曾經參與睢陽保衛戰將領的太守許遠以及縣令張巡的後人，紛紛為先人爭功而互相攻擊。這雖然主要是睢陽保衛戰的具體功過的爭論，但在中唐藩鎮割據勢力擴張的形勢下，對於犧牲將領的評價就成了具有重大現實意義的問題。

在這種情況下，柳宗元應南承嗣之請，寫了《唐故特進贈開府儀同三司揚州大都督南府君睢陽廟碑》，這篇文章當然是以南霽雲為中心，但同樣展開了睢陽之戰的廣闊背景，熱情歌頌了這次保衛戰的功績和意義，而特別突出了南霽雲的功業。這種書寫態度本身就反應了柳宗元對「抑強藩」態度之堅決，同時我們還在那些讚歎南霽雲精神的語料中，感受到柳宗元在「抑強藩」行為背後更推崇的一種忠勇剛烈的精神：

> ……急病讓夷義之先，圖國忘死貞之大。利合而動，乃市賈之相求；恩加而感，則報施之常道。睢陽所以不階王命，橫絕凶威，超千祀而挺生，奮百代而特立者也。……

> 於戲！睢陽之事，不唯以能死為勇，善守為功；所以出奇以恥敵，立懂以怒寇，俾其專力於東南，而去備於西北，力專則堅城必陷，備去則天討可行。是故即城陷之辰，為克敵之日。世徒知力保於江、淮，而不知功靖乎醜虜。論者或未之思歟！……

> 惟公信以許其友，剛以固其志，仁以殘其肌，勇以振其氣，忠以摧其敵，烈以死其事，出乎內者合於貞，行乎外者貫於義，是其所以奮百代而超千祀者矣。其志不亦宜乎？〔註223〕

而對於確有才能，處理好邊鎮問題，有利於加強中央對邊鎮管轄的官員，柳宗元在墓誌中也會不遺餘力地為其功業進行濃墨重彩地書寫。如在《安南都護張公誌》中，對張舟的功績就大加溢美之詞：

> ……公自為吏，習於海邦，凡其比較勤勞，利澤長久。去之則夷獠稱亂，復至而寇攘順化。及受命專征，得陳嘉謨，誓拔禍本，

〔註223〕〔唐〕柳宗元：《柳宗元集》，北京：中華書局，1979 年 9 月第一版，第 138～143 頁。

納於夷軌。乃命一其貢奉，平其斂施。牧人盡區處之方，制國備刑體之法。道阻而通百貨，地偏而具五人。儲偫委積，師旅無庚癸之呼；繕完板幹，控帶兼戌巳之位。文單環王，怙力背義。公於是陸聯長轂，海合艘艟，再舉而克殄其徒，廓地數圻，以歸於我理。烏蠻首帥，負險蔑德。公於是外申皇威，旁達明信，一動而悉朝其長，取州二十，以被於華風。〔註 224〕

張舟不但有勇有謀，更為柳宗元看重的是他在治理一方時體現出一派華夏之風：

> 易皮弁以冠帶，化奸宄為誠敬，皆用周禮，率由漢儀。公患浮海之役，可濟可覆，而無所恃，乃刳連烏，以闢坦途。鬼工來並，人力罕用，沃日之大，束成通溝；摩霄之阻，砮為高岸，而終古蒙利。公患疆場之制，一彼一此，而不可常，乃復銅柱，為正制。鼓鑄既施，精堅是立。固圉之下，明若白黑，易野之守，險逾丘陵，而萬世無虞。奇琛良貨，溢於玉府；殊俗異類，盈於槁街。……〔註 225〕

這樣的情況還體現於柳宗元所作的《嶺南經略使馬君誌》中贊誌主為「凡管嶺南五府儲偫，出卒致穀，以謀葉平哥舒晃，假守州邑，民以便安。殄火訛，殺吏威，海鹽增筭，邦賦大減，所至皆用是理。」〔註 226〕以及《邕州刺史李公誌》中云「（誌主）既至，則□弓橐甲，去斥候，禁部內，無敢以賊名，使得自瀚濯。諸酋長咸頓首送欸，故虜獲輸稅奉貢，願比內郡人，遣子吏都督所。人復耕稼，無有威刑。」〔註 227〕

再如《唐放邕管招討副使試大理司直兼貴州刺史鄧君墓誌銘》：

> ……初以試太常寺奉禮郎，更職於劍南、湖南、江西。前後連帥咸器其能，以柄於事。於劍南，則亭擬閱實，以循官刑，盡哀敬之情，致淑問之頌，寬猛之適，克合於中。於湖南，則外按屬城，內專平準，蒞卯人錫石之地，參隺氏鼓鑄之功。溢山告祥，國用益贍，吏無並緣以巧法，人無怨讟以苦役，凡處斯職。莫能加焉。於

〔註 224〕〔唐〕柳宗元：《柳宗元集》，北京：中華書局，1979 年 9 月第一版，第 240～241 頁。
〔註 225〕〔唐〕柳宗元：《柳宗元集》，第 241～242 頁。
〔註 226〕〔唐〕柳宗元：《柳宗元集》，第 258 頁。
〔註 227〕〔唐〕柳宗元：《柳宗元集》，第 247 頁。

江西，則旁緝傳置，下繩支郡，俾無有異政，以一於詔條，財賦之重，待君而理。

無何，邕州經略使路公恕，奏署試大理評事兼貴州刺史。參帷幕之任，董龜虎之戚，夷俗敬愛，革面受事。朝廷將以武定南服，命安南大校御史中丞趙良金為邕州，復以君兼招討判官。錄其異能，奏加司直，昇招討副使兼統橫、廉、貴三州事。尤革之下，直道有立，獷悍之內，義威必行。賦增而不擾，法一而無憾。……〔註228〕

此鄧君其實後來也是因為遭到了誹謗，而「疾卒於公館」的，因此柳宗元更生起惺惺相惜之意，高度肯定了他在「抑強藩」方面所做出的貢獻。

（2）堅持固有立場

如前文提到的柳宗元為亡友呂溫、凌準等寫作的《唐故衡州刺史東平呂君誄》、《祭呂衡州文》、《故連州員外司馬凌君權厝誌》、《故連州員外司馬凌君墓後誌》等，這些誌文都一再地頌揚亡友的道德與事業，表示對亡友的悼念和惋惜。這除了表明自己對友人至死不渝的情誼之外，更重要的一層意義在於堅持固有的立場，肯定革新事業並為其失敗致痛惜之情。

3. 昇華

「永貞革新」雖然給柳宗元的人生帶來了深遠的影響，然而，革新本身畢竟僅僅持續了一百多天，而且，有不少學者都認為如果以歷史的眼光去評價，「永貞革新」其實也不過是一次時間短任務緊、改革內容也並無語新意、影響也不深遠的小革新活動而已。只是因為牽扯到了柳宗元和劉禹錫兩位大文豪，才在後世格外引起人們的關注而已。所以此次革新儘管是柳宗元人生的高峰體驗，然而當時光逝去，作為一代文豪、思想家，柳宗元更重要的事就是通過對革新事件的思考，更加重視自己所堅守的人生之「道」。革新事件讓柳宗元受挫，並讓他到達偏僻荒蠻的貶謫之地，在物質精神雙重的苦難之中，提供給他一個思考自己人生的契機。

柳宗元到永州後不久，寫了兩篇比較特殊的墓誌，一篇是《東明張先生墓誌》，另一篇是《覃季子墓誌》。東明張先生張因，是一位曾經辭官專心修黃老之術的修行人，去世後他的弟子請柳宗元為他誌墓，柳宗元慨然應允，銘文如下：

〔註228〕〔唐〕柳宗元：《柳宗元集》，北京：中華書局，1979 年 9 月第一版，第 251～252 頁。

匪祿而康，匪爵而榮。漠焉以虛，充焉以盈。言而不為華，光而不為名。介潔而周流，苞涵而清寧。幽觀其形，與化相冥。寂寞以成其道，是以勿嬰。世皆狂狂，奔利死名。我獨浩浩，端一以生。或曰：「先生友悌以遯，慈幼以死，若不能忘情者何耶？」吾曰：「道去友耶？去慈耶？從容以求，其得之耶？蕩莽很悍，道之非耶？且夫虧恩壞禮，枯槁憔悴。隳聖圖壽，離中就異。歘然與神鬼為偶，頑然以木石為類。倥侗而不實，窮老而無死。先生之道，固知異夫如此也。」乃書於石以紀。〔註229〕

柳宗元此篇銘文有別於一般墓誌的銘文或記敘或直抒胸臆的寫法，居然將問答的形式引入銘文。而其中的「世皆狂狂，奔利死名。我獨浩浩，端一以生。」似也道出柳宗元心中旨趣。

《覃季子墓銘》則是柳宗元到永州後聽聞覃季子的生平事蹟，主動為他寫作的一篇墓銘。

覃季子，其人生愛書，貧甚，尤介特，不苟受施。讀經傳言其說數家，推《太史公》、《班固書》下到今，橫豎鉤貫，又且數十家，通為書，號《覃子史纂》。又取《鶡》、《老》、《管》、《莊》、《子思》、《晏》、《孟》下到今，其術自儒、墨、名、法，至於狗蠃草木，凡有益於世者，為《子纂》又百有若干家。篤於聞，不以仕為事。黜陟使取其書以氏名聞，除太子校書。某年月日死永州祁陽縣某鄉。將死，歎曰：「寧有聞而窮乎，將無聞而豐乎？寧介而躓乎，將溷而遂乎？」葬其鄉。後若干年，柳先生來永州，戚其文不大於世，求其墓以石銘。銘曰：

困其獨，豐其辱。〔註230〕

雖然柳宗元和覃季子的生長環境大不相同，但毫無疑問柳宗元在覃季子的一生中看到了自己的影子，同樣地著書立說，同樣地與現實環境相距甚遠，同樣地會面對自己的人生發出這樣的疑問：「寧有聞而窮乎，將無聞而豐乎？寧介而躓乎，將溷而遂乎？」，柳宗元經過一番思考後給出了答案，正是銘文「困其獨，豐其辱」。這似乎也是柳宗元對自己貶謫命運進行思考後的堅持，堅持以自己的方式讓自己的人生豐滿。

〔註229〕〔唐〕柳宗元：《柳宗元集》，北京：中華書局，1979年9月第一版，第283頁。
〔註230〕〔唐〕柳宗元：《柳宗元集》，第289～290頁。

這兩篇墓誌似乎是柳宗元通過書寫別人的一生來思考自己命運的轉折點，從此柳宗元寫的碑誌作品逐漸增多，而他很多的碑誌作品都是在讚美那些「不遇」或者無聲無息卻仍能堅持理想腳踏實地生活的人。

柳宗元為同族中人柳存諒寫了《故大理評事柳君墓誌》，中云：

> 君之從弟，以君之喪歸，過零陵，哭且告於宗元曰：「吾伯兄從事嶺南，其地多貨，其民輕亂，能以簡惠和柔，匡弼所奉，假守支郡，海隅以寧，鬥很仇怨，敦諭克順。從公於荊，綏戎永安，仍專郡治，政用休阜。是時蜀寇始滅，邦人瘡痍，懷君之澤，咸忘其痛。其理也惠，而不施之於大；其行也和，而不至於年；其言也文，而不顯其聲。〔註231〕

這樣的狀態也易引起柳宗元的共鳴，嶺南與永州同為貶謫之荒蠻地區，但是柳存諒並沒有因為自己的境遇不好就或妄自菲薄或自暴自棄，而仍然兢兢業業，將該地區治理得井井有條，縱然不顯其聲，但自是體現出了他所堅守不移的「道」。

再如永州期間寫作的《處士段弘古墓誌》：

> 段處士弘古，讀縱橫書，剛峭少合，尤濩落，不事產。人或交之，度非義，輒去，以故年五十，不就祿。嘗以法家言，抵御史大夫何士幹，延以上座，將用之。會士幹死，聞襄陽節度使於頓愛人大言，遂幹以兵畫，一見喜甚，居月餘，視頓終不可與立功，又遁去。隴西李景儉、東平呂溫，高氣節，尚道藝，聞其名，求見，大歡。留門下，或一歲，或半歲，與言，不知日出。溫卒，景儉逐，前右拾遺張宿與然諾，南見中山劉禹錫、河東柳宗元，二人者言於御史中丞崔公。公時降治永州，知其信賢，徵其去。又南抵好義容州扶風竇群，途過桂，桂守舊知君，拒不為禮。君憤怒，發病，不肯治，曰：「平生見大人，未嘗相下。今窮於此，年加老，接接無所容入也，益困於俗笑，吾安用生為？埋道邊耳！」居六月，死逆旅中。崔公為出涕，命特贈賻，致其喪來永州，哭為祭之。與喪具道里費，歸葬澧州安鄉縣黃山南麓上。

〔註231〕〔唐〕柳宗元：《柳宗元集》，北京：中華書局，1979年9月第一版，第274頁。

　　　　君之死，元和九年八月十六日，後某月日葬。祖某官。父某官，
　　妻彭城劉氏。子知微、知章，皆未冠。銘曰：
　　　　廉不貪，直不倚。困者吾之，通者不以。不懲其躓，卒以亢死。
　　觀遊非類，有賤非鄙。何以葬之？黃山南趾。〔註232〕

　　文章塑造了一個個性十足、有才華不容於世而且拒不妥協的處士形象，段
弘古幾乎是將柳宗元內心桀驁不馴恃才傲物的性格發揮到了極致，所以柳宗
元認為，在「世病乎直，人悅其和，行而不容，雖聖奈何？提其信義，誰與同
波？」的時代裏，段弘古能保持「磴磴以終，堅不可磨」的狀態，因此柳宗元
有感：「遊得其仁，友擇其益，始如可進，終會於厄。精誠介然，將貫金石。」
〔註233〕

　　柳宗元對「道」的堅守還不僅體現於他為當時的亡人所作的碑誌文，他
還為盛唐時的名臣房琯樹碑立傳，寫作《唐丞相太尉房公德銘》以及《德銘
之陰》，重點讚頌了房琯「人咸有言，志屈道行。公曰不可，屈則佞生。柄不
在公，象昏嗌明。退師儲宮，出守函谷。入為尚書，正色諤諤。……」〔註234〕
這種在逆境中堅守正道的精神。

4. 超脫

　　柳宗元思想上的一個重要內容是尊崇佛教，推崇佛教思想和倫理。而他崇
佛的原因是多重的，既是因為生長在具有習佛傳統的家庭裏，受到家庭的影
響，他在《送巽上人赴中丞叔父召序》裏說：「吾自幼好佛，求其道，積三十年」
〔註235〕。同時自然也受當時社會環境、思想環境的影響。但僅從碑誌的角度來
考察，我們發現，在「永貞革新」失敗後，柳宗元被貶之後寫的碑誌作品中，
為僧人所寫的塔銘佔了相當的比例。如《龍安海禪師碑》、《南嶽般舟和尚第二
碑》、《無姓和尚碑》、《雲峰寺和尚碑》、《大明寺律和尚碑》、《中院大律師塔銘》、
《曹溪大鑒禪師碑》等等，而時間主要集中於柳宗元36歲和42歲這兩個時間
段，正好是被貶永州後的初期和末期，因此可以說柳宗元與佛教僧人較高頻率
的親近幾乎佔據了他在永州整個的貶謫時期。柳宗元貶永州後，多年居住在寺
廟裏，當時湖南正是禪宗興盛之地，永州南面的衡山是當時禪宗活動的中心。

〔註232〕〔唐〕柳宗元：《柳宗元集》，北京：中華書局，1979年9月第一版，第1391
　　　　～1392頁。
〔註233〕〔唐〕柳宗元：《柳宗元集》，第1075頁。
〔註234〕〔唐〕柳宗元：《柳宗元集》，第119～200頁。
〔註235〕〔唐〕柳宗元：《柳宗元集》，第671頁。

雖然崇佛之文人眾多，但柳宗元之崇佛有自己的特點。在當時「宗派主義」盛行的時代，柳宗元沒有專門拜某一派的宗師為師，也不曾從某一位大師受戒為門弟子，他結交佛門中各派人物，沒有表現什麼門戶之見。另外，他亦是少數能夠深入地對當時的佛教思想從理論高度上進行探討並有成就的文人中傑出的一位。這些特點也體現於他在此時所作的和尚碑誌文。

在《龍安海禪師碑》中，柳宗元評論禪師時說：

> 佛之生也，遠中國僅二萬里。其沒也，距今茲僅二千歲。故傳道益微，而言禪最病。拘則泥乎物，誕則離乎真，真離而誕益勝。故今之空愚失惑縱傲自我者，皆詆禪以亂其教，冒於囂昏，放於淫荒。其異是者，長沙之南曰龍安師。

> 師之言曰：「由迦葉至師子，二十三世而離，離而為達摩。由達摩至忍，五世而益離，離而為秀為能。南北相訾，反戾鬥狠，其道遂隱。嗚呼！吾將合焉。且世之傳書者，皆馬鳴龍樹道也。二師之道，其書具存。微其書，合於志，可以不愿。」於是北學於惠隱，南求於馬素，咸黜其異，以蹈乎中，乖離而愈同，空洞而益實，作《安禪》、《通明論》。推一而適萬，則事無非真；混萬而歸一，則真無非事。推而未嘗推，故無適；混而未嘗混，故無歸。塊然趣定，至於句時，是之謂施用；茫然同俗，極乎流動，是之謂真常。〔註236〕

文中即批評了當時的禪風，讚頌了如海禪師「蹈乎中」的「中道」之圓融無礙。

六祖慧能去世後，朝廷敕諡大鑒禪師稱號，塔曰靈照之塔。柳宗元應請作《曹溪第六祖敕諡大鑒禪師碑》，這是王維《能禪師碑》之後有關慧能的又一篇重要文獻。柳宗元也在此篇作品中又一次表達了他的觀點，他即使從正面有取於禪，也是著眼在體、用一致並與儒家倫理相合一的一面。如碑文中所述：

> 自有生物，則好鬥奪相賊殺，喪其本實，悖乖淫流，莫克返於初。孔子無大位，沒以余言持世，更楊、墨、黃、老益雜，其術分裂。而吾浮屠說後出，推離還源，合所謂生而靜者。梁氏好作有為，師達摩譏之，空術益顯。六傳至大鑒。……其道以無為為有，以空

〔註236〕〔唐〕柳宗元：《柳宗元集》，北京：中華書局，1979 年 9 月第一版，第 159~160 頁。

洞為實，以廣大不蕩為歸。其教人，始以性善，終以性善，不假耕鋤，本其靜矣。〔註237〕

銘文中又云：

> 達摩乾乾，傳佛語心。六承其授，大鑒是臨。……傳告咸陳，惟道之襃。生而性善，在物而具。荒流奔軼，乃萬其趣。匪思愈亂，匪覺滋誤，由師內鑒，咸獲於素。不植乎根，不耘乎苗。中一外融，有粹孔昭……〔註238〕

　　如此有代表性的僧人碑誌作品，集中出現於柳宗元貶謫永州期間。似可從一個側面反映出，當柳宗元在現實生活中遭遇挫折之後，他一方面對革新運動進行思考，堅持自己的理念以及對革新運動部分做法的支持，另外，他從中進一步地思考自己的人生該如何度過，認為在現實層面應該繼續按照心中的「道」而做人行事，這點直接影響了他後來到柳州後的有所作為。而超越現實層面之上，如何安放自己的精神與靈魂，柳宗元將更多的注意力放在了對於佛教佛理的探索和思考上，而這些貶謫期間寫作的僧人碑誌文，則在一定程度上展示了柳宗元之於佛教的研究結果。柳宗元將時間精力投入於佛教，而在佛教研究中，柳宗元的精神生活也得到了淨化，靈魂生活則得到了昇華。雖然「永貞革新」失敗了，柳宗元的政治生涯就此跌落底層沉淪下僚，然而卻亦是他生命中的神奇關竅，他因為珍惜生活善於思考總結且付諸實踐，貶謫生活反而成就了他熠熠生輝的文學與思想。

〔註237〕 〔唐〕柳宗元：《柳宗元集》，第 150 頁。
〔註238〕 〔唐〕柳宗元：《柳宗元集》，第 151 頁。

第四章　中晚唐碑誌的史學研究

　　作為歷史材料來源之一，與其他史料相較，碑誌的時間距離人事發生時間較近，對於人物生平記載較為詳述清晰，所旁及的歷史背景、政治事件也具備一定的可信度。因此，每有出土碑誌，必會引起史學界的關注。在中晚唐碑誌中，我們將其史料價值聚焦於對誌主本身的研究，特別關注官員誌主、女性誌主與處士誌主。對於官員誌主來說，一是不吝筆墨，記載其生平較為詳細，個別官階較高的官員史書亦有傳，兩相參照可提供更多的信息以供分析和判斷；二是官員本身在儒家思想體系之內，對官員人生狀態的瞭解也有助於對儒家入世思想與實踐關係的探索。女性誌主占比較高，女性墓誌的研究成果也較為豐碩，通過碑誌材料，中晚唐貴族女性的生活狀態得以展現，有助於我們對唐代女性的進一步理解。與官員誌主相對的是處士誌主，在儒家體系內，在中晚唐這個較為特殊的時代背景下面，處士又展現了怎樣的生活風範、人生範式，亦是本文所探索的內容。最後，中晚唐人的心靈史也進入了我們的研究範疇，墓誌碑文本來就是集中展示生命觀的重要媒介，中晚唐人如何看待生死、如何評價人生，與初盛唐人又有何不同。

第一節　官員誌主研究

　　首先來考察的是幾位史傳中有記載的官員，將他們的墓誌銘與史傳記載進行比對，可見二者因載體功能不同呈現出較大的差異性，故墓誌銘可補史傳材料之不足，便於我們更全面地瞭解誌主，以及相關的歷史情況。

官員一：崔祐甫

建中 003

有唐中書侍郎同中書門下平章事常山縣開國子贈太傅博陵崔公墓誌銘並序

惟天將啟元聖，必先陰騭，克生大寶，以隆興運，故我太傅，為唐宗臣。公諱祐甫，字貽孫，繫於太嶽，代為冠族。高祖隋趙王府長史弘竣，曾祖皇洛縣令儼，大父庫部員外郎、汝州長史、贈衛尉少卿暄，烈考中書侍郎、太子賓客、贈尚書左僕射孝公沔，咸以文行介直稱於天下。公稟象緯之精，受清剛之氣，博厚明允，宣慈忠肅，天所相也。年纔幼學，有司將補崇文生，公曰：此朝廷賞延所及，非立身揚名之道。竟不之就。未及弱冠，再有家艱，創鉅所嬰，浸成心疾，寢不能寐，動踰時月。自是每憂傷之至，輒與疾俱。年廿五，鄉貢進士高第，時輩多朋黨請謁，以務聲華，公獨介然，端居以得之。調補秘書省校書郎，轉壽安尉。屬祿山構禍，東周陷沒，公提挈百口，間道南遷，訖於賊平，終能保全，置於安地，信仁智之兩極也。尋江西連帥皇甫侁表為廬陵郡司馬，兼倅戎幕。時永王總統荊楚，搜訪儁傑，厚禮邀公。公以王心匪臧，堅臥不起。人聞其事，為之惴慄，公臨大節，處之怡然。王果擁兵浮江東下，劫侁愛子，質於軍中。公勵元戎以斷恩，激卒乘以扶義，凶徒撓敗，繄公之力。轉洪州司馬，入拜起居舍人，歷司勳、吏部二員外郎。問望素崇，獨步華省，綸誥之地，次當入踐。公歎曰：羈孤滿室，尚寓江南，滔滔不歸，富貴何有。遂出佐江西廉使，改試著作郎兼殿中侍御史，其厚親戚薄榮名也。轉檢校吏部郎中，改永平軍行軍司馬，金印紫綬，兼中司之秩，入為中書舍人，天下望公居此久矣。既在近密，其道乃光，議政詳刑，多所匡補。有獻貓乳鼠者，百辟皆賀，公獨不賀，立草其奏曰：祀典迎貓，為除田鼠，今反乳之，是執法者不能觸邪，理兵者不能禦寇，天戒若此，庸可或乎。代宗深嘉納之，尋知吏部選事，善政洋溢，僉論以為能繼先孝公分掌十銓之美。是歲，先皇厭代，聖君纘業，公奉遺詔易月之禮，移書太常。時宰忌德，閏月癸酉，奏貶公為河南少尹，羣議厥發，溢於上聞，天心感寤，不俟終日，當國以退，俾公代之。甲戌，超拜銀青光祿大夫、門下侍郎、同中書門下平章事，太清太微宮使，

崇玄弘文館大學士。在昔君臣聖賢相合，皆以周旋草昧，契闊艱難，謀猷著於經始，眷舊形於未躍，然後君任之而不疑，臣奉之而不媿。惟公作相，卓立無倚，以大順寤明主，以大才發元化，賚予之夢，疇或知之，獨冠千古，惟公而已。有言上封章者，多疾於相府，勸公擇其才者入用之，不肖者黜退之，無害至公，足以銷謗。公憮然曰：威福之柄，不在人臣，鄭卿鄉校，吾之師也。天下服其弘量。轉中書侍郎，集賢殿、崇文館大學士，修國史，封常山縣開國子，平章事如故。公之入相也，屬代宗陵寢初營，今上勤政，事無鉅細，悉關決於公。公神隨務勞，疾與時遘，自秋徂冬，手足半癈，匡牀伏枕，累表自陳。聖上慘然曰：倘遂不起，喪我股肱，奈社稷何。乃下優詔，許就私第，官爵之讓，終不見聽，而傳乘旁午，以召良醫，御府珍藥，相繼道路。自是每軍國大務，朝廷疑事，輒降中貴就第密訪所安。公手不能書，口占以對，啟沃之跡，人莫得知。自頃執政者一日不覲龍顏，人情則有異論，故語曰：一日不朝，其閒容刀，必為耳目，以司讒。公則閉關移疾，載離寒暑，輕薄利口者宣之使言，而聖上之恩日崇，百僚之敬彌肅，蒼生之望益重。狥歟偉歟，何施而臻於此，夫盛德大業至矣。嗚嘑。善積於身，胤絕於身，天道神理，大欺我也。以建中元年歲次庚申六月一日薨於京師靜恭里第，春秋六十。聖情震悼，贈襚有加，衣冠士庶，道路相弔。冊贈太傅，以其從子為後，錫名曰植。賜洛陽腴田十頃，甲第一區，殊常之澤也。夫人太原王氏，暨厥一女，隴西李緄妻，哀奉紼綍，歸於東周。即以其年十一月廿四日，有司承詔，備禮葬於河南邙山之先塋。公率性體道，絕私寡欲，直而婉，清而通，躬儉節用，菲衣惡食，而自得也。至於文章著述，發言吐論，必以訓代軌物為可傳也，為可繼也，有數十百篇，未及編次，斯為不朽歟。疾亟，告所知曰：吾為輔弼，明堂辟雝，未之能建。人中告禪，未之能行。廟舞雅樂，未之能定。以是而歿，其如吞恨何。君子曰：古之遺忠也，敢宣述茂美，以為實錄，篆刻幽石，志之下庭。銘曰：嗚呼元臣，莫究其涯，直而能清，質而不華。揮翰掄材，濟美居多，移書抗議，執禮無頗。人或我疵，帝用我嘉，乃持國政，國政惟和。百度以貞，九功可歌，道長運速，已矣如何。寵贈斯崇，哀榮則那，永安真宅，畢此山阿。

《舊唐書》卷一一九其本傳：

　　崔祐甫，字貽孫。祖晊，懷州長史。父沔，黃門侍郎，諡曰孝公。家以清儉禮法，為士流之則。祐甫舉進士，歷壽安尉。安祿山陷洛陽，士庶奔迸，祐甫獨崎危於矢石之間，潛入私廟，負木主以竄。歷起居舍人、司勳吏部員外郎，累拜御史中丞、永平軍行軍司馬，尋知本軍京師留後。性剛直，無所容受，遇事不回。累遷中書舍人。時中書侍郎闕，祐甫省事，數為宰相常袞所侵，祐甫不從；袞怒之，奏令分知吏部選，每有擬官，袞多駁下，言數相侵。時朱泚上言，隴州將趙貴家貓鼠同乳，不相為害，以為禎祥。詔遣中使以示於朝，袞率百僚慶賀，祐甫獨否。中官詰其故，答曰：「此物之失常也，可弔不可賀。」中使徵其狀，祐甫上奏言：臣聞天生萬物，剛柔有性，聖人因之，垂訓作則。《禮記郊特牲》曰：「迎貓，為其食田鼠也。」然則貓之食鼠，載在禮典，以其除害利人，雖微必錄。今此貓對鼠不食，仁則仁矣，無乃失於性乎！鼠之為物，晝伏夜動，詩人賦之曰：「相鼠有體，人而無禮。」又曰：「碩鼠碩鼠，無食我黍。」其序曰：「貪而畏人，若大鼠也。」臣旋觀之，雖云動物，異於麋鹿麝兔，彼皆以時殺獲，為國之用。貓受人養育，職既不修，亦何異於法吏不勤觸邪，疆吏不勤扞敵？又按禮部式具列三瑞，無貓不食鼠之目，以茲稱慶，臣所未詳。伏以國家化洽理平，天符沓至，紛綸雜沓，史不絕書。今茲貓鼠，不可濫廁。若以劉向《五行傳》論之，恐須申命憲司，察聽貪吏，誡諸邊候，無失徼巡。貓能致功，鼠不為害。

　　代宗深嘉之。袞益惡祐甫。

　　代宗初崩，發哀於西宮，袞以獨受任遇，哀逾等禮。例，晨夕臨者，皆十五舉音，而袞輒哀慟涕泗，或中壖返哭，顧慕若不能去，同列者皆不悅。及袞與禮司議群臣喪服，曰：「案《禮》，為君斬衰三年。漢文權制，猶三十六日。國家太宗崩，遺詔亦三十六日，而群臣延之，既葬而除，約四月也。高宗崩，服絕輕重，如漢故事，武太后崩亦然。及玄宗、肅宗崩，始變天子喪為二十七日，且當時遺詔雖曰：『天下吏人三日釋服』在朝群臣實服二十七日而除，則朝臣宜如皇帝之制。」祐甫執曰：「伏准遺詔，無朝臣庶人之別，但言『天下人吏，敕到後出臨，三日皆釋服』，則朝野中外，何非

天下？凡百執事，誰非吏職？則皇帝宜二十七日而群臣當三日也。」
袞曰：「案賀循注義，吏者謂官長所署，則今胥吏耳，非公卿百僚
之例。」祐甫曰：「《左傳》云：『委之三吏。』則三公也。史稱循
吏、良吏者，豈胥徒歟？」袞曰：「禮非天降地出，人情而已。且
公卿大臣，榮受殊寵，故宜異數。今與黔首同制，信宿而除之，於
爾安乎？」祐甫曰：「若遺詔何？詔旨可改，孰不可？」袞堅諍不
服，而聲色甚厲，不為禮節。又袞方哭於鈞陳之前，而袞從吏或扶
之，祐甫指示於眾曰：「臣哭於君前，有扶禮乎？」袞聞之，不堪
其怒。乃上言祐甫率情變禮，輕議國典，請謫為潮州刺史。內議太
重，改為河南少尹。

　　初，肅宗時天下事殷，而宰相不減三四員，更直掌事。若休沐各
在第，有詔旨出入，非大事不欲歷抵諸第，許令直事者一人假署同列
之名以進，遂為故事。是時，中書令郭子儀、檢校司空平章事朱泚，
名是宰臣，當署制敕，至於密勿之議，則莫得聞。時德宗踐祚未旬日，
居不言之際，袞循舊事，代署二人之名進。貶祐甫敕出，子儀及泚皆
表明祐甫不當貶謫，上曰：「向言可謫，今言非罪，何也？」二人皆奏
實未嘗有可謫之言，德宗大駭，謂袞誣罔。是日，百僚茸絟序立於月
華門，立貶袞為河南少尹，以祐甫為門下侍郎、平章事，兩換其職。
祐甫出至昭應縣，微還。尋轉中書侍郎，修國史，仍平章事。

　　上初即位，庶務皆委宰司。自至德、乾元中，天下多戰伐，啟
奏填委，故官賞紊雜。及永泰之後，四方既定，而元載秉政，公道
壅塞，官由賄成。中書主書卓英倩、李待榮輩用事，勢傾朝列，天
下官爵，大者出元載，小者自倩、榮。四方齎貨賄求官者，道路相
屬，靡不稱遂而去，於是綱紀大壞。及元載敗，楊綰尋卒，常袞當
國，杜絕其門，四方奏請，莫有過者，雖權勢與匹夫等。非以辭賦
登科者，莫得進用。雖賄賂稍絕，然無所甄異，故賢愚同滯。及祐
甫代袞，薦延推舉，無復疑滯，日除十數人，作相未逾年，凡除吏
幾八百員，多稱允當。上嘗謂曰：「有人謗卿所除擬官，多涉親故，
何也？」祐甫奏曰：「臣頻奉聖旨，令臣進擬庶官，進擬必須諳其才
行。臣若與其相識，方可粗諳，若素不知聞，何由知其言行？獲謗
之由，實在於此。」上以為然。

　　神策軍使王駕鶴掌禁兵十餘年，權傾中外，德宗初登極，將令白琇珪代之，懼其生變。祐甫召駕鶴與語，留連之，琇珪已赴軍視事矣。時李正己畏懼德宗威德，乃表獻錢三十萬貫。上欲納其奏，慮正己未可誠信，以計逗留止之，未有其辭，延問宰相。祐甫對曰：「正己奸詐，誠如聖慮。臣請因使往淄青，便令宣尉將士，因正己所獻錢錫齎諸軍人，且使深荷聖德，又令外藩知朝廷不重財貨。」上悅，從之，正己大慚，而心畏服焉。祐甫謀猷啟沃，多所弘益，天下以為可復貞觀、開元之太平也。

　　至冬被疾，肩輿入中書，臥而承旨。或休假在第，大事必令中使諮決。薨時年六十，上甚悼惜之，廢朝三日，冊贈太傅，賻布帛米粟有差，諡曰文貞。無子，遺命猶子植為嗣。有文集三十卷。故事，門下侍郎未嘗有贈三師者，德宗以祐甫謇謇有大臣節，故特寵異之。朱泚之亂，祐甫妻王氏陷於賊中，泚以嘗與祐甫同列，雅重其為人，乃遺王氏繒帛菽粟，王氏受而緘封之，及德宗還京，具陳其狀以獻。士君子益重祐甫家法，宜其享令名也。

　　對比墓誌銘與史傳記載的差異，我們會發現，與史傳記載相較而言，墓誌銘更強調的是個人性格特色的展示：在《舊唐書》中，關於崔祐甫的個性只有「性剛直，無所容受，遇事不回。」一句，剩下的全是崔祐甫所處理的人事，在事件的描述中讀者對崔祐甫的個性可做出間接判斷。但在墓誌銘中恰是濃墨重彩重點陳述的，通過描寫其天性、語言、情緒、行為等等加以凸顯。墓誌銘還更加強調「他者」對崔祐甫的認可，如德宗皇帝對崔祐甫的看重，《舊唐書》中的陳述是「至冬被疾，肩輿入中書，臥而承旨。或休假在第，大事必令中使諮決。薨時年六十，上甚悼惜之，廢朝三日」，而墓誌銘中則有大量的細節描寫：「公之入相也，屬代宗陵寢初營，今上勤政，事無鉅細，悉關決於公。公神隨務勞，疾與時遘，自秋徂冬，手足半癱，匡牀伏枕，累表自陳。聖上慘然曰：倘遂不起，喪我股肱，奈社稷何。乃下優詔，許就私第，官爵之讓，終不見聽，而傳乘旁午，以召良醫，御府珍藥，相繼道路。自是每軍國大務，朝廷疑事，輒降中貴就第密訪所安。公手不能書，口占以對，啟沃之跡，人莫得知。自頃執政者一日不覿龍顏，人情則有異論，故語曰：一日不朝，其間容刀，必為耳目，以司讒。公則閉關移疾，載離寒暑，輕薄利口者宣之使言，而聖上之恩日崇，百僚之敬彌肅，蒼生之望益重。」這樣的處理在墓誌銘的層面是為

了更好的塑造誌主崔祐甫的形象，但在客觀上則補充了史料未曾涉及之處。墓誌銘迴避處理的是崔祐甫與常袞之間的矛盾鬥爭，只以「時宰忌德，閏月癸酉，奏貶公為河南少尹，羣議厥發，溢於上聞，天心感寤，不俟終日，當國以退，俾公代之。」數句輕輕帶過。

官員二：張延賞

貞元 014

張延賞墓誌銘

張氏係自帝軒，世載英達。我府君諱延賞，河□人也。祖義府君，以經明仕成紀丞，贈秦州都督。父嘉貞府君，皇中書令。光佐玄宗，名焯四海。粵我府君受天正性，文武命世，開國魏土，再昇臺曜，三十年間，以德行政事為天下宗師。貞元三年正月，自尚書左僕射同平章事。其年秋七月壬申，薨於長安，享年六十有一。上以哀痛之詔，追贈太保。嗚呼。昔周公輔政六年而天下甫定，公在位七月而運奪其成，天不降康，何辜今之人。豈一時之痛，實百代之痛。長子調，次子諗，肅奉遺命，百度從儉。以其年冬十月乙酉寧神於此。夫人祁國夫人，故太師苗韓公之女。內則柔範，聞於天下，俾誌以頌曰：浩浩昊天，育此庶類，曷勤其生，而秘其治，大化久微，生靈瘁矣，時屬府君。顯若二紀。帝方印成，□政茲始，運之不迭，緬焉中止。於惟顯烈，繼相開魏，□□□□□□□□□□□□□□□□□地，卜之占曰原。

《舊唐書》卷一二九

張延賞，中書令嘉貞之子。幼孤，本名寶符，開元末，玄宗召見，賜名延賞，取「賞延於世」之義，特授左司禦率府兵曹參軍。博涉經史，達於政事，侍中、韓國公苗晉卿見而奇之，以女妻焉。肅宗在鳳翔，擢拜監察御史，賜緋魚袋，轉殿中侍御史。關內節度使王思禮請為從事，思禮領河東，又為太原少尹，兼行軍司馬、北都副留守。

代宗幸陝，除給事中，轉御史中丞、中書舍人。大曆二年，拜河南尹，充諸道營田副使。河洛久當兵衝，閭井丘墟，延賞勤身率下，政尚簡約，疏導河渠，修築宮廟，數年間流庸歸附，邦畿復完，詔書褒美焉。時罷河南、淮西、山南副元帥，以其兵鎮東都，延賞

權知東都留守以領之,理行第一,入朝拜御史大夫。初,上封人李少良潛以元載陰事聞,載黨知之,奏少良狂妄,下御史臺訊鞠,欲有所屬。延賞不承其意,尋出為揚州刺史、淮南節度觀察等使。屬歲旱歉,人有亡去他境者,吏或拘之。延賞曰:「夫食,人之所恃而生也,此居而坐斃,適彼而可生,得存吾人,又何限於彼也。」乃具舟楫而遣之,俾吏修其廬室,已其逋債,而歸者增於其舊。邊江之瓜洲,舟航湊會,而縣屬江南,延賞奏請以江為界,人甚為便。尋以母憂去職,終制授授檢校禮部尚書、江陵尹、兼御史大夫、荊南節度觀察使。

數年,改檢校兵部尚書、成都尹、劍南西川節度觀察使,依前兼御史大夫,尋就加吏部尚書。建中四年十一月,部將西山兵馬使張朏以兵入成都為亂,延賞奔漢州鹿頭,戍將叱幹遂等討之。其月,斬朏及同惡者,復歸成都。先是兵革屢擾,自天寶末楊國忠用事南蠻,三蜀疲弊,屬車駕遷幸;其後郭英乂淫崔寧之室,遂縱崔寧、楊琳交亂;及崔寧得志,復極侈靡,故蜀土殘弊,蕩然無制度。延賞薄賦約事,動遵法度,僅至庶富焉。建中末,駕在山南,延賞貢奉供億,頗竭忠力焉。駕在梁州,倚劍南蜀川為根本。

貞元元年,以宰相劉從一有疾,詔徵延賞為中書侍郎、同中書門下平章事。與鳳翔節度使李晟不協,晟表論延賞過惡,德宗重違晟意,延賞至興元,改授左僕射。初,大曆末,吐蕃寇劍南,李晟領神策軍戍之,及旋師,以成都官妓高氏歸。延賞聞而大怒,即使將吏令追還焉。晟頗銜之,形於詞色。三年正月,晟入朝,詔晟與延賞釋憾,德宗注意於延賞,將用之。會浙西觀察使韓滉來朝,嘗有德於晟,因會宴說晟使釋憾,遂同飲極歡,且請晟表薦為相,晟然之,於是復加同中書門下平章事。及延賞當國用事,晟請一子聘其女,固情好焉,延賞拒而不許。晟謂人曰:「武人性快,若釋舊惡於杯酒之間,終歡可解。文士難犯,雖修睦於外,而蓄怒於內,今不許婚,釁未忘也,得無懼焉!」無幾,延賞果謀罷晟兵權。初,吐蕃尚結贊與兵入隴州,抵鳳翔,無所虜掠,且曰:「召我來,何不持牛酒勞軍?」徐乃引去,持是以間晟。晟令牙將王佖選銳兵三千設伏汧陽,大敗吐蕃,結贊僅免,自是數遣使乞和。晟朝於京師,

奏曰：「戎狄無信，不可許。」宰相韓滉又扶晟議，請調軍食以繼之，上意將帥生事邀功。會滉卒，延賞揣上意，遂行其志，奏令給事中鄭雲逵代之。上不許，且曰：「晟有社稷之功，令自舉代己者。」於是始用邢君牙焉。拜晟太尉、兼中書令，奉朝請而已。是年五月，吐蕃果背約以劫渾瑊。及冊晟太尉，故事，臨軒冊拜三公，中書令讀冊，侍中奉禮，如闕，即以宰相攝之。延賞欲輕其禮，始令兵部尚書崔漢衡攝中書令讀冊，時議非之。

　　延賞奏議請省官員，曰：「為政之本，必先命官。舊制官員繁而且費，州縣殘破，職此之由。臣在荊南、劍南，所管州縣闕官員者，少不下十數年，吏部未嘗補授，但令一官假攝，公事亦理。以此言之，員可減無疑也。請減官員，收其祿俸，資幕職戰士，俾劉玄佐復河湟，軍用不乏矣。」上然之。初，韓滉入朝，至汴州，厚結劉玄佐，將薦其可委邊任，玄佐亦欲自效，初稟命，及滉卒，玄佐以疾辭，上遣中官勞問，臥以受命。延賞知不可用，奏用李抱真，抱真亦辭不行。時抱真判官陳曇奏事京師，延賞俾曇勸抱真，竟拒絕之。蓋以延賞挾怨罷李晟兵柄，由是武臣不附。自建議減員之後，物議不平。延賞懼，量留其官，下詔曰：「諸州府停減及所留官，併合釐務。其中有先考滿及充職掌，遇停減或恐公務有闕，宜委長吏於合停官中取考淺人清白乾舉者，留填闕官，差攝訖聞奏。但取才堪，不限資序。如當州官少，任以鄰州官充。其州縣諸色部送，准舊例以當州官及本土寄客有資產幹了者差遣。」及減員人眾，道路怨歎，日聞於上。侍中馬燧奏減員太甚，恐不可行；太子少保韋倫及常參官等各抗疏以減員招怨，並請復之；浙西觀察使白志貞亦以疏論。時延賞疾甚，在私第；李泌初為相，採於群情，由是官員悉復。貞元三年七月薨，年六十一，廢朝三日，贈太保，賻禮加等，諡曰成肅。

　　張延賞的墓誌銘和史傳材料對比是最為鮮明的。墓誌銘的書寫內容極其精簡，簡述生平，只一句「三十年間，以德行政事為天下宗師」有蓋棺定論之感，後稍表露遺憾便草草結束，與張延賞之宰相身份大不相匹配。史傳材料則所述甚詳，也可解墓誌材料如此簡短之惑，張延賞任職後期物議沸騰，故墓誌材料隱而不發。而簡短的墓誌材料又可作為史傳材料的佐證，證明張延賞去世

時確是處境艱難，以至於連最能盡頌美之事的墓誌銘，都只承擔了基本記錄的功能。

官員三：黎幹

唐故銀青光祿大夫尚書兵部侍郎壽春郡開國公黎公墓誌銘并序（黎幹）

公諱幹。字貞固，壽春人也。其先出自顓頊，厥後彌大大夫於齊，食侯於漢，翼相安平於晉。七代祖魏東平將軍壽春侯；高王父瑠隋戎州刺史；曾王父、大父以道腴德華，與商皓蜀嚴為徒，時莫得而祿也。烈考道弘，皇越巂縣令贈華州刺史；先太夫人宇文氏，以眉壽享封薛國。蓋壽春公忠孝令德，耿光於前人矣。公涵毓淳粹，發焉英華，材膚閒氣，略不代出。天寶中，隱於岷山，垂廿年，笥書萬卷，靡不習復。酌三□之統制，窮六經之微旨，究極天人，貫穿古今。咸撷菁華，尤覈理術，嘗所著書，殆千餘卷，皆百王洪本，九流雅奧。河朔初梗，天下徵兵，詔求非常之才，召公乘駟詣行在，肅宗師焉。初拜左驍衛兵曹參軍，旋拜太子通事舍人、翰林學士，陳天人之事，建置南都，遂詔授殿中侍御史、荊南等十八州節度行軍司馬、江陵少尹，遷京兆少尹，尋拜諫議大夫。有替，南渡江漢，願終養不仕，累詔徵至，復拜京兆少尹。寶應之後，歲惡人流，道殣相屬，市無赤米，囷發滯積，利歸強家，授公檢校京兆尹兼御史中丞。公承命蒞止，科防不設，威嚴秋霜，仁扇和風，以易簡便人，以忠信逮下，不浹辰而蓄斂者與輦轂擊於道，趨之恐不及，由是郊野無餒殍，閭里無蘊年，遂臻和平，俗用丕變。上嘉休績，真拜京兆尹兼御史大夫，加秩銀青光祿大夫，爵為壽春縣開國男。以姦臣居權，遂改刑部侍郎，尋除桂州刺史、桂管觀察等使兼御史大夫。道中丁太夫人喪，哀過乎毀。外除，復拜京兆尹兼御史大夫。疲氓再安，政化尤異。尚以四渠九堰，堙廢積年，興未及旬，功乃大集，國減半賦，人受永利。久之，改兵部侍郎。公踐履四朝，有簡沃匡贊之功，開物易俗之政，著在國史。至於郊丘大事，軍國急政，必別殿延問，依經條對，僅千餘篇。惜乎既削藁矣，事多中祕，少下史官，經紀典章，沒而無述，可歎息也。大曆十四祀，以素疾而終，享年六十四。尋沐鴻恩昭雪，以本官歸葬。先夫人扶風郡夫人萬氏，

先公而逝。至貞元庚午歲十一月廿八日庚寅，遷宅於貞元庚午歲遷宅於洛陽翟縣清風鄉之原，禮也。……以邈嘗忝趨府，獲同揖客，授簡為志，粗紀侍聞。銘曰：岷峨蒼蒼，含靈發祥，降生壽春，鳳彩龍章。謀猷允迪，神用無方，化流京師，德重巖廊。雲生何歸，星隕無光，寒風蕭蕭，隱嶙高崗。

《舊唐書》卷一一八

> 黎幹者，戎州人。始以善星緯數術進，待詔翰林，累官至諫議大夫。尋遷京兆尹，以嚴肅為理，人頗便之，而因緣附會，與時上下。大曆二年，改刑部侍郎。魚朝恩伏誅，坐交通出為桂州刺史、本管觀察使。至江陵，丁母憂。久之，會京兆尹缺，人頗思幹。八年，復拜京兆尹、兼御史大夫。幹自以得志，無心為理，貪暴益甚，徇於財色。十三年，除兵部侍郎。性險，挾左道，結中貴，以希主恩，代宗甚惑之。時中官劉忠翼寵任方盛，幹結之素厚，嘗通其奸謀。及德宗初即位，幹猶以詭道求進，密居與中詣忠翼第。事發，詔曰：「兵部侍郎黎幹，害若豺狼，特進劉忠翼，掩義隱賊，並除名長流。」即行，市里兒童數千人噪聚，懷瓦礫投擊之，捕賊尉不能止，遂皆賜死於藍田驛。

黎幹的墓誌銘與史傳材料差異也很大。一是墓誌銘材料遠較史傳材料豐富；二是二者導嚮明顯相異，一褒一貶。故墓誌銘材料可為史傳材料作註或補充參考材料。如《舊唐書》「始以善星緯數術進」，墓誌銘中則詳述為：「天寶中，隱於岷山，垂廿年，笥書萬卷，靡不習復。酌三□之統制，窮六經之微旨，究極天人，貫穿古今。咸摭菁華，尤覈理術，嘗所著書，殆千餘卷，皆百王洪本，九流雅奧。河朔初梗，天下徵兵，詔求非常之才，召公乘馹詣行在，肅宗師焉。」《舊唐書》「八年，復拜京兆尹、兼御史大夫。幹自以得志，無心為理，貪暴益甚，徇於財色。」關於黎幹擔任京兆尹一職時，墓誌銘的記載卻迥然不同：「寶應之後，歲惡人流，道殣相屬，市無赤米，罔發滯積，利歸強家，授公檢校京兆尹兼御史中丞。公承命范止，科防不設，威嚴秋霜，仁扇和風，以易簡便人，以忠信逮下，不浹辰而蓄斂者輿輦轂擊於道，趨之恐不及，由是郊野無餒殍，閭里無蘊年，遂臻和平，俗用丕變。上嘉休績，真拜京兆尹兼御史大夫，加秩銀青光祿大夫，爵為壽春縣開國男。」《舊唐書》載：「魚朝恩伏誅，坐交通出為桂州刺史、本管觀察使。」墓誌銘中則

稱：「以姦臣居權，遂改刑部侍郎，尋除桂州刺史、桂管觀察等使兼御史大夫。」《舊唐書》以貶詞論黎幹之君臣關係：「性險，挾左道，結中貴，以希主恩，代宗甚惑之。」墓誌銘中則解釋為：「公踐履四朝，有簡沃匡贊之功，開物易俗之政，著在國史。至於郊丘大事，軍國急政，必別殿延問，依經條對，僅千餘篇。惜乎既削藁矣，事多中祕，少下史官，經紀典章，沒而無述，可歎息也。」這些差異則為黎幹生平以及中晚唐歷史情況的辨析提供了新的思路，在此基礎上催生了新的研究成果，如盧燕新《出土墓誌所見唐翰林學士黎幹考》，劉海波《黎幹墓誌考述》等。

中晚唐墓誌中史傳亦有傳記的還有李皋、劉棲楚、崔弘禮等人。墓誌與史傳均存在有趣的互動關係，限於篇幅，此處不再一一列舉。

除去這些官位較高的官員之外，還有不少普通官員。因此我們可從他們的墓誌中一窺普通官員的生活形態。

如建中 001

唐故郴州刺史贈持節都督洪州諸軍事洪州刺史張府君墓誌銘并序

……公即兵部府君長子。寔天生德，器宇深厚，非鴻儒碩人不能知。童年以門廕補齋郎，立志不就，讀書於侯山玉泉寺，道業大成。廿二，國子明經上第，解褐補郊城尉，敬始宦途，纘脩緒業。天寶中，復從調集，吏部侍郎席公銓庭激揚，授靈寶尉。清節孤標，搢紳為則，江東採訪使蕭公辟為幕賓。道未及行而蕭公下世，屬中原喪亂，隨侍板輿，間路南首。江淮都統使李公徵為支使。時干戈未弭，太夫人寢疾，固求薄祿，就養於家，表授德清令，改大理評事。丁家艱，外除詣闕，吏部侍郎王公特薦，拜監察御史，轉殿中侍御史，遷屯田員外郎，轉本司郎中。皇上優人，選郎為牧，除郴州刺史。綏緝一年而俗阜人殷。上天降災，大曆十三年九月廿九日，薨於公館，享年七十。百姓號哭而去，道路相望。今上聞之，追贈洪州刺史。制曰：訪其遺愛，實結人心。公仁慈儉讓，孝友謙恭，根於至性。他年，客有顛眩疾者，執白刃不利於季父，童僕畏駭，莫之敢前。公挺身而進，奪其所執，季父由是免難。京邑之士，感而涕流。既博綜墳籍，兼通子史，尤精意文章，為中書舍人邵昂所許，稱風雅六義復起於公。著文集十二卷……

　　此誌主官職不高，但為官期間勤政愛民，因此去世後「百姓號哭而去，道路相望」，得到皇帝的追贈。而誌主為官的政績背後是因為其素來的人格修養支撐，讀書求道、有孝道、忠勇等材料都見於墓誌記載。

　　再如貞元 052

　　大唐故朝散大夫太子左贊善大夫南陽樊府君墓誌銘並序

　　　　……公第二子也。率性沉深，雅尚易簡，立事惟精，發言惟微，見賢思齊，克己復禮，勞勤膚革，研覈心力。所以窮理盡性也，於勞勤之中，睹規矩之奧，於研覈之際，析去就之機。規矩去就，時流標準，立本生道，揚名益榮，可謂加於一人等矣。外削去其浮華，內包含其坦蕩，不惑趨於勢利，不委馳於怪迂，被於爍之休嘉，稟丕慶之醇釀，蓄為智謀，播為文章，言談光明，識見清淨，議者奇公，若開雲霧而觀青天也。解褐授簡州金水縣尉，縣金水尉調授蜀州唐安縣丞青城縣丞。時嶲參之分宜安，戎蠻之心將化，故連帥高公適思彼卑下，辟公賢能，<u>公籌策刀筆，當時居最</u>。魏係之功再舉，文翁之理復振，公有力焉。由是恩賜朝散大夫、太子左贊善大夫。<u>凡歷理人之官者三，所屆之邑，皆以信謹節儉祇其上，慈仁明察蒞其下，上懷其德，下敢其恩，剽狡不斥而遁去，敦厚不名而員來，可謂上下和矣，神祇孚矣。</u>夫縣尉處部，仰承縣令，俯佐縣事，事劇位卑，務弊權輕，徇令則廢事，守事則忤令。其或徇令廢事，則下人胥怨，得无咎乎。虐下不仁也，違上非禮也，公上重下愛，不其難乎。縣丞雖加尉之二等也，下監上承，猶不得頡斷，遇利不得而便致，遇屈不得而特伸，當清平之時，俗尚肆奢，人惟棄本，<u>飲公化者廉潔</u>。及艱虞已來，俗罕土著，時而狼顧，<u>飲公化者泰寧</u>。厥後升階遷官，賞勞績也。……公少而恭恪，長而敦敏，先人後己，尊賢容眾，宜其胤嗣繁昌，不幸無子，以大曆十年五月三日遘疾，終於青城縣之私第，享年七十。……公始被病，常謂其左右曰：吾聞夫樂者樂其所自生，而禮及其所自始。邅幕遠宦，不克旋歸，存既不獲以歲時而灑掃，歿又長限乎道途之遼遠。吾今且死，魂魄長恨，恨終天地，其誰知之……

　　墓誌銘中劃線處即為此官員誌主任官期間的表現，可圈可點。但也同上篇，政績背後依然是堅定的人格支撐。「言談光明，識見情淨」以及誌主最後的遺言其實都表示了誌主之「孝道」。

貞元 125

唐故登仕郎常州司士參軍襲武城縣開國伯崔府君墓誌銘並序

……年十六，以國子監明經備身。未幾，因逆胡之亂，流散江淮，旋居憂，三年水漿不入於口，哀情可知。大曆初，又居太夫人隴西縣君李氏憂，哀毀過禮，殆欲滅性。及參選之日，侍郎劉公晏賞書判之能，署華州參軍，滿歲，調補吏曹，以前資清緊，署太常寺協律郎。時幼弟霸先授江陰縣丞，乃請常州司士。座主劉公滋曰：輕名位，重骨肉，公有之矣。遂署之。同趨一郡，連影四年，破吳雖貴於陸家，定齊自恃其先代。然而職不當才，眾稱其屆……

該誌主作為官員助手角色，深受領導好評。原因也與個人品行相關：「輕名位，重骨肉。」

元和 023

唐故河南少尹裴君墓誌銘

……公幼有文，年十四，上時雨詩，代宗以為能，將召入為翰林學士。尚書公請免曰：願使卒學。丁後母喪，上使臨弔，又詔尚書公曰：父忠而子果孝，吾加賜以屬天下，終喪必且以為翰林。其在徐州府，能勤而有勞，在朝以恭儉守其職，居喪必有聞，待諸弟友以善教。館嫠妹，畜孤甥，能別而有恩。歷十一官而無宅於都，無田於野，無遺資以為葬，斯其可銘也已。銘曰：裴為顯姓，入唐尤盛，支分族離，各為大家。惟公之系，德隆位細，曰子曰孫，厥聲世繼。晉陽之色，愉愉翼翼，無外無色，幼壯若一。何壽之不遐而祿之不多。謂必有後其又信然耶。

又一位普通官員，歷官過程不為自己謀私利，備受推崇。綜合這幾則普通官員的墓誌材料來看，中晚唐時期官員受到推崇的特質均包含以下幾點：第一、為官勤懇正直，不為己謀利；第二、個人重視自我道德品行的修養；第三、特別強調孝道，仁孝與為官品行存在緊密關係。

另外，對於官員來說，因為其生平經歷很多都與時政緊密相關，因此官員的墓誌銘還可與正史互相參考註解，具備一定的史料價值。此處試舉幾例：

貞元 070

唐故鴻臚少卿貶明州司馬北平陽府君墓誌銘並序

……公以徐方許蔡當天下之咽喉，控江淮之轉輸，表請名將匪

忠勿居，由是元帥李公光弼領河南〔一〕，御史大夫王仲昇鎮許蔡〔二〕，
咸請佐幕，以公力焉。後太尉表公為密州刺史，加朝散大夫，攝侍
御史。未幾丁內艱，毀瘠過制。後拜大理少卿。西戎叛換，又加御
史中丞，持節和蕃〔三〕。宣王獻於絕漢，俾狂虜而來庭，干戈用寢，
公之力也。噫。獨正者危，孤高失守，出為潭州刺史，轉衡州刺史。
遇觀察使被害，公以賊臣逆子，罪之大者，遂率部兵，遽臨叛境。
俄辛京杲至，靖譖害能，貶撫州司馬。皇上登極，追念舊勳，拜鴻
臚卿兼威遠營使。建中末，巨猾構釁，天子狩於梁祥〔四〕，公久嬰疾
瘵，事出不虞，與李昌夔等闕扞牧圉，為賊脅從，屢覘動靜，間道
表聞，有詔嘉焉。旋京邑收復〔五〕，公素無黨援，為執政者棄善錄瑕，
降明州司馬。嗚呼。叔武捉髮尚不免其誅，屈原忠讜終不免於逐，
雖懷亮直，其如命何……

註：

〔一〕由是元帥李公光弼領河南：《舊唐書·肅宗紀》：「（上元二年五月乙未）李
　　　光弼來朝，進位太尉、兼侍中，充河南副元帥，都統河南、淮南、山南東
　　　道五道行營節度，鎮臨淮。」《舊唐書》卷一百一十：「光弼自河中入朝，
　　　抗表請罪，詔釋之。光弼懇讓太尉，遂加開府儀同三司、侍中、河南尹、
　　　行營節度使；俄復拜太尉，充河南、淮南、山南東道、荊南等副元帥，侍
　　　中如故，出鎮臨淮。」

〔二〕御史大夫王仲昇鎮許蔡：《舊唐書·肅宗紀》：「（乾元二年九月丁亥）右羽
　　　林大將軍王仲升充申、安、沔等州節度使。」《資治通鑑》卷二百二十一：
　　　「（乾元二年九月丁亥）以陳、潁、亳、申節度使王仲昇為申、沔等五州
　　　節度使，知淮南西道行軍兵馬。」

〔三〕持節和蕃：《資治通鑑》卷二百二十四：「（大曆元年二月）己亥，命大理
　　　少卿楊濟修好於吐蕃。」

〔四〕建中末，巨猾構釁，天子狩於梁祥：《舊唐書·德宗紀》：「（建中四年正月）
　　　庚寅，李希烈陷汝州，執州將李元平而去，東都震駭。甲午，遣顏真卿宣
　　　慰李希烈軍。戊戌，以龍武大將軍哥舒曜為東都畿汝節度使，率鳳翔、邠
　　　寧、涇原等軍，東討希烈。……八月丁未，李希烈率眾三萬攻哥舒曜於襄
　　　城。……冬十月丙午，詔涇原節度使姚令言率涇原之師救哥舒曜。丁未，
　　　涇原軍出京城，至滻水，倒戈謀叛，姚令言不能禁。上令載繒綵二車，遣

晉王往慰諭之，亂兵已陣於丹鳳闕下，促神策軍拒之，無一人至者。與太子諸王妃主百餘人出苑北門，右龍武軍使令狐建方教射於軍中，聞難，聚射士得四百人扈從。其夕至咸陽，飯數匕而過。戊申，至奉天。」

〔五〕旋京邑收復：《舊唐書·德宗紀》：「（興元元年五月乙未）是夜，李晟自渭北移軍於光泰門外。賊來薄，我軍爭奮擊，大敗之，蹙入光泰門，斬馘數千計，賊黨慟哭而入白華。戊辰（按，當為「戊戌」），列陣於光泰門外。遣騎將史萬頃往神麚村，開苑牆二百餘步，賊樹柵當之。我軍爭柵，雲合電擊，與賊血戰，賊黨大敗，追擊至白華，朱泚、姚令言率眾萬餘遁去。晟收復京城。」

貞元 130

唐故中散大夫使持節台州諸軍事守台州刺史上柱國賜紫金魚袋潁川陳公墓誌銘並序

　　……公姓陳氏，潁川人也，諱皆，字士素……二京初復〔一〕，寓居漢南，為節度使來瑱所器。洎襄陽兵亂〔二〕，梁崇義用公之謀，方隅底寧，授大理評事、觀察支使，遷監察御史節度判官，轉殿中侍御史，拜均州刺史。王師平漢南〔三〕，以公肇經惠迪，就加御史中丞，後牧施、敘二州……（貞元）十八年十二月十五日遘厲，薨於郡之適寢，享年七十三……上元中，肅宗用漢宣故事，繩責臣下，來瑱逗撓，賜死於私第。其毗將薛南陽等，各擁強兵，圖為不軌。梁崇義斾於鄖鄧，僅不能軍〔四〕。公指顧之間，恢張其勢，以正乘亂，靡然隨風。又轉輸所經，琛盡盈積。公畫以嚴令，悉上送官，旁慰隣侯，上安宸極……今相國賈公領舟師臨於漢池，公乃獻其北門之鑰，導我統率，遂為誠臣。賈公上聞，是有就加之寵。而逆烈怙亂，屠襄陽，獲全物而動歔心，乃料民於均，悉索輿賦。公亟詣軍壘，一言解圍。其後希烈以蔡之叛命，鄧郊不開〔五〕。公自均部抵商顏，開火炬山以通運路，梁深棧絕者七百里……

註：

〔一〕二京初復：《舊唐書·肅宗紀》：「（至德二載九月）癸卯，廣平王收西京。……壬戌，廣平王入東京，陳兵天津橋南，士庶歡呼路側。……癸亥，上自鳳翔還京，仍遣太子太師韋見素入蜀迎上皇，鳳翔郡給復五載。丙寅，至望賢宮，得東京捷書至，上大喜。丁卯，入長安。」

〔二〕泊襄陽兵亂：《舊唐書》卷一百十四《來瑱傳》：「瑱行軍司馬龐充統兵二千人赴河南，至汝州，聞瑱死，將士魚目等回兵襲襄州（按，襄陽即為襄州別稱），左兵馬使李昭禦之，奔房州。昭及薛南陽與右兵馬使梁崇義不迭相圖，為崇義所殺。」

〔三〕王師平漢南：《舊唐書·德宗紀》：「（建中二年八月）壬子，淮寧軍節度使李希烈攻襄陽，誅梁崇義，斬其同惡三十餘人。」

〔四〕其毗將薛南陽等，各擁強兵，圖為不軌。梁崇義施於鄖鄧，僅不能軍：《舊唐書》卷一百二十一《梁崇義傳》：「瑱朝京師，分使諸將戍福昌、南陽。來瑱被誅，戍者皆潰歸。崇義時在南陽（按，南陽即為鄧州別稱），統歸師徑入襄州，與同列李昭、薛南陽相讓為長，不決。諸將請曰：『兵非梁卿主之不可。』遂推崇義為帥。寶應二年三月，崇義殺昭與南陽，以脅眾心，朝廷因授其節度焉。以襄州薦履兵禍，屈法含容，姑務息人也。」

〔五〕其後希烈以蔡之叛命，鄧郊不開：《舊唐書·德宗紀》：「（建中三年十一月）丁丑，李希烈自稱天下都元帥、太尉、建興王，與朱滔等四盜膠固為逆。」

元和 083

贈特進左武衛大將軍李公墓誌銘并序

……公即果毅之第三子也。質表華茂，氣懷恭敏。建中歲，德宗御宇，時以內臣干國，率多縱敗，思選賢妙，以正官披。故公特以良胄入侍，充白身內養。俄屬皇輿巡幸〔一〕，公於斯時，參侍指顧，應對皆愜，遂賜綠，超授奚官局令，勳以元從之號。其年又遷掖庭局令。興元初，輦入宮闈〔二〕，公屢含天憲，覆命之日，皆中機要。遷內寺伯。時有北虜入覲，將以戎馬充獻，數盈累萬。國朝故事，每一馬皆酬以數十縑帛，拒之即立為邊患，受之即玉府空竭。公承命為印納使，迎之朔陸，諭以信實。交領之際，虜不敢欺，必以精良者□後充算，省費之校，億兆相懸，生靈所資，安危是繫，即公之於國，可謂有大功矣。聖情歡悅，遂有銀章朱紱之賜。由是方隅重事，咸所委屬。嶺嶠之南，漸於海日，邕管地偏人狡，□□□將有缺，溪洞連結為盜者僅廿萬眾，王命稽擁，逮於周歲，隣道節使，咸請進討。德宗皇帝且曰：以吾人伐吾人，剋之非利。於是命公招諭，駬□□驅，遽臨所部，公乃訊詰疑懼，昭示恩威，浹辰之間，

咸知所向。公素練兵機，具見腰領，巡視川谷，占其要害，奏請於海口置五鎮守捉，至今帖然，人受其賜。獻功未幾，又屬太原□帥李自良薨於鎮，監軍使王定遠為亂兵所害，甲士十萬，露刃相守〔三〕。公馳命安撫，下車乃定，便充監軍使。前後三易節制，軍府晏如，十五年間，去由始至。遂特恩遙授內給事，又有金章紫綬之賜。元和初，皇帝踐祚〔四〕，旌寵殊勳，復遷內常侍兼供奉官。明年，銀夏裨將楊惠琳，西蜀副倅劉闢，或以長帥薨歿，皆恃塞怙險，初有邀君之心，終成悖亂之跡〔五〕。公密表請發當道步騎誅討。功成之日，優詔褒美曰：卿志懷嫉惡，情切奉公，繼遣偏師，剋平二寇，雖嘉將帥之勤，足見監臨之効……

註：

〔一〕俄屬皇輿巡幸：《舊唐書·德宗紀》：「（建中四年十月）冬十月丙午，詔涇原節度使姚令言率涇原之師救哥舒曜。丁未，涇原軍出京城，至滻水，倒戈謀叛，姚令言不能禁。上令載繒綵二車，遣晉王往慰諭之，亂兵已陣於丹鳳闕下，促神策軍拒之，無一人至者。與太子諸王妃主百餘人出苑北門，右龍武軍使令狐建方教射於軍中，聞難，聚射士得四百人扈從。其夕至咸陽，飯數匕而過。戊申，至奉天。」

〔二〕興元初，輦入宮闈：《舊唐書·德宗紀》：「（興元元年五月）（李）晟收復京城。……（六月）戊午，車駕還京，發興元，是日大雨，及入斜谷，晴霽，從官將士歡然以為天助。（七月）壬午，至自興元。時渾瑊、韓游瑰、戴休顏以其眾扈從，李晟、駱元光、尚可孤以其眾奉迎，步騎十餘萬，旌旗連亙數十里，都民僧道，歡呼感泣。李晟見於三橋，自陳收城遲晚之咎，伏地請罪，上慰勞遣之。丁亥，河中宣慰使孔巢父、中官啖守盈並為懷光所害。辛卯，御丹鳳樓，大赦天下。」

〔三〕又屬太原□帥李自良薨於鎮，監軍使王定遠為亂兵所害，甲士十萬，露刃相守：《資治通鑑》卷二百三十五：「（貞元十一年五月）甲申，河東節度使李自良薨。戊子，監軍王定遠奏請以行軍司馬李說為留後。……癸巳，以李說為河東留後，知府事。說深德王定遠，請鑄監軍印，從之。監軍有印自定遠始。……王定遠自恃有功於李說，專河東軍政，易置諸將。說不能盡從，由是有隙。定遠以私怒拉殺大將彭令茵，埋馬矢中，將士皆憤怒。說奏其狀，定遠聞之，直詣說，拔刀刺之。說走免。定遠召諸將，以箱貯

敕及告身二十餘通，示之曰：『有敕，令說詣京師，以行軍司馬李景略為
留後，諸君皆遷官。』眾皆拜。大將馬良輔竊視箱中，皆定遠告身及所受
敕也，乃麾眾曰：『敕告皆偽，不可受也。』定遠走登乾陽樓，呼其麾下，
莫應，逾城而墜，為枯木卉所傷而死。」

〔四〕元和初，皇帝踐祚：《舊唐書・憲宗紀》：「（永貞元年）八月丁酉朔，受內
禪。乙巳，即皇帝位於宣政殿。元和元年春正月丙寅朔，皇帝率群臣於興
慶宮奉上太上皇號曰應乾聖壽太上皇。丁卯，御含元殿受朝賀。禮畢，御
丹鳳樓，大赦天下，改元曰元和。」

〔五〕銀夏裨將楊惠琳，西蜀副倅劉闢，或以長帥薨歿，皆恃塞怙險，初有邀君
之心，終成悖亂之跡：《資治通鑑》卷二百三十六：「（永貞元年八月）癸
丑，西川節度使南康忠武王韋皋薨。……支度副使劉闢自為留後。……劉
闢使諸將表求節鉞，朝廷不許。……劉闢不受徵，阻兵自守。……（十二
月）己酉，以給事中劉闢為西川節度副使、知節度事。……（元和元年正
月）劉闢既得旌節，志益驕，求兼領三川，上不許。闢遂發兵圍東川節度
使李康於梓州，欲以同幕盧文若為東川節度使。」《舊唐書・憲宗紀》：
「（元和元年三月）先是韓全義入朝，令其甥楊惠琳知留後，俄有詔除李
演為節度，代全義。演赴任，惠琳據城叛，詔發河東、天德兵誅之。辛巳，
夏州兵馬使張承金斬惠琳，傳首以獻。」

元和 119

大唐故朝議郎行宮闈令充威遠軍監軍上柱國賜紫金魚袋西門大夫墓
誌銘並序

……公器局宏邈，見解殊倫，干於理劇，果於從政，志存大略，
不忌小節，恒人譏其傲睨，高賢許其豁達。至德之初，釋褐從仕，
大曆之末，擢居宣徽。建中四年，王室多故，涇源叛卒，晝入犯門，
鑾輿西巡，以避封豕〔一〕，艱虞之際，尤尚通才，除內府局丞，充鳳
翔隴右節度監軍判官。時懷光不臣，潛與泚合，翠華於是更幸梁洋，
節使楚林果有疑貳〔二〕……

註：

〔一〕建中四年，王室多故，涇源叛卒，晝入犯門，鑾輿西巡，以避封豕：《舊
唐書・德宗紀》：「（建中四年十月）冬十月丙午，詔涇原節度使姚令言率

涇原之師救哥舒曜。丁未，涇原軍出京城，至滻水，倒戈謀叛，姚令言不能禁。上令載繒綵二車，遣晉王往慰諭之，亂兵已陣於丹鳳闕下，促神策軍拒之，無一人至者。與太子諸王妃主百餘人出苑北門，右龍武軍使令狐建方教射於軍中，聞難，聚射士得四百人扈從。其夕至咸陽，飯數匕而過。戊申，至奉天。」

〔二〕時懷光不臣，潛與泚合，翠華於是更幸梁洋，節使楚林果有疑貳：《舊唐書‧德宗紀》：「（興元元年二月）（李）晟以懷光反狀已明，請上幸蜀。……甲子，加李懷光太尉，仍賜鐵券，赦三死罪。懷光怒曰：『凡人臣反逆，乃賜鐵券，今賜懷光，是反必矣！』乃投之於地。上命翰林學士陸贄曉諭之。是日人心恐駭。懷光奪楊惠元、李建徽所將兵，惠元被害。丁卯，車駕幸梁州，留戴休顏守奉天，以御史中丞齊映為沿路置頓使。李晟大集兵賦，以收復為己任。李懷光患之，移軍涇陽，連朱泚，欲同滅晟。」

元和 135

唐故元從奉天定難功臣游擊將軍守冀王府右親事典軍上柱國勒留堂頭高平郡邵公墓誌銘並序

夫生滅之相，貫於天地，盛衰之門，業推而化。故期生誠榮祿，奄歿幽泉，機茲褒向之靈，刻石於元扃之記。……立身從仕卅餘年，自建中四年癸未歲，朱泚冦逆，陷歿城堭，執持堂印，隨駕奉天重圍之內〔一〕，苦歷艱危，克復之時，功勳崇獎，遂遷五品，職佐臺堦，累序勳勞，歷更九任，勤効幹蠱，靡資臺鼎，孝奉家慶之休，廉謹風猷之德。……

註：

〔一〕自建中四年癸未歲，朱泚冦逆，陷歿城堭，執持堂印，隨駕奉天重圍之內：《舊唐書‧德宗紀》：「（建中四年）冬十月丙午，詔涇原節度使姚令言率涇原之師救哥舒曜。丁未，涇原軍出京城，至滻水，倒戈謀叛，姚令言不能禁。上令載繒綵二車，遣晉王往慰諭之，亂兵已陳於丹鳳闕下，促神策軍拒之。無一人至者。與太子諸王妃主百餘人出苑北門，右龍武軍使令狐建方教射於軍中，聞難，聚射士得四百人扈從。其夕至咸陽，飯數匕而過。戊申，至奉天。己酉，元帥都虞候渾瑊以子弟家屬至，乃以瑊為行在都虞候，神策軍使白志貞為行在都知兵馬使，以令狐建為中軍鼓角使，金吾將

軍侯仲莊為奉天防城使。亂兵既剽京城，屯於白華，乃於晉昌里迎朱泚為
帥，稱太尉，居含元殿。」

大和 012

唐故右神策軍護軍中尉兼□□□□□府儀同三司行右衛上將軍知
內侍省事上柱國邠國公食邑三千戶食實封三百戶贈揚州大都督□定
梁公墓誌銘并序

　　……其年冬，詔徵天下之師，討淮蔡之師〔一〕。監統之選，不易
其人。藉公良籌，膺此殊任。進階加雲麾將軍、充行營招討都□。
時閫外之事，委公裁之。威肅令嚴，將校知禁。明年夏五月，拔郾
城，降叛卒〔二〕。賊勢既挫，皇威益張。撲滅可期，詔命□闕。卻秉
機務，再□□盛朝。冬十月，蔡之元兇果就擒獲〔三〕，俘馘上獻，氛
埃蕩銷。此時天兵猶未卸甲，公又銜命暫統師人，甄敘戰功。勸賞
在手，駟騎所至，道路風生。殘孽餘凶，皆感恩宥。覆命，十三年，
加冠軍大將軍，遷右監門衛上將軍，尋拜□□□軍護軍中尉。朝望
益重，勳庸轉高，厚德深仁，天下欽服。公素蘊宏略，初權禁戎，
恩信不虧，進獻無闕。十五年，拜特進，列戟朱門，渥澤逾盛。縣
是實其府庫，精以戈甲，警巡撫御，靡不躬親。十五年，遷驃騎大
將軍兼右武衛上將軍。時皇帝昇遐〔四〕，宗社未定。公首冊儲貳，肅
清宮闈，又加寵命。長慶元年，封安定郡開國公。冬十月，西戎犯
邊〔五〕，詔下左右神策兼京西諸道兵馬討焉，拜公為監統。乃精選良
將，訓練銳師，犬戎畏威，慴憚奔北。二年，封邠國公，食邑三千
戶。四年，拜開府儀同三司兼右衛上將軍。公捧日從龍，偏承聖旨。
儉德守道，家無餘財，竭體傾心，脩建功德。不以壽終為諱，於大
塋側，創置先修，栽種松楸，樹立碑記，君子謂之達觀也。洎敬宗
嗣位，夏四月，小孽猖狂，凌犯帝座〔六〕。公即日掃蕩，以靜皇居。
忠憤昭彰，勳績廣茂。二年冬，彗起蕭牆，禍生宮掖，潛龍未震，
神器不安〔七〕。公引兵誅夷，旋定社稷。功高前列，位冠內庭，加實
封三百戶。

註：

〔一〕詔徵天下之師，討淮蔡之師：《資治通鑑》卷二百三十九：「（元和九年六
　　　月）閏月，丙辰，彰義節度使吳少陽薨。少陽在蔡州，陰聚亡命，牧養馬

騥，時抄掠壽州茶山以實其軍，其子攝蔡州刺史元濟，匿喪，以病聞，自領軍務。上自平蜀，即欲取淮西。淮南節度使李吉甫上言：『少陽軍中上下攜離，請徙理壽州以經營之。』會朝廷方討王承宗，未暇也。……（九月）吳少陽判官蘇兆、楊元卿、大將侯惟清皆勸少陽入朝。元濟惡之，殺兆，囚惟清。元卿先奏事在長安，具以淮西虛實及取元濟之策告李吉甫，請討之。時元濟猶匿喪，元卿勸吉甫，凡蔡使入奏者，所在止之。少陽死近四十日，不為輟朝，但易環蔡諸鎮將帥，益兵為備。元濟殺元卿妻及四男以圬射珊。……李吉甫言於上曰：『淮西非如河北，四無黨援，國家常宿數十萬兵以備之，勞費不可支也。失今不取，後難圖矣。』上將討之，張弘靖請先為少陽輟朝、贈官，遣使弔贈，待其有不順之跡，然後加兵，上從之，遣工部員外郎李君何弔祭。元濟不迎敕使，發兵四出，屠舞陽，焚葉，掠魯山、襄城，關東震駭，君何不得入而還。……（十月）壬戌，以忠武節度副使李光顏為節度使。甲子，以嚴綬為申、光、蔡招撫使，督諸道兵招討吳元濟，乙丑，命內常侍知省事崔潭峻監其軍。……（元和十年正月）吳元濟縱兵侵掠，及於東畿。己亥，制削元濟官爵，命宣武等十六道進軍討之。……（元和十一年十一月）討淮西諸軍近九萬，上怒諸將久無功，辛巳，命知樞密梁守謙宣慰，因留監其軍，授以空名告身五百通及金帛，以勸死士。庚寅，先加李光顏等檢校官，而詔書切責，示以無功必罰。」

〔二〕明年夏五月，拔郾城，降叛卒：《舊唐書・憲宗紀》：「（元和十二年）夏四月辛卯，李光顏破賊三萬於郾城，殺其卒什二三，獲馬千匹、器甲三萬。……丁卯，賊郾城守將鄧懷金與縣令董昌以郾城降。甲戌，渭南雨雹，中人有死者。丙子，詔權罷河北行營，專討淮、蔡。」

〔三〕冬十月，蔡之元兇果就擒獲：《舊唐書・憲宗紀》：「（元和十二年十月）己卯，隨唐節度使李愬率師入蔡州，執吳元濟以獻，淮西平。」

〔四〕時皇帝昇遐：《舊唐書・憲宗紀》：「（元和十五年正月庚子）是夕，上崩於大明宮之中和殿，享年四十三。時以暴崩，皆言內官陳弘志弒逆，史氏諱而不書。辛丑，宣遺詔。壬寅，移仗西內。」

〔五〕冬十月，西戎犯邊：《舊唐書・穆宗紀》：「（元和十五年十月）壬午，吐蕃寇涇州，命中尉梁守謙將神策軍四千人及八鎮兵赴援。」

〔六〕洎敬宗嗣位，夏四月，小孽猖狂，凌犯帝座：《舊唐書・敬宗紀》：「（長慶）四年正月壬申，穆宗崩。癸酉，皇太子即位柩前，時年十六。……（四月）

丙申，賊張韶等百餘人至右銀臺門，殺閽者，揮兵大呼，進至清思殿，登
御榻而食，攻弓箭庫。左神策軍兵馬使康藝全率兵入宮討平之。是日，上
聞其變，急幸左軍。丁酉，上還宮，群臣稱慶。」

〔七〕二年冬，彗起蕭牆，禍生宮掖，潛龍未震，神器不安：《舊唐書·敬宗紀》：
「（寶曆二年）十二月甲午朔。辛丑，帝夜獵還宮，與中官劉克明、田務
成、許文端打球，軍將蘇佐明、王嘉憲、石定寬等二十八人飲酒。帝方
酣，入室更衣，殿上燭忽滅，劉克明等同謀害帝，即時殂於室內，時年
十八。」

大和 069

唐故茂州刺史扶風竇君墓誌銘並序

　　……君諱季餘，字幼直……己酉冬，南蠻內侮圍成都〔一〕，君自
茂總攝生羌，得眾一旅，鳴鼓東下，為之救援。

註：

〔一〕己酉冬，南蠻內侮圍成都：事見《舊唐書·郭釗傳》（卷一百二十七）：
「大和三年冬，南蠻陷嶲州，遂寇西川，杜元穎失於控御，蠻軍陷成都
府外城。」
又，《舊唐書·文宗紀》載：「（大和三年，十一月）丙申，西川奏南詔蠻
入寇……十二月丁未朔，南蠻逼戎州，遣使起荊南、鄂岳、襄鄧、陳許等
道兵赴援蜀川。以劍南東川節度使郭釗為西川節度使，仍權東川事。壬子，
貶劍南西川節度使杜元穎為韶州刺史。遣中使楊文端齎詔賜南蠻王蒙豐
佑。蠻軍陷邛、雅等州。戊午，以右領軍衛大將軍董重質充神策西川行營
都知兵馬使。西川奏蠻軍陷成都府。東川奏蠻軍入梓州西郭門下營。又詔
促諸鎮兵救援西川。己丑，以東都留守令狐楚檢校右僕射、天平軍節度使，
代崔弘禮為東都留守。丁卯，貶杜元穎循州司馬。乙巳，郭釗奏蠻軍抽退，
遣使賜蠻帥蒙巔國信。」

大和 090

唐故山南東道節度押衙光祿大夫檢校太子賓客前行鄧州長史兼侍御
史弘農縣開國男楊公墓誌銘並序

　　……元和末，王司空承元遭讒言蓋菲，憲宗見疑，司空乃剖心
歸朝，聖恩尋宥，公首末陪從，義若魚水。司空重拜滑臺〔一〕，公亦

在焉，又蒙奏滑州長史，軍職仍舊。長慶二年，牛尚書元翼解深州圍歸闕〔二〕，路出於滑，與公舊知，此日相遇，何歡如之……

註：

〔一〕司空重拜滑臺：《舊唐書·王承元傳》（卷一百四十二）：「元和十五年冬，承宗卒，秘不發喪，大將謀取帥於旁郡。時參謀崔燧密與握兵者謀，乃以祖母涼國夫人之命，告親兵及諸將，使拜承元。承元拜泣不受，諸將請之不已。承元曰：『天子使中貴人監軍，有事盡先與議。』及監軍至，因以諸將意贊之。承元謂諸將曰：『諸公未忘先德，不以承元齒幼，欲使領事。承元欲效忠於國，以奉先志，諸公能從之乎？』諸將許諾。遂於衙門都將所理視事，約左右不得呼留後，事無鉅細，決之參佐。密疏請帥，天子嘉之，授銀青光祿大夫、檢校工部尚書，兼滑州刺史、義成軍節度、鄭滑觀察等使。」

〔二〕長慶二年，牛尚書元翼解深州圍歸闕：參見《資治通鑑》卷二百四十二載：「（長慶二年）（正月）王庭湊圍牛元翼於深州，官軍三面救之，皆以乏糧不能進……深州圍益急，朝廷不得已，二月，甲子，以庭湊為成德節度使，軍中將士官爵皆復其舊……王庭湊雖受旌節，不解深州之圍。丙戌，以知制誥東陽馮宿為山南東道節度副使，權知留後，仍遣中使入深州督牛元翼赴鎮。裴度亦與幽、鎮書，責以大義。朱克融即解圍去，王庭湊雖引兵少退，猶守之不去……（三月）上聞其（按，朱克融）解深州之圍，故褒之，然庭湊之兵實猶在深州城下……未幾，牛元翼將十騎突圍出，深州大將藏平等舉城降，庭湊責其久堅守，殺平等將吏百八十餘人。」

開成 036

　　唐□□□□□□□□□□□□□□州司馬□□□馮府君墓誌銘並序

　　……□□馮即長史次子也。童稚卓舉不常，始以弓馬為弄，亦愛讀書□□□□□略，人多器之，皆曰：馮家千里駒也。年十八，長史（馮橫）居職，方為韓公潭寵倚。無何，□□節西覲，長史峭直，□□□□而已，不復他交附。監軍使賈英秀欲□之不□，英秀因怒君讎潭，及離於鎮，英秀得殿軍事，諷邪人誣之，兼命節度□官王游順、軍胥李縉朝□竅，終曲殺之。公籍薫長號，一聲幾絕。居二三日□□泣□膚曰：我先人忠心貫神明，而受冤且死，我雖虞

粉以從而無益，其冤□□又何人也。乃不葬捨去，徒跣訴乎帝闈，
果聞乎天。詔下悉持付御史府，□驗皆如所訴，雖中貴人金虎幾成，
無得絕孝子至誠之感矣。獄具，天子□之，盡□英秀爵，游順、緒
朝皆報死焉〔一〕。公卿大夫莫不歎曰：馮真子矣。

註：

〔一〕馮府君與賈英秀等相關事：參見《冊府元龜》卷五百二十一《憲官部》載：
「德宗貞元中，夏州節度使韓潭朝京師，其監軍賈英秀在鎮挾誣，捕州人
馮翃、節度推官王游、順典、李緒朝，以枷拉殺翃。翃子琪以冤上訴，兼
告英秀贓狀，下御史臺按之。全希旨以附中人，奏請留免英秀於內侍省，
餘黨於臺推得實，故游、順等坐死，英秀獨削一階。」《冊府元龜》卷八
百七十五《總錄部・冤訟四》亦錄：「馮瑱，夏州人，〈土羽〉之子也。時
節度使韓潭朝京師，其監軍賈英秀在鎮挾誣捕，節度推官王游順、令典李
緒朝以枷拉殺。瑱上冤，上訴臺推得實，游順、緒朝等坐曲法殺人，皆下
京兆府杖殺。」

開成 050

唐故朝議郎使持節光州諸軍事守光州刺史賜緋魚袋李公墓誌銘兼序
　　……無何，長慶初，常山帥王承宗歿於鎮，鎮卒逼其弟承元主
其軍，且襲父兄之位，因而請焉。承元幼懦，辭進不決，公乃潛運
音計，密擇機宜，誘掖承元，斂身歸國。朝廷果獎承元之節而授鉞
於滑臺，始去常山〔一〕。當是時也，自天寶末，兩河之風未變者，唯
漁陽一鎮耳，因請承元，飛檄於范陽節度劉總，洞曉君臣之禮，大
開逆順之端。其明年，劉總盡室來覲〔二〕，河朔之地，晏然削平，皆
公之祕略也。

註：

〔一〕常山帥王承宗歿於鎮，鎮卒逼其弟承元主其軍，且襲父兄之位，因而請
焉……：事見《舊唐書・王承元傳》（卷一百四十二）：「元和十五年冬，
承宗卒，秘不發喪，大將謀取帥於旁郡。時參謀崔燧密與握兵者謀，乃以
祖母涼國夫人之命，告親兵及諸將，使拜承元。承元拜泣不受，諸將請之
不已。承元曰：『天子使中貴人監軍，有事盡先與議。』及監軍至，因以
諸將意贊之。承元謂諸將曰：『諸公未忘先德，不以承元齒幼，欲使領事。

承元欲效忠於國，以奉先志，諸公能從之乎？』諸將許諾。遂於衙門都將所理視事，約左右不得呼留後，事無鉅細，決之參佐。密疏請帥，天子嘉之，授銀青光祿大夫、檢校工部尚書，兼滑州刺史、義成軍節度、鄭滑觀察等使。」

〔二〕其明年，劉總盡室來覲：此處指劉總平定王承宗反叛後，為謀自安歸順朝廷。《新唐書·穆宗紀》載：「（長慶元年）二月……己卯，劉總以盧龍軍八州歸於有司。」初，王承宗勾結吳元濟反叛，憲宗加劉總同中書門下平章事，討伐承宗，收復成德軍。《舊唐書·劉總傳》（卷一百四十三）載「及王承宗再拒命……是時吳元濟尚存，王承宗方跋扈，易定孤危，憲宗暫務姑息，加總同中書門下平章事。及元濟就擒，李師道梟首，王承宗憂死，田弘正入鎮州，總既無黨援，懷懼，每謀自安之計。」

《資治通鑑》卷二百三十九唐紀五十五載：「（元和十一年）正月……乙亥，幽州節度使劉總奏敗成德兵，拔武強，斬首千餘級……（四月）乙卯，劉總奏破成德兵於深州，斬首二千五百級……（元和十三年）四月，甲寅朔，魏博遣使送承宗子知感、知信及德、棣二州圖印至京師。幽州大將譚忠說劉總曰：『自元和以來，劉闢、李錡、田季安、盧從史、吳元濟，阻兵憑險，自以為深根固蔕，天下莫能危也。然顧盼之間，身死家覆，皆不自知，此非人力所能及，殆天誅也。況今天子神聖威武，苦身焦思，縮衣節食，以養戰士，此志豈須臾忘天下哉！今國兵駸駸北來，趙人已獻城十二，忠深為公憂之。』總泣且拜曰：『聞先生言，吾心定矣。』遂專意歸朝廷。」另，《新唐書·憲宗紀》亦載：「（元和）十一年正月……乙亥，幽州盧龍軍節度使劉總及王承宗戰於武強，敗之……（四月）乙卯，劉總及王承宗戰於深州，敗之……（元和十三年）四月甲寅，王承宗獻德、棣二州。庚辰，赦承宗。」

大中 054

唐故銀青光祿大夫工部尚書致仕上柱國樂安縣開國男食邑五百戶孫府君墓誌銘

……幼而嗜學，長能屬文，尤以博識書判為己任。年十四，初通兩經，隨鄉薦上第，未及弱冠，遽失怙恃。長兄不事家計，諸弟尚復幼稚，公以負荷至重，他進不得，遂即以前明經調補揚州天長

縣尉。有替，校考不足，重任江陽主簿，由主簿授婺州錄事參軍。
覆獄得寃狀，為太守王公仲舒知，闢倅軍事。時元和末載，相國蕭
公俛始持國政〔一〕，方汲引時彥，特勅拜公為憲臺主簿，方議朝選。
屬殿內御史有以自高者，惡非其黨，將不我容。公以為道不可自屈，
即直疏其事，置之憲長故相國贊皇公，是日解冠長告，堅臥私室。
贊皇披文，聳聽，益固其知，以公之志不可奪，因白執政授京兆府
戶曹，由戶曹為咸陽令，歷四尹，皆以政事見遇，尤為韓公愈、劉
公棲楚信重之。昌黎得畿官簿書不能決去疑滯者，必始質信於公，
然後行下其事。河間當時威讋豪右，自以明彊為己任，每有情偽未
分，關人性命者，亦常先議於公，諸曹已下但承命而行，假鼻而息
耳。由是聲聞轂下。故上相太傅裴公之綰計司也，假以尚書金部員
外郎，奏補西蜀巡院，歲周榷課登，就加祠部正郎，復領東川院事。
後二年，故鹽鐵王相國以江左醝院累任失職，官鏹百萬，變為逋亡，
輒自裴公，密下其奏。公迫於知己，不得已而行。時觀察使故兵部
沈公傳師清流重名，故宣城裴公誼吏途大匠，咸以政術著，每從容
宴座，未嘗不揚公之美，聞於賓從，道契心符，皆投深分。朝廷以
二公之譽，因拜高平郡太守。當逆帥劉從諫懷拔扈之初〔二〕，不供王
職，澤民幼老，幾為匪人。公上咀豺狼之心，下施蒲蘆之政，一年
而人從教化，二年而人知禮法，三年而政成。上黨五郡唯澤民向王
化者，自公始也。夫以太行孟門之固，羊腸烏道之險，一旦溝塍連
接，中無隙地，無非繈負之所致也。故河內之民加少，高平之民加
多，行者居者，歌謠於道。於是稍遷吉州刺史。州踞西山之上源，
深入水鄉，差接閩嶺，故其人心陰狡，俗上爭訟。當前政杜師仁陷
法之初〔三〕，承房士彥新規之後，公局僅廢，奸吏橫行。公始下車，
決以去害為本，傍求能吏，密設捕羅，朞月之間，盡擒元惡，親自
訊問，立得其情。雖內蘊哀矜而外實行令赦，諸繫室者什七八，斃
於枯木者五六輩。凶徒既絕，政道遂行。廉使敬公昕，錄其事書為
符牓，傳於屬郡。越三歲罷秩。吉，江左大郡也。每太守更代，官
輒供銅緡五百萬資其行費，州使相沿，以為故事。先是主吏者具其
事以聞。公曰：吾月有俸，季有粟，天子所以憂吾理人之賜也。今
違是州里，別是吏民，而反厚斂以賂我，是將竭公用困後來之政也。

且私吾於不法，是何故事之為。即時召長吏與主事者語其狀，卻復其財而去。時為政者難之。敬公聞，密以清白狀論於宰相，還未及闕，道除饒州刺史，如廬陵之理。至會昌二年五月，自饒移於睦。睦有金陵之地而無金陵之實，水不通商，陸無異產，等姑蘇毗陵之大而均其賦焉。往歲徵稅不登，郡無良吏，刺史不究元本，但相尚以加徵。至於伎術販鬻之有營，本實草秀之有地，悉編次於公案而以稅稅之。故人不安居，流於外境，積數十年之遺欠而長吏無敢以聞者。公設法開懇，盡平荒蕪，旬月之間，復離散之戶萬計。然後以向來二郡次諸湖、杭、潤等，方以主田，籍其戶口，推所產之物齊均一之，徵則五郡可以代，睦之賦太平矣。法成書奏，天子制下，觀察使如公之法均之。時盧公簡辭重難其變更，將援其事。公一歲之內，三發奏章，當朝廷擬議之初，公移為亳守，民既無以為主，事遂寢而不行，然睦之人懷他日撫愛之，畢公之政，無有流亡他道者。間歲三賦，睦實先登。是秋九月，公始如亳，亳人以睦人之故，渴公之政若枯苗之望膏雨焉。時又壺關阻兵〔四〕，徵發方困，亳實軍郡，人多告勞。公就理之年，盡去其病，聲振河洛。天子知之，不終考，遷合沘郡。……

註：

〔一〕時元和末載，相國蕭公俛始持國政：參《舊唐書‧蕭俛傳》：「穆宗即位之月，議命宰相，令狐楚援之，拜中書侍郎、平章事，仍賜金紫之服。八月，轉門下侍郎。」

〔二〕當逆帥劉從諫懷拔扈之初，不供王職：參《新唐書‧劉從諫傳》：「公卿多託以私，又見事柄不一，遂心輕朝廷，有驕色……從諫亦妄言清君側，因與朝廷猜貳……性奢侈，飾居室輿馬。無遠略，善貿易之算。徙長子道入潞，歲榷馬徵商人，又熬鹽，貨銅鐵，收縑十萬。賈人子獻口馬金幣，即署牙將，使行賈州縣，所在暴橫查貪，責子貸錢，吏不應命，即訴於從諫。欲論奏，或遣客遊刺，故天下怨怒。從諫畜馬高九尺，獻之帝，帝不納，疑士良所沮，怒殺馬，益不平。」

〔三〕杜師仁陷法相關：參《冊府元龜》卷九百二十五：「裴誼為江西觀察使卒，前吉州刺史杜師仁坐贓，計稍（絹）三萬餘匹，詔師仁賜死於家。又詔，誼委之廉俗，都下（不字訛）舉察，宜削所贈工部尚書並御史大夫。」《舊

唐書·文宗紀》亦載：「隨州刺史杜師仁前刺吉州，坐贓計絹三萬匹，賜死於家。」

〔四〕時又壺關阻兵：壺關屬潞州上黨郡。《舊唐書·武宗紀》載：「（會昌三年）四月，昭義節度使劉從諫卒，三軍以從諫侄積為兵馬留後，上表請授節鉞。尋遣使齎詔潞府，令積護從諫之喪歸洛陽。積拒朝旨。詔中書門下兩省尚書御史臺四品已上、武官三品已上，會議劉積可誅可宥之狀以聞……秋七月戊子，宰相奏：『秋色已至，將議進軍……鎮、魏須速誅劉積，各須遣使諭旨，兼偵三鎮軍情。』……九月，制：……諮爾二帥，朕所注懷，元逵可本官充北面招討澤潞使，弘敬充東面招討澤潞使……（會昌四年）六月……潞州大將郭誼、張谷、陳揚廷遣人至王宰軍，請殺積以自贖。王宰以聞，乃詔石雄率軍七千入潞州，誼斬劉積首以迎雄，澤、潞等五州平。

大中 064

唐故朝請大夫尚書刑部郎中上柱國范陽盧府君墓誌銘并序

　　有唐刑部郎中盧君諱就，字子業，范陽人也。……會天子赫怒黨羌〔一〕，未暇調食，卒徵天下兵屯於□上，君佐大計，理出入。大中五年正月，宰相□其能，請為刑部郎中。朝廷方用之，不幸有疾，四月六日，終於上都宣平里，年五十八……

註：

〔一〕會天子赫怒黨羌：參《新唐書·宣宗紀》載：「（大中四年）十一月，党項羌寇邠、寧。十二月，鳳翔節度使李安業、河東節度使李拭為招討党項使。」另，此事後續參《新唐書·宣宗紀》載：「（大中）五年三月，白敏中為司空，招討南山、平夏党項行營兵馬都統。四月，赦平夏党項羌……八月乙巳，赦南山党項羌。」

又，《資治通鑑》卷第二百四十九唐紀六十五載：「（大中四年）九月……党項為邊患，發諸道兵討之，連年無功，戍饋不已，右補闕孔溫裕上疏切諫。上怒，貶柳州司馬。溫裕，戣之兄子也……十一月，壬寅，以翰林學士劉瑑為京西招討党項行營宣慰使……十二月，以鳳翔節度使李業、河東節度使李拭者兼招討党項使……（大中五年）二月……上頗知党項之反由邊帥利其羊馬，數欺奪之，或妄誅殺，党項不勝憤怨，故反。乃以右諫議大夫李福為夏綏節度使。自是繼選儒臣以代邊帥之貪暴者，行日復面加戒

勵，党項由是遂安。福，石之弟也……上以南山、平夏党項久未平，頗厭用兵。崔鉉建議，宜遣大臣鎮撫。三月，以白敏中為司空、同平章事，充招討党項行營都統、制置等使，南北兩路供軍使兼邠寧節度使。（四月）壬子，定遠城使史元破堂項九千餘帳於三交谷，敏中奏党項平。」

中和 004

唐故浙江道五部兵馬大元帥平南節度使銀青光祿大夫檢校尚書令戴公墓誌銘並序

　　……府君爰自咸通元年逢黨裘甫叛〔一〕，自富陽竊持朱斾，都督王式遣團練押衙雲公思益，統領銳師，誅夷蜂蠆，趨於槧水，陟彼高岡。府君以奮節雄之，括於私第。啟帑藏之資，發倉廩之糧，獻以奇謀，饋以營壘。而元克投戈，群黨請命。雲公感府君以精才懋署，德誼加人，遂為上陳，請甄前功。然承寵渥，旅列轅門。後時草寇周了瞽剽刦武義，浸聚群凶，王郢悖亂狼山，深乘巨艦〔二〕。當其征戍，獲息妖氛。況又頃歲，黃巢之眾〔三〕，鼓譟驚天，雲旗蔽野。巨魁既攻鄰郡，輕騎復剽茲邦。

註：

〔一〕裘甫起義：參《舊唐書·懿宗紀上》載：「（咸通元年）浙東觀察使王式斬草賊仇甫，浙東郡邑皆平。（按，《舊唐書》此事時間定於八月前，實際裘甫之亂應於八月才結束。）」《新唐書·懿宗紀》載：「咸通元年正月，浙東人仇甫反，安南經略使王式為浙江東道觀察使以討之……（八月）己卯，仇甫伏誅。」

〔二〕王郢反叛：《舊唐書·僖宗紀下》載：「（乾符二年）四月，海賊王郢攻剽浙西郡邑。三年春正月……浙西奏誅王郢徒黨。」

　　《新唐書·僖宗紀》載：「（乾符二年）四月庚辰，太白晝見。浙西突陳將王郢反。五月，遣右龍武大將軍宋皓討之。七月……鎮海軍節度使裴璩及王郢戰，敗之。」

　　《資治通鑒》卷二百五十二載：「（乾符二年）四月……浙西狼山鎮遏使王郢等六十九人有戰功，節度使趙隱賞以職名而不給衣糧，郢等論訴不獲，遂劫庫兵作亂，行收黨眾近萬人，攻陷蘇、常，乘舟往來，泛江入海，轉掠二浙，南及福建，大為人患……秋，七月，以前岩州刺史高傑為左驍衛將軍，充緣海水軍都知兵馬使，以討王郢。」

〔三〕黃巢起義相關：《舊唐書・僖宗紀下》載：「（乾符四年）四月……冤朐賊
黃巢聚萬人攻鄆州，陷之，逐節度使薛崇……（五月）黃巢賊陷沂州……
七月，黃巢自沂、海，其徒數萬，趨潁、蔡，入查牙山，遂與王仙芝合。
（乾符五年）三月……黃巢之眾再攻江西，陷虔、吉、饒、信等州，自宣
州渡江，由浙東欲趨福建，以無舟船，乃開山洞五百里，由陸趨建州，遂
陷閩中諸州。」

第二節　女性誌主研究

　　中晚唐墓誌的女性一般都是具有一定身份地位的女子，故通過墓誌中這
些女性生前狀況的描寫，我們不僅可知中晚唐高、中層女性的日常生活狀態，
也可看出主流社會所倡導的女性生活範式、推崇的婦德婦容婦紅體系。而更難
能可貴的，是可以看到一些較為罕見的女性散發出個人光彩的片刻。

　　遵守主流思想意識，嚴守婦德體系的女性還是占到大多數。先從幾則最高
階層的貴族夫人、妃嬪、公主等墓誌來看：

貞元 005

　　唐贈尚書左僕射嗣曹王故妃滎陽鄭氏墓誌銘並敘

　　　　大唐貞元景寅歲秋七月己酉，荊南節度觀察使、戶部尚書、兼
御史大夫、江陵尹、嗣曹王皋奉先太妃滎陽鄭氏之喪歸於先王贈尚
書左僕射諱戢之居，實洛陽邙山之原。……<u>太妃以禮之節為質，以
樂之和為性，以詩之鵲巢、采蘩、小星、殷雷、易之坤、蠱、家人
為德，小大由之，且以其餘，施之於外，夫是以賢，子是以貴，以
利於家邦</u>。年十有四，歸於公族。居廿四歲而先嗣王即世。王屋天
壇之下，有別墅焉，太妃挈今之嗣王與女子子，洎夫族之叔妹未冠
笄者，與本族凋喪之遺無告者，合而家之。居無生資，勤儉自力，
仁以邮，智以圖，使夫飢待我粒，寒待我纊，婚姻宜學蒸嘗之禮，
待我以時。嗣王年甫及弁，其所以導成慈訓者，則以父嚴師敬之道
兼而濟之。於時天下晏然而事有將亂之兆，太妃念嗣王之狀，必及
經綸，不患不貴，患不更賤。不患不聞先王之訓，患不知下人之生。
率以仲尼鄙事為教。及其長也，見其為龔黃，見其為方召，享其孝
敬、勳庸、祿位三者日躋之報焉。嗚呼。月望而虧，天之道也，以

建中三年冬十月九日遘疾，薨於潭州官舍之寢，壽七十有二。……
銘曰：抑抑母儀，稟訓德門，來嬪王族，慶集宗臣。如彼崇山，曆
時出雲，霈然作雨，澤潤生人。裕我之蠱，啟茲寵勳，匡戴中興，
為唐晉文。宜爾百祿，享茲萬春，運奪其養，天囂匪仁。清洛之陽，
脩邙之阜，我歸我居，我從我友，維邙與洛，將安宅之相久。

此誌主為一偉大母親，在喪亂之際精於持家，對兒子的精心教導是此文大
書而特書之處。另文中劃線處即為夫人遵循主流標準推崇之婦德。提到了《詩
經·鵲巢》，《毛詩序》解為「《鵲巢》，夫人之德也。國君積行累功以致爵位，
夫人起家而居有之，德如鳲鳩乃可以配焉。」《詩經·采蘩》，《毛詩序》解為
「采蘩，夫人不失職也。夫人可以奉祭祀，則不失職矣。」《詩經·小星》，《毛
詩序》解為「《小星》，惠及下也。夫人無妒忌之行，惠及賤妾，進御於君，知
其命有貴賤，能盡其心矣。」《詩經·殷之雷》，《毛詩序》解為「召南之大夫
遠行從攻，不遑寧處。其室家能閔其勤勞，勸以義也。」還提到《易經·坤卦》
喻女性之德行、柔順；《易經·蠱卦》指救弊治亂，撥亂反正；《易經·家人卦》
指女性之宜室宜家。

貞元 012

大唐故鄭國大長公主墓誌銘並序

坤以陰德居永貞，兌以秋令成萬物，處謙履順，體柔乘剛，敷
含育之功，廣博厚之化，驚定羣有，寔惟母道者哉。鄭國大長公主，
雲房降質，月彩曜靈，氣分瑤池，精應婺宿。曾祖睿宗大聖皇帝，
祖玄宗至道皇帝，肅宗孝感皇帝之女，今上之姑。承累聖之耿光，
蔭羣龍之丕慶，生自霄漢，長於彤闈，習禮度於公宮，脩威儀於紫
禁。不務簫管，志勤組紃。爰始總笄，出嬪於外。駙馬都尉范陽張
清，即玄宗之表姪，肅宗張後之愛弟，蟬聯戚屬，稠疊國姻，家列
五侯，門榮三戟。世傾許史，時重金張，雖王鳳之輝華，郭況之豐
富，無以尚也。公主克諧婦道，行葉螽斯，賓敬齊眉，不失其德。
事姑以孝養著，恤下以慈惠稱，承夫以婉順和，檢身以貞白立。不
矜貴以滿假，能撝謙而益光，義聞六姻，賢備四德，允釐家政，率
禮內成，鳳凰噰噰，琴瑟偕老。而歡娛不駐，隟駒難留，芳蕙早凋，
猗桐半折，形隨運化，張公先主而薨。哀斷女蘿之心，誓切栢舟之
志，粉鉛罷飾，紈綺絕身，訓子以義方，成家以嚴恪。每至時移歲

序，祭及蒸嘗，祀事聿修，罇俎蠲潔。展冀妻之敬，懷杞婦之哀，精意明神，不懈夙夜，求諸淑哲，難以比方。嗚呼。福善虛無，神理茫昧，忽遘四時之癘，俄成二豎之災，貞元二年十月七日寢疾，薨於宣陽里之私第，享年五十八⋯⋯

對於公主身份來說，出身尊貴是她最重要的標籤。而在此之外，當公主出嫁成為主婦之後，仍要遵循婦道，宜室宜家。在夫君去世後也要恪守婦德，對家庭盡忠職守。

貞元 094

唐故嗣曹王妃清河崔氏墓誌銘並序

妃即工部第八女也。鍾慶德門，嗣徽公族，柔明清慎，克舉令範。嗣王出自太宗文皇之昭，附日月之重光，據公侯之大貴，威烈競爽，冠於東藩，申以清儉，集於董華，禮讓役於顯貴，忠孝不墜，躬勤素風，世之望族，如舊婚媾，故妃年十有九，歸於我氏，事太妃以孝聞。弘嫻瑟以自牧，饋奠之慎，光而有儀。袗褧之誠，敬如不及。洎嗣王四任分憂，五膺聯帥，言扶衰俗，色勵狂朝，金鼓建東至之勳，彤弓錫河間之德，望以為重，依以為強，則妃承方伯之華慶，襲真王之配，禮敬逾下，家邦有聞，故耳不容於鄭衛之音，目不悅於組繡之麗，符彩潤色，金華發揮，熙熙善心，專一忠恕。俾仁良自泰，愎鷙且柔，惠訓多方，聽聆知勸。其容止也，若青蓮出水，映紅紫而破彩。秋月澄暉，照軍市而逾靜。盈缶之信，觀盥之微，縱心不踰，七禮必中，實壼訓之儀表也。若乃務中饋難鳴之弼，保嗣王龍節之尊，事不外明，道弘內贊，則語於粢盛籩豆而軍令補焉，顧於組紃琴瑟而邦政刑焉。曲突禍先，濫觴福始，威儀之則，視顯而褒微。言笑之歡，譽一而誡百。莫不總於心極，制在清衷，通而有方，柔不可奪。貞元初，因視子疾，至於京師，天子褒重令儀，特加封號，寵光宣於舊邸，禮命崇於本朝，憂問降臨，好賜相望。妃乃曰：余山東之風，以禮樂自守，褒顯爵號，非余始望。況德不及於先姑，行無光於後嗣，豈余之福也。嗚咽累日，荷之若驚。諸女廿四娘、五娘、六娘，咸以門訓託於君子。諸子太古、象古、道古、師古、執古，孟母之愛，期於日新⋯⋯

　　這是一位備受推崇的「完美」女性，作者用大篇幅濃墨重彩地全方位地讚頌她的美德，她命運的最高峰當然是天子為她特加封號之時，而即使在這樣的時刻，她依然表現出驚人的持守本分和謙遜美德。

　　開成 010

唐故贈隴西郡夫人董氏墓誌銘並序

　　　　王者統天地，合陰陽，外班元士之秩，內備嬪御之列，莫不慎擇華族，精選良家，將以應九九之陽數，佐明明之聖德。其或藝傳躧步，體善折腰。聲既溢於九霄，名自傳於千古者，有若贈隴西郡夫人董氏焉。夫人軒蓋承家，派流綿遠。自擾龍而受氏，奮直筆以傳芳。仲舒擅美於儒林，君異名登於仙籍。豈獨清音響亮，空號雙成之笙。長袖翩翻，唯許嬌嬈之舞而已哉。自笄年入居宮臺，容華綽約，儀則詳閒，執禮謙和，發言明媚，而又纖腰柔弱，舉趾嫣妍，飛燕自得於體輕，平陽雅稱其妙麗。當德皇御宇，而名達宸聽，超自篳流，登於樂籍。時或曲移節奏，韻變宮商。故態方□於俗流，新聲尚迷於眾伎，彼則哇咬纏囀，此已俯仰合儀。豈習利而學能，誠目擊而心得者也。時或令節良辰，錫讌蘭殿，百辟就列，九奏在庭。天子厭八佾之舊容，思七盤之新態。錦茵既設，羅襪徐登，動容而宛轉若神，當場而意氣自得。莫不金烏駐景，借白日之光輝。玉女縈空，訝彩鸞之騰赴。寧獨千官萬樂，屏息而心呼者哉。是以列聖佳其藝能，六宮推其德美，雖修蛾已老，椒房之貴人。而羅袖時翻，授梨園之弟子。名居上品，時歷六朝，逝水不留，化泉將及，以開成二年歲次丁巳八月壬辰朔廿二日癸丑，卒於內院，享年六十有六。⋯⋯

　　誌主董夫人乃樂籍出身，以才藝出眾而受到德宗皇帝寵幸。故墓誌銘開頭就要交代皇帝選妻的標準，一是名門望族出身重其德行，另一種則是個人天賦極其出眾重其藝能。墓誌描寫董夫人之舞蹈有如天女來朝，舞姿中自有意氣動人。年長後即成為梨園弟子之教授老師。

　　大中 055

故南安郡夫人贈才人仇氏墓誌銘並序

　　　　周官天子立六宮，始有三夫人之位。漢因秦制，內職敘夫人之班，魏晉以還，多遵故事，所以昭顯婦順，明章內治，必用德授，

以為教先，斯則關雎鵲巢之本，國風王化之端也。南安郡夫人贈才人姓仇氏，爰自牧香之後，率多聞人，由本部疏封，錫湯沐之邑，初以才貌，選充後宮。吾攉居寵遇，行止侍隨，貞孝罕儔，懿範殊古。<u>爾儀標九嬪，行備四德，含徽挺烈，執柔處謙，玉潔而朝霞共鮮，蘭薰而月桂爭馥。而又婉孌順意，幽閑持心，深誡繁華，偏滋窈窕。暨釣筐奉職，褕翟榮身，不以渥恩自矜，不以貴秩自滿。崔叔成禮，膺晉代之規模。象簟稱奇，鄙漢時之侈麗。</u>故能令則列於彤管，善譽溢於椒塗，蘿是芳猷，著為則躅。彼衛宮知德，遠察輪轅之音。齊孟墮車，不忘環佩之響，方茲蔑如也。既蹈淑慎，宜登遐延，美繁祉之前修，歎蕣英之遽夭，期享壽之齡年，固輔佐之多歲。豈料穠華二紀，膏肓忽侵，未涉踰旬，蔓禍斯至。悲降年不永，難駐蕙風，嗟悼已深，念不及矣。鳴戲。弱女尚驗，一男纔生，付託而誰，棄之何速。吾懷傷歎，加以涕零，感想慟之，哀爾長往。以大中五年五月十八日，歿於宮中，時年廿四。鳴戲。爾生於華宗，被此顯秩，存有懿德，歿有殊榮，可謂無恨於初終矣。以其年八月四日，葬於京兆府萬年縣崇道鄉只道里。

誌主為一因生產而青春亡故的後宮女子，強調她的謙遜、幽閑、懿德。而限於當時的醫療水平，即使後宮女性，懷孕生子也是兇險之關。

建中 011

大唐涇王故妃韋氏墓誌銘序

<u>夫必有婦其尚矣，先務德禮，次求容功，兼而有之，方謂盡善，不爾則不足以侍執巾櫛，宜其家室。故詩稱好逑，傳著嘉耦，非必獲是，孰媲名王。</u>妃姓韋氏，蓋京兆長安人。……皆公望自遠，吏才兼優，來以何暮見歌，去以不留興詠。妃即淮陽府君之第四女也。自漢及今，門為望族，男不卿士，女則嬪嬙，蟬冕魚軒，與時間出，騰光簡諜，昭晰紛綸。妃蕙以為心，馨其如茝，詞懿而定，服純而衰。位則千乘小君，行則一人猶母，雖貴無壽，命也如何。鳴呼。享年四十八，以建中二年十二月己酉薨於寢，以三年二月庚申葬於原，禮也。<u>存不育男孕女，沒無主祀執喪，有足悲夫。</u>……

該墓誌銘明確提到了誌主「存不育男孕女，沒無主祀執喪，有足悲夫。」亦即對於女性來說生養後代的重要性，強調女性的功能性。且在文章開始也提

出了對女性極高的標準「夫必有婦其尚矣，先務德禮，次求容功，兼而有之，方謂盡善，不爾則不足以侍執巾櫛，宜其家室。」

再來看看其他中上階層女性的墓誌銘中涉及的女性生活狀態和修養標準。

大曆036：「……處子累代純嘏，懿鍾而生，仁柔明惠，有彤管含章之美。既笄而行成於內，故戚屬稱其女德焉。」大曆061：「……夫人淑姿端雅，厚德寬裕，孝友冥至，恭順夙成，周閑內儀，通識前載。年十有八，歸我崔氏。逮事先夫人，屬有沉綿之疾，夫人服勤就養，誠孝純深。虔奉諸姑，和敬娣姒，慈撫猶子，禮協宗姻。至行有孚，休問增茂。貨不藏己，貴而能貧。衣無珍華，食必蔬素。」貞元004：「……性根大孝，禮自生知，幼辭嚴母之訓，長習仁姊之教，是有令問，光昭六姻。」貞元095：「……琴瑟協韻，鴛鴦諧聲，軌範宗親，肅穆娣姒，內則洒成，法度貞著。蘋舉桉之禮節者，得非門之講歟。」貞元099：「……夫人宿承令族，天與其惠，柔儀雪映，志行松操。至於織紝饗餗，奠祀之禮，厚情周物，絲竹通妙，皆稟生知，出為時則。……爾乃服其浣濯，鼓其琴瑟，內閒外恭，安親惠下，宿窈之容有節，螽斯之慶大來。黔婁之妻從夫，孟軻之母訓子，方俟同年也。」永貞006：「家人之象曰：女正位乎內。關雎之序曰：樂得淑女以配君子，故家道正，門風睦，為豆籩以薦，為酒醴以獻，本乎婦事脩而婦德全者已。維夫人年十有八，歸於府君，鳴環珮，奉觴潔，必勤於力而達其敬，事先姑柔聲怡色，先後夙夜。佐府君樂諧陰和，警戒齋栗，推其禮以周於長上，均其愛以浹於幼孺。金石笙絃之奏，雖聽之不樂，珠璣組繡之飾，雖見之不貴。」元和043：「……夫人性本乎天，柔閒以靜，穠華淑德，蘊玉含章。其未笄也，遵待聘之教。其有行也，守如賓之敬。言詞罔慁於謝室，箴誡豈讓於班□。□其酒食潔蠲，方可精其婦道。組紃是務，曾不怠其女工。四德是修，六姻咸仰，焜耀圖史，芬馥邦家。」元和049：「……夫人淑德光明，材用聞達，非從師授，稟自天知。年十五，出嬪於我右千牛衛長史王公。良修婦道，僅卅載，則言無頗耶，而色處柔順，每容不治，服不整，則王公未嘗獲見焉。夫人奉上以和，率下以信，自內及外，令儀昭彰，施之以風，遠無不化，雖古之名流，莫能過也。」（此條提到了「婦容」標準）元和153：「夫人婉娩令淑，挺然生知，及笄年適於司馬司倉君。窈窕閑雅，謙和優柔，行合規矩，言堪典模，恭理黍稷，調暢琴瑟，義光中饋，孝顯家風，絅衣無華，舉案有則，訓女四德，示男六經。親族娣姒，肅然心伏，凡在閨閫，莫

不書紳。性止恬淡，情忘嗜慾。洞了生滅，俄而謝世。」大和 010：「為女時以
婉慧稱於姻族，為婦時以精力自誠，奉助祭祀，以敬順禮法，輔佐君子，加以
均育之慈，御下之仁，和氣淑姿，浹於中外，而終始不違其令範歟。」會昌 049：
「……宿本聰晤，生知愛慈，有穌協之能、柔順之懿，具美言行，備著功容。
故爰自廿有一，歸於朱氏，婉娩邕德，進取可觀，合規範之令儀，契中外之雅
望。每於親戚之所，或會聚之間，必推讓自卑，先人彼己。蓋動之以禮樂，慎
之以謙恭，幾是姻屬，靡不欽服而歸仰者矣。況自承家紹代，撫命有方，育下
寬仁，罕言務簡。精潔違豆，虔事蘋繁，通於神祇，實受其福。詩云：明德惟
馨。斯之是也。至於彩繡裁制，輒未嘗作矜誇之言，雖有金玉綺羅，亦不為嬌
奢之意。逮居府君草土，初數日飰漿不飲，畢三年之內，哭血毀容，在今人時
流，實未之有也。」大中 051：「亡妻平昌孟氏墓誌銘……夫人幼而明惠，長而
仁孝，從為祖父所器重。……性閑詩禮，動止有則，廿二歸於我□家，婦道昭
然可風，至於清潔酒食之儀□蔽玄黃之衣，皆洞然於心。」大中 082：「夫人令
德淑儀，發於神姿，溱首蛾眉，抑惟天與。事舅姑盡其敬，與娣姒致其睦，茂
行充乎內則，懿聲溢於外姻。而又謙光庶類，降心細物，巧手經之，眾莫驚視，
凡婦人之能事，而夫人莫不備焉。婦道溫恭，習大家之儀。訓子過庭，修女史
之行。」（強調女功）大中 157：「夫人性惟天縱，夙稟義方，靜乃淵默，動有
常則，言貌視聽，皆可法焉。行止進退，無非禮教。綽綽焉賢人君子之儀表也。
當予家之盛，逮事先公，僮僮首飾，祁祁忘疲，婉娩敬從，友穆娣姒，居無出
梱之言，動無驕惰之色。至於中饋，賓敬惟謹。及爆家罹時網，播遷嶺外，涉
歷危苦，未嘗倦容。予鍾鞠凶，聞訃貶所，夫人號慟將絕，哀感中外。予衣服
外除，再抵荒外，歲時祀事，夫人皆躬自預焉。予長兄故尚書比部郎鍾念少子
曰襃，顧其靡識，危惙之際，令予子之。夫人鞠育勤到，至愛由衷，恩過所出，
可以觀其內則矣。」咸通 010：「夫其慈惠和順，忠信脩睦，行有法度，動合禮
經，嚴恪以理家人，嫺瑟以弘君子。若乃宗廟哀敬仁孝也，娣姒祗和謙順也，
蠲潔酒食婦儀也，黼黻玄黃女工也。弘此四德，而務六親，鑿悅以文之，雜珮
以發之，猗可以作範母儀，昭宣壼則。至於訓子以睦，教女以順，愛下以慈，
與人以讓，外以贊府君之德，內以彰中饋之政，日聞其進，未見其退。」咸通
034：「夫人幼挺淑姿，雅推令範，處順而動循儀矩，含章而居叶柔嘉。亦既及
笄，歸於名士，宜家治內，率禮無違……」乾符 028：「而生植慧性，夙成淑
姿，執先君之喪，盡其哀，事吾嫂劉夫人之心本乎孝，愛異母之屬極其仁，奉

長幼之序均其分。有自然之深識,得自守之常規。」乾符029:「夫人王氏……
訓子孫有孟氏擇鄰之操,重賓客有陶母親仁之規。」景福001:「夫人姓張氏,
其淑慎貞素,稟自生知。退讓儉遜,不從於訓。祇奉晨夕,終始如一。」乾寧
007:「鄭夫人亦我之自出也。族氏高顯,著美山東,鍾慶閨闈,誕生賢淑。稟
性而溫明可則,飾身而柔順自持。逮於刀尺之上,詩書之業,匪因訓教,咸自
通曉。洎歸盛族,克顯婦儀,夙夜惟勤,修笄總衿纓之禮。敬恭罔怠,奉蘋蘩
祭祀之職。而又端貞垂範,儉素作程,懷休宗姻,敦睦娣姒。式叶宜家之道,
雅明主饋之方。」通過以上列舉的女性墓誌銘,我們可以大概勾勒出中晚唐貴
族女性的生活形態,她們的生活以丈夫以及丈夫家庭為中心,遵循婦德婦言婦
工的行為標準,內在品德的修養上推崇孝、悌、忠、謙,日常行為上執行管理
祭祀、孝敬公婆、照顧家人、管理日常家務、教育子女等。特別注意的是在性
格、情緒方面以情緒穩定、性格柔順、欲望淡漠、謙虛樸素等備受推崇。故女
性墓誌銘易表現出千人一面、缺少個性的特點。但在中晚唐女性墓誌中,也出
現了更加個性化、更多細節描寫、更生動的傳統女性。

　　如元和015:「……惟爾爰自羈貫,天然敏晤,孝慈仁淑,皆率性而至,
及長,遂端莊自持,動遵禮法,方明柔婉,備賢婦之體範矣。組紃文繡之事,
精能而不怠。詩書圖史之學,耽翫而有得。未嘗以疾聲忤色加於幼賤,則其奉
長上可知矣。中外敬異,為擇所從,以鄭君高門良士,故仰而歸之,初屬先夫
人違愆,不忍離供養,及禍酷奄鍾,則哀毀生疾,故未暇修廟見來婦之禮,每
至歲時祭祀,必視其備物之蠲潔,躬授於攝事者,齋莊祗栗,如親承焉。其於
弔賀施予,未嘗以菲薄而廢,皆曲加情意以將之,故雖百兩未行,而六姻攸矚。
迨其喪之訃於鄭也,自長及幼,物哀共歎,如已久歸其室,向使當門戶輝華,
姻族繁會,專其婦事,正位於中,勤儉周圓,以經治生業,謙柔均壹,以承撫
上下,必能使和而不撓,靜而有倫,惟其才賢,實克餘裕。」筆法細膩描寫生
動,使得這位傳統女性的形象栩栩如生。元和073:「臨歿辭所事所生,以不
克為婦為子為恨,謂所從以不疎己宗為託,言終而逝。古君子之善終者,無以
過之。夫人孝乎惟孝,以奉姑,其養同而敬加焉,其他皆稱之。夫人四氣恆春,
七情無怒,豈以是為不足而不壽歟。哀哉。」乾符010:「夫人當疾之際,謂余
曰:古人之制,所貴稱家。送終之儀,不尚虛飾。況烝嘗所奉,方切朝夕,但
一釵一梳衣裝之故者粗備,斯可矣,豈復以今日之事而務豐費以為也。」這兩
則墓誌銘都是交代了該女子的臨終遺言,真實可信,具有很強的說服力,從而

反過來說明了女子的德行。大和 048：「夫人四德克修，五常無爽，鄉黨重其孝，隣里傳其行。年□九，適王公，因家於幽州之幽都縣。與其娣姒，偕事先姑。夫人藝出自然，孝秉天性，及姑之病，綿歷歲時，夫人色不滿容，行不正履，飲食湯藥，必致其誠，裁縫繡畫，必盡其力。是以先夫人愛之重之，不使離其側。每謂所親曰：我見此新婦，則疾覺小瘳。其敬順之至，通於神明矣。泊丁先夫人之禍，亦以孝聞。」該則墓誌銘一是寫具體的事情，女子照顧生命的姑子之周到；二是寫婆婆的語言，側面寫法凸顯女子的孝道。大和 067：「……夫人承中外之積慶，生蘭玉之姿質，初笄之歲，實歸於余，孝友因心，閨壺傳訓，柔克親睦，慈明家肥，素履之餘，諷讀成性，恬淡簡暢，逍遙頤貞，食貧晏如，周仁不倦。敬余之長，撫余之下，相順之志，終日不違，富貴浮雲，所願偕老。每更涼燠，或奉家誨，靡不以承顏有闕，手足乖懅，向隅汍瀾，恨不明發。此之資性，雖恭姜何述。前日余以府移梁園，且迫見召，乃相論曰：赴知無險，況幸寧謐，願復儡俀，無疑偕行。至止滿歲，忽曰：春秋徵夢，自知無幾，願甘貧洛汭，且侶緇黃。無何，嚴君出鎮南徐，旌旆由洛，晨昏戀切，固請東下，不復顧身命，忍一日離也。明年疾作，願還吾廬，謂不復起，思有歸託。<u>至都，綿歷抱疾，不間愚之憂也，知無不為。一日告余以壽夭陰定，非人能易，勿藥俟命，鼓盆當師。即命女奴發奩篋，視衣服首飾之具曰：斯可送矣，幸無枉費。一子曰翁兒，年始五歲，撫之曰：願以此故，無遠吾門。余驚且摧，其色不撓。是何曠達明決之如是。翌日臥食，奄然而往。</u>……」此墓誌為丈夫為妻子所寫，除去對妻子日常品行之描寫生動詳細之外，更重要的是寫出了妻子的內在神韻。妻子平日裏即性情恬淡，但夫妻情感甚篤，相依相隨。特別是在面對生死大事時，以生動的語言、行為描寫，展示出妻子的曠達明決，故該誌主深受丈夫讚歎敬重。再如大和 099：「……夫人天錫明敏，若非學知，罔究古籍，而洞得淑態。笄年適河東裴澣。……澣曾官於河潼，知華驛。時屬河北有師拒王命者，持詔之臣，往復軍師，日之百數輩，闐溢館舍，公食不足，即夫人罄其私室，以備官須，往往寒衣不續，簞食絕味，慮澣之內愧以職公而不補其家，則假以他事，而飾詞以相怡悅。時家甚窘，而禮義富之。」此則墓誌銘也是生動的事件描述，通過夫人「罄其私室，以備官須」這件事的描寫，則可知該女性之深明大義，對傳統婦德的發揚光大。另還有會昌 036：「夫人京兆人也。生知孝敬，挺稟柔明，事上能恭，臨下能惠。自適我家，四十年於茲矣。嗚呼。初我君官始再命，職曠祿微，素無業產，百事草創。夫人克勤克

儉，罔或有貳。佐成我家，夫人與有力焉。夫人恣性慈仁，雅無嫉妒，不喜蓄
積，有輒散之。待人必以誠信，人或我負，益善待焉。雖僕隸微細，未嘗不眷
眷與之終始。故我家內外親戚，無長幼皆歡仰，而以夫人為規戒也。」大中104：
「……夫人幼聞詩禮，早肅端姿。齋潔持心，溫柔飾性。霜松比操，寒竹孤貞。
閨門悅懌之儀，晨昏問安之禮，皆主之矣。榛栗告修，將移他族。遂適彭城公。
百兩之後，一與之齊。嚴奉舅姑，敬恭戚族。服澣濯之衣，儉而達禮。遵婉娩
之教，婦道日新。飾其德而不飾其容，嚴其家而不嚴其身。……夫人結褵作配，
三十三年，履正居中，其道益彰。泊浙右歸闕，累移星歲。頤攝乖宜，寖成沉
痼。夫人侍執湯藥，饎奉飲膳，所舉者無不親嘗。不顧寒暄，不離座隅。……
至於卜遠之日，疾將就枕，諸孤曰：違裕若是，豈在力任。夫人曰：吾逝生死
同塵，何愛身命。一閉泉壤，永為終天。但無虧於節義，豈望苟自偷安。踴哭
而往，畢遂其志。」該墓誌銘以順序的方式描寫了誌主的一生，分為結婚前
後、婚後生活、臨終前三個階段，呈現了一以貫之的性格特點。

同樣描寫傳統女性，但程式化的描寫和更為生動細膩的描寫，所實現的人
物塑造效果顯然大不相同。我們也可以更清晰更立體地瞭解中晚唐貴族女性
的生活形態。在中晚唐墓誌中，除了大量恪守傳統婦德中規中矩的女性之外，
我們也注意到了還有不少具有較強個人特色的閃耀個人特色的女性。

例如貞元016：「夫人長自膏腴，成於禮法，宿承世冑，早含淑於椒蘭。
爰以宜家，乃和鳴於鸞鳳。十年不出，嘗聞閱史之勤。三月有成，式備採之禮。
婦儀冰映，女憲霜潔，一門風範，九族光輝。若乃骨弱肌豐，聲和色婉，嬋娟
皓齒，南國赧容。窈窕纖腰，西施掩面。調絃春日，豔態無雙。剪綵花前，多
能第一。羅敷之姿尚在，孟光之德猶存。所謂俗號昭姬，家稱美媛者也。」墓
誌對該女子美貌大加讚美。傳統婦德中重視「婦容」，但強調的是容飾整潔得
體，並不強調美豔之事，整潔得體屬於家族禮儀，而姿容美豔則屬個人特色，
不但不為傳統文化所特別推崇，反而要對男子進行避免沉溺於女色的教育。因
此在這個意義上，該墓誌雖然也提到了誌主的「孟光之德」進行迴護，但重點
還是聚焦於該女子之絕色姿容，本質上是對「個性」的凸顯。再如貞元018：
「夫人即神烏宰君之長女也。芳姿婉麗，秀質穠華，稟內則之令儀，蘊閨門之
雅操。尤善琴瑟，其道幽深，造五音之微，窮六律之要，得在纖指，悟於寸心，
生而知之，非其學也。」提到了誌主善琴瑟之天賦，「天賦」也屬於個性範疇。
元和052：「夫人姓李氏，……房州刺史逞之女。凡婦之柔嘉茂淑組紃應對之

-212-

事，夫人備有焉，加以敬恭長上，誘納卑孺，情禮周洽，六姻睦然，風韻孤遠，不嬰常態，中饋酒食，外彈雅琴，詠古詩。鄙人褊，陰有輔助。不幸夭落。」此女子除了具備傳統美德之外，還有「風韻孤遠，不嬰常態，中饋酒食，外彈雅琴，詠古詩。鄙人褊，陰有輔助。」這些明顯異於尋常女子、極具個人風格的狀態顯現。而在元和 139：「夫人即先鴻臚卿之令女也。笄年十五，執事箕帚，而適於楊氏之門。如鳳之飛，雙鳴相應，周旋二十餘載，而楊君□疾，去元和六年十一月，□於京兆府長安縣闤闠之肆，殯金光門外小嚴村之里，墳壟存焉。兒女九人，皆尚幼稚，孤煢撫育，霜露所哀，追攀永懷，□對寒爐。夫人尋患腰腳，行李不逮，雖坐御家事，猶慈和六親。<u>春秋屢徂，容鬢衰改，且貧無以為節，禮徇時宜，□寡多猜，迫以從事，方再行於吳郡顧氏</u>。低迷四五年，而公潔躬文字未達，寓居中彭，漢武初興之地矣。夫人元和十四年七月十一日不起宿疾，終於茲川。」該墓誌銘則描寫了一個改嫁女子的一生，而對其改嫁行為充滿了理解，頗具人文關懷。大和 051：「夫人長史之叔女也。笄年歸於李君。明正清劭，輔以材能，落落焉有賢傑之操。門闕李君隨牒襄州，夫人亦來漢上。宣猷與夫人別業接連，得敘宗族。日漸月深，情同密親。始予隨進士貢，路出漢濱，時寓夫人里第。稅駕之後，徒馭如歸。開顏拂闈主禮甚渥。李君賢厚少事，以儒書自適，門之治實夫人主之者。其奉夫也以敬，其訓子也以義，其睦親也以誠，其接下也以德。吹惠布明，家政煥然。<u>舉如是言，雖賢大夫何以過也</u>。」此墓誌銘中對女子的盛讚也是非常罕見的，認為該誌主德行出眾、能力過人，可與賢大夫相比，對女性力量的正面讚揚，完全有別於只是一昧的讚頌女子之貞靜柔順。女性可以有力量、有才情、有趣味、有知識。如開成 013：「（夫人）生而聲和，幼而性仁。……十歲通何論古詩，工為裁制之事。」大中 114：「如小娘子，天假儀質，神授聰明，妙盡女工，學奧文士。」大中 124：「夫人聰識明敏，尤精魯宣父之經誥，善衛夫人之華翰，明左氏之傳，貫遷固之書，下及諸史，無不該覽，今古倫比，罕其朋儔。」咸通 040：「況夫人厥姿，天人之餘，下筆成詩。皆范目滌耳。誦古詩四百篇，諷賦五十首。」咸通 061：「組繡奇工之暇，獨掩身研書，偷翫經籍，潛學密識，人不能探。工五言七言詩，詞皆雅正。常侍公每賢之，為人曰：是女當宜配科名人。」咸通 065：「……夫人生稟雍和，長而柔順，組紃之暇，雅好詩書，九歲善屬文，嘗賦寓題詩曰：永夜一臺月，高秋轆戶砧。其才思清巧，多有祖姑道蘊之風，頗為親族之所稱歎。」咸通 098：「又能諷釋氏文字，動

有古女風，親戚家傳以為訓。雪絮之什，殆可越之。班篇所誡，必克行之，其才如是，其行如是。」

除了這些貴族女子、官員夫人之外，還有側室即官員的妾這個群體也應該引起我們的注意。如咸通 030《前邢州刺史李肱兒母太儀墓誌》：「有陳氏子，會昌三年，年廿一，以色以藝口妓於予，及今廿一年矣……太儀聰慧女，貧處身有道，事長待幼各盡其禮，予甚重焉。而又妙通音樂，曲盡其妙，兼甚工巧……銘曰：母以子貴，禮有明文，太儀五男，有□者，吉時令月，歸葬中野，□□□□，雖壽不永，宜安長夜。」關於此則墓誌銘，一是在稱呼上我們注意到是「兒母」，二是其原初身份是藝伎，三是得到家族的認可理由是「母以子貴」。咸通 060《唐監察御史裏行孫君側室杜氏墓誌銘》：「……自笄年入於孫氏之家，逾二紀矣，為人恭謹柔順，出自生知，處於儕流，無纖芥之失。能御僮僕，善治生業，聰智明敏，可謂天資……銘曰：淑哉杜氏，恭敬和睦，既彰乃美，宜厚其祿。壽也未長，逝兮何速，窆於邙山，享其陰福。」稱呼上是「側室」，對該女子一生評價較高，因為她雖然身份是側室，但具備了傳統男權社會要求的婦德。另外還有一則著名官員李德裕為其侍妾所撰寫的墓誌銘：大和025《滑州瑤臺觀女真徐氏墓誌銘並序》：「徐氏潤州丹徒縣人，名盼，字正定，疾亟入道，改名天福。大和己酉歲十一月己亥，終於滑州官舍，享年廿三。嗚呼哀哉。長慶壬寅歲，余自御史丞出鎮金陵，徐氏年十六，以才惠歸我，長育二子。勤勞八年。惟爾有絕代之姿，掩於羣萃。有因心之孝，合於禮經。其處眾也，若芙蓉之出蘋萍，隨和之映瑤礫。其立操也，如昌花之秀深澤，菊英之耀歲寒。儀靜體閒，神清意遠，固不與時芳並豔，俗態爭妍。嗟乎。崖谷之蘭，植於庭則易朽。江潭之翠，馴於人則不久。豈天意吝奇，芳於近玩，不鍾美於凡情。淑景鮮輝，掩陰氛而遂黳。良珪粹質，委埃塵而忽碎。無心所感，況在同心。殘月映於軒墀，形容如覿。孤燈臨於帷幔，音響疑聞。冥冥下泉，嗟爾何託。余自宦達，常憂不永，由是樹檟舊國，為終焉之計。粵以其年十二月二十日葬於洛陽之邙山，蓋近我也，庶其子識爾之墓，以展孝思。一子多聞早夭，次子燁，將及捧雉，未能服縞，顧視不忍，強為之銘。銘曰：鬱余思兮哀淑人，才窈窕兮當青春。去吳會兮別爾親，越梁宋兮倦苦辛。抱沉疾兮彌十旬，終此地兮命何屯。嗟爾子兮未識，灑余涕兮霑巾。託邙山而歸后土，為吾驅螻蟻而拂埃塵。」在側室的墓誌銘中，這篇墓誌銘可謂卓爾不群。其一，從稱呼上來看，稱呼該誌主為道教名稱，因為誌主身弱之後李德裕為幫其免災，讓其名義

上出家入道，這一行為背後竟是李德裕對其倍加珍愛之情義表達；其二，李德裕以賦筆行文，極盡描摹誌主之珍貴美好，以及自己喪妻之痛，可謂情深意重。在李德裕的筆下，徐盼盼的形象超越了同時代幾乎所有的側室，光彩照人歷久彌新。

　　在中晚唐女性墓誌銘中，還存在一個引人矚目的現象，就是女性的宗教信仰。我們發現不少貴族女性都存在宗教信仰的情況。有因家人信佛而入教者，如大曆 020《唐李處子墓誌銘並序》：「處子諱琰，趙郡贊皇人。壽安縣丞玄慶之孫，遂安縣尉守虛之女。體性通敏，風儀淑清。口無擇言，身無擇行。兄弟□禮，知法度以事親。姊妹出家，悟因緣而歸道。不嘗葷茹，稍卻鉛華。數歲誦經，六時行道。金剛般若，早契於心。妙法蓮華，常指諸掌。口資法味，身得道□。雖非落髮比丘，真是在家菩薩。天寶末，親歿，隨兄深尉臨安。以天寶十五年十月廿六日，卒於臨安之官舍，春秋卅四……其銘曰：閒閒處子，容德靜好。知禮悟緣，在家脩道。匪朝伊夕，禮佛誦經。身謝人伐，魂歸杳冥。不矜處俗，豈慮歿齒。俾志者誰，盧氏之姊」。有因自我覺悟而信仰者，如大曆 069《河東節度使檢校尚書左僕射同中書門下平章事金城郡王辛公妻隴西郡夫人贈蕭國夫人李氏墓誌銘並序》：「夫人隴西成紀人也。自保姓受氏，為天下先。故能世載忠良，休烈有光，嘉言孔彰，此之謂不朽。……夫人即儒珪之長女也。天生神惠，親戚異之。當其櫛縰之歲也，服勤教導，以詩禮自處。及乎繫縭之年也，恭懿端肅，以淑慎其身。恃此而歸我金城，挺穠華，弘令則，言成禮節，行合圖史。宗族以之惇敘，閨門以之肅穆，非夫人之至賢，其孰能與於此。且以金城當將相之任，作心膂之臣，或有謀之否臧，政之頗類，夫人嘗以義制事，必考而詶之。是以金城終然允臧，大揚休命。天子聞而嘉之，乃下詔曰：李氏宜於室家，是稱哲婦。致茲勳業，實佐良夫，可封隴西郡夫人。宜其宣寵光，膺徽號也。非夫人之至明，其孰能與於此。夫致敬於宗廟，盡心於蘋藻，貞順之義也。睦長幼以序，訓娣姒以德，禮樂之和也。織紝組紃，女工也。婉娩聽從，婦道也。莊敬慈慧，母儀也。昭五美以理內，體三從以飾外，內外正而人道備矣。雖伯姬之守節，敬姜之知禮，無以尚之。非夫人之至柔，其孰能與於此。而中年體道，知生生之不可以久恃也，有離俗之志。金城諭而止之，而志不可奪。由是上聞，有詔度為崇敬寺尼，法號圓寂。以一乘妙用，見諸法皆空，非夫人之至精，其孰能與於此。夫富與貴，是人之所欲也，夫人視之猶塵垢粃糠焉。則知純

德克明，不可及也。況始乎從人，中於立身，終以歸真，行之盛也。……銘曰：本支茂族，百代良家。實維邦媛，用配國華。才之難得，智也無涯。霜凋蕙草，風落晴霞。天生淑人，深不可測。克邁乃訓，日新其德。冀室風儀，梁門禮則。慎始敬終，溫恭允塞。忽悟世諦，因歸善緣。不留彤管，直指青蓮。定水自滿，真容莫傳。應超十地。無恨三泉。」該則墓誌銘的誌主世俗層面是非常成功的女性，有地位有封號。但其人到中年後自己體悟入道。元和 010《昭成寺尼大德三乘墓誌銘》：「大唐元和元年三月十四日，長安昭成寺尼大德三乘行歸寂於義寧里之私第，春秋七十九，戒臘一十九。伏惟神兮俗姓姜氏，望本天水，以簪纓承繼，家寄兩都。自頓駕長安，貫移上國，今則長安高陵人也。故中散大夫、贈太子左贊善大夫執珪之女，適昭陵令贈通州刺史李昕之妻。婦德自天，母儀生稟，事君子之門，敬姜比德。方擇隣之愛，敩毋其明。神儀惠和，體量凝肅，有二子：長曰誼，終杭州餘杭縣令。幼曰調，終溫州安固縣尉。有嗣孫五人：定、寅、寓、寧、寔，皆夙承嚴訓，克孝克忠，或位崇百里之榮，或再班黃綬之職。神兮自中年鍾移天之禍，晚歲割餘杭之愛，由是頓悟空寂，宴息禪林。自貞元四年隸名於此寺，嗚呼。」元和 047《唐故任氏夫人墓誌銘並序》：「夫人父守故潞府上黨府折衝諱昭，即次女也。家傳室訓，育節婦威儀，四德並備。蘊姬姜之範，六行周旋。纔及笄初，慕適君子，乃從龜筮娉嫡，即故試太常卿李府君，成紀人也，諱良。遂應宮商正匹，當結白首之娛，期貴賤之榮辱，稱觴上壽，俱愜平生願已。年將知命，齊議道門，求持淨戒，捨名職，歸法地，棄世寵，期梵天，白衣苦源，□□超跡，雖不書於竹帛，且神降其應，尚可褒昇。何圖府君□□□疾彌留，乃命羣子，父謂曰：身奄於世，各修一塋。咸聽其詔，□□□□年十二月廿四日殞於洛陽郭村私第。元季等孝皆曾閔，□□□□苴麻杖，服釋逾期歲，供膳甘脆，色養慈親，靡不闕於晨省□□□□政修是法是利，居家有理有則，都捐世俗，視身終如歸，感□□□疾所鍾，亦命羣子，遺言無忘，各置一塋。」……這位誌主也頗具代表性，自己信仰佛教之後，還毅然決定不與其丈夫合葬，各置一塋。將自己的宗教信仰置於主流社會標準之上，閃耀女性主義光輝。會昌 033：「夫人始自閨闈，以淑慎稱，及笄，奉命歸於王氏，孝敬事姑，累遷寒燠，調甘佐餞，曾無怠容，輔武進公歷二任，生一男。……會昌四年八月七日寢疾，終於河南縣杜翟里之別墅，享齡七十九。嗚呼。奠無息嗣，哭唯諸姪，遺命不令祔葬，敕家臣曰：吾奉清淨教，欲斷諸業障。

吾歿之後，必燼吾身。」此則墓誌銘是從遺言的角度，展示了夫人宗教信仰的純粹性。咸通 003：「時宗族間聞夫人年尚幼，而所立皆超異，所尚皆高絜，所學皆容易，所見皆深遠，所解皆精微，無不歎羨。蟾嘗因晨夕承奉慈顏，誠勵之外，因言曰：我承祖母嚴訓如此，得人如是，稱我善耶。今敢不條列敬述焉。泊昔歸於先公，幹家道以嚴以肅，奉祭祀以勤以敬，迨今四十年，六姻九族，咸共稱美……夫人雖嘗有所苦，而無疾色，心力神用，未嘗減耗，悟真如理性，虔奉內教，晨朝清淨，轉讀諷念諸經及真言，常滿千百遍，如此為志，未嘗暫捨一時之功也。且恭敬供養心又倍於是，常有願曰：我一日身後，莫令受他苦，勿為人所憂覺也。及終之日，果如是願。」咸通 102：「……余嘗為之不懌，斯人乃相勉曰：雖金帛坐致，有病苦支離，曷若貧清健聚常保團圓耶。況貧賤貴富有倚伏哉。苟躁其心，適足喪道。余謂是言賢且達，古人無以過也……九年秋，余赴調上國，是歲黜於天官，困不克返，斯人與幼稚等寓居洛北，值歲饑疫死，家無免者。斯人獨棲心釋氏，用道以安，故骨肉獲相保焉……哀哉初，厥疾漸篤，乃自取衣裝首飾等，施以寫經鑄佛，一無留者。」這是丈夫為其側室所寫的墓誌銘，展示了一個因為信仰而給這個不幸的家庭帶來極大安定的女性。大中 071《唐茅山燕洞官大洞鍊師彭城劉氏墓誌銘並序》：「鍊師道名致柔，臨淮郡人也，不知其氏族所興。和順在中，光英發外，婉嫕有度，柔明好仁。中年於茅山燕洞宮傳上清法籙。悅詩書之義理，造次不渝。寶老氏之慈儉，珍華不禦。言行無玷，淑慎其身，四十一年於茲矣。」

　　還有一種情況就是因為生病所以入教，希望通過宗教來消業治病。如大中 083：「……夫人行高圖史，言合典經，法度德容，出於天假。況內外華族，生長侯門，必能柔順謙光，降心及物，對綺羅珠玉，不忘浣濯之衣，奉蘋潔恭勤，克被蘋繁之禮。本為令女，今號賢妻，誠則□晉是宜，愚多愧色。……大中七年十月二十五日育上客之妹，未名，浹月遘病。滎陽公以名德司邦計，望冠公卿，天下良砭善藥，靡不畢致。公晝夜視病於知宗氏。公屬念彌切，復見醫甚臻而疹益固，化夫人宅心於空門，號曰悟玄，望滋景福矣。又至於卜筮祈禱，雖愚之伯氏季氏泊於族姻僮隸，奔走於九達之衢以求之，駱驛相屬，矧愚之躬哉。天乎天乎。愚之不淑，而夫人之不壽也。夙心未展，幽贊遽乖，豈料仁賢，奄先風燭。其年歲在癸酉十二月二十四日，終於上都長興里第，享年二十三。……」大和 025：「徐氏潤州丹徒縣人，名盼，字正定，疾亟入道，改名天福。」

第三節　處士誌主研究

在《全唐文》、《全唐文補遺》、《唐代墓誌彙編》以及《全唐文補遺·千唐誌齋新藏專輯》中所涉及的中晚唐墓誌材料裏,「處士」及「處士夫人」的墓誌銘較為常見,這些墓誌銘通過對眾「處士」一生經歷的敘寫及評價,形成了一副從文學、交遊、生活狀態、家庭狀態等各方面綜合展現中晚唐處士生活的畫卷,從中可基本勾勒出中晚唐時代「處士」這一較為特殊的群體的生活狀態,以及時人對「隱逸」的心態及評價。

一、何謂「處士」?

「處士」一詞,最早大約出現在春秋戰國時期。《孟子·滕文公下》有云:「聖王不作,諸侯放恣,處士橫議,楊朱、墨翟之言盈天下。」〔註1〕《荀子·非十二子》也說:「古之所謂處士者,德盛者也,能靜者也,修正者也,知命者也,著是者也。」〔註2〕二者強調處士「隱居放言」、心繫天下的品質與高潔的道德操守。考諸先秦時期處士的實際情況也映證了這一點,他們或「處江湖之遠」而關心時局,如伊尹、呂尚;或修身立德,名聲為外邦君主所知,如《戰國策·齊策四》中所記載的齊國處士鍾離子。

「處士」成為隱士稱謂之一,關鍵在於「處」的含義。「處」本源的義項是留止,居住。《易·繫辭下》:「上古穴居而野處,後世聖人易之以宮室。」〔註3〕「處」與「居」同義。《禮記·射義》:「去者半,處者半。」〔註4〕「處」,義同「留」。含「處」字詞語的意義也都和「處」字的這一義項有關。「處士」即指留止、居處於家中的士人,與出朝為官者相對,故成為隱士的代名詞之一。《辭源》對「處士」的解釋:「未仕或不仕的士人」〔註5〕,「未仕」與「已仕」相對,是從個人之人生經歷的先後順序角度而言的。如唐人楊炎曾經隱居,後來出仕,貞元中官至宰相。相對於後來的出仕,他早年的隱居就是「未仕」,而有了隱而後仕的經歷,同時及後世人在記載其事蹟時對其早年生活情況就只能用「初稱處士」來形容。可見,「處士」不僅是與居官任職者相對的稱呼,而且特指尚未有出仕經歷或終生不仕的士人,曾經出仕然後歸隱者是不能再

〔註1〕〔戰國〕孟子撰,繆天綏選注:《孟子》,上海:商務印書館,1930年,第3卷。
〔註2〕〔戰國〕荀子撰,葉紹鈞選注:《荀子》,上海:商務印書館,1930年,第3卷。
〔註3〕〔唐〕李鼎祚輯:《周易集解》,上海:商務印書館,1937年,第8卷。
〔註4〕葉紹均選注:《禮記》,上海:商務印書館,1930年,第20卷。
〔註5〕《辭源》(修訂本),北京:商務印書館,2009年,第2750頁。

稱「處士」的。前人對於「處士」稱謂的這一特點非常清楚，使用時也很仔細，如《北史》記載：「（魏）溥未仕而卒，故云處士焉。」〔註6〕《後漢書》記延熹年間「有詔公車徵（楊）秉及處士韋著」〔註7〕，作者范曄稱韋著為處士，楊秉則否，乃是因為二人經歷不同。韋著字休明，以經行知名，此前屢不應州郡之辟，故范曄稱其為處士。楊秉乃楊震子，年輕時曾隱居，以教授為業，四十餘歲始應司空之辟，出任侍御史等職，此前坐事免官歸鄉里，故不能再稱處士。可見南朝時期對處士範圍界定非常嚴格，對於有出仕經歷的隱居士人，不再稱其為處士。

唐人杜佑在《通典》中解釋「周制，鄉飲酒禮，主人朝服就先生而謀賓介」時說：「先生，鄉中致仕者。賓介，處士賢者也。古者年七十而致仕，老於鄉里，大夫名曰父師，士名曰少師。」〔註8〕稱致仕者為「先生」，與「處士」相區別。唐代賈公彥為《儀禮》疏注時也作了如下分別：「鄉先生，鄉大夫致仕者也」、「君子，有大德行不仕者……亦曰處士」、「公士，在官之士」〔註9〕，明確規定稱呼「致仕」歸鄉之人為「先生」、未仕之人為「處士」或「君子」、在官之人為「公士」，絲毫錯亂不得。

唐代文人士大夫寫作時也大都能分清此中的細微差異。《舊唐書》記載：「白履忠，陳留濬儀人也。博涉文史，嘗隱居於古大梁城，時人號為梁丘子。景雲中，徵拜校書郎。尋棄官而歸……（開元）十七年，國子祭酒楊瑒又表薦履忠堪為學官，乃徵赴京師。及至，履忠辭以老病，不任職事。詔曰：『處士前秘書省校書郎白履忠，學優緗簡，道賣丘園，探賾以見其微，隱居能達其志』」〔2〕（P5124）詔書中對白履忠的稱呼「處士」在前、「前郎官」在後，是按時間順序敘其仕隱經歷，並非指寫作詔書之時仍能稱其為處士。

然而檢閱《唐代墓誌彙編》，記載處士事蹟時卻存在許多與任職相關的紀錄，顯示唐代官制的複雜性及「處士」概念使用由民間開始的泛化。肖妮妮《唐代「處士」概念辨析》一文（2008 年 1 月《唐都學刊》）中認為在唐代出現了一下幾種與原有概念有變化的情況：第一、有出身、散階、勳級的唐代士人如未能正式步入仕途，仍必須稱其為「處士」；第二、有幕府任職經歷而未能真

〔註 6〕〔唐〕李延壽：《北史》，北京：中華書局，2000 年，第 91 卷。

〔註 7〕〔東漢〕范曄撰，陳芳譯注：《後漢書》，北京：中華書局，2009 年，第 54 卷，第 1771 頁。

〔註 8〕〔唐〕杜佑：《通典》，杭州：浙江古籍出版社，2000 年，第 73 卷。

〔註 9〕〔唐〕賈公彥撰，鄭玄注：《儀禮》，上海：商務印書館，1936 年，第 5 卷。

正入仕者仍稱「處士」；第三、將解職歸隱的士人錯誤稱為「處士」。肖文在論述第三點時所舉的例證為《唐代墓誌彙編》中《大周故處士前兗州曲阜縣令蓋府君墓誌銘並序》一文，因為蓋暢「起家進士，貞觀二十二年，授麟臺正字……永徽三年，制除太子校書。顯慶四年，奉敕待詔弘文館隨仗入內供奉……龍朔元年，授雍州櫟陽縣尉……乾封二年，授雍州富平丞，丁憂解。咸亨四年，授兗州曲阜縣令。」[4](P921) 因此肖文認為「此人年輕時即進士及第，輾轉諸任，晚年始歸居鄉里，而銘文稱其為『大周故處士』，實誤。」

關於此條墓誌材料的解讀，根據蓋暢輾轉諸任的經歷來看，將他斷為「非處士」應無問題，但是墓誌銘作者將蓋暢定為「處士」是否就全無道理呢？且看墓誌銘中其餘部分載：「……化隆三異，跡標三善。而天性澹泊，稟操清貞，雖在公衙，不異林藪，久居吏職，非其所好。秩滿歸家不仕，以文史自娛，著道統十卷，誠千古之名作，一代之良才。……」可見蓋暢除有仕宦經歷外，還具備這樣幾個特點：1. 天性澹泊，非好吏職；2. 高級知識分子，有著述；3. 退職在家後的生活狀態呈現出充實自娛。綜合以上對「處士」的定義，處士一般具備三個要素：1. 不仕；2. 有德；3. 有知識。在實際運用中，這三個要素並不是全部都要滿足，比較起來，1 是必要條件，2 與 3 都是相對條件，因為德行與知識水平都是很難量化的指標。但是蓋暢的「處士」之名似乎告訴我們，除了這些表面的定義外，在蓋暢墓誌銘作者的心目中，性情的沖淡、對仕途的漠然，對非仕途的生活充實快活的安享，才是「處士」真正的內涵。而作者顯然也知道蓋暢的仕宦之途與「處士」的基本概念並不相符，因此在墓誌銘題名中點明為《大周故處士前兗州曲阜縣令蓋府君墓誌銘並序》。

二、中晚唐處士的類型

根據齊濤先生的《唐代隱士略論》(《山東大學學報》1992 年第 1 期)，一般來說，將隱士分為以下幾種類型：

其一，因世亂無道而隱遁者。這類隱士有兩個類型，一類是因天下大亂、動盪不寧而隱居。如隋末六合令王績「以嗜酒不任事，時天下亦亂，因劾，遂解去，歎曰：『網羅在天，吾且安之』？乃還鄉里。」[註10](《舊唐書‧王績傳》)另一類是因姦臣弄權，世道不清而隱居。如天寶初，賀知章為避李林甫勢焰，辭官還鄉里，稍後，韓準、裴政、李白、張叔明、陶沔、孔巢父也為此

〔註10〕〔後晉〕劉昫等：《舊唐書》，北京：中華書局，1975 年，第 5116 頁。

隱於徂徠山，時號「竹溪六逸」。〔註11〕（《舊唐書·孔巢父傳》）

其二，因仕宦不達而隱居者。主要是由於言不見用、久不升遷或貶官等原因而隱居不仕。如聖曆中，徐仁紀為左拾遺，「三上書論得失，不納。謂人曰：『三諫不聽，可去矣』！遂移病，歸鄉里。」〔註12〕（《舊唐書·徐仁紀傳》）

其三，不第而隱居者。唐代科舉艱難，尤其是進士科更有「五十少進士」之稱，因而，一部分落第士子便絕意科舉，隱居山林。如吳筠，「字貞節，華州華陽人，通經誼，善文辭，舉進士不中，性高鯁，不耐沉浮於時，去居南陽倚帚山。」〔註13〕（《舊唐書·吳筠傳》）

其四，一些士子讀書山中，訪道岩穴，暫不以科舉仕進為意，也應劃入隱士之列。如李渤之父鈞，曾為殿中侍御史，「以母喪不時舉，流於施州，渤恥其家污，堅苦不仕，屬志於文學，不從科舉，隱於高山，以讀書業文為事。」〔註14〕（《舊唐書·李渤傳》）

其五，不樂仕宦而隱者，主要是那些消遙物外，留意於山水之間的清恬之輩，其隱居並非不得已。如武攸緒，「則天皇后兄惟良子也，恬淡寡欲，好《易》、莊周書，少變姓名，賣卜長安市，得錢輒委去，……後革命，封安平郡王，從封中嶽，固辭官，願隱居。」〔註15〕（《新唐書·武攸緒傳》）

參考此標準，反映在中晚唐的墓誌銘資料中，可看到的處士類型有幾下幾種：

其一，因天生性情淡泊，逍遙物外而隱逸，成為處士者。

如《全唐文》中呂溫所作《廣陵陳先生墓表》中陳融，「若夫為養克孝，居喪致毀，事亡如存，朋友孜孜，兄弟怡怡，於鄉恂恂，與物熙熙，天性人道，其盡於茲，何必讀書，然後為學。知命是達，怡神為榮，樂天忘憂，自寵不驚，貴我以道，此非爵乎，富我以德，此非祿乎，何必入官，然後為仕。我有信順，自天祐之，我有正直，神之聽之，謂天蓋高，亦既知矣，謂神蓋幽，亦既聞矣，何必俗聲，然後為名。大哉先生，行不學之道，據不仕之貴，負不稱之名，達人觀焉，斯亦極矣。」〔註16〕《全唐文補遺》第一輯中《處士李君（繼叔）墓

〔註11〕〔後晉〕劉昫等：《舊唐書》，北京：中華書局，1975年，第154卷。
〔註12〕〔後晉〕劉昫等：《舊唐書》，第192卷。
〔註13〕〔後晉〕劉昫等：《舊唐書》，第192卷。
〔註14〕〔後晉〕劉昫等：《舊唐書》，第171卷。
〔註15〕〔宋〕歐陽修、宋祁：《新唐書》，北京：中華書局，1975年，第196卷。
〔註16〕〔清〕董誥等：《全唐文》，北京：中華書局，1983年，第2818頁。

誌銘》中李繼叔,「性好陸沉,但恂恂於鄉黨;情崇大隱,無汲汲於簪纓。靡屈王侯,極優游之致,確乎不拔,恣高尚之心。雖仲叔之謝十徵,孔明之勞三顧,儔今望古,彼亦何人。」〔註17〕《唐代墓誌彙編》中《唐故處士王君墓誌銘》中王誕,「君夙違棲閒,考槃山谷,覽玩群書,笑傲雲林,逍遙自德,不干世榮而不仕。」〔註18〕

這種因天性自覺自願選擇走上隱逸之路,成為「處士」的人,在「處士」中佔有絕大多數的比例,成為「處士」的主流。

其二,因擁有的精神信仰與入世做官的做法發生衝突,選擇遠離仕宦,成為「處士」者。

如《全唐文補遺》第一輯中《唐故處士張公(從古)墓誌銘》中張從古,「公性沉淨,好藥術,樂山水。於天壇學道,得絕粒休糧龍虎還轉服餌之術。遊洞穴,止居嵩嶽數年。公以膝下之養,丹霞不可充甘旨,遂卻歸寰宇,隱於都市。託藥肆粥術,非為酒直,寶緣供侍,亦假此而救人濟世。公乃諮迎尊親,般運孤孀,攜擎甥姪,就養東洛。本棄俗浮生,故不為婚。嘗奉嚴親誨令,年逾耳順,敬命乃娶黃氏。」〔註19〕《唐代墓誌彙編》中《唐故處士河南元公墓誌銘》中的誌主,「廿通道德經,乃喟然歎曰:老子真吾師也。年既立,浩然有林藪之志,每探奇尋幽,途盡方返,苟有所至,人懷義風。門人視知常以郭有道、陳太丘為比。」〔註20〕《全唐文補遺》中《唐故徵士京兆田府君墓誌銘》中田鸞,「爰暨府君,稟天地之和,挺五行之秀,謙恭日用敬因心,務道德之真源,樂家邦之義府。恒謂信義者人倫之大節,好施者保寧之義方,與其抗志經時,未若歸真崇福。於是恬神淨域廣施清涼,窮十部之真經,續三身之法像。至若言深妙旨,性達真如,雖習鑿戴憑,未足多也。」〔註21〕

其三,因承擔家庭責任,眷戀親情而無法入世,成為「處士」者。

此類見於《全唐文》中韓愈所作《處士盧君墓誌銘》中誌主「處士少而孤,母夫人憐之,讀書學文,皆不待強教,卒以自立。在母夫人側,油油翼翼不忍去。時歲母夫人既終,育幼弟與歸宗之妹,經營勤甚,未暇進仕也。」〔註22〕

〔註17〕吳鋼主編:《全唐文補遺》,西安:三秦出版社,1994年,第477頁。
〔註18〕周紹良主編:《唐代墓誌彙編》,上海:上海古籍出版社,1992年,第1939頁。
〔註19〕吳鋼主編:《全唐文補遺》,第328頁。
〔註20〕〔清〕董誥等:《全唐文》,北京:中華書局,1983年,第1939頁。
〔註21〕吳鋼主編:《全唐文補遺》,第478頁。
〔註22〕〔清〕董誥等:《全唐文》,第2529頁。

其四，因時局混亂動盪，被迫選擇隱逸，成為「處士」者。

如《全唐文補遺》第一輯中《唐故處士崔府君墓誌銘》中崔偓「公少遭離亂，久違京闕。以道自適，優游過時。罕趨於名，祿亦不及。」〔註23〕第九輯中《唐節士姚君（棲雲）墓銘》中姚棲云「爰自幼年，累遭茶酷。時逢艱儉，家素清貧。此日茫然，不知計之安出。屬次兄位從軍職於徐方，宗族備稱有寬仁之望。乃自雷澤相攜，往而依焉，時貞元十三年秋也。後與淮徐亂離，余逐流宕江吳，羈旅齊魯，即音信兩絕，星霜幾周。泊廿年四月，偶見會於海沂之曲。悲喜交盈，形影再合。對飧覽被，寂無魂夢之哀；四鳥三荊，杳絕淒涼之歎。五六年間，羈旅同濟，戮力不暇，悉心虔誠。蓋為墳壟漂零，宗室凌喪。未申罔極之志，忍安閒暢之懷。經寒暑艱危，不知其疲劇；歷棲遑困透，豈覺其煩勞。何圖志節俯成，而大運將逝。」〔註24〕

其五，因仕途不順己意，選擇隱逸，成為「處士」者。

此類見於《唐代墓誌彙編》中《唐故處士潁川陳府君墓誌銘》中誌主「後為知己薦用，從事嶺南，家遠宦孤，意不屑就。未幾謝主人而歸，遂雲壑寄跡……」〔註25〕

三、中晚唐處士的信仰格局

關於唐代思想信仰，涉及儒釋道三教格局及其關係方面，侯外廬認為：「在唐代，思想界基本上是（儒佛道）三教並立的局面。」〔註26〕任繼愈認為：「三教合一是隋唐時代思潮發展的總趨勢。」〔註27〕他還認為「儒佛道三教中佛教社會影響最大，道教次之，儒教為弱。從三教鼎立，佛教為首，到三教融合，儒教為主，最後形成完整的儒教體系，是唐宋哲學發展的總脈絡。」〔註28〕那麼具體到中晚唐處士階層的信仰狀況是什麼樣的呢？

（一）中晚唐處士的信仰概況及判斷標準

以《全唐文》、《全唐文補遺》、《全唐文補遺·千唐誌齋新藏專輯》、《唐代

〔註23〕吳鋼主編：《全唐文補遺》，西安：三秦出版社，1994年，第275頁。
〔註24〕吳鋼主編：《全唐文補遺》，第393頁。
〔註25〕周紹良主編：《唐代墓誌彙編》，上海：上海古籍出版社，1992年，第2178頁。
〔註26〕侯外廬：《中國思想史》，北京：中國青年出版社，1980年，第478頁。
〔註27〕任繼愈：《中國哲學史》，北京：人民出版社，2003年，第3冊，第5頁。
〔註28〕任繼愈：《唐代三教中的佛教》，《五臺山研究》，1990年，第2期。

墓誌彙編》、《唐代墓誌彙編續集》的中晚唐處士墓誌材料為研究範圍，參考一定的標準將他們的信仰情況進行分類，見下表：

表5：中晚唐處士信仰情況一覽表

信仰類別	數量	《唐代墓誌彙編》及《續編》的處士墓誌出處編號	《全唐文》的處士墓誌	《全唐文補遺》的處士墓誌	《全唐文補遺·千唐誌齋新藏專輯》
主要信奉老莊道家思想	14	貞元 139、元和 037、長慶 016、開成 011、開成 012、會昌 019、大中 046	廣陵陳先生、故處士侯君、唐故太原郡王處士、大唐故處士張君、唐故北海戚處士、	唐故處士河南元公、大唐處士故賈君、	
主要信奉儒家思想	15	貞元 108、元和 091、元和 150、開成 015、中和 011、元和 042 續	處士盧君、處士段宏古、處士裴君、唐故灞陵駱處士	唐故處士河南元公（襄）、大唐故徵君史府君、唐故處士李府君、巨唐故華山處士天水趙府君、唐故崔處士	
佛教思想	2	元和 143、元和 056 續			
兼信儒道思想	4	乾符 034、元和 029 續、	處士滎陽鄭君唐故處士吳興施府君、		
其他信仰情況	1	兼信儒佛：會昌 007			

此處的核心問題就是判斷處士信仰情況的依據何在？根據《宗教學研究》2006 年第 4 期曹印雙的文章《從墓誌看唐代處士階層信仰格局》提出的判斷標準：「判斷標準是墓誌反映的以下信仰要素：其一、佛教主要以信仰形式，如讀經、施捨、造像、抄經等，或信仰的核心教義概念，如輪迴、空滅、般若、因果等來判別；其二、道家主要以老莊哲學信仰或自由生活方式（如崇尚自然，樂道田園，超脫俗務，避離政治）等來判別；其三、儒家主要以修身齊家思想、行為及家世背景，或從政經歷判別；其四、兼信分屬除前三條要素外，也結合誌主讀書治學範圍及對其生活影響的教義來判別。」

此段論述大體正確，各種信仰思想的判斷標準較為客觀詳實。但值得商榷的是對道家思想的界定，道家以老莊哲學為信仰可作為判別依據，但是以「自由生活方式（如崇尚自然，樂道田園，超脫俗務，避離政治）等來判別」是不夠準確的。如該文中判定為信仰道家思想的墓誌材料《唐代墓誌彙編》中「貞觀 030 條」《故處士張君墓誌銘》中提到誌主「君稟靈嶽瀆，資潤膏腴，汪汪有君子之容，綽綽懷達人之慨。言行無點，表自弱齡；孝敬居心，匪由外獎。志榮貞遁，性狎風煙，閉關靜退，不牽時網。春秋五十有六，……」「儀鳳 023 條」中《唐故司馬處士墓誌銘》的誌主「公丘園在終，策名於糾糾。鴻漸於陸，方騫國士之儀；鶴鳴在陰，自得分生之典。俄觀止足之誠，遠尚二疎，誠明仁智之蹤，近開三徑。豈意天道易往，人事難留……」〔註29〕從這兩條材料看，誌主崇尚自然，超脫俗務當無異議，但因此就判定為誌主一定信仰了道家思想，證據略顯不夠充分。

因此，本文在判斷處士信仰狀況時所採用的依據，佛家、儒家均參照曹文的標準，而道家思想的判斷，主要則以老莊哲學信仰或較明顯的具有道家行為的生活方式（如煉食丹藥、日常談玄、研讀老莊哲學經典）等來進行判別。如墓誌材料中確未能體現較明確的信仰情況，則不計入材料依據。

通過附表 6 可發現在 54 通墓誌中，能較明確的判斷出思想信仰狀況的有 36 人，其中主要崇尚道家思想的有 14 人，主要信仰儒家思想的有 15 人，主要信奉佛教 2 人，兼信儒道思想的有 4 人，兼信儒佛思想的有 1 人。依據這些墓誌具體內容發現，屬於官員子弟的處士有 19 人，其中信仰道家思想的有 4 人，信仰儒家思想的有 9 人，兼信儒道思想的有 2 人。祖父、父親不是官員的有 17 人，其中信仰道家思想的有 10 人，信仰儒家思想的有 4 人，兼信儒道思想的有 2 人，兼信儒佛思想的有 1 人。

在處士階層中，儒家思想與道家思想占主流，佛教信仰占比重小。從處士的家庭背景看，官員子弟信仰成分以儒家為主，而在野家庭背景的處士信仰成分則以道家思想為主。在政治朝野背景下，處士信仰展現了儒道並駕齊趨的格局。處士佛教信仰成分較少，這種思想多在處士中晚年發揮作用。

（二）關於中晚唐處士信仰格局的分析

1. 對儒家思想的信仰分析

作為「達則兼濟天下，窮則獨善其身」的儒家思想，與中國官本位文化一

〔註29〕周紹良主編：《唐代墓誌彙編》，上海：上海古籍出版社，1992 年，第 640 頁。

直如影隨形，基本要義是「入世」。而在具有明顯「出世」行為的處士中，具有儒家思想的卻佔了較大數量。這看起來的一種矛盾該作如何解釋？仔細考察以上附表中的主要信仰儒家思想的各誌主的墓誌材料，再結合前文對處士類型的分析，我們可發現，在這些具有儒家思想的處士中，因天性恬淡，樂意山水無意仕途的處士數量僅有一位，如《全唐文補遺》第九輯中《唐故崔處士（弘載）墓誌銘》中誌主雖出身官員家庭，「曾祖預，皇監察御史。祖育，皇常州江陰縣令。父孚，皇湖州長城縣令。」〔註30〕崔弘載本身資質也甚高「處士五常百行，根於天授；聰明博達，稟之自然。弱冠，為文輩流宗仰。先以文選者謂科第俯拾而取。」具備在現實社會中有所作為的能力，然後「處士以雕蟲小藝，趨竟角逐，恥而不為。乃耽道閱書，琴酒自眈。以名利為桎梏，視富貴如浮雲。扁舟江湖，隨意而適；遨遊山水，興止而歸。」真正從心性上具足處士風度。在具備儒家思想的處士中，占絕大多數的還是有心入世，但遭遇種種客觀原因走上隱居道路的，如前文所分析的因承擔家庭責任，眷戀親情而無法入世的，因時局混亂動盪，被迫選擇隱逸的，以及因仕途不順，選擇隱逸的。可見在主要信仰儒家思想的處士群體中，「勢欲搏於霄漢」〔註31〕還是他們的初始狀態，與儒家思想並無背離，只是當儒家思想的入世性與現實發生矛盾碰撞時，選擇了隱居的道路，並非主觀的隱居。本有的思想信仰會引導人們意欲做出與信仰一致的現實選擇，但是當在現實中受挫碰壁時，且在具備一定的現實基礎時，會出現與先前信仰不一致的選擇結果，這非常客觀的展現了人性的複雜以及社會現象的客觀真實。

另外，考察眾多官員子弟出身的處士墓誌材料時發現，對於部分非主動選擇隱逸生活但客觀上未入仕途的官員子弟，墓誌冠以「處士」之名。其中原因除了他們本身較一般民眾更具知識素養外，也與他們較好的家庭出身相關，同時可見「處士」在當時社會有美譽，冠以「處士」之名，用以區別於一般民眾。這一點可體現在《全唐文補遺》第一輯《唐故處士河南元公（襄）墓誌銘》，誌主元襄「曾祖思忠，滑州靈昌令。祖瓘，盧州刺史。皆宏才博達，禮度詳正。皇考潮，河南府河陰令。」元襄本人雖然「幼而恭敏，長習詩禮。好善不倦，居然有成。」〔註32〕但是墓誌銘中並沒有體現出他有隱逸的傾向及思想意識，

〔註30〕吳鋼主編：《全唐文補遺》，西安：三秦出版社，1994年，第396頁。
〔註31〕周紹良主編：《唐代墓誌彙編續集》，上海：上海古籍出版社，2001年，第830頁。
〔註32〕吳鋼主編：《全唐文補遺》，第240頁。

只是因為「未受祿于天，奄歸全於地。」但仍冠以「處士」之名。《全唐文補遺》第三輯中《唐故處士李府君墓誌銘》，誌主係太宗皇帝七代孫，終身不仕，墓誌銘中稱其「高尚不仕，樂志丘園」〔註33〕），冠以「處士」名以示不凡。

2. 對道家思想的信仰分析

根據《全唐文》、《全唐文補遺》、《全唐文補遺·千唐誌齋新藏專輯》、《唐代墓誌彙編》、《唐代墓誌彙編續集》中的初盛唐處士墓誌銘材料統計，可判斷出具有較明顯思想信仰的處士約有 208 位，其中主要信奉老莊道家思想的有44 位，約占總數的 21%；信仰儒家思想的有 97 位，約占總數的 46%。（見附表 7、表 8、表 9）前文中晚唐處士信仰統計材料中顯示，中晚唐處士中主要信奉老莊道家思想的約占總數的 39%，信仰儒家思想的約占總數的 42%。可見在中晚唐處士中，信仰道家的比例具有上升的現象。

本文試對造成這種現象的原因進行分析。首先，在初盛唐的處士中，通過前文的原因分析我們可明顯看出，因客觀原因成為處士的占比較大的比重。這與初盛唐時期的社會風貌與時代精神有關，初盛唐處於整個時代積極上升的階段，唐代宏偉的力量，表現在經濟、文化、邊防以及日常生活中，士人階層整體呈現出積極入世的精神風貌。然而因為種種客觀的不得已的原因，走上了隱逸的道路。所以雖同為處士，但是信仰儒家思想的還是占到了較大的比例。而到了中晚唐時期，近十年的安史之亂使李唐王朝元氣大傷，此後社會戰亂不斷，時局跌宕起伏，士人階層的入世熱情受到了挫敗，他們不再把理想置於高高的雲端，而是開始用現實的眼光審視世界，並開始關注個體生活，使人生追求從社會功名逐漸轉向個體世界的滿足。因此，追求清靜自然的道家思想則更能迎合當時士人的精神需求，成為越來越多的士人主動的思想信仰選擇。

其次，這種狀況的出現與中晚唐特別是中唐時期整個社會對道家思想的信仰狀況有關。

唐代統治者為抬高門第尊奉老子為遠祖，從而使道教迅速發展，倍受青睞。唐初，高祖即下詔道教為三教之首。開元天寶時，道教更是春風得意，氣勢大漲。玄宗親注《道德經》頒行天下，並命士庶家藏《老子》一本，又專門「道舉」列為科舉考試科目之一，從而使道教地位空前提高。道觀場所、道士仙人大增，道教活動廣泛，道教發展尤為興盛。中唐以後，道教雖然在戰亂中

〔註33〕吳鋼主編：《全唐文補遺》，西安：三秦出版社，1994 年，第 231 頁。

歷經劫難發展不及此前，但仍具有較大的社會基礎，特別是在皇帝臣工中對於神仙方術十分熱衷。

　　根據《南開學報》1999 年第 5 期孫昌武發表的文章《唐代佛道二教的發展趨勢》，他提出唐代道教發展到中晚唐時期，從外丹術的發展逐漸過渡到對「心性修煉」的重視，如成玄英的《道德經義疏》則主張追求內心一種絕對的清淨境界，著名道士吳筠也主張要「虛凝淡漠怡其性，吐納屈伸和其體」，守靜去躁，忘情全性。中晚唐的處士剛好介於出世與完全的出家修煉之間，這種從道教的行為修煉到偏向道家思想的心性修煉，正迎合了中晚唐時期處士的精神信仰需求，並符合他們用以修養性情的實際需要。

表 6：初盛唐處士信仰狀況一覽表　　　　　　　　　單位：篇

信仰類別	《唐代墓誌彙編》及《續編》	《全唐文》	《全唐文補遺》	《全唐文補遺·千唐誌齋新藏專輯千唐誌齋》	合計
主要信奉老莊道家思想	21	1	22		44
主要信奉儒家思想	56	1	39	1	97
佛教思想	10		7	1	18
兼信儒道思想	29		4		33
其他信仰情況	15		3		18

表 7：《唐代墓誌彙編》及《續集》中處士信仰明細表

信仰類別	《唐代墓誌彙編》及《續編》的處士墓誌出處編號
主要信奉老莊道家思想	貞觀 076、078、103、160、永徽 117、017 續、036 續；顯慶 113；龍朔 022、084、010 續、咸亨 004、060；上元 031；儀鳳 010、012 續；長壽 035；開元 301、158 續、182 續；天寶 090
主要信奉儒家思想	永徽 045、092、038 續；顯慶 049、054、078、097、134、136、018 續、032 續；乾封 032、035、003 續、011 續；咸亨 066、085、014 續；上元 017 續；儀鳳 037、013 續、016 續；調露 009；開耀 002 續；永淳 001、010；垂拱 018、029、013 續、天授 002、040、007 續；長壽 007、025；萬歲通天 015；萬歲登封 005 續、長安 024、037、051、013 續；神龍 016、043、006 續；景龍 006 續；開元 018、028、093、105、049 續、094 續、161 續；天寶 192、228、011 續、060 續、114 續；

佛教思想	貞觀 159、永徽 067、顯慶 059、092、165、龍朔 019、咸亨 032、083、景雲 005 續、開元 497
兼信儒道思想	永徽 007；顯慶 034 續、039 續、045 續；龍朔 004、018、039、076、030 續；麟德 048；咸亨 011、067、108、上元 004、儀鳳 003、光宅 001 續、垂拱 008、長壽 029、乾封 020、萬歲通天 029、大足 001 續、長安 016、景龍 018 續、太極 005、天寶 117、開元 137、101 續、129 續；聖武 004
其他信仰情況	兼信儒佛：顯慶 094、咸亨 099、神龍 040；兼信儒釋道：乾封 002、長安 062、天寶 261；兼信佛道：上元 030、貞觀 100、顯慶 006、龍朔 010、014；咸亨 017、永隆 014、乾封 048、聖曆 012 續

表 8：《全唐文補遺》處士信仰明細表

信仰類別	《唐代墓誌彙編》及《續編》的處士墓誌出處編號
主要信奉老莊道家思想	第一輯：P90；第二輯：P86，P89，P99，P105，P170，P214，P424；第三輯：P34； 第四輯：P103；第五輯：P115，P163，P176，P181，P185； 第六輯：P277，P310，P315，P317，P439；第七輯：P276；第八輯：P276。
主要信奉儒家思想	第一輯：P84，P102；第二輯：P118，P138，P165，P166，P173，P215，P226，P229，P272，P280，P287，P344，P351，P472；第四輯：P121，P122，P180，P190，P212，P231，P272，P332，P351，P356；第六輯：P34，P99，P260，P261，P313，P364，P424；第八輯：P60，P67，P272，P333，P353；第九輯：P373。
佛教思想	第一輯：P199；第二輯：P97，P149，P154，P278，P395，P521。
兼信儒道思想	第二輯：P293，P347；第五輯：P122，P173。
其他信仰情況	兼信佛道：第二輯：P209 兼信儒佛：第二輯：P416 三教兼信：第三輯：P99

　　《全唐文》中主要信奉老莊道家思想的見於：《唐故處士河南元公碣銘》，主要信奉儒家思想的見於：《從弟去溢墓誌銘》。

　　《全唐文補遺‧千唐誌齋新藏專輯》中主要信奉老莊道家思想的見於：《唐故處士房君（僧）墓誌銘並序》，主要信奉儒家思想的見於：《唐故處士趙君（應）墓誌銘並序》。

四、中晚唐處士與文學以及他們的生活與心態

（一）中晚唐處士與文學

　　從《全唐文》、《全唐文補遺》、《唐代墓誌彙編》及續集中有關中晚唐處士

墓誌銘的記載情況來看，中晚唐處士從小就表現出酷愛讀書學習的性情，如《全唐文》中韓愈所作《處士盧君墓誌銘》提到「處士少而孤，母夫人憐之，讀書學文，皆不待強教，卒以自立。」〔註34〕在家人比較憐愛不做過多要求的情況下，仍自學不輟；《全唐文補遺》第一輯中《唐故處士太原王府君墓誌銘》載王翱「委靡衽席之間，編籍不釋於手。」〔註35〕愛書之情，躍然紙上，第二輯中《唐故處士徐府君墓誌銘》記錄誌主「幼而聰慧，性愛讀書。」〔註36〕《唐代墓誌彙編》中元和091《唐故處士崔府君墓誌銘》記載誌主「君自羈貫成童，則好屬詞，尤善篇什。」〔註37〕，會昌007《唐故處士太原王公墓誌銘》載「公幼有高格，卓然與群，萃異不師，師師心心，……」〔註38〕這些材料都體現了在拋開外界環境影響的情況下，處士本身都表現出了天性向學的性格特點。

古人讀書多集中於經史子集，從墓誌材料來看，中晚唐處士的閱讀範圍也概莫能外。在他們的閱讀視線裏，經部有《周易》，如《全唐文》中《處士榮陽鄭君》「好讀周易」〔註39〕；史部有《史記》、《戰國策》等，如《全唐文》中《處士榮陽鄭君》「好讀《周易》及《太史公書》」〔註40〕，《處士段宏古墓誌》中「段處士宏古，讀縱橫書，剛峭少合，尤濩落不事產。」〔註41〕；子部有《道德經》等，如《全唐文補遺》中元和091《唐故處士河南元公墓誌銘》中誌主「廿通道德經，乃喟然歎曰：老子真吾師也。」〔註42〕集部有《楚辭》等，如《唐代墓誌彙編》會昌007《唐故處士太原王公墓誌銘》中誌主「公幼有高格，卓然與群，萃異不師，師師心心，與騷雅合，……」〔註43〕從這種閱讀層面來看，中晚唐士人似乎表現出了一種對出世之作要大於對入世之作的興趣，相對較為入世的《史記》、《戰國策》，更傾向於寄托出世情懷的《周易》、《道德經》、《楚辭》等。這也是與處士的身份較為一致的。

〔註34〕〔清〕董誥等：《全唐文》，北京：中華書局，1983年，第2529頁。
〔註35〕吳鋼主編：《全唐文補遺》，西安：三秦出版社，1994年，第335頁。
〔註36〕吳鋼主編：《全唐文補遺》，第573頁。
〔註37〕周紹良主編：《唐代墓誌彙編》，上海：上海古籍出版社，1992年，第2013頁。
〔註38〕周紹良主編：《唐代墓誌彙編》，第2215頁。
〔註39〕周紹良主編：《唐代墓誌彙編》，第2343頁。
〔註40〕周紹良主編：《唐代墓誌彙編》，第2343頁。
〔註41〕周紹良主編：《唐代墓誌彙編》，第2641頁。
〔註42〕周紹良主編：《唐代墓誌彙編》，第253頁。
〔註43〕周紹良主編：《唐代墓誌彙編》，第2215頁。

　　墓誌材料中還可反映出：作為酷愛讀書，留意文字的中晚唐處士，取得了一定的文學成績。有的處士悲古傷今，創作出了質量較高，值得在蓋棺定論的時候書寫一筆的文章，如《全唐文》中《處士滎陽鄭君》「嘗遊於南巢，作《弔夏桀文》，其辭甚典，足見其質」〔註44〕），《故處士侯君墓誌》中侯君所做文章更是感人至深，起到了很強的文學效果「汴州亂，兵士殺留後陸長源，東取劉逸淮，乃作《弔汴州文》，投之大川以訴。貞元十五年，翱遇元覽於蘇州，出其詞以示翱。翱謂孟東野曰：『誠之至者必上通，上帝聞之，劉逸淮其將不久。』〔註45〕後數月而劉逸淮竟死。其首章曰：『穹穹與厚厚兮，烏憤予而不攄。』翱以為與屈原、宋玉、景差相上下，自東方朔、嚴忌皆不及也。」有的處士則擅長辭章，文采斐然，在當時文壇上造成了一定的影響，如《大唐處士故賈君墓誌銘》中賈仕通「籠二儀於形內，挫萬物於筆端。學圃詞宗，人師世範。」〔註46〕，《唐代墓誌彙編》中元和091《唐故處士崔府君墓誌銘》中「君自羈貫成童，則好屬詞，尤善篇什。」後面的銘文總結為「生華族兮蘊高文，守儒風兮為令人。」〔註47〕會昌007《唐故處士太原王公墓誌銘》中的誌主則「……與五言尤絕，後進咸宗之。其業專，其學博，勇於退不勇於進，故不為爵祿所羈。□四遊於滹沱之陽，翛然自得，遂結茅其上，與孤峰斷雲為偶。時時持其髯，仰廖廓而吟，吟罷獨酌，謂天間無復人也。晚歲□□□道，於五字文學長生，演四句偈學無生……」〔註48〕。有的處士還與當時的著名文人交遊頻繁，如前文提到的創作了感人至深的《弔汴州文》的侯君，據《故處士侯君墓誌》記載，「與平昌孟郊東野、昌黎韓愈退之、隴西李渤濬之、河南獨孤朗用晦、隴西李翱習之相往來。」〔註49〕而孟郊、韓愈、李渤、獨孤朗、李翱等則堪稱當時最負盛名的文人。

（二）中晚唐處士的生活與心態
1. 中晚唐處士家庭的經濟狀況。

　　從墓誌材料所反應的情況來看，中晚唐處士大部分都出身於官員家庭，如《唐代墓誌彙編》及《續集》裏中晚唐處士墓誌銘中所提及的處士共27位，

〔註44〕〔清〕董誥等：《全唐文》，北京：中華書局，1983年，第2343頁。
〔註45〕〔清〕董誥等：《全唐文》，第2860頁。
〔註46〕〔清〕董誥等：《全唐文》，第2657頁。
〔註47〕周紹良主編：《唐代墓誌彙編》，上海：上海古籍出版社，1992年，第2013頁。
〔註48〕周紹良主編：《唐代墓誌彙編》，第2215頁。
〔註49〕〔清〕董誥等：《全唐文》，第2860頁。

其中約三分之一出身於官員家庭；《全唐文》裏 12 位中晚唐處士，其中約二分之一出身於官員家庭；《全唐文補遺》裏 28 位中晚唐處士，其中約五分之三出身於官員家庭。相比普通百姓，這樣的出身自然會相對擁有較好的經濟基礎。

還有部分墓誌材料較明顯的反應了處士的經濟狀況，如《唐代墓誌彙編》「貞元 139」條《唐故處士河南元公墓誌銘》中「有唐處士元公終於伊闕縣神蔭縣小水裏之別墅」〔註50〕，其中提到誌主「興元中，卜築伊川，以會真趣，食以餘稅，衣其絲麻。」《全唐文》中柳宗元所作的《故處士裴君墓誌》中的誌主「元和十四年月日終於京兆渭南墅」〔註51〕；另《唐故處士吳興施府君墓誌銘》中提到「府君諱昭字昭，吳興人也。曾祖獻，大父言，厥考珪，皆不徇微祿，浪跡自怡，善效風規，未嘗陰德。是以逐勝避地，就土築業，乃貿遷涇川。」〔註52〕《全唐文補遺》第一輯《唐故處士河南元公墓誌銘》中「處士河南元公襄歿於壽安縣甘泉鄉之別業」〔註53〕。

2. 中晚唐處士的婚姻子女狀況。

從墓誌材料中看，中晚唐處士的婚姻狀況表現的較為突出的特點，就是處士的妻子也較多頗具家庭出身或具備較好的素質，如《唐代墓誌彙編》中元和097 條《唐故處士河南元公夫人博陵崔氏墓記》中的處士夫人崔氏「祖諱堅，官至登封令；父諱通，官至興平令；夫人即興平之長女也。」〔註54〕長慶 076 條《唐故貞士南陽曲府君故夫人蔡氏墓誌銘》中「公之夫人□陽蔡氏，皇雲陽縣尉文質公之第七女也。」〔註55〕《全唐文》中《大唐故處士張君墓誌銘》提到張君「想秦晉之有近，見潘楊之代親。遂婚於辰州辰溪縣令漢陽趙徽之女，……」〔註56〕《全唐文補遺》第四輯《唐故樂安戎處士故夫人墓誌銘》中「夫人姓劉氏，女弟中第三。其先彭城人也，芳苗出自漢楚元王交之後。先世因官江南，遂徙家於金陵，迺為縣人矣。祖梅，考沼。皆以清淳履行，儒素承家，爵服不羈，丘園自賣。皇姚隴西李氏，而生夫人。天資韶婉，性蘊貞柔，

〔註50〕周紹良主編：《唐代墓誌彙編》，上海：上海古籍出版社，1992 年，第 1939 頁。
〔註51〕〔清〕董誥等：《全唐文》，北京：中華書局，1983 年，第 2643 頁。
〔註52〕〔清〕董誥等：《全唐文》，第 4419 頁。
〔註53〕吳鋼主編：《全唐文補遺》，西安：三秦出版社，1994 年，第 240 頁。
〔註54〕周紹良主編：《唐代墓誌彙編》，第 2016 頁。
〔註55〕周紹良主編：《唐代墓誌彙編》，第 2070 頁。
〔註56〕〔清〕董誥等：《全唐文》，第 3923 頁。

幼習織紝組紃之妙，夙明邊豆助奠之禮。樂安逐採其門。鳳兆既叶，笄而歸於戎氏。」〔註57〕最有代表性的是《全唐文補遺》第七輯中《唐故處士楊公墓誌銘》中誌主楊弼前後娶了三任妻室，除了第一任材料中未反映出身外，第二任「公再娶夫人趙郡人氏，故從事沁水縣尉□之女」〔註58〕，第三任「又娶夫人河內郡張氏，故太原府文水縣令河內郡榮之女」，都是出身官員家庭的女子。處士夫人的素質及見識水平也可體現於墓誌材料，如《全唐文補遺》第七輯《大唐劉處士夫人安定梁氏墓銘》中的夫人「識達玄微，情通志理。逮嬰綿疾，自知□□□之日，命諸子弟而誡之曰：吾疾甚矣，必將終乎。夫生滅人之常□，□□年過知命，不為夭枉，汝勿深恨。吾歿之後，務從儉薄，以素棺時□□□。古來厚葬，無益死生，汝宜慎之。」〔註59〕寥寥數語，即勾勒出一個有思想，對人生的重大問題有自己的看法，有見識的處士夫人形象。

　　在中晚唐處士的家庭生活中，還比較明顯體現出來的是處士信仰對家庭成員的影響。有受到長輩的影響，如唐故處士吳興施府君「曾祖獻，大父言，厥考珪，皆不徇微祿，浪跡自怡，善效風規，未嘗陰德，是以逐勝避地，就土築業，乃貿遷涇川。」〔註60〕，如唐故處士潁川陳氏公「曾祖晏，祖□先，父澄，偕高蹈不仕，浪跡人寰，以處默為輪輿，以軒冕為桎梏，教垂嗣胤，德冠我公。」〔註61〕如唐故太原郡王處士「曾祖潾迨皇考坤，咸以博識著稱，委簪縷有羈靡之患，故遁俗不仕。」〔註62〕

　　有對妹妹的影響，「同出之妹，未笄而歸於釋氏矣。」〔註63〕、（《唐故處士河南元公墓誌銘》），有對夫人的影響，處士自身放言避世，樂道全真，夫人也「情勤妙道，志慕禪修，故得法號清淨心，以怡真寂。」

　　有對子女的影響，如唐故太原郡王公「有二子：長曰元亮，公使之學儒；次曰慶章，公使之學釋，因為僧；咸知名。」〔註64〕；唐故處士楊公自身「性便林藪，樂在陋巷，探究百氏，該博古今」〔註65〕，生子四人，「長子出家號

〔註57〕吳鋼主編：《全唐文補遺》，西安：三秦出版社，1994年，第246頁。
〔註58〕吳鋼主編：《全唐文補遺》，第118頁。
〔註59〕吳鋼主編：《全唐文補遺》，第415頁。
〔註60〕周紹良主編：《唐代墓誌彙編》，上海：上海古籍出版社，1992年，第1975頁。
〔註61〕周紹良主編：《唐代墓誌彙編》，第2176頁。
〔註62〕〔清〕董誥等：《全唐文》，北京：中華書局，1983年，第3756頁。
〔註63〕吳鋼主編：《全唐文補遺》，第1915頁。
〔註64〕周紹良主編：《唐代墓誌彙編》，第2215頁。
〔註65〕周紹良主編：《唐代墓誌彙編》，第2221頁。

弘簡」；大唐故徵君史府君自身「累有辟命，而堅臥不起，……訓誘子弟，雍睦九族。」，其「愛子恒微，幼歸真宗，早悟玄理。受二百五十之具誡，總三千六萬之威儀。……恒微常清淨辦事，曾領都綱。又居上座，今即為佛寺之奧主也。」〔註66〕

3. 中晚唐處士的心態與生活探析

中晚唐處士墓誌材料中還出現了不少較詳盡描述處士們具體言行的文字，從中我們可窺見中晚唐處士的心態與生活方式。

人的心態往往與他所追求的終極目標、他對諸多生活標準的評價角度以及個人性情相關。在中晚唐處士中，有對老莊思想的倍加推崇，對自然清淨生活的無限嚮往，如處士河南元公「廿通道德經，乃喟然曰：老子真吾師也。年既立，浩然有林藪之志，每探奇尋幽，途盡方返，苟有所至，人懷義風。」〔註67〕，處士崔弘載「以雕蟲小藝，趨競角逐，恥而不為。乃耽道閱書，琴酒自眈。以名利為桎梏，視富貴如浮雲。」〔註68〕；有遵從儒家傳統觀念，「百善孝為先」，河南元公「五歲讀孝經，至喪親章，常惡其題，棄而不覽。」處士張從古「其歲，慈親奄背，公泣血號天，與弟慶議曰：吾汝非物外之情，豈可不從於魯風。遂令季從翼城縣啟護先君於邙山之陽，依禮合葬。」有的處士在臨終前道出自己的人生感慨，「中和四年七月，貞士構微疾，喟然曰：出不負乎君，而處不達乎親；生無裨於時，而死不見譏於人，其亦可矣！以其月寢疾沒。」〔註69〕反應了中晚唐處士對入世的消極，對外部評價的淡然態度。處士王修本「乃為執友曰：予每睹前賢，揚名後代，榮非謂己，慶重承家。吾堂構未基，兄弟終鮮。志之所尚，夫何以為。」〔註70〕王處士本身「居必清靜，動無喧嘩。志樂山泉，願棲林藪。」但因為要承擔家庭責任兼有所作為，後參加了科舉考試。反應了處士在「出世」與「入世」之間的權衡心態。而有的處士則對「入世」有自己鮮明的觀點，處士範義「嘗謂知己曰：予觀人之爭名，汲汲趨馳世路。及得名祿者，十無一二焉。既得之，必孜孜以守，守之不至，坐見顛墜覆亡之患，何勞生營營以貽憂患乎。且衣食給足，以放逸無羈，盡其

〔註66〕周紹良主編：《唐代墓誌彙編》，上海：上海古籍出版社，1992 年，第 2213 頁。
〔註67〕周紹良主編：《唐代墓誌彙編》，第 1939 頁。
〔註68〕吳鋼主編：《全唐文補遺》，西安：三秦出版社，1994 年，第 396 頁。
〔註69〕周紹良主編：《唐代墓誌彙編》，第 2513 頁。
〔註70〕吳鋼主編：《全唐文補遺》，第 315 頁。

修短之分，固予之願耳。」〔註71〕展示出對入世經營的不能認同，因此在衣食給足的情況下選擇自由閒適的隱逸生活的心態。

　　處士中不乏個性特點鮮明的性情中人，處士段宏古，「讀縱橫書，剛峭少合，尤濩落不事產。人或交之，度非義，輒去，以故年五十不就祿。」此人好交遊，「隴西李景儉、東平呂溫，高氣節，尚道義，聞其名，求見，大歡。留門下，或一歲，或半歲，與言不知日出。」遇到不平事時，「公時降治永州，知其信賢，微其去。又南抵好義容州扶風竇群，途過桂林，守舊知君，拒不為禮。君憤怒發病，不肯治，曰：平生見大人，未嘗相下。今窮於此，年加老，接接無所容入也，益困於俗笑，吾安用生為？埋道邊耳！居六月，死逆旅中。」〔註72〕一個性情豪爽，脾氣耿直，極具個性的處士形象活脫脫的展現在我們面前。最能反應出處士性情複雜性的是唐灞陵駱處士，在思想認識方面，他本性嚮往隱逸，「至元和初，以母喪去職，哀哭濱死，終喪，因曰：『污吾跡二十餘年者，食豐衣鮮，以有養也，今可以行吾志也。』乃於灞陵東坡下，得水樹以居之。」在社會生活方面，他深具入世才能，「論及當代利病，活人緩邊之策，必亹亹盡吐。……善圖山水狀，鑒者比之朱審、王維之儔。鄉里百家，鬥訴吉凶，一來決之。……處士嘗曰：『相國劉公晏，不急徵，不橫賦，承亂亡之餘，食數十萬兵者二十餘年，斯過蕭何遠矣。』每長短校量今古富人強國之術。」，被世人賞識，為眾幕府所看重，但堅辭不入，「相國杜公黃裳在蒲津，相國張公宏靜在并州、大梁，渾尚書鎬在易定，潘侍郎孟陽在蜀之東川，司徒薛公蘋在鄭滑，皆挈卑詞幣馬至門曰：『處士不能一起助我為治乎？』皆以疾辭。長慶初，桂府觀察使杜公凡兩拜章，乞為梧州刺史，詔因授之。眾皆曰：『今黃家洞賊熾，邕、容兵連敗，縮首不出，猶鼎鬻耳。交阯殺都護，復旱亂相仍，朝廷豈捐此三處，不以公治之，而久置公為梧守耶？』處士慘而讓，只以疾辭解，訖不言其他，爾後人知其堅，不可復動矣。……我烈祖司徒岐國公丞相趙國公李公，當貞元、元和時，儒學術業冠天下，每與處士語，未嘗不嗟歡其才，恨其尚壯不可屈以仕，優禮接之。」在信仰方面，他對佛教有自己的觀點和堅決的行為，「尤不信浮圖學，有言者必約其條目，引《六經》以窒之曰：『是乃其徒盜夫子之旨而為其辭，是安能自為之』。」〔註73〕

〔註71〕周紹良主編：《唐代墓誌彙編》，上海：上海古籍出版社，1992年，第2283頁。
〔註72〕〔清〕董誥等：《全唐文》，北京：中華書局，1983年，第2640頁。
〔註73〕〔清〕董誥等：《全唐文》，第3473頁。

這些墓誌材料，都充分展現了在中晚唐時期，處士們對「出世」「入世」兩種不同生活態度的權衡與選擇。誠如《莊子‧繕性篇》所論，「古之所謂隱士者，非伏其身而弗見也，非閉其言而不出也，非藏其知而不發也，時命大謬也。當時命而大行乎天下，則反一無跡；不當時命而窮乎天下，則深根寧極而待。此存身之道也。」〔註74〕

第四節　中晚唐人的心靈史——生命觀研究

墓誌的產生是一個多方互動的過程。誌主身亡後，一般而言，或由「他人」據其生平寫成行狀，交由寫作者進行墓誌創作；或由熟悉之親友直接進行創作；亦存有由誌主本人生前進行墓誌創作的情況。在墓誌行文中，即便由他人創作，也會出現誌主生前本人的語言見解、以及其他旁觀者的意見。至此，墓誌的創作包含有誌主本人的「自我視角」和「他者視角」，「他者視角」又包含了「創作者」與墓誌中出現的「旁觀者」。

一、他者視角

所謂生命觀，也即如何看待生命的「觀點」，是「觀」的結果的呈現。而「觀者」是這一結果的原因。因此生命觀與具備不同視角的觀者關係最為緊密。在中晚唐墓誌中，我們首先來分析最為普遍的「他者視角」。對待誌主生命的消逝，「他者視角」一般表達了三種基本情緒，歎惋、頌美和平和接受。情緒的背後其實就體現了「他者視角」的生命觀：可惜生命未能如何、認為生命應該如何以及接受生命可以如何。此處先探討前兩種。

關於歎惋、可惜生命未能如何。是墓誌中最為常見的，也是最具普世性、最容易被理解接受的，如同葬禮上的哭泣一般，是一種「情感正確」。最易被歎惋的壽命不足的情況，如貞元 052：「洪範嚮用五福。公荷其一者攸好德，獲其一者考終命，其壽、富、康寧三者不知去公而適誰。書曰：天道福善。公貞明剛簡，獨遭不惠。又曰：天命不僭。公密察精微，獨罹不弔。貞元 055 譙公歷京河尹御史大夫，有擢冠之清，躬慎獨之行，德可以肥九族，仁可以垂無窮。今則喪我克家，已臨於暮齒，惟君早世，不及於終身，則徵積善論報應者，滋無據矣。」廣明 001：「傳曰仁者壽。斯人不壽何也！嗚呼！知與不知，皆為

之歡憤……」大中 026：「如此方將於飛以蹈榮貴，奈何夫人構□藥餌不及，云亡終於延州寧國坊之私第，享年二十有七。」此處所列舉的壽命不足都與作者直接表達的生命觀相連，歸納總結即為「本應如何卻沒有如何」，貞元 052 中「他者視角」認為誌主應該享「五福」而未享齊全；貞元 055 中持人的仁德可以福澤家人的觀點，因此家人也即誌主早逝令人難以接受以至於質疑報應說；廣明 001 也認為仁者應該壽，而仁者不壽不僅僅讓人歡惜，簡直就會令人憤怒；大中 026 是關於女性的，女性應該「蹈榮貴」，即女性應該過上好的生活，但卻早逝，故為之歡惋。

另外還讓人歡惋、覺得應該如何而未能如何的，便是「他者視角」認為誌主的人生應該取得怎樣的成功卻未能取得。如貞元 102：「夫精金有斷犀之利，文梓為登廟之器，而沉埋摧折，不遭國工良冶之用，深可歎也。其於君子有蘊能通變，信而有勇，志摩丹霄，命屈黃綬，哀哉。」元和 082：「大人履善道，踐古事，亦已久矣，而不曾極耳目之所觀聽，娛心意之所愛樂，一生塞塞，終日捷捷，而死之日，餘俸不足以葬藏一身，兒女無歌哭之地，其不痛矣。元和 125 士君子有材茂德碩而位不顯者，有疊仁積慶而壽不融者，天遠難訴，為知音痛之。悲夫，悲夫。」大和 064：「夫仁者必得其名，必得其壽，宰輔不至，耆傳尚遙，稽驗前志，一何爽也。」大中 011：「嗚呼。世以進士相貴重，自吾皇祖皇考伯偨、叔仲、叔佶、叔價及吾昆仲，爰暨中外，咸以科名光顯記冊，而爾辛勤十載，不遂一名，既未昏媾，遂無嗣續，以至泯滅。嗚呼蒼天。」會昌 053：「夫人之適人也，得氏於崔，得喜其夫登太常第，離索沉綿凡七載，得夫無私悅、無貳行，夫人之終不恨矣。所以為恨者，不得其壽，不得其富且貴，不得其歸夫之室、食夫之祿，此其所以為恨也。其窮乎。」這些墓誌也都體現了這種情形，誌主才德具備，其實也都擁有一定的人生成就，或者擁有與底層人民相比已經很令人羨慕的生活狀況，但在「他者視角」來看，還是不夠，士子皆應取得跟自己才華相匹配的成就，獲得重用；即使對於女性，會昌 053 中的女性，官員夫人，夫妻關係甚篤，此墓誌即為其夫所撰。然而遺恨亦有之，覺得誌主應該享有更多的富貴，方能與其身份品行相匹配。

還有更讓人歡惋的，則是雖出身高貴才德兼備，卻既生年短促又未能取得應有成就。如貞元 119：「昔西漢夏侯太傅嘗謂諸生曰：士苟明一經，取青紫，如俯拾地芥。蓋所謂蹈先王之典墳，知五帝之旨趣，自然必得其祿，必得其名。若名高而位不至於大，亦由天地有時而功不全者也……當天寶之中，方鎮雄

盛，若非名芳行著，無以膺是選，宜其拖服青紫，輝華典墳，而位止於再命，壽歿於中年，將太傅之言或謬歟，而天地之功果不全歟……」元和 058：「惟府君傳儒門經術之業，居孔氏政事之科，根於惠慈，輔以才術，行存家範，績布人謠，而位竟止於子男，壽未極於黃髮，與漢之三長，千古同歎。」這種「高開低走」的人生際遇已經到了匪夷所思難以接受的程度，在此基礎之上，人們有了更廣義上的對人生命運的困惑，表現在墓誌中，如貞元 13：「自肇分天地，則有生死之途異。寒暑運時，而洒事變胡測。於戲。人生哀豈憶天乎。苟不能備我齊體，何可以遣其情哉。」大中 001：「嗚呼。世有履道而不忒，處約而無悶，曖然若明珠潛淵、美玉韞石，□渴仁義，歿齒而已。物不知我，尊豈非窮歟。其唯府君乎。」大中 144：「嗚呼。遇與不遇，命也。自古聖賢由其病諸。有自僮孺無金花紫祿萬鍾而至於耆頤者何哉。而君操執行敳，藏蓄器用，有志未伸，一旦與煙藹同盡，又何哉。嗚呼。天極高而嚴尊，權不俯下，自古悲之者多矣，余何敢焉，凡在知識，為之出涕，況分形共氣，奪其手足耶。」會昌 021：「善馳於生惡，綿綿於世，天能產之而不能御之，吾不知天之意也。」此時，「他者視角」已經無法再處身事外，因為生死之事對於每個人都是公平的，當支撐人生活的原則標準已經不再是歸然不動、充滿變數之時，「他者視角」也被捲入了對生命的追問中。

　　針對「他者視角」的第一種情況，即歎惋、可惜生命未能如何。經過對上述墓誌材料的分析，我們發現在「否定」「不接受」的背後，即隱含了「可以接受」的情況，唐人生命觀在此處的呈現即為：人的生命意義體現在對壽命、地位、財富等的擁有之上。特別是德才兼備的人，應該擁有這些指標。即《尚書・洪範》所記載的五福：「一曰壽、二曰富、三曰康寧、四曰修好德、五曰考終命」。

　　再來看「他者視角」的第二種情況，即對誌主人生的頌美、推崇。

　　對於士子的生命狀態而言，推崇我們熟悉的儒家思想的實現；如貞元 096：「夫孝者行之首，悌者仁之本，貞者事之幹，儉者德之基。卿士大夫有一於此，則可立身成名，而況兼之者乎。」孝、悌、貞、儉這四德均為儒家的道德規範。元和 002：「士君子之處世，所貴慎其始而敬其終。公之始也，從乎鄉賦而登文詞之甲科，其終也，佐乎已知而歿於邊陲之王事，豈不謂慎始敬終之者歟。……」誌主的一生正是對「慎其始而敬其終」最好的詮釋，所以人生必有終，但貴在善始善終。大和 064：「忠信篤敬，天爵也，淵默誠者有之。卿相祿

位，人爵也，運機□□者得之。至於志意脩而驕富貴，道義重則輕王侯，由是論之，人與天一何遠哉，今見之於崔公矣。」「天爵」「人爵」之說出自《孟子》：「孟子曰：『有天爵者，有人爵者。仁義忠信，樂善不倦，此天爵也；公卿大夫，此人爵也。古之人修其天爵，而人爵從之。」〔註75〕故贊誌主之修天爵而得人爵，背後實為推崇的仍然是儒家人生觀。開成 039：「夫氣秀於人則為賢為哲，將以禮樂風俗，經紀搢紳。善性其情則為義為仁，將以敦敘纓族，雍茂閨閫。然則賢哲鍾於儲粹，仁義發於長瀾，鑑百氏而景行知歸，滋九流而入用無體，固可以騰芳遐軌，垂裕格言，稽諸名實，見之於府君矣。」此處頌美的是誌主賢哲仁義。大中 115：「古人以生有淑德，歿及後嗣，故曰積善餘慶，虔旨斯言。」儒家是現世的生命觀，但重視家族，故修行德行的好處不僅僅是為此生現世，還可家有餘慶。

　　除了對入世儒家思想實現的推崇，中晚唐墓誌還表現出對出世生命狀態的讚頌（此處不含宗教類）。如大曆 065：「蘊仲尼高待之封，令太丘純懿之才。文義亦以潤身，名節猶其徇物。詩書琴酒，用觀先達之風。山水丘園，實為遺老之賞。」「他者視角」此處十分欣賞誌主用才華來修養自我，與自然相融的生命狀態。另外還有兩則「被迫出世」的墓誌頗有趣味，貞元 009：「仕進之徒。馳競者眾，世冑之所頃奪，財貨之所相傾，至於任直守常，安貧樂道，其為不達，固亦宜然，斯所謂不以其道得之不處者也。」貞元 041：「以公之戴仁抱義，晦用頤貞，自筮仕至於捐捨，三十年間，而榮秩不至，何哉。以道不苟合，利不苟容故也。」此二位誌主都屬於懷才不遇的情況，並未取得入世成就。但「他者視角」為他們的懷才不遇做了辯解，是「以道不苟合，利不苟容故也。」故此處流露的生命觀為：雖然取得入世成就是令人讚美的，未能取得成功是令人惋惜的，但不合乎「道」只為逐利還是為人所不齒的，因此當二者產生矛盾時，「任直守常安貧樂道」是更為人所推崇的生命狀態。

　　當歸乎對「道」的重視後，我們看到墓誌材料中對「進退有道」這一類生命狀態的推崇。如大曆 045：「德行以冠君子也，藝術以資廉能也。退身者終藏其器，守道者先遁其名。」大曆 068：「仁可以師表搢紳而無貴仕，禮可以軌範風俗而不遐壽。」長慶 015：「德厚位卑，古今所歎，如君知足達道，貴賤齊觀。長事旄旄，歿啟手足。乃知修身防患，事無苟求，亦古今所尚也。」可見

─────────────

〔註75〕〔清〕焦循撰，沈文倬點校《孟子正義》，北京：中華書局，1987 年，第796 頁。

此種生命觀已成為古今共有。至於元和 020：「是非不戰於心，喜怒不形於色，淡如也，真君子歟。嗚呼。才與命返，卑位是沉，得非命耶。」此條墓誌讚頌了「真君子」，但其後為之慨歎，卻提出「得非命耶」，令人感動作為人能守住「道」成為「真君子」就已經盡了人事，再無人的生命可操作的空間，剩下的只能交給「天意」。也即推崇的是，作為人的生命，活出「道」的狀態，就是我們能做的全部。

在關於生命觀的墓誌中，還有較為特別的例證。如大中 030：「好習墳典，博覽經書，德行過人，鄉曲稱美，廣有生業，是人之福也。」大中 046：「人之生世，以仁德為先，資生云用，以金帛為事，樂生之道無逾於上壽，凡此數事，公實備得之。」此二條具有較典型的中晚唐文化特點。對於人的生命狀態已經不再侷限於或建功立業、或退守成道的理想狀態，而是開始接納甚至推崇一種較為平凡自得的生命狀態，自身有才德，生活有保障，如是便可以知足，為「他者視角」所接受。

由此我們來分析「他者視角」的第三種情況「接受」。人生都有生死，但即使面對死亡，能活出怎樣的生命狀態就能夠讓人覺得比較容易接受呢？也即「他者視角」最推崇的生命狀態是如何呢？大和 022：「自寢疾逮乎歸全，叔父臨視，同生在旁，懿親密戚，罔不咸萃。故其疾也救無不至，其終也禮靡不周，生榮死哀，人事備矣。」所不可延者殆非其冥數歟。這一則墓誌「接受」的重點不在誌主人生的表現如何，而是集中在他最後的人生階段裏一直得到了無微不至的關愛，背後推崇的生命觀是：被愛的生命就是值得的。開成 009：「即生之苦可見，死之苦難知，倘三業有憑，百福雲助，用消宿郶，已速往生，又何恨也。」會昌 015：「古有道之士言曰：來其生也，歸其死也，故禮云：全而生之，全而歸之，非君子莫能焉。此二則分持佛教和道教的觀念，故死亡之苦得以消解。」大中 059：「嗚呼。自古所不能免者死也。達人視存見亡，言始見終，故生無多懷，死無甚恨。吾尚達人之道久矣，心常羨之而不能行之，豈束於名教而使之然乎，抑情志褊滯便於愁痛而使之然乎，何朝昏號呼於死生之間若此其甚也。吾且不能自諭，矧人乎哉。」「他者視角」推崇的是達觀的生命觀，達觀本質上就是對生死大事的通達。咸通 003：「夫人雖嘗有所苦，而無疾色，心力神用，未嘗減耗，悟真如理性，虔奉內教，晨朝清淨，轉讀諷念諸經及真言，常滿千百遍，如此為志，未嘗暫捨一時之功也。恭敬供養心又倍於是，常有願曰：我一日身後，莫令受他苦，勿為人所憂覺也。」該誌文展示

的是女性修佛之精進，推崇的是信仰加持下的生命觀。咸通 084：「嗚呼，釋氏有奔湍之論，莊生興舟壑之譏，蓋以火宅不窮。浮涯有限，前蹤後轍，歆可既耶。是則存，歿同途，衰榮統貫。今也桑榆，暮景枝葉。涸陰哀瘵之中，視此孤藐，則攢悲萃。苦偷生於幻世者，得非重困於桎梏乎。」「他者視角」啟動與宗教有別的哲學思考模式，不甘願再繼之以世俗人對待死亡的悲苦態度。可見背後所推崇的還是面對死亡的通達程度。

二、自我視角

「他者視角」是最為常見的墓誌寫作角度，除「他者視角」之外，「自我視角」的出現較為罕見（自撰墓誌銘）或隱蔽（墓誌中誌主的表達），但從生命觀的表達來看，「自我視角」是非常寶貴且更具價值的。面對死亡的「他者」總有隔靴搔癢，在表達生命觀時更受到既定價值體系和固化思維模式的影響。但「自我視角」是與死亡的直面，受到的衝擊更直接更強烈，真實的感受甚至可能衝破頭腦既有模式，故展現的生命觀更生動。

我們先來看幾則「自我視角」之自撰墓誌銘。

大中 102

> 唐故朝議郎檢校尚書戶部郎中兼襄州別駕上柱國韓昶自為墓誌銘並序
>
> 昌黎韓昶，字存之，傳在國史，生徐之符離，小名曰符。幼而就學，性寡言笑，不為兒戲，不能闇記書，至年長不能通誦得三五百字，為同學所笑。至六七歲，未解把筆書字。即是性好文字，出言成文，不同他人所為。張籍奇之，為授詩，時年十餘歲，日通一卷，籍大奇之，試授詩，童皆不及之。能以所聞，曲問其義，籍往往不能答。受詩未通兩三卷，便自為詩。及年十一二，樊宗師大奇之。宗師文學為人之師，文體與常人不同，昶讀慕之。一日一為文，宗師大奇。其文中字或出於經史之外，樊讀不能通。稍長，愛進士及第，見進士所為之文與樊不同，遂改體就之，欲中其彙。年至二十五，及第釋褐，柳公公綽鎮邠辟之，試弘文館校書郎。相國寶公易直辟為襄州從事，校書如前。旋除高陵尉集賢殿校理，又遷度支監察，拜左拾遺。好直言，一日上疏或過二三，文字之體，與同官異。文宗皇帝大用其言。不通人事，氣直不樂者，或終年不與之語。因與俗乖，不得官。相國牛公僧儒鎮襄陽，以殿中加支使，旋拜祕

書省著作郎，遷國子博士。因久寄襄陽，以祿養為便，除別駕檢校禮部郎中。丁難服除，再授襄陽別駕、檢校戶部郎中。大中九年六月三日寢疾，八日終於任，年五十七。……銘曰：「噫韓子！噫韓子！世以昧昧為賢而白黑分，眾以委委為道而曲直辨。生有志而巫不能就，豈命也夫！豈命也夫！

韓愈之子韓昶的自撰墓誌銘，「自我視角」的描述中卻充滿了「他者視角」：笑話他的同學、被自己的才華驚喜到的張籍與樊宗師、任用他的柳公綽竇易直牛僧孺、採納他建議的文宗皇帝等等。在這些「他者視角」中，證明了韓昶的自我是有才華的，是可以被信任被重用的，但也是與世俗表現不同，具有強烈獨特性的。韓昶所傳達的生命觀是實現生命價值的重要性，然而當他的生命觀與現實遭遇產生衝突之後，他的歸因是「個性」的不可妥協與不容於世，因此他的生命遭際就顯得無可奈何，只能認命。

如果說韓昶的生命觀是標準的儒家思想，那我們再來看兩則踐行道、佛思想生命觀的自撰墓誌銘。

咸通 064

唐故朝請大夫慈州刺史柱國賜緋魚袋謝觀墓誌銘並序（謝觀）

觀字夢錫，其先陳郡陽夏人。東晉太傅文靖公安十六代孫。五代祖偃，仕隋為記室參軍；曾祖元賓，國朝江州長史；祖諱景宣，皇任光州定城縣令；父諱登，皇試太常寺協律郎，充涇原節度掌書記。自曾祖塋於壽春，因家於壽。吾生慕雲鶴，性耽煙霞。秘籍仙經，常在心口。藥鑪丹竈，不廢斯須。生世七歲，好學就傳，能文。及長，著述凡卅卷，尤攻律賦，似得楷模，前輩作者，往往見許。開成二年，舉進士，中第，釋褐曹州冤句縣尉，歷左神武兵曹參軍，尋遷大理評事，充黔中招討判官，還，拜洛陽縣丞。未周星，詔除殿中侍御史內供奉，賜緋魚袋，充魏博節度判官，累遷檢校尚書、駕部郎中，充職。咸通三年七月，詔授慈州刺史，歲周，就加朝請大夫，餘如故。咸通五年六月罷印綬，歸閒洛京。洎作吏從軍，迨三十載，藍□州縣，或不欺於古人；王帳籌謀，省無愧於當世。及承紫詔，爰駕朱轓，□無利刃之稱，粗展鉛刀之割，雖浮名薄祿，頗類於貪求。藥叟仙翁，何妨□追逐。寧期晚歲，獲果素心，肌骨潛輕，鬚髮重黑。向逍遙而得路，遂糞土□遺身……吾確爾修心，

早依真侶，瞭然齊物。況睹達人，因託他邦，不求歸兆⋯⋯悠哉！
世俗尚彼虛無，何須辨骨之文，更假他人之筆，援毫命石，乃置銘
云：因身閱世，助水成川，九轉中鍊，五常內全。與時舒卷兮逐運
推遷，名成祿遂兮七十三年。骨雖委地，魂不歸天，捨此即彼，浮
雲蛻蟬。寂滅誰爾兮逍遙自然，子子孫孫兮知吾在焉。

　　誌主謝觀，名門之後進士出身，入世為官三十載，以儒家入世標準看一生
順遂。但誌主在自撰墓誌銘中，雖歷數生平為官經歷，但卻沒有一般仕途順遂
之人津津樂道之意，只是強調沒有違背本心，無愧於任職經歷即可。而讓誌主
真正更看重的是他性耽煙霞終身對道教的追求，而道教上的修煉程度只有誌主
自己最能清楚。故假如此文是「他者視角」，很大可能是對其仕宦經歷大書
特書，道教修為只是輕輕帶過。但正因此文是「自我視角」，故我們才明晰誌
主倡導的生命觀其實根本是道教的生命觀。

　　乾符 014

　　自作碑志（釋敬章，蔣敬章）

　　　　樂安俗姓蔣，釋僧敬章，時年甲子五十七。乃幼習儒典，□歲
披緇。好遊雲水，參禪問道。金剛辨宗疏為業，焉知生死常逆，預
修丘阜，函木具矣。今恐桑田改變，遺列不彰，故克貞塼，乃述贊
曰：年過耳順，勢之豈長。同超苦海，普願西方。

　　此僧人誌主自撰墓誌，簡述生平，重點放在自己一生的宗教行為，在墓誌
最後的銘文部分，也明確願行大願力。所以誌主推崇的生命觀是佛教的生命
觀。

　　「自我視角」還有一種在墓誌材料中展現出來的方式，即「遺言」。中晚
唐墓誌中，有不少「遺言」的呈現。「遺言」的發生因為都有見證者，故較為
真實可信。我們可從中一窺誌主「自我視角」展示的生命觀。

　　在誌主的遺言中，明確表示對自己的人生存有遺憾、不滿足的可見於例
證，如建中 003：「疾亟，告所知曰：吾為輔弼，明堂辟廱，未之能建。人中告
禪，未之能行。廟舞雅樂，未之能定。以是而歿，其如吞恨何。」誌主為政府
官員，遺憾自己能為社會所做的事業還未完成，則推崇的是儒家修身齊家治國
平天下的生命觀。貞元 052：「公始被病，常謂其左右曰：吾聞夫樂者樂其所
自生，而禮及其所自始。遲暮遠宦，不克旋歸，存既不獲以歲時而灑掃，歿又
長限乎道途之遼遠。吾今且死，魂魄長恨，恨終天地，其誰知之。」喪禮崇尚

的根本是儒家思想重視的孝道，誌主為「遠宦」，未能灑掃家族墓地深以為憾，而誌主自己也葉落難以歸根。故誌主重視的生命觀也是生命應依儒家思想，踐行孝道、重視家族。貞元 09：「頃以灊多病年高，謂君葬我，今則□□不死，翻乃葬□□終□□□□顧女奴曰：夫□則直，朝刻不容，遠謫炎荒，我來□□且□之冠蓋□□崇高□□千年□在膝下，死生常理，何恨如之。但憂其夫，近來多病，男又童稚，未及與婚。有弟之喪，寄在燕趙。有妹之墓，旅於江湖。時日未良，不及啟□，是其遺恨。時也命也，知之□何。」誌主為典型的中國傳統女性，因夫君被貶一起吃苦並無埋怨，但屢及自己的家人還需要照顧，家裏還有事情需要處理，而自己不能再盡力，感到遺恨。推崇的生命觀具有鮮明的古代傳統女性持家奉獻的特色。元和 073：「臨歿辭所事所生，以不克為婦為子為恨，謂所從以不疎己宗為託，言終而逝。」亦為傳統女性持守的生命觀。元和 105：「大司成楊公得謝之二年，寢疾革，顧謂子弟，啟手足曰：吾齒七十四齡，生奉遺體，大懼不克，今幸全而歸之。所不瞑者，唯先故未襄事。言絕而薨。」誌主已算高壽，唯一感到遺憾的是自己先祖的墳塋之事尚未處理完成，亦是儒家孝道觀念。乾符 017：「不夫人嘗謂陲曰：吾聞生有其地，勞而無功，其我爾之謂乎。當彌留之際，謝崔姑曰：某以冥期難逭，固不悢悢然所埋恨於地下者。長違嚴訓，永隔慈仁。未竭侍奉之心，不副憂憐之意。鍾憐醜媚，希保惜之。顧此人寰，戀何及也。再安幼稚，下念童僕。屬纊之時，尤加勻布。既而泣下，左右魂銷」丈夫為妻子所寫的墓誌銘，妻子臨終前也惦念的都是親人及家中人事，符合儒家思想女性生命觀。

值得引起我們注意的是，明確表示遺憾的遺言數量並不多，反而是對自己的人生呈現接受態度的遺言占到了絕大多數。大致可分為以下幾類：

神志清明，從容交代身後事：例如大曆 062：「公病之革也，命二子曰：吾所著書，未及繕削，可成吾志。伯殞季血，敢守遺簡。乃於緘笥中奉春之遺令曰：吾家尚素薄，身歿之後，斂以時服。吾死在今歲，不能先言，汝知之公博施周睦，仁被眾艱，是以有文昌之拜。」大曆 064：「公之遘疾也，形羸而神不耗，雖氣息難屬，而言猶有倫。與親賓之問疾者款曲辭訣。以時更亂離，舊業荒毀，不能闢田構宇，以為孤兒子庇身餬口之所，唯是為恨。又遺命家人，以棺槨衾冒機筵纏杖之事，纖芥必至。然後啟手足歸全，可謂慎終哉。」大中 085：「語妻孥曰：人生必有滅，有來必有往，吾欲逆修墓塋齋七，身後無擾，爾意何如。妻孥變色相顧，籲順無違。……生前有言，誡諸

子曰：常倩等儉省隨時，無妄破費，慎勿奢僭，益後子孫，莫惑交親，宜守志行，喪祭依禮，無忤我情。雲來之孫，永不可忘重刻下有固字。」咸通016：「自春離桂林，道中得瘴病，日減眠食，就枕千五百刻，將瞑之夕，遺誡二子，手疏數幅，且曰：必以餘貲厚於孀嫂孤女，爾輩無倫之。」咸通046：「君將啟手足之辰，誡諸子曰：我逝也，切勿以奢譁為榮，及廣設祭祀之禮。又謂曰：先兆之側，每因啟動，即繼有禍衰，不可固犯，但葬吾於玄元廟之西北原也。」乾符010：「夫人當疾之際，謂余曰：古人之制，所貴稱家。送終之儀，不尚虛飾。況蒸嘗所奉，方切朝夕，但一釵一梳衣裝之故者粗備，斯可矣，豈復以今日之事而務豐費以為也。」

對自己的人生境遇表示滿足：元和028：「公謂相知曰：無德以輔遠略，今宣力撫人，得為典郡，此不止足，吾何求哉。言之不久，遂寢疾。」大和079：「歸全之日，遺命謂大夫曰：汝忠於國，又孝於家，海外三年，吾期重見，於此盡矣，更何恨焉啟手足，親戚悲號，皆若終身之酷，可謂生死之義備矣。」大中163：「屬纊之時，顧猶子曰：吾平生雖不享高位重祿，然爰自齠年，以至白髮，常荷覆育，每獲安逸，未嘗一日不飽食暖衣，天之所鍾亦謂至矣。今則瞑然枕上，豈有慊耶。爾輩無至悽慟，過有悲苦。言訖，以其年三月廿日終於會節里之私第，享年七十三。」

呈現超越現實的達觀：長慶015：「嘗暇日顧夫人子女曰：吾聞崇山有崩，大川有竭，萬物草木，既榮必枯。死生之理，昭然可見。吾不可同鄙俗者貪生而惡死哉。前典所稱有始有卒，吾聞斯語矣，願及生前得備葬事。」亦有因為宗教信仰而豁達者，如元和122：「……而忽於今年，覺是身虛憊，氣力漸微，絕粒罷飧，唯茶與乳。右脅而臥，四旬如生，命入室門人上座子良、都維郍智誠等曰：吾今色身，應將謝矣。努力勤策，法乳相親。金泉磑及梨園鋪吾之衣鉢，將入常住，以為永業。言已帖然，累足而去也。」

通過遺言所流露的對自我生命歷程的感受，我們會看到「自我視角」確實比「他者視角」呈現出更多的主觀性。在「自我視角」中，主流社會標準依然有效，但不是決定性的，呈現出參考價值，而自己對生命的感受更為突出、重要。可以接納，即意味著「自我視角」下的生命觀是意識到生命即是對人生的充分經驗，而無論怎樣的經驗，都自有其意義價值。當臨終前能夠體味到這個層面，往往誌主就對自己的人生經歷較能接納。

三、神聖視角

統合「他者視角」與「自我視角」，我們不難看出，無論哪種視角，對生命的感受是有不同的。而面對這些差異，我們一方面承認差異存在的合理性，但另一方面，從境界層次來說，依然存在高下之分。而以何種標準來界定境界層次的「高下之分」呢？我們引入第三個概念，就是「神聖視角」。

所謂「神聖視角」，是超越了世俗層面的更高意義上的視角。例如世俗層面看待死亡就是失去、悲痛、無奈，是不好的事情，但「神聖視角」之下，死亡的存在反過來讓人們更重視生的意義和人生的過程，「向死而生」可以令人警醒深入思考生命的意義，從而提升生活的品質和深度，因此死亡也就具有了神聖性。世俗視角崇拜成功、富貴長壽名望等等，因此難以接受失敗、不遇等等（而這些卻一定會發生），而「神聖視角」消融二元對立，可看到一切的發生都具有意義和存在的神聖性。這三個視角之間的關係是複雜的。「他者視角」和「自我視角」都在「神聖視角」的統攝之下，但「他者視角」和「自我視角」卻不一定能穩定的與「神聖視角」相連接，會較容易的受到世俗視角的影響。

在中晚唐墓誌中，無論「他者視角」還是「自我視角」，我們發現只要是對生命歷程的感受更為接受，背後的生命觀必然更具有超然性，也就是與「神聖視角」的連接更為緊密。例如上文中提到的「他者視角」之接受、推崇的生命狀態，即使是入世之功名福祿的實現，也需要有對「天道」的持守，這正是「神聖視角」；即使沒有入世之成功，在出世狀態也能夠自得自足，也被接受和推崇，也是「神聖視角」。而「自我視角」之接受狀態，亦是如此。如前文所列舉的均屬於「神聖視角」的生命觀：

> 即生之苦可見，死之苦難知，倘三業有憑，百福雲助，用消宿郭，已遠往生，又何恨也。

> 古有道之士言曰：來其生也，歸其死也，故禮云：全而生之，全而歸之，非君子莫能焉。

> 自古所不能免者死也。達人視存見亡，言始見終，故生無多懷，死無甚恨。吾尚達人之道久矣，心常羨之而不能行之，豈束於名教而使之然乎，抑情志褊滯便於愁痛而使之然乎，何朝昏號呼於死生之間若此其甚也。

> 嗚呼，釋氏有奔湍之諭，莊生與舟壑之譏，蓋以火宅不窮。浮涯有限，前蹤後轍，欸可既耶。是則存，歿同途，衰榮統貫。今也

桑榆，暮景枝葉。凋陰哀瘵之中，視此孤藐，則攢悲萃。苦偷生於幻世者，得非重困於桎梏乎。

骨雖委地，魂不歸天，捨此即彼，浮雲蛻蟬。

吾聞崇山有崩，大川有竭，萬物草木，既榮必枯。死生之理，昭然可見。吾不可同鄙俗者貪生而惡死哉。

綜上所述，中晚唐墓誌中通過「他人視角」和「自我視角」呈現了唐人生命觀，較具有中晚唐時代特色的是當時人對平凡生活的滿足感是初盛唐時期較為罕見的。但生命觀在具有時代特色的同時，也具有穿越時空的普世性。無論哪個時代，哪種視角，生命觀境界層次之判斷標準依然不在於世俗，在於與神聖視角的連接度。

結　語

　　碑誌作為重要的歷史文獻材料之一，被廣泛地應用於各個研究領域。唐代碑誌因其出土數量巨大，整理成果也相對豐富，因此有重要的研究價值。然而碑誌畢竟屬於應用文體，且「茲事體大」，人們在千百年來創作碑誌都基本遵循著固定的程序，亦步亦趨，寫法相對單調，在對人與事的敘述中也難以避免地具有較強的主觀色彩，因此也出現了「諛墓」之說，這樣的情況到了唐代名家的手中有所改觀。韓愈創作的墓誌作品形式活潑內容豐富，可見文學家的個性十足以及筆力強健，在碑誌創作史上佔有重要位置。如此的筆法自然也見於柳宗元、權德輿等名家。然而形式畢竟服從於內容，從名家創作的碑誌中，也可看到他們對人生的態度，對人物進行評價的標準，甚至亦可反映出一些歷史事件對他們人生的影響。在這一點上，碑誌同其他文學作品的功能並無二致。

　　即使碑誌創作時有較強的主觀性，但當某一時期某一類人的碑誌較為集中時，仍能通過梳理整合展現出當時社會生活的畫卷。如在唐代碑誌中數量比例較大的女性碑誌，以及官員碑誌、處士碑誌等，都在一定程度上可反映出他們的生活狀態。而這樣的研究也可繼續伸展到文人、武將、宗教人士等更多的領域。

　　碑誌自身的文學性研究屬於較為困難的研究範疇，碑誌的概念較混雜，且分類眾多且有尚不清晰的重疊分類，本書稿試以神道碑和銘文為例，進行了文體研究的探索。還尚有碑誌大類下的細分、與其他文體的比較等研究尚可進行。

　　回歸碑誌作為史料的本來價值，在對歷史社會問題等進行研究時，仍然需要將碑誌與其他史料一起，地下、地上材料相結合，各自取長補短，才更有利於保證研究的全面客觀。

參考文獻

1. 董誥等：全唐文〔Z〕，北京：中華書局，1983 陳寅恪，元白詩箋證稿。
2. 劉昫等：舊唐書〔M〕，北京：中華書局，1975。
3. 歐陽修、宋祁：新唐書〔M〕，北京：中華書局，1975。
4. 周紹良主編：唐代墓誌彙編〔Z〕，上海：上海古籍出版社，1992。
5. 周紹良主編：唐代墓誌彙編續集〔Z〕，上海：上海古籍出版社，2001。
6. 彭定求等：全唐詩，〔Z〕，北京：中華書局，1956。
7. 吳鋼主編：全唐文補遺〔Z〕，西安：三秦出版社，1994。
8. 李昉等：文苑英華〔Z〕，北京：中華書局，1966。
9. 陳尚君輯校：全唐文補編〔Z〕，北京：中華書局，2005。
10. 司馬光：資治通鑒〔M〕，北京：中華書局，1956。
11. 周紹良等：全唐文新編〔Z〕，吉林：吉林文史出版社，2000。
12. 王旭：金石萃編〔Z〕，北京：北京市中國書店出版社，1985。
13. 陳鴻墀：全唐文紀事〔M〕，上海：上海古籍出版社，1987。
14. 劉勰撰、范文瀾注：文心雕龍〔M〕，北京：人民文學出版社，1958。
15. 趙超：中國古代石刻概論〔M〕，北京：文物出版社，1997。
16. 趙超：古代墓誌通論〔M〕，北京：紫禁城出版社，2003。
17. 褚斌傑：中國古代文體概論〔M〕，北京：北京大學出版社，1990。
18. 吳承學：中國古代文體形態研究〔M〕，廣州：中山大學出版社，2000。
19. 宋敏求：唐大詔令集〔Z〕，上海：上海學林出版社，1992。
20. 郁賢皓：唐刺史考〔M〕，南京：江蘇古籍出版社，1987。

21. 孟繁峰：隋唐五代墓誌彙編〔Z〕，天津：天津古籍出版社，1991。

22. 河南省文物研究所等：新中國出土墓誌〔Z〕，北京：文物出版社，1994。

23. 歐陽修撰、黃本驥輯：集古錄目〔Z〕，行素草堂金石叢書。

24. 黃宗羲：金石要例〔M〕，上海：上海古籍出版社，1993。

25. 嚴可均：全上古三代秦漢三國六朝文〔Z〕，北京：中華書局，1958。

26. 沈約：宋書〔M〕，北京：中華書局，1974。

27. 班固：漢書〔M〕，北京：中華書局，1962。

28. 范曄：後漢書〔M〕，北京：中華書局，1965。

29. 張國剛：唐代官制〔M〕，西安：三秦出版社，1987。

30. 王溥：唐會要〔M〕，上海：上海古籍出版社，2006。

31. 王定保：唐摭言〔M〕，北京：中華書局，1979。

32. 宋祁：景文集〔M〕，北京：中華書局，1985。

33. 權德輿撰、郭廣偉校點：權德輿詩文集〔M〕，上海：上海古籍出版社，2008。

34. 羅宗強：隋唐五代文學思想史〔M〕，北京：中華書局，1999。

35. 葛曉音：漢唐文學的嬗變〔M〕，北京：北京大學出版社，1990。

36. 嚴國榮：權德輿研究〔M〕，北京：中國社會科學出版社，2006。

37. 中國文物研究所等編：新中國出土墓誌〔M〕系列，北京：文物出版社，2009。

38. 姚鉉：唐文粹〔Z〕，長春：吉林出版集團，2005。

39. 韓愈：韓昌黎詩繫年集釋〔M〕，上海：上海古籍出版社，1994。

40. 韓愈撰、馬其昶校注：韓昌黎文集校注〔M〕，上海：上海古籍出版社，1994～2008。

41. 張清華：韓愈年譜匯證〔M〕，南京：江蘇教育出版社，1998。

42. 荀子撰、葉紹均選注：荀子〔M〕：上海：商務印書館，1930。

43. 王行：墓銘舉例〔M〕，雅雨堂金石三例本。

44. 劉禹錫撰、卞孝萱校訂：劉禹錫集〔M〕，北京：中華書局，1990。

45. 白居易撰、顧學頡校注：白居易集〔M〕，北京：中華書局，1979。

46. 李肇：唐國史補〔M〕，上海：上海古籍出版社，1979。

47. 蔣寅：大曆詩人研究〔M〕，北京：中華書局，1995。

48. 朱易安：中唐詩人的濟世精神和宗教情緒〔J〕，江海學刊，1998，（5）。

49. 胡應麟：詩藪〔M〕，上海：上海古籍出版社，1979。

50. 陳衍撰、鄭朝宗、石文英校點：石遺室詩話〔M〕，北京：人民文學出版社，2004。

51. 許學夷、杜維沫校點：詩源辯體〔M〕，北京：人民文學出版社，1987。

52. 陳寅恪：元白詩箋證稿〔M〕，上海：上海古籍出版社，1978。

53. 韋勒克、沃倫：文學理論〔M〕，上海：上海三聯書店，1984。

54. 章士釗：柳文指要〔M〕，北京：中華書局，1971。

55. 杜佑：通典〔M〕，北京：中華書局，1973。

56. 永瑢：四庫全書總目〔M〕，北京：中華書局，1965。

57. 趙明誠：金石錄〔M〕，北京：北京圖書館出版社，2002。

58. 王欽若等編：冊府元龜〔Z〕，北京：中華書局，1973。

59. 孟子撰：繆天綬選注，孟子〔M〕，上海：商務印書館，1930。

60. 皇甫湜：皇甫持正文集〔M〕，上海：上海書店，1989。

61. 陳思：寶刻叢編〔M〕，北京：中華書局1985。

62. 李延壽：北史〔M〕，北京：中華書局，2000。

63. 吳在慶：唐五代文史叢考〔M〕，南昌：江西人民出版社，1995。

64. 傅璇琮主編：唐才子傳校箋〔Z〕，北京：中華書局，1989。

65. 陶敏、李一飛：隋唐五代文學史料學〔M〕，北京：中華書局，2001。

66. 侯外廬：中國思想史〔M〕，北京：中國青年出版社，1980。

67. 任繼愈：中國哲學史〔M〕，北京：人民出版社，1994。

68. 國家圖書館善本金石組編：隋唐五代石刻文獻全編〔M〕，北京：北京圖書館出版社，2003。

69. 四庫全書存目叢書編輯委員會：四庫全書存目叢書〔M〕，濟南：齊魯書社，1995。

70. 黃金明：漢魏晉南北朝誄碑文研究〔M〕，北京：人民文學出版社，2005．

71. 計有功：唐詩紀事〔M〕，上海：上海古籍出版社，1987。

72. 李德裕撰，傅璇琮、周建國校：李德裕文集校箋〔M〕，石家莊：河北教育出版社，2000。

73. 李翱：李文公集〔M〕，上海：上海書店，1989。

74. 周勳初主編：唐人軼事彙編〔Z〕，上海：上海古籍出版社，1995。

75. 趙明誠、金文明校證：金石錄校證〔M〕，桂林：廣西師範大學出版社，2005。

76. 劉長卿撰、楊世明校注：劉長卿集編年校注〔M〕，北京：人民文學出版社，1999。

77. 劉禹錫撰、卞孝萱校訂：劉禹錫集〔M〕，北京：中華書局，1990。

78. 劉禹錫撰、陶敏：陶紅雨校注〔M〕，劉禹錫全集編年校注〔M〕，長沙：嶽麓書社，2003。

79. 毛漢光：唐代墓誌銘彙編附考〔Z〕，臺北中央研究院歷史語言研究所，1984～1994。

80. 葉昌熾：語石〔M〕，瀋陽：遼寧教育出版社，1998。

81. 柳宗元：柳宗元集〔M〕，北京：中華書局，1979。

82. 施子愉：柳宗元年譜〔M〕，武漢：湖北人民出版社，1958。

83. 徐吉軍：中國喪葬史〔M〕，南昌：江西高校出版社，1998。

84. 金瀅坤：中晚唐五代科舉與社會變遷〔M〕，北京：人民出版社，2009。

85. 吳宗國：唐代科舉制度研究〔M〕，瀋陽：遼寧大學出版社，1997。

86. 趙超：古代墓誌通論〔M〕，北京：紫禁城出版社，2003。

87. 〔日〕中村裕一：唐代公文書研究〔M〕，東京都：汲古書院，1996。

88. 趙超：漢魏南北朝墓誌彙編〔M〕，天津：天津古籍出版社，1992。

89. 趙振華主編：《洛陽出土墓誌研究文集》〔M〕，北京：朝華出版社，2002。

90. 王士禛：池北偶談〔M〕，北京：中華書局，1982。

91. 敦煌研究院編：敦煌遺書總目索引新編〔M〕，北京：中華書局，2000。

92. 趙翼撰、胡主佑、霍松林校點：甌北詩話〔M〕，北京：人民文學出版社，1963。

93. 蘇士梅：唐墓誌與唐代婦女研究〔D〕，陝西師範大學，2000。

94. 卞孝萱：劉禹錫年譜〔M〕，北京：中華書局，1963。

95. 張鈁：千唐誌齋藏志〔Z〕，北京：文物出版社，1983。

96. 〔日〕戶哲琦彥：桂林唐代石刻の研究〔M〕，東京都：白帝社，2005。

97. 朱易安：中唐詩人的濟世精神和宗教情緒〔J〕，江海學刊，1998·（5）。

98. 程章燦：古刻新詮〔M〕，北京：中華書局，2009。

99. 成雪豔：唐代淮南鎮研究——肅宗至憲宗時期〔D〕，中央民族大學，2009。

100. 黃日初：唐代文宗武宗兩朝中樞政局探研〔D〕，暨南大學，2007。

101. 李昉等編：太平廣記〔Z〕，北京：中華書局，1961。

102. 線仲珊：唐代墓誌的文體變革〔D〕，中國社會科學院研究生院，2003。

103. 毛陽光：唐墓誌與唐代風俗文化研究〔D〕，陝西師範大學，2000。

104. 國家圖書館善本金石組編：隋唐五代石刻文獻全編〔Z〕，北京：北京圖書館出版社，2004。

105. 解峰：《新唐書》增傳史料來源研究〔D〕，吉林大學，2007。

106. 吳廷燮：唐方鎮年表〔M〕，北京：中華書局，1980。

107. 傅璇琮：唐代科舉與文學〔M〕，西安：陝西人民出版社，1986。

108. 傅璇琮編：唐代詩人叢考〔Z〕，北京：中華書局，1980。

109. 羅聯添：唐代四家詩文論集〔M〕，臺北：臺灣學海出版社，1996。

110. 吳納：文章辨體序說〔M〕，北京：人民文學出版社，1962。

111. 石雲濤：《唐代幕府制度研究》，中國社會科學出版社，北京，2003 年。

112. 岑仲勉：唐人行第錄〔M〕，北京：中華書局，2004。

113. 洪邁：容齋隨筆〔M〕，上海：上海古籍出版社，1978。

114. 王讜：唐語林〔M〕，北京：中華書局，2007。

115. 鄭樵：通志〔M〕，杭州：浙江古籍出版社，2000。

116. 李吉甫：元和郡縣圖志〔M〕，北京：中華書局，1983。

117. 陳尚君：貞石詮唐〔M〕，上海：復旦大學出版社，2016。

118. 胡可先：出土文獻與唐代詩學研究〔M〕，北京：中華書局，2012。

119. 胡可先：新出石刻與唐代文學家族研究〔M〕，北京：中華書局，2017。

120. 徐海容：唐代碑誌文研究〔M〕，北京：中華書局，2018。

121. 胡可先：唐代詩人墓誌彙編〔M〕，上海：上海古籍出版社，2021。

122. 吳綱主編：《全唐文補遺》系列，西安：三秦出版社，1996～2006 年。

後　記

　　讀博期間對唐代碑誌課題開始研究的時間是 2007 年，而現在在博士論文基礎上完成這部書稿，時間已經指向了 2022 年。15 年的時間就這樣過去了。很遺憾雖然時長足夠，但這顯然不是一部厚積薄發的作品，我並沒有將時間只專注於這一部書稿。但就如序言所說，我對於「人」的興趣從來沒有衰減過，15 年間我一直關注著學界各種關於碑誌的研究成果，它們新見迭出、論證不凡。但對於我來說，它們都太過理性了。墓誌於我，從來都不只是紙上文字、歷史材料而已，它們首先是活生生的人，走過了或長或短的一生。

　　李德裕是我碩士論文的研究對象，我一直對這位「大官」充滿興趣，他的文學作品總是那麼高貴典雅，一如他所推崇的貴族出身一般。可是我看到他給他的妾寫的墓誌銘，柔情婉媚，他給他夭折的孫子寫的墓誌銘，那麼深情而歡惋的愛他的孫子。我更喜歡李德裕了，覺得被他娶的女子是有福的，能在男權社會中被一個男子看見自己的特質並被深深尊重憐愛。前幾年居然有李德裕的後人打電話給我，說看到我寫的論文，我們在電話裏感謝著對方，多麼神奇有趣的發生啊。

　　還看了很多英雄的墓誌銘，他們的人生常常讓我想起綻放的焰火，那麼用盡全力只為點亮夜空，哪怕點亮的時間極短。但英雄是真的不能末路的，也如美人一般不能遲暮，他們人生的意義太聚焦在他們的功能性上了，當他們老去，再無可能建功立業，那種今昔對比產生的衝擊會一直影響著他們的人生。

　　中唐有個女子，嫁人後一直當著道德典範，說古訓女子不能出門，就真的一生不出家門。家人出去遊玩她也不參加，自己娘家的姐姐來了，走的時候想

讓她多送一段，她也只能抱歉拒絕：古訓不可違啊。自己生了幾個女兒，一直很歉疚沒有給夫君產子，夫君也不含糊，在外面找了相好生了孩子。府上丫頭悄悄談論八卦被她聽見，生怕她生氣，結果她大喜說哎呀這下可解決了夫君的大事，馬上把相好和孩子都接回來友善相處。她人生表現唯一的瑕疵就是她太怕死了，說小時候算過命活不長，於是一直都活得心驚膽戰，所以一生只能聽吉祥話，最怕聽到不吉利的語言。但最後不到四十歲，也就走了。這樣的墓誌銘太衝擊現代女性的觀念了，我有一百個理由讓她走出家門活出自我，但於她本人而言，又何嘗不是邏輯自洽竭盡全力的一生呢？人總是在經驗自己認同的、想要經驗的。

還有很多超脫的人兒，不涉名利場，自在瀟灑地活過了一生。現代人肯定會問：那錢從哪兒來啊？怎麼活得下去呢？我猜古人會答：我們需要的很少。去除所有的電器，所有對生活舒適化便利化智慧化的追求，人於天地之間生存，到底又需要多少呢？現代人又會問：可我們不能只是生存，我們要生活啊。古人再答：對啊，但事關生活的，不就是我們自己的心嗎？而活出自己的內心，恰要去蕪存菁、去繁就簡，在清風明月、山林煙泉之間，證回自己的本心。在碑誌文中，這一類的人生也是被豔羨推崇的。我想起這個時代，李子柒之類的爆火，「隱居深山，過神仙一般的生活」這類小視頻也總是吸睛，在這個無比複雜造作的環境下，人們不也隱隱意識到再如何極致地追求舒適化便利化智慧化，也無法滿足一顆匱乏焦灼的心嗎？

所以從古到今，人性總是相通的。沒有單面的人，沒有不上下求索的人生，沒有追求成就的唯一途徑。一本書裏說，人類應該經常說出這句話：「我們選擇的，只是另一條路，並不是最好的路。」如此人類的狂妄自大可治，這世間所有的衝突紛爭、人內心的矛盾衝突才有消弭的可能性。回到唐代碑誌，從碑誌文中看那些過去的人與事吧，不必羨慕盛唐的繁華，也不必哀歎中晚唐的頹靡，在大環境之下，惟有共通不變的人性才更值得我們涵詠再三，在中晚唐碑誌中，無數鮮活的生命給我們示範了各種人生經歷，引發各種思考、啟迪。

感謝你們，我們的先輩們認真地活過。感謝一切碑誌材料的整理者、出版方。感謝我的導師吳在慶教授、陳慶元教授，如果說每個人心裏都有一個類似歸處的心靈小屋，二位導師就是為我撐起小屋的人，以他們的學識，以他們高貴的人格，以他們慈悲的愛。感謝我的學生兼朋友翁雅琪、楊梓、王翔，不厭其煩地幫助我查找、整理龐大的碑誌資料，但願這個過程對他們也有所助益。

感謝鄧瑩輝先生，長年無條件地支持我率性地生活工作並指導我的學術。感謝花木蘭文化出版社對我的信任和本部書稿的支持，來自出版社所有的溝通郵件都那麼細緻嚴謹，令人感佩。

高瑋

2022 年 8 月 8 日於三峽大學雲錦小區